Hotel Front Desk Operation

호텔객실의 이해

민 혜 성

지식인

호텔객실의 이해

2020년 1월 20일 초판 1쇄 인쇄
2020년 1월 28일 초판 1쇄 발행

지은이 | 민혜성
펴낸이 | 김종욱 · 명사동
펴낸곳 | 지식인
등 록 | 제301-2013-134호
주 소 | 서울시 도봉구 도봉로 180길 20 투웨니퍼스트 102동 602호
전 화 | 02)2266-8606 (대)
팩 스 | 02)2266-8607
E-mail | jisikin2013@naver.com
홈페이지 | www.jisikinbook.co.kr

ISBN 979-11-88105-52-6 (93320)

값 22,000원

호텔객실의 이해

PREFACE

사회는 끊임없이 변화하고 있다. 21세기의 전환을 알리며 밀레니엄 시대로의 진입을 맞은 지도 벌써 만 20년이 지나고 있다. 21세기 진입 시 모든 사람들은 IT가 중심이 되는 사회에 대해 많은 관심을 표명하였고, IT가 중심이 되는 사회에서는 많은 여가시간이 만들어 질 것이라 생각하였다. 이와 더불어 호텔산업과 관광산업의 관심도 집중되었다. 많은 대학과 대학교에서 호텔과 관광 관련 학과가 급속히 증가했던 시기이다.

2020년을 맞이하고 있는 지금, 사회는 인공지능을 중심으로 한 사회를 맞이하려 하고 있다. 일명 제4차 산업혁명 시대로의 진입이다.

더욱 복잡해지고 치열해지는 사회 속에서 사람들은 경쟁이 심화될수록 오히려 그에서 벗어나는 시간을 염원한다. 자신만의 시간을 만들고자 한다. 이때 생각하는 부분이 일상으로부터의 탈출이다. 자신이 머물던 곳으로부터의 벗어남, 자신의 일상으로부터의 벗어남, 벗어남 속에서도 필요한 것이 잠자리와 먹거리다. 어느 곳에서 자고 무엇을 먹을 것인지, 이를 통해 일상의 패턴에서 어떠한 휴식을 찾을 것인지 이러한 것들이 사람들 관심의 중심을 차지하고 있다.

일상이 아닌 삶이 바로 호텔에 있다. 새로운 잠자리, 새로운 먹거리, 새로운 주변 사람들…. 국내의 호텔은 2015년 「관광진흥법」의 변경을 기점으로 변화하고 있다. 특1급이란 명칭의 호텔 중심에서 지금은 5성급이란 명칭으로 전환되었고, 이와 함께 4성급을 중심으로 하는 비즈니스 호텔의 형태가 서울 곳곳에서 생겨나고 있다. 특히 대기업에서 5성급 중심의 호텔 운영에서 4성급을 중심으로 하는 브랜드를 만들어 운영 중이다. 대 변화인 것이다. 아울러 식음료 중심의 호텔 운영에서 객실 중심의 호텔로 변화하고 있다. 그 내면에는 철저히 수익구조를 고려한 호텔 운영체계로 변화하고 있음을 의미한다.

이처럼 세상이 변해도 변하지 않는 것이 있다. 삶의 방법은 바뀌고 있지만, 사람의 삶의 모습은 크게 변하지 않는다. 이와 마찬가지로 직장에서의 업무 방법은 변화하고 있지만, 업무 자체가 급속히 변화하지는 않는다. 호텔의 각 부서별 업무도 실행의 방법은 변화했지만, 근본적인 고객서비스에 대한 개념은 변화하지 않는다. 예를 들어, 고객이 예약할 때 일일이 예약카드에 수기로 기입하던 고객정보에 대한 내용이, 지금은 호텔시스템에 입력 형식으로 변화하였다. 하지만 예약 시 고객의 정보를 획득한다든지, 예약 시 주의해야 할 사항은 변화하지 않았다. 즉 모든 것에는 기본이 있다. 그것은 변화하지 않는다. 저자는 책을 쓰면서, 가능한 한 그 기본적인 내용을 충실히 담으려 하였다. 그러면서도 현재 변화하고 있는 모습을 추가하고자 하였다.

한동안 정부 정책에 의해 모든 수업에 NCS(국가직무표준)을 근거로 수업을 진행하도록 하였다. 그러나 2019년 2학기부터 새로운 용어를 사용하도록 권고하고 있다. 직무는 변하지 않는다. 다만 중점을 두고자 하는 것이 변화할 뿐이다. '역량중심 또는 역량강화'란 용어로 학생들에게 어떠한 역량을 키워주어야 하는지에 대해 생각하기 시작하였다. 그 필요 역량은 무엇이며 직급에 따른 역량은 무엇인가?

본 저서는 이를 위해 크게 일곱 편으로 구분하여 작성하였다. 객실에 대한 직무 이해를 위해 제1편에서는 호텔과 객실에 대한 기본적인 이해를 돕기 위한 내용을 중심으로 작성하였다. 제2편부터 제5편까지는 고객의 예약에서부터 호텔을 떠나는 체크아웃 단계를 중심으로 하여 구성하였다. 따라서 제2편에서는 예약서비스에 대해 작성하였다. 제3편에서는 체크인서비스를, 제4편에서는 체크아웃서비스를, 제5편에서는 호텔에 고객이 머무는 동안 이루어지는 접객서비스인 일명 유니폼서비스(Uniform Service)를 중심으로 작성하였다. 그리고 제6편에서는 당직업무 및 수익률에 대한 내용을 중심으로 구성하였다. 마지막으로 제7편에서는 하우스키핑서비스를 작성하여 과거 객실 프런트서비스와 하우스키핑서비스를 분리하여 구성되었던 내용을 한 책에 모두 담았다. 이러한 이유 중의 하나는 2019년도부터 정부의 시책에 의해 학생들이 학교를 졸업할 때까지 이수해야 하는 졸업 학점이 축소되어 많은 교육과정 중 일부의 과목들이 축소되었기 때문이다.

대부분의 호텔과 관광 관련 학과에서 과거 식음료 중심의 교육과정이 이루어졌고, 숙박업의 핵심이 호텔 관련 학과에서조차 객실 관련 교육과정이 상대적으로 미약하였다. 한동안 객실부문에 있어서는 객실 프런트서비스와 하우스키핑 부문을 분리하여 교육과정을 구성하는 학교도 있었지만, 수년 전 NCS 교육과정 중심으로 전환되면서 하우스키핑의 부문이 오히려 축소되었다. 이러한 환경에서 본 저서 역시 객실의 프런트서비스와 하우스키핑 부문의 일부를 함께 구성하여, 수업시간에 간단하게라도 객실 전체의 업무를 이해할 수 있도록 하였다.

매번 느끼는 부분이지만, 책을 쓴다는 것은 혼자만으로는 절대 이루어질 수 없다. 많은 주변인들의 도움과 따스한 맘이 합쳐져 만들어진다. 본 저서도 고민만 하고 있는 저에게 지식인의 적극적인 지원과 선·후배들의 도움이 있었다. 그리고 무엇보다도 메이필드호텔의 김성균 팀장님의 지원과 학생들의 든든한 지원 속에서 이루어졌고 힘이 되었다. 도움을 주었던 주변인들과 앞으로 많은 조언을 주실 분들께 머리 조아려 감사의 마음을 전하고 싶다.

그 어떤 곳에서든 반석이 되고 싶다던 세례 시 첫 기도를 다시 떠올리며…

민 혜 성

제1부

호텔과 객실의 이해

제2부

호텔 객실 예약서비스

제3부 호텔 객실 등록서비스

제4부 호텔 객실 퇴숙서비스

Hotel Front Desk Operation

호텔 객실의 이해

제1부

호텔과 객실의 이해

제1장 호텔의 개념

1. 호텔에 대한 기본 이해

호텔Hotel이란, 라틴어에서 파생된 단어로 외지인, 여행자란 의미를 지닌 'Hospis'에서 시작되었다. 'Hospis'는 그 후 순례자, 여행자, 나그네를 위한 숙소적 의미가 강조되었던 'Hospitale'란 단어로 사용되었다. 그 후 여행자를 편히 쉬게 하는 장소라는 'Hostel'과 병자를 입원시켜 간호하는 시설이라는 'Hospital'의 두 가지로 분리되어 사용되었다. 후자인 'Hospital'은 오늘날에도 병원이란 의미로 사용되고 있다. 'Hostel'은 그 후 숙박시설의 의미가 지속되며 오늘날 학생들의 기숙사인 'Youth Hostel'로 사용되고 있으며, 'Hostel'에서 발전된 'Hotel'은 현재의 여행자가 머무는 곳으로 사용되고 있다.

오늘날 호텔의 개념은 『웹스터사전Webster's Dictionary』에서 'A place or shelter and rest for travelers' 즉 '여행자의 숙박과 휴식의 장소'라고 사용되고 있으며, 현대적 의미에서는 'A building or institution providing lodging, reals and services for the public' 즉 '일반대중에게 숙박시설과 식사, 그에 따른 서비스를 제공하는 건물이나 시설'이라 하고 있다. 『옥스퍼드사전Oxford Dictionary』에서는 'A building where meals and rooms are provided for travelers' 즉 '여행자를 위해 객실과 식사를 제공하는 건물'이라고 하고 있다.

이를 종합해 보면, 숙식을 제공할 수 있는 시설을 갖추고 서비스를 제공하는 곳이 바로 현대의 호텔이라고 할 수 있다. 특히 기업적 측면에서의 호텔은 수익을 중심으로 경영되는 기업이기 때문에 지불능력을 갖춘 여행객을 대상으로 영리를 목적으로 운영되는 곳이라 할 수 있다. 특히 일반 숙식에 대한 시설만을 갖추고 운영하는 것이 아니라, 인적요소가 강조되는 숙식에 대한 서비스를 제공하고 있으며, 이를 위해 잘 훈련되고 예절바른 종사원이 조직적으로 서비스를 제공함으로써 그에 대한 대사를 통해 기업의 수익을 창출하는 곳이라고 할 수 있다.

2. 호텔의 기본 기능

호텔은 크게 잠자리와 먹거리의 기능을 바탕으로, 모임과 문화의 기능을 갖추고 있다. 또한 건강관리, 비즈니스 업무, 상업의 기능을 지니고 있다.

첫째, 잠자리의 기능은 호텔의 객실 부서의 업무로 고객의 수면과 휴식과 위생의 기능을 담당한다. 둘째, 먹거리 기능은 식음료 부서의 업무로 고객에게 식사와 음료를 제공하고 서비스하는 기능을 담당한다. 셋째, 모임과 문화의 기능은 연회 부서의 업무로 각종 모임, 전시 및 예술, 정보 전달을 하는 기능을 맡고 있다. 넷째, 건강관리의 기능은 피트니스센터 담당 부서의 업무로 스파 및 에스테틱서비스, 사우나장을 함께 운영하며 고객들의 건강과 놀이, 미용을 책임지는 기능을 담당한다. 다섯째, 호텔 내에 있는 비즈니스센터의 경우 고객에게 비서대리, 정보교환, 회의, 상담의 기능을 맡아 진행한다. 여섯째, 상업활동의 기능은 호텔 내 각종 쇼핑센터 및 선물 판매점을 운영하여, 고객에게 쇼핑 및 고객 간 교제의 장을 맡아 담당한다.

호텔의 기능

기 능	해당 부서 및 공간	내 용
잠자리	객실영업 및 관리 부서 : 객실	수면, 휴식, 위생
먹거리	식음료 부서 : 각 식음료 업장	식사, 음료(주류 및 비주류)
모임 및 문화	연회장 및 컨벤션 홀	모임, 전시 및 예술, 정보전달
건강관리	피트니스센터, 스파 및 사우나	건강, 단련, 놀이, 미용 등
업무	비즈니스센터	비서대리, 정보교환, 회의, 상담 등
상업	각종 쇼핑센터 및 선물점	쇼핑, 교제

3. 호텔의 분류

국내 호텔의 법적 분류는 「관광진흥법」에 따라 분류할 수 있다. 「관광진흥법」에서는 관광사업 중 숙박업으로 분류하고, 숙박업은 호텔업과 휴양콘도미니엄업 두 가지로 크게 분류하고 있다. 호텔업의 경우 관광호텔업, 수상관광호텔업, 한국전통호텔업, 가족호텔업, 호스텔업, 소형호텔업, 의료관광호텔업의 7가지로 구분하고 있다.

관광호텔업은 숙박에 적합한 시설과 이에 부수되는 음식, 운동, 공연 등의 부대시설을 함께 갖추어 이를 관광객에게 이용하게 하는 업이다. 수상관광호텔업은 수상에 구조물 또는 선박을 고정하거나 매어놓고, 관광객의 숙박에 적합한 시설과 부대시설을 함께 갖추어 이를 관광객에게 이용하는 업이다. 한국전통호텔업은 한국 전통의 건축물에 관광객의 숙박에 적합한 시설과 부대시설을 갖추어 이를 이용하게 하는 업이다. 가족호텔업은 가족단위 관광객의 숙박에 적합한 시설 및 취사도구를 갖추어 관광객에게 이용하게 하거나 숙박에 달린 음식, 운동, 휴양 또는 연수에 적합한 시설을 갖추어 이를 관광객에게 이용하게 하는 업이다. 호스텔업은 배낭여행객 등 개별 관광객의 숙박에 적합한 시설로서 샤워장, 취사장 등의 편의시설과 외국인 및 내국인 관광객을 위한 문화·정보 교류시설 등을 함께 갖추어 이용하게 하는 업이다.

「관광진흥법」에 의한 호텔업의 분류

호텔 분류	내 용
관광호텔업	관광객의 숙박에 적합한 시설을 갖추어 이를 관광객에게 이용하게 하고 숙박에 부수되는 음식·운동·오락·휴양·공연 또는 연구에 적합한 시설 등(이하 '부대시설'이라 함)을 함께 갖추어 이를 관광객에게 이용하게 하는 업
수상관광호텔업	수상에 구조물 또는 선박을 고정하거나 계류시켜 놓고 관광객의 숙박에 적합한 시설을 갖추거나 부대시설을 함께 갖추어 이를 관광객에게 이용하게 하는 업
한국전통호텔업	한국전통의 건축물에 관광객의 숙박에 적합한 시설을 갖추거나 부대시설을 함께 갖추어 이를 관광객에게 이용하게 하는 업
가족호텔업	가족단위 관광객의 숙박에 적합하도록 숙박시설 및 취사도구를 갖추어 이를 관광객에게 이용하게 하거나 숙박에 부수되는 음식·운용·휴양 또는 연수에 적합한 시설을 함께 갖추어 이를 관광객에게 이용하게 하는 업
호스텔업	배낭여행객 등 개별 관광객의 숙박에 적합한 시설로서 샤워장, 취사장 등의 편의시설과 외국인 및 내국인 관광객을 위한 문화·정보 교류시설 등을 함께 갖추어 이용하게 하는 업
소형호텔업	관광객의 숙박에 적합한 시설을 소규모로 갖추고 숙박에 딸린 음식, 운동, 휴양 또는 연수에 적합한 시설을 함께 갖추어 관광객에게 이용하게 하는 업
의료관광호텔업	의료관광객의 숙박에 적합한 시설 및 취사도구를 갖추거나 숙박에 딸린 음식, 운동 또는 휴양에 적합한 시설을 함께 갖추어 주로 외국인관광객에게 이용하게 하는 업

소형 호텔업은 관광객의 숙박에 적합한 시설을 소규모로 갖추고 숙박에 딸린 음식, 운동, 휴양 또는 연수에 적합한 시설을 함께 갖추어 관광객에게 이용하게 하는 업이다.

2017년 12월 등록 기준 서울에 위치한 5성급 관광호텔업

지 역	등 급	호텔명	객실수	주 소
강남구	5성급	그랜드인터콘티넨탈서울파르나스	519	테헤란로 521(삼성동)
강남구	5성급	르 메르디앙 서울호텔	336	봉은사로 120(역삼동)
강남구	5성급	인터콘티넨탈서울코엑스	654	봉은사로 524(삼성동)
강남구	5성급	파크하얏트서울	185	테헤란로 606(대치동)
강서구	5성급	메이필드호텔	239	방화대로 94(외발산동)
광진구	5성급	SK네트웍스 ㈜워커힐	904	광진구 워커힐로 177(광장동)
구로구	특1등급	쉐라톤 서울 디큐브시티호텔	269	서울특별시 구로구 경인로 662
마포구	특1등급	베스트웨스턴프리미어 서울가든호텔	372	서울특별시 마포구 마포대로 58(도화동, 가든호텔)
서대문구	특1등급	(유)동원아이엔씨 그랜드힐튼호텔	503	연희로 353(홍은동)
서초구	특1등급	쉐라톤 서울 팔래스 강남호텔	341	사평대로 160(반포동)
서초구	5성급	JW메리어트호텔서울	497	신반포로 176(반포동)
서초구	특1등급	더케이서울호텔	250	바우뫼로 12길70(양재동)
송파구	특1등급	롯데호텔월드	482	올림픽로 240
송파구	5성급	SIGNIEL SEOUL	235	올림픽로 300
영등포구	특1등급	콘래드 서울호텔	434	국제금융로 10(여의도동)
영등포구	특1등급	글래드호텔 여의도	319	의사당대로 16(여의도동)
용산구	5성급	서울미라마(유) / 그랜드하얏트호텔	607	서울특별시 용산구 소월로 322(한남동)
종로구	5성급	JW메리어트 동대문 스퀘어 서울	170	서울특별시 종로구 청계천로 279(종로6가)
종로구	5성급	포시즌스호텔 서울	317	서울특별시 종로구 새문안로 97(당주동)
중구	5성급	신세계조선호텔	462	소공로 106
중구	5성급	그랜드앰배서더서울	413	동호로 287
중구	5성급	플라자호텔	415	소공로 119
중구	5성급	호텔신라	464	동호로 249
중구	특1등급	호텔 롯데	1,151	을지로 30
중구	5성급	밀레니엄서울힐튼	680	소월로 50

의료관광호텔업은 의료관광객의 숙박에 적합한 시설 및 취사도구를 갖추거나 숙박에 딸린 음식, 운동 또는 휴양에 적합한 시설을 함께 갖추어 주로 외국인관광객에게 이용하게 하는 업이다.

호텔업은 사업을 하기 위해 등록을 해야 하기 때문에, 각 시설별 등록 기준을 갖추어야 한다. 관광호텔업은 욕실 또는 샤워시설을 갖춘 객실이 30실 이상이어야 하며, 외국인에게 서비스 제공이 가능한 서비스체제를 갖추어야 하고, 부동산의 소유권 또는 사용권이 있어야 한다. 단, 회원을 모집하는 경우에는 소유권을 확보해야 한다. 수상관광호텔업은 수상관광호텔이 위치하는 수면은 「공유수면관리법」 또는 「하천법」에 따라 관리청으로부터 점용허가를 받아야 하며, 욕실 또는 샤워시설과 수세식 화장실을 갖춘 객실이 30실 이상이어야 한다. 외국인에게 서비스 제공이 가능하도록 외국어 구사가 가능한 자를 고용해야 한다. 특히 주의해야 할 사항은 수상 오염방지를 위한 오수저장 · 처리시설 및 폐기물 처리시설을 갖추고 있어야 한다. 한국전통호텔업의 경우는 건출물은 한국인의 전통 주거생활을 나타내는 모습이어야 하며, 이용자의 불편이 없도록 욕실이나 샤워시설을 갖추고 있어야 한다. 외국인에게 서비스의 제공이 가능하도록 외국어 구사가 가능한 자를 고용하고, 외국인에게 서비스 제공이 가능한 서비스체제를 갖추고 있어야 한다. 가족호텔업은 가족단위의 관광객이 이용할 수 있는 취사시설이 객실별로 설치되어 있거나 각층별로 공동 취사장이 설치되어 있어야 한다. 특히 객실별 면적이 19m2 이상이어야 한다. 기존의 호텔업과는 달리 가족과 함께 한다는 전제 하에 취사시설과 객실의 면적을 강조하고 있다. 외국인에게 서비스를 제공할 수 있는 체제를 갖추고 있어야 하며, 부동산의 소유권 또는 사용권이 있어야 하는데, 다만 회원을 모집하는 경우에는 소유권이 있어야 한다.

2016년 「관광진흥법」의 개정을 통해 새로운 트렌드에 맞추어 분류된 호스텔업은 배낭여행객 등 개별 관광객의 숙박에 적합한 객실을 갖추고 있어야 하며, 이용자의 불편이 없도록 화장실, 샤워장, 취사장 등의 편의시설을 갖추고 있어야 한다. 외국인 및 내국인 관광객에게 서비스를 제공할 수 있는 문화 · 정보 교류시설을 갖추어야 함이 특징이며, 또한 대지 및 건물의 소유권 또는 사용권을 확보하고 있어야 한다.

소형호텔업의 등록 기준은 욕실이나 샤워시설을 갖춘 객실을 20실 이상, 30실 미만으로 갖추고 있어야 한다고 정의하고 있다. 이는 일반 타 호텔업이 객실 30실 이상이어야 등록기준을 갖춘 것으로 하고 있지만, 소형 호텔업이기에 그 객실 규모에 있어서 객실수는 한정하고 있다. 그리고 두 종류 이상의 부대시설을 갖추어야 한다. 다만, 「식품위생법 시행령」 제21조 제8호 다목에 따른 단란주점업, 그리고 같은 제8호 라목에 따른 유흥주점영업 및 「사행행위등규제및처벌특례법」 제2조 제1호에 따른 사행행위를 위한 시설을 둘 수 없도록 하고 있다. 이는 소형의 규모에서 도덕적인 운영의 기반을 명확히 하고 있음을 보여주는 기준이기도 하다. 또 조식 제공, 외국어 구사가 가능한 인력 고용 등 외국인에게 서비스를 제공할 수 있는 체제를 갖추고 있어야 한다. 그리고 대지 및 건물의 소유권 또는 사용권을 학보하고 있어야 한다. 다만 회원을 모집할 경우에는 소유권을 확보하고 있어야 한다.

의료관광호텔업의 등록기준은 의료관광객이 이용할 수 있는 취사시설이 객실별로 설치되어 있거나 층별로 공동취사장이 설치되어 있어야 한다. 욕실이나 샤워시설을 갖춘 객실이 20실 이상이어야 하며, 객실 면적은 19m^2 이상이어야 한다. 그리고 「학교보건법」 제6조 제1항 제12호, 제15호, 제19호 및 같은 법 시행령 제6조 제1호에 따른 영업이 이루어지는 시설을 부대시설로 두지 아니한다고 하고 있다. 의료관광호텔업이기 때문에 의료관광객의 출입이 편리한 체계를 갖추고 있어야 하며, 외국어 구사가 가능한 인력을 고용하는 등 외국인에게 서비스를 제공할 수 있는 체제를 갖추고 있어야 한다.

의료관광호텔 시설이란, 의료관광호텔의 부대시설로 「의료법」 제3조 제1항에 따른 의료기관을 설치할 경우에는 그 의료기관을 제외한 시설을 말한다. 대지 및 건물의 소유권 또는 사용권을 확보하고 있어야 하며, 의료관광호텔업을 등록하려는 자는 외국인환자 유치 의료기관의 개설자 또는 유치업자이어야 한다.

이상의 내용을 볼 때 소형 호텔업을 제외하고는 객실 30실 이상을 갖추고 있어야 하며, 외국인에게 서비스할 수 있는 능력을 갖춘 자를 고용하고 서비스체제를 갖추어야 함을 알 수가 있다. 또 가족호텔업과 호스텔업의 경우 취사시설이 필요하다. 또 회원을 모집할 경우는 반드시 대지의 사용권이 아닌 소유권이 있어야 함을 알 수 있다.

숙박업인 콘도미니엄Condominium은 같은 토지에 대해 두 나라 이상이 공동지배권을 가지고 있다는 라틴어에서 유래된 것으로 '공동소유권'을 의미한다. 이러한 의미를 가진 콘도미니엄은 유럽의 기업들이 종사원들의 복지를 위해 운영하기 시작하면서 오늘날 보편화되었다. 콘도미니엄이란 어원에서 나타나 있듯이, 동일한 건물에 대해 여러 명이 공동으로 소유권을 가지고 있으며, 그 시설의 관리는 특정한 단체 혹은 법인에 의해서 행해지게 된다.

우리나라는 「관광진흥법」에서 휴양콘도미니엄업을 관광객의 숙박과 취사에 적합한 시설을 갖추어 이를 당해 시설의 회원, 공유자 기타 관광객에게 제공하거나 숙박에 부수되는 음식 · 운동 · 오락 · 휴양 · 공연 또는 연수에 적합한 시설을 함께 갖추어 이를 이용하게 하는 업을 말한다. 현재 콘도미니엄은 국민관광의 발전과 복지관광이라는 측면에서 활성화되어 국민이 보편적으로 이용하고 있는 숙박의 형태로 발전하였다.

휴양콘도미니엄업의 경우 등록기준은 첫째, 같은 단지 안에 객실이 50실 이상 되어야 하며, 관광객의 취사, 제재 또는 숙박에 필요한 설비를 해야 한다. 매점과 또는 간이매장이 있어야 하며, 다만 수개의 동으로 단지를 구성할 경우에는 공동으로 설치를 해야 한다. 이외에도 문화체육공간 등과 같이 관광객의 이용에 적합한 공연장, 전시관, 미술관, 박물관, 수영장, 테니스장, 축구장, 농구장(사업계획 승인 관청이 적합하다고 인정하는 기타의, 그 밖에 관광객이 이용하기 적합한 문화체육공간을 1개소 이상 갖추어야 한다. 다만 수개의 단지를 구성할 경우에는 공동으로 설치할 수 있고 관광지, 관광단지 또는 종합휴양시설 안에 소재할 경우에는 이를 설치하지 않아도 된다.

호텔업과 콘도미니엄업의 등록기준 객실수 차이

구 분	객실수	기 타
호텔업	• 소형호텔업 : 20실 이상 30실 미만 • 관광호텔업, 한국전통호텔업, 수상관광호텔업, 가족호텔업, 호스텔업, 의료관광호텔업 : 30실 이상	
휴양콘도미니엄업	• 단지 내 50실 이상	• 매점 등의 시설 필요 • 문화체육공간 1개소 이상 필요

위에서 호텔을 우리나라의 법적인 측면에서 분류해 보았지만, 규모나 격식 또는 호텔요금에 따라 분류하면 중저가호텔Lower Price Hotel, 딜럭스호텔Deluxe Hotel, 고급 비즈니스호텔Executive Business Hotel, 슈퍼 딜럭스호텔Super Deluxe Hotel로 구분할 수 있다.

중저가 호텔의 경우 객실요금이 10만원 이하로 경제적인 호텔을 말한다. 시설적인 측면에서는 객실 150실 이하의 관광호텔로, 서양식 레스토랑, 커피숍, 밥을 기본으로 갖추고 있으며, 부대시설로 중 · 소 연회장을 갖추기도 한다. 또한 규모가 적은 피트니스센터(사우나 · 헬스클럽 등)를 갖추기도 한다.

딜럭스호텔의 경우 객실요금이 15만원 이상 30만원 이하 호텔로, 시설의 측면에서는 객실 200실 이상의 관광호텔로, 서양식 레스토랑, 커피숍, 바를 기본으로 갖추고 있으며, 비즈니스센터, 부대시설로 대 · 중 · 소 규모의 연회장을 갖추고 있다. 또한 피트니스(사우나, 수영장, 헬스클럽 등)를 갖추고 있다.

고급 비즈니스호텔의 경우, 객실요금 30만원 이상 80만원 이하의 호텔로, 시설 측면에서는 객실 350실 이상의 특급호텔이다. 서양식 레스토랑, 커피숍, 바를 기본으로 갖추고 유명 국가별 전문레스토랑, 라운지를 갖추고 있다. 비즈니스센터를 운영하며, 비즈니스 전용 귀빈층EFL 라운지 서비스가 제공되기도 한다. 오락시설로 나이트클럽, 이벤트쇼, 카지노를 갖추기도 하며, 컨벤션센터나 대연회장을 갖추고 있기도 한다. 피트니스센터 시설로 사우나, 수영장 헬스클럽 등을 갖추고 있다.

슈퍼 딜럭스호텔의 경우, 객실요금은 200만원 이상의 호텔을 말한다. 시설 측면에서는 객실 600실 이상되는 특급호텔을 말한다. 모든 객실은 스위트룸 급이다. 서양식 레스토랑, 커피숍, 바를 기본으로 갖추고 있으며, 유명 국가별 전문레스토랑, 라운지를 운영한다. VIP 멤버십센터를 운영하며, 비즈니스 전용 귀빈층 라운지를 운영하면서 버틀러서비스를 제공한다. 이외에도 비즈니스센터를 운영하고 쇼핑센터를 갖추고 있다. 오락시설로 나이트클럽, 이벤트쇼, 카지노를 할 수 있는 시설을 갖추고 있다. 컨벤션센터나 대연회장을 갖추고 있으며 피트니스시설로 수영장, 헬스클럽, 사우나 등을 운영한다.

4. 호텔기업의 특성

호텔은 타 기업과 달리 서비스가 주요 상품 중의 하나로 현장 경영이 매우 중요한 산업 중의 하나이다. 호텔기업은 일반적으로 알고 있는 표면적인 지식보다 훨씬 복잡하고 독특한 이해관계를 형성하고 있다. 이러한 특성으로 인해 호텔기업의 경영은 시대의 흐름과 경제 · 사회적인 제반 여건과 환경의 변화에 매우 민감하게 반응하므로 경영자 및 구성원 모두는 능동적으로 대처하고 앞서갈 수 있는 기술과 안목이 중요시 된다.

따라서 호텔에서 생산, 판매하는 상품의 특성과 호텔 문화의 특수성을 이해하는 것이 필요하다. 특히 호텔기업은 타 산업과 비교하여 운영상 · 시설상의 차이를 보이고 있는데, 이러한 차이는 결국 이해 관련자들이 기대하는 만족의 차이를 보이게 되고, 환경적 요소들이 미치는 영향의 중요성 정도에 차이를 보이게 된다. 따라서 호텔기업은 타 산업과 어떠한 차이를 보이고 있는지를 검토하는 것이 호텔기업을 효율적으로 경영하고 기업을 이해하는데 도움이 된다.

1) 경영상의 특성

(1) 높은 초기 투자비와 낮은 자본 회전율

호텔기업은 시작할 때 타 기업에 비해 토지구매 관련 비용, 건축 관련 비용, 시설 및 설비투자 비용 등 이러한 고정자산에 투자되는 비용이 총 투자비용의 65~80%에 이르는 구조를 가지는 장치산업의 특성을 가지고 있다. 특히 호텔기업의 경우 호텔의 위치가 기업을 운영하는데 있어서 매우 중요한 요소이기 때문에, 좋은 위치의 토지 매입을 위해 드는 비용이 매우 크다. 특히 건물 자체를 떠나 호텔 내의 모든 인테리어 및 비품과 소모품 등 최고의 상품을 이용하는 경우가 많기 때문에 초기 투자비용이 여타 일반 기업을 하는 경우와는 근본적으로 다르다. 예를 들어, 내부 인테리어는 물론이고 이태리 대리석, 휘황찬란한 샹들리에, 격조 높은 집기와 비품, 품격 높은 기물, 그림, 고급 카펫, 최고급의 침구류, 호텔 출입 고객의 재산과 인명보호를 위한 자동감시카메라 시설 등 여타 기업을 운영하기 위해 드는 비용과는 그 격차가 매우 높다.

이렇게 고정자산에 투입되는 비용이 높기 때문에 투자자의 투자를 어렵게 하는 요인이 되고 있으며, 운영자금에 있어서 어려움을 가중시키는 요인이 되기도 한다. 또한 고정자산에 투자되는 비용이 잘못 투자되면 상당한 손실을 유발하기도 한다. 예를 들어, 처음 호텔을 건축할 때 객실의 크기가 너무 협소하거나 잘못된 시설이나 인테리어로 분위기에 영향을 미치게 되면, 고객이 느끼는 서비스의 만족도까지 영향을 미치게 된다. 이를 개선하기 위해 드는 추가비용 또한 운영비에 부담을 가진다. 이렇게 초기에 많은 투자비용의 투입으로 인해 자본의 회전속도는 타 기업에 비해 느리게 되며, 또한 인건비는 다른 제조업에 비해 높게 나타나고, 객실에 투숙객이 있든 없든 간에 일정 수준의 시설 및 냉 · 난방시설은 가동해야 하기 때문에 고정비용의 지출이 많은 것이 특징이다.

(2) 계절 및 기간에 따른 수요 차이

호텔기업은 계절적 · 기간적 특성에 따라 고객의 수요 차이가 매우 크게 발생한다. 예를 들어, 관광 성수기에는 객실의 수요가 증가하여 매출액이 증가하지만, 비수기에는 수요량이 급격히 감소하여 매출액이 작아지는 등 수요의 변동성이 크고, 이런 현상으로 인해 비수기 운영에 대한 대비가 반드시 있어야 한다. 이는 수요의 변화에 따라 상품의 공급을 조절하여 생산할 수 있는 성격의 상품이 아니기 때문에 이에 대한 특징을 고려한 운영 계획이 필요하다.

예를 들어, 리조트호텔의 경우 여름이나 겨울에는 많은 고객이 찾아오지만, 기타 계절에는 고객의 수요가 급격히 떨어진다. 이를 위해 다양한 이벤트 및 고객 유인을 위한 정책 마련이 필요하다. 이에 비해 도심지에 위치한 비즈니스호텔의 경우 주중에는 많은 고객이 호텔을 찾지만, 주말에는 오히려 고객의 수요가 거의 없기 때문에 최근에는 호캉스 등의 전략적 정책을 통해 고객의 수요를 증대시키는 정책을 활용하고 있다. 이에 비해 식음료 업장이나 연회장의 경우 연말 · 연초에는 많은 고객이 밀리지만, 기타의 기간 동안은 급격히 줄어든다. 또한 식재료에 있어서도 제철 식재료를 활용하게 되면 객단가를 낮출 수 있지만, 계절이 달라짐에도 불구하고 동일가격으로 판매하는 데에는 문제가 발생할 수 있어 이에 대한 전략이 필요하다.

이와 같이 호텔기업의 성 · 비수기 수요량의 차이는 투자 규모, 인력구조, 운영자금 규모의 설정에 어려움을 가중시키는 결과를 가져온다. 계획생산의 불가능은 시장수요에 능동적인 대응이 불가능하다는 단점을 가지고 있으며, 수요에 따라 동일상품의 경우도 가격이 달라지는 전략적인 가격전략이 매우 중요한 기업이다.

(3) 호텔시설 및 설비, 비품의 조기 노후화

호텔기업을 경영하기 위해서는 항상 여유의 운영자금 확보가 필요하다. 가장 큰 이유 중의 하나가 시설에 대한 정기적인 리노베이션Renovation이 필요하기 때문이다. 이는 불특정 다수가 호텔시설을 이용하기 때문에 시설의 조기 노후화 현상이 발생하기 때문이다. 예를 들어, 가정에서는 가족들만이 시설을 사용하기 때문에 가족들이 애정을 가지고 시설을 활용하고 있지만, 호텔의 경우 다양한 민족과 문화적 특성을 가진 고객들과 다양한 신분의 고객들이 이용하기 때문에 생활문화의 차이 등으로 인해 시설 사용법이 다르고 그 시설물을 공유한다는 개념이 강하여 사용에 있어서 쉽게 망가지게 된다. 따라서 수시로 시설과 설비에 대한 관리가 필요하며, 시기에 따라 수시로 교환 및 교체가 필요하기 때문에 이를 위한 운영자금의 확보가 필요하다.

이외에도 호텔은 고급의 인테리어를 활용하고 있는데, 인테리어 역시 유행이 있어 최첨단의 트렌드를 반영한 인테리어로의 교체가 필요하다. 따라서 이를 위해서라도 여유 운영자금을 항상 확보해야 한다. 최근에는 컴퓨터시스템의 변화가 신속히 이루어지기 때문에 호텔경영을 위해 사용하는 각종 컴퓨터뿐만 아니라, 고객이 객실에서 사용하게 되는 시설물과 기물들, 특히 와이파이WiFi 역시 자주 업그레이드 해주어야 한다. 예전에는 D&DDo not Disturb 카드를 객실 손잡이에 걸어두었다면, 최근에는 나이트 테이블에 버튼의 작동으로 대체되고 있다. 이와 같이 시설, 설비, 비품들을 트렌드에 따라 수시로 교체해야 한다.

(4) 비생산적 공공의 장소 확보 필요성

에밀리츠 팰리스호텔의 로비 및 복도 전경

호텔은 영업을 위한 공간 외에도 고객을 위한 서비스 공간을 갖추어야 한다. 일반건축물과 달리 건물의 외향과 내부 인테리어에도 비용을 투자해야 하며, 모든 공간을 영업 및 수익을 내는 공간으로 가득 채울 수 있는 공간이 아니라, 고객에게 서비스를 제공하는 여분의 공간 확보가 필요하다.

일반 사무실이나 제조업의 경우, 고객을 위한 별도의 무료로 제공하는 공간이 필요하지 않지만, 호텔의 경우 로비Lobby와 같이 고객이 무료로 사용할 수 있는 공간이 필요하다. 특히 로비의 경우는 호텔의 얼굴이며 비생산적인 공공장소로 호텔에서 호화롭고 많은 투자가 이루어지는 공간이다. 이는 직접적인 수입을 창출하는 공간은 아니지만, 고객에게 제공되는 서비스 공간이다. 높은 지가와 건축비의 부담을 가지면서도 호텔의 이미지를 위해 중요한 공공의 장소이다. 이와 같이 호텔의 경우 직접적인 수익을 창출하기보다는 간접적인 측면에서 서비스 공간으로 사용되는 공공의 장소에 대한 확보가 필요하다.

라스베이거스 벨라지오호텔 로비 옆의 정원

2) 운영상의 특성

(1) 인적서비스의 높은 의존성

호텔의 경쟁력은 정감 있는 미소가 생명이다. 이는 인적인 서비스가 곧 상품의 질을 결정하는 주요한 요인이 된다는 것을 의미한다. 일반적으로 호텔의 대표적인 상품을 객실과 식음료, 그리고 기타 부대시설 등과 같은 유형적인 상품으로 말하고 있지만, 이 유형적 상품에 종사원의 서비스가 포함되어 하나의 상품으로 고객에게 판매된다. 특히 호텔 기업은 노동집약적인 성격이 강하므로 인적자원에 대한 의존도가 타 기업에 비해 크다고 말할 수 있다. 또한 기계문명의 발달은 모든 산업을 기계화 · 자동화했지만, 호텔사업은 제공하는 상품에 있어서 자동화나 규격화하는 데에는 한계가 있다. 따라서 잘 훈련되고 교육받은 종사원에 의해 상품이 판매될 때 고객의 태도가 결정되므로, 호텔 내부에서는 종사원들을 조직적인 훈련과 교육으로 기업의 의사결정에 참여하게 함으로써 종사원들의 애사심과 소속감을 증진시켜 종사원들의 근로환경까지도 신경을 써야 한다. 종사원들이 자신이 일하고 있는 호텔에 만족감을 느낄 때 자연스럽게 나오는 좋은 서비스는 곧 고객만족으로 이어진다.

고객이 친절과 미소가 없는 호텔의 상품을 구입하였다면, 그 만족도는 급락할 것이다. 호텔의 생명은 훌륭하고 격조 높은 시설, 저렴한 객실요금, 맛있는 음식보다 항상 상냥하고 따듯한 미소가 넘쳐나는 그런 호텔을 고객은 원하고 있다. 따라서 서비스종사원을 위한 교육을 호텔기업 운영자는 중요시하고 있다. 고객에게 세련되고 우아한 서비스를 제공해야 하는 종사원의 입장에서는 다양한 여러 계층의 고객에게 직무수행과 관련한 서비스를 제공한다는 것은 육체적 · 정신적으로 많은 스트레스와 피로를 느끼게 된다. 이를 잘못 관리하게 되면 고객에 대한 서비스의 질에 차질을 가져오게 된다. 따라서 호텔은 종사원도 또 다른 기업의 고객으로 인식하고, 종사원들을 위한 복지시설 및 제도를 중시해야 한다. 호텔 내에는 근무한 종사원이 유니폼을 갈아입을 수 있는 라커뿐만 아니라, 최근에는 짧은 시간의 휴식을 위해 로커에 안마의자를 설치하여 피로를 해소할 수 있도록 하기도 한다. 종사원의 정신적 · 육체적 컨디션이 고객서비스에 영향을 미칠 수 있기 때문에 종사원의 밝은 모습은 호텔상품의 질 또한 증가할 수 있는 특성을 가진다.

(2) 365일 연중무휴 운영

호텔기업은 1년 365일 오픈해서 문을 닫는 그날까지 지속적으로 영업이 이루어져야 하는 곳이다. 식음료부문의 영업장은 부분적으로 개장시간과 영업의 종료시간이 있지만, 객실영업은 1일 24시간, 1년 365일 모든 시간이 영업시간이다. 따라서 고객이 필요할 때 항상 대기하는 자세로 임해야 한다. 이로 인해 호텔기업에서는 접객 부서의 경우 종사원의 2교대 또는 3교대로 스케줄Schedule 운영을 실시하고 있다. 해당 부서의 팀장은 필요종사원 수나 종사원별 스케줄을 작성하여 업장을 운영하게 된다.

(3) 부서 간 협업 및 협동의 중요성

조직 내 부서별 · 집무별 협력과 통합 · 조정이 긴밀히 이루어져야 하는 특성을 지닌다. 이는 객실판촉을 담당하는 마케팅 부서와 실질적인 고객을 접객하고 서비스하는 객실 부서 간에 긴밀한 협조가 없이는 고객에게 일관된 서비스를 제공할 수가 없게 된다. 또한 프런트오피스Front Office 부서와 하우스키핑Housekeeping 부서는 매우 긴밀한 유대로 업무를 진행해야 한다. 즉 하우스키핑 부서 소속의 객실정비원이 객실을 청소하고 객실상황을 신속히 바꿔놓아야 프런트 데스크에서 고객을 등록시키고 객실을 신속하게 배정할 수 있게 되는 것이다.

이 밖에도 호텔의 모든 업무는 부서 간에 업무에 대한 신속하고 긴밀한 협조가 있어야 보다 양질의 서비스로 고객에게 다가갈 수가 있다.

(4) 인적 · 물적 · 시스템적 조화로움

경쟁적으로 비싼 요금을 지불하고 이용하는 고객은 평범하거나 낡고 유행이 지난 시설이나 분위기의 호텔에서 투숙하기를 희망하지 않는다. 따라서 호텔의 물적 시스템은 다양한 고객의 욕구와 만족을 위해 유행에 편승하여 항상 최적으로 유지되고 최고급으로 관리되어야 한다. 그리고 따듯하고 친절한 인적서비스에 호화스럽고 격조 높은 시설과 상품을 기초로 이를 연계하여 최상의 상품으로 고객에게 전달할 때 호텔의 무한경쟁력을 지닌다. 영업장의 PS시스템, 호텔 내의 전 라인 컴퓨터 네트워크시스템으로 영업장 정산업무, 보고서업무와 백오피스의 재고업무, 감사업무, 경영분석업무가 원터치로 이루어지는 완벽한 시스템의 구축과 초고속 무선 인터넷망과 유비쿼터스Ubiquitous 혁명으로 호텔 내의 U-컴퓨팅U-computing시스템의 완벽한 구축 등의 조화가 필요하다. 따라서 호텔기업은 인적 · 물적 · 시스템적 조화가 잘 구성될 때 경쟁력 있는 차별화된 상품이 만들어질 수 있다.

3) 호텔상품의 특성

(1) 공급의 한계성과 소멸성

호텔의 대표적인 상품 중의 하나인 서비스는 종사원들에 의해 이루어지는 부분이 많기 때문에, 어느 한 종사원이 대 고객서비스가 매우 좋다고 하여 그 종사원의 대 고객서비스를 저장해 두었다가 다른 종사원이 조금씩 이용할 수 있는 것이 아니다. 호텔은 그날 하루에 판매할 수 있는 가능한 객실상품이 한정되어 있어 고객의 요청에 따라 객실상품을 필요에 따라 증가시킬 수가 없다.

호텔 객실상품이나 연회상품은 저장도 불가능하다. 그날 판매해야 할 객실은 정해져 있기 때문에, 오늘 판매되지 못한 객실을 내일 다시 판매할 수가 없다. 즉 공장에서 만들어지는 제품처럼 오늘 판매되지 않은 제품을 또는 재고들을 저장창고에 보관했다가, 수요가 증가하는 시기에 판매하는 제품과는 달리, 오늘 판매되지 않은 객실을 일반 공장에서 만들어지는 상품처럼 보관창고에 저장해두었다가 다음날 판매할 수 있는 것이 아니다. 이를 호텔상품의 비저장성 또는 소멸성, 부패성이라는 특성으로 부른다.

(2) 입지의 중요성

호텔은 다른 제조업과는 달리 이동이 불가능하여 고객에게 상품이 옮겨지는 것이 아니라, 상품이 있는 곳으로 고객이 찾아와야 한다. 고객이 호텔의 입지나 위치가 맘에 들지 않는다고 하여 호텔을 다른 곳으로 이동시킬 수는 없다. 따라서 신규호텔을 계획할 경우 가장 중요시되는 것이 위치이다. 이를 위해서는 환경조사 분석을 철저히 해야 한다.

(3) 표준화의 한계성

국제적인 체인호텔에서는 전 세계 고객에게 제공하는 서비스의 질과 상품의 질을 일정수준으로 맞추기 위해 모든 업무에 대해 표준화를 실시하고 있다. 하지만 서비스란 고객 개개인의 특성에 따라 동일한 서비스도 달리 느끼게 되기 때문에, 모든 고객에게 동일하게 접객할 수는 없다. 이는 고객들의 국적, 문화적 배경, 교육 정도, 직위 등에 따라 그에 따른 서비스도 달라져야 하기 때문에 모든 것을 표준화하기는 어렵다.

(4) 기계화의 제약성

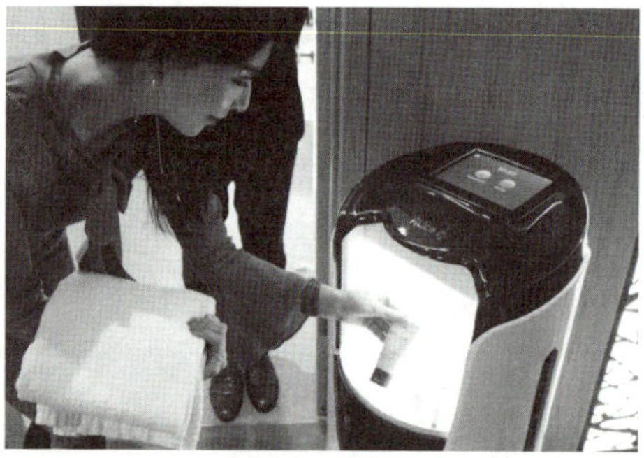
코트야드 메리엇 보타닉 파크호텔의 국내 최초 AI서비스 운반 K-robo 로봇

호텔상품은 물적 상품 이외에도 인적 상품인 서비스가 매우 중요하다. 고객에게 미소로 인사하고 고객 각자의 취향을 파악하여 그에 맞는 서비스상품을 제공하는 것은 그 시점마다 고객의 상태를 파악해야 제공할 수 있는 것이다. 객실을 판매 가능한 상태로 정돈하는 일, 객실 혹은 식음료상품의 제공과 관련하여 서비스하는 일 등은 인적인 서비스 의존도가 높고, 기계화를 하는데 한계점을 가지고 있다. 이것은 물리적 · 기술적인 한계성만을 내포하고 있는 것은 아니다.

최근 들어 레스토랑의 홀에서 서비스를 제공하는 일을 로봇으로 대체하고 있기도 하지만, 로봇에게 서비스를 받는다는 것은 잘 숙련된 예의 바르고 밝은 미소를 띤 종사원으로부터 받는 서비스와는 차이가 있다. 제4차 산업혁명과 더불어 선행한다는 의미에서 서울의 한 호텔에서는 벨서비스 중 일부를 로봇이 대체하여 새로운 서비스에 대한 개념을 고객에게 제공한다는 의미에서는 높이 평가되고 있지만, 서로 교감이 이루어지는 서비스상품에 있어서는 기계화의 제약이 많이 따른다.

(5) 종합 엔터테인먼트의 장

호텔에서는 객실과 식음료에 대한 상품 이외에도 종합 엔터테인먼트 프로그램을 운영하고 있다. 무역박람회 개최, 카지노 게임장, 유명 공연 및 멋지고 호화로운 쇼Show, 국제 유명 서커스공연, 다양한 이벤트 등, 그리고 피트니스센터에서는 운동과 건강을 위한 스파 및 테라피를 운영하고 있다. 이외에도 쇼핑몰을 제공하기도 한다.

이와 같이 호텔은 단일상품을 판매하는 곳이 아니라 여러 가지 특성을 지닌 상품을 복합적으로 판매하는 특성을 지닌다. 이런 특성으로 한 가지 상품을 통해 얻는 만족감은 다른 상품으로부터 받은 상처를 치유할 수도 있고, 그와 반대로 한 상품으로부터 받은 만족감이 다른 상품으로 인해 호텔에 대한 전체 이미지가 하락할 수도 있다. 따라서 호텔에 들어온 고객에게는 호텔을 떠나는 순간까지 최선을 다해 고객이 만족할 수 있도록 모든 부서의 종사원이 협업을 통해 서비스해야 한다.

라스베이거스 윈 호텔의 공연장

4) 환경상의 특성

호텔사업은 정치 · 경제적인 외부환경 변화에 매우 민감하게 반응한다. 정치적으로 불안하거나 경제적으로 상황이 어려울 때는 관광객의 이동이 감소하게 된다. 이는 바로 호텔 사용 고객수의 하락과 연계된다. 또한 호텔정책에 대한 법률적 지원 및 규정 등에 매우 민감한 영향을 받는다. 예를 들어, 외국인 영세율 적용에 대한 특별법은 호텔 매출에 많은 영향을 미친다. 이와 같이 호텔은 외부환경에 민감하다. 최근에는 이로 인해 호텔 등급심사 규정에 테러에 대한 대비상태까지 그 규정의 한 요소로 채택하고 있다.

이외에도 사회적 환경과 발맞추어 환경보호를 위한 노력도 함께 진행하고 있다. 호텔 객실 및 식음료 업장에서 나오는 수많은 세탁물로 인한 환경오염 및 훼손을 최소화하기 위해 그린카드제도를 실행하기도 하고, 넛지Nudge 이론을 도움받아 고객으로 하여금 함께 환경운동에 동참하도록 유도한다. 법적인 제도의 변화로 인해, 과거에 비해 급증하고 있는 의료관광객을 위한 의료관광호텔업에 대한 운영이 가능하게 되었으며, 인건비에 대한 비중을 최소화하기 위해 인건비 비중이 높은 식음료 업장의 축소가 진행되어 식음료 업장을 부대시설로 구분하기도 하고, 각종 행사를 유치하기 위해 연회장을 확대하기도 한다. 외국인관광객 유치를 위해 외국인들에게 부가가치세 영세율이 적용되기도 하여 수익에도 도움이 된다. 이는 호텔 자체의 경영적 문제가 아니라 사회 전반의 환경에 직업적 영향을 민감하게 받는 호텔 기업의 특성이기도 하다.

제2장 호텔 객실의 개요

1. 호텔 객실의 개념

호텔이란, 호텔을 방문하는 고객에게 식사와 객실을 제공하는 곳이며, 특히 숙박은 호텔에 있어서 가장 대표적인 상품이다. 그러므로 대부분 호텔에서의 객실 매출은 가장 큰 단일소득원이며 다른 모든 서비스의 매출액을 합한 것보다 객실 매출이 더 많다. 즉 호텔의 객실은 다른 영업장에 비해 원가의 비중이 낮은 편이며, 운영비용이 적게 들어 수익률에 있어서는 호텔의 다른 영업장과 비교하여 매우 높다. 이외에도 호텔 내 객실점유율이 높아지면 그만큼 고객의 수가 증가하여 다른 영업장의 매출도 증가시킬 수 있는 긍정의 역할을 한다. 특히 객실은 높은 이익의 마진Profit Margin을 주기 때문에 호텔경영 이익의 주요 부분을 차지한다.

하지만 객실은 고정비용이 높은 특성이 있다. 고정비용의 주요 구성은 감가상각비, 인건비, 시설의 유지 · 관리비 등이 있는데, 이러한 비용은 판매와 관계없이 일정하게 발생한다. 객실에 고객이 머물게 되면, 추가적으로 소요되는 비용은 수도 · 광열 비용, 소모품 비용, 세탁 비용 등이 발생하여 객실판매에 따라 추가적으로 소요되는 변동비용은 낮은 반면, 고정비용은 높은 비중을 차지한다. 따라서 객실을 판매하게 되면 수익은 증대되는 반면, 객실을 판매하지 못하는 경우 고정비용의 손실이 매우 커진다는 특징이 있다. 이러한 특성으로 인해 객실점유율은 경영목표의 달성에 영향을 미친다. 이러한 이유로 객실부문은 전문가에 의해 관리되고 운영되어야 경영 효율성을 높일 수 있다.

객실 운영의 측면에서 살펴보면, 시설물 및 설비를 관리하는 하우스키핑Housekeeping 부문과 객실상품의 판매와 서비스가 중심이 되는 프런트오피스Front Office 부문으로 나누어진다. 즉 객실정비와 관련된 부문과 객실판매와 관련한 부문으로 구성된다. 숙박의 주요 영향요소인 객실은 고객이 호텔에 투숙하여 퇴숙할 때까지 전 과정에 걸쳐 관련되는 종합적인 부문이다.

이렇게 호텔 내에서 주요한 부분을 차지하고 있는 호텔 객실에 대한 개념을 살펴보면, 객실(客室)은 문제 그대로 '고객을 위한 방'이다. 이러한 객실이란 단어는 여객선 및 크루즈상품과 항공기, 열차 등에서는 '손님이 타는 방'이란 뜻으로 사용된다.

그러나 호텔 객실이란 '손님을 거처(居處)하게 하거나 접대하는 방'이란 뜻으로 사용된다. 이와 같이 객실이란 의미가 가지고 있는 그 기능은 비슷하다고 볼 수 있다. 다만 호텔 객실의 경우 숙박 기능이 주요 목적이라고 본다면, 여객선 및 크루즈 상품과 항공기, 열차의 객실은 '이동'이 주요 목적이라고 볼 수 있다.

항공 객실

크루즈 객실

호텔 객실

『웹스터Webster사전』에서는 객실을 '벽에 의해 분리된 건축물 내의 공간 또는 유사한 공간의 벽 등에 의해 분리된 공간'으로 정의하고 있다. 현대적 의미에서의 객실은 '고객에게 편안한 휴식과 조용하고 안락한 잠자리의 장소로 제공하는 건축물 공간의 일부'라고 할 수 있다.

2. 호텔 객실의 특성

호텔 객실은 호텔경영의 측면에서 다양한 특성을 지니고 있지만, 그 대표적인 특성으로는 크게 세 가지로 구분해 볼 수 있다.

첫째, 비저장성이다. 호텔 객실은 당일 판매되지 않으면 저장해두었다가 다음날 다른 고객에게 다시 팔 수 없는 시한성(時限性) 상품이다. 즉 당일 재고가 발생하지 않는다. 객실은 오늘 판매되지 않으면 당일 상품의 가치를 소멸해 버린다. 이는 호텔 객실뿐만 아니라 항공, 기차, 크루즈와 같은 이동의 개념을 가지고 있는 객실도 동일한 객실만이 가지고 있는 특성이다.

둘째, 생산과 소비의 동시성이다. 호텔의 고객이 호텔 객실상품을 구매하기 위해 다른 곳에서 배달시킬 수 있는 것도 아니고, 택배를 받아 사용할 수 있는 것도 아니다. 반드시 호텔 객실을 사용하고자 하는 고객이 상품(객실)이 있는 곳으로 이동해야 하는 특성을 가지고 있다. 따라서 고객이 객실을 구매하고 객실로 들어오는 순간부터 객실상품은 소비되는 것이며, 고객이 퇴실하고 나서 룸메이드가 객실을 새롭게 청소하고 정리가 완료되면 바로 새롭게 새로운 객실상품이 생산된다.

셋째, 고정비의 비율이 높다. 호텔 객실 중 판매되지 못한 객실이 존재하더라도 호텔경영의 측면에서는 일정의 인건비, 최소의 광열비 등 고정비는 지속적으로 지불해야 한다. 따라서 호텔 객실 운영에 대한 고정비 비중이 커서 판매되지 않은 경우, 객실 수익률은 이중으로 저하(수익↓ 비용↑)된다고 볼 수 있다. 따라서 호텔 객실의 경우는 경영적 측면에서 객실가격, 점유율, 시장점유율 등을 고려하여 최대의 수익을 얻고자 하는 수익률 관리Yield Management가 필요하다.

수익률 관리의 개념은 항공 좌석(객실)의 수익률 관리를 위해 처음 개발된 개념이지만, 모든 객실의 특성을 지니는 상품에 적용된다고 할 수 있다. 따라서 일반 공장에서 만들어져 판매되는 제품과 완전히 다른 개념에서의 가격전략 및 경영전략이 필요하다.

3. 호텔 객실의 기능

1) 호텔 객실의 기본조건

일반적으로 호텔 객실을 생각할 때는 숙박에 대한 개념부터 떠오르게 된다. 그렇기 때문에 객실을 기업의 주요 상품으로 하는 호텔을 숙박업이라고 구분하기도 한다. 이와 같이 호텔 객실은 다양한 기능 중 숙박기능을 감당하는 주거공간이다. 숙박의 기능을 중심으로 보았을 때 호텔 객실은 다음과 같은 기본조건을 갖추어야 한다.

첫째, 안정성이다. 고객이 호텔 객실에 투숙해 있는 동안 보안적인 측면에서의 안정성이 반드시 필요하다.

둘째, 쾌적성이다. 호텔 객실 내의 온도나 맑은 공기, 환기, 햇볕 및 햇빛이 적절하여 고객이 머무는 동안 쾌적함을 느낄 수 있어야 한다. 최근에는 미세먼지에 고객들이 매우 민감한 반응을 보이고 있어, 객실 내 공기청정기를 마련하여 객실 내 공기까지도 신경을 쓴다. 특히 동남아시아의 경우에는 기후가 습기를 많이 머금고 있기 때문에, 객실만큼은 습도가 적은 쾌적함이 고객만족도에 영향을 미친다.

셋째, 청결성이다. 다양한 고객이 호텔 객실을 사용하기 때문에 항상 고객이 머물고 간 자리를 청결하게 유지하여, 다음 고객이 호텔 객실을 사용하더라도 새것처럼 청결해야 한다. 그래서 호텔에서는 청결성에 대한 무형성의 상품을 유형화하는 작업의 일환으로 욕실의 변기를 청소한 후 종이 띠를 씌워 호텔 객실에 체크인Check-in한 고객이 처음으로 사용함을 알려준다. 또한 욕실 휴지뿐만 아니라 객실에서 사용하는 휴지 등을 삼각형Hospitality Triangle으로 접어두어 고객으로 하여금 룸메이드가 정돈한 후 처음 사용한다는 개념과 그로 인해 객실의 깨끗함을 인식토록 제공한다. 호텔 객실이 시각적으로 아무리 깨끗하다 하더라도 호텔 객실 내에서 냄새가 난다면, 고객의 입장에서는 청결한 객실이라고 느낄 수 없다. 따라서 호텔 객실 내에서 나는 냄새도 제거하여 상쾌하고 깔끔한 객실을 제공해야 한다. 또한 침구류도 항상 청결하게 준비하여 고객에게 제공해야 한다.

넷째, 편리성이다. 고객이 호텔 객실 내에서 움직이는 동선이 편리하도록 가구 및 소모품이 비치되어 있어야 하며, 항상 이를 점검해야 한다. 또한 여러 가지 시설 및 용품의 사용부분에 대한 안내서 및 설명서 등을 비치하여, 다른 사람의 도움 없이도 편안하게 호텔 객실용품 및 시설을 이용할 수 있도록 해야 한다.

다섯째, 개인생활의 보호이다. 호텔 객실에 투숙한 고객에 대해서는 철저히 고객의 생활을 보호해야 하며, 투숙 시 기록한 등록카드 상에 나와 있는 고객의 정보도 누출되지 않도록 해야 한다. 최근 개인정보 보호에 대한 법이 강화되고 있지만, 과거에도 호텔에서는 고객의 모든 개인정보를 철저히 관리하며 고객이 호텔 객실 내에서 무엇을 하든 철저한 보안을 유지하고 있다.

여섯째, 정숙이다. 호텔 객실 외부, 즉 옆 객실이나 복도에서 들려오는 소음이 모두 제거될 수 있도록 객실을 설계해야 하며, 호텔 객실 내부에서 발생하는 소음도 최소화해야 한다. 특히 최근에는 호텔 객실 내에 설치되어 있는 냉장고의 소음에도 민감한 고객들이 많기 때문에 냉장고와 냉·난방, 환기시설로부터 들리는 작은 소음도 제거해야 한다. 과거 일부 호텔에서는 객실 내의 소음이 복도에 전달되어 고객들의 대화가 전달되지 않도록 하기 위해 복도에 백그라운드 뮤직Back-ground Music을 틀어 객실의 소리가 음악에 묻혀 정확히 들리지 않도록 신경을 쓰기도 하고, 복도를 걸어가는 고객들의 대화 내용이 객실에 전달되지 않도록 하였다.

2) 호텔 객실의 다양한 기능

호텔 객실을 숙박 고객의 활동적 측면에서 살펴볼 때, 다음과 같이 세 가지 기능으로 분류할 수 있다.

객실 기능	수면의 공간	자유의 공간	위생의 공간
내 용	휴식의 공간	거실 및 다목적 공간	욕실 및 화장실

첫째, 수면 및 휴식공간의 기능이다. 고객의 육체적 피로 및 정신적 피로를 회복하는데 수면은 큰 역할을 한다. 따라서 호텔 객실은 편안하고 안락한 침대와 침구류를 고객에게 제공한다. 따라서 고급호텔에서는 고객의 특성에 맞는 베개와 다양한 종류의 이불을 준비하는 경우도 많다. 예를 들어, 민감한 고객을 위해 거위털, 오리털, 양모의 이불을 준비한다든지 베개의 높이를 다양하게 준비하기도 한다.

수면의 공간 : 휴식의 공간

자유의 공간

위생의 공간

이외에도 편히 휴식을 취할 수 있도록 소파 등을 제공하기도 한다. 고객만의 휴식시간을 위해 외부에 나가서 식사하는 것이 귀찮거나 불편한 고객을 위해, 룸서비스를 제공하여 보다 안락한 시간을 보낼 수 있도록 돕고 있다. 또한 편안히 휴식을 취할 수 있도록 조명에도 신경을 써서 나이트 테이블과 스탠드 램프 등을 이용하여 객실 내의 분위기를 고객 스스로 편안하게 조절할 수 있도록 제공하고 있다.

둘째, 자유 공간으로의 기능이다. 호텔 객실은 집의 거실 기능을 가지고 있어 TV나 영화를 시청할 수도 있고, 음악을 들을 수도 있으며, 경우에 따라서는 워킹 테이블Working Table 및 다양한 비즈니스 업무를 볼 수 있는 인터넷과 팩스 등을 갖추어 업무도 볼 수 있는 다목적의 공간으로 자유롭게 이용되기도 한다. 이외에도 손님접대를 하는 공간으로 이용되기도 한다.

객실 내 룸서비스

객실 내 워킹 테이블

셋째, 위생공간으로의 기능이다. 객실 내의 욕실공간은 유일하게 배수설비를 하는 공간이다. 고객이 세면 및 목욕, 세척 및 배설 등 생리적 행위를 할 수 있도록 제공되는 공간이다. 특히 욕실은 실수로 인해 넘어지거나 다칠 수 있는 부분이 많기 때문에 욕실 내 고무매트 등 다양한 안전장치를 하게 된다. 또한 여성들을 위해 비데를 설치하는 호텔들도 많다.

이상과 같이 호텔 객실은 하나의 공간 내에 복합적 기능을 가지고 있다. 따라서 공간 사용을 위한 고객 동선의 효율성을 고려한 평면구성이 반드시 필요하다.

4. 현대 호텔 객실의 변화

1) 수익 및 비용에 최적화된 시설

(1) 객실 형태의 표준화

체인호텔들의 경우는 객실의 규모, 시설, 비품 등을 표준화하고 규격화하고 있다. 이는 표준화하여 운영상의 효율성을 강조하기 위함이다. 예를 들어, 객실의 규모와 모든 집기류의 배치 표준화는 룸메이드가 객실을 청소하고 정리할 때 표준화된 객실이기 때문에 매뉴얼대로 신속하게 처리할 수 있다. 이는 룸메이드들의 숙련도를 증대시킬 수 있는 방법이기도 하다. 이를 통해 룸메이드가 하루에 처리할 수 있는 객실수를 증대시키거나 더욱 정확하게 정리할 수 있도록 하기 위함이다. 또한 초보자의 경우도 객실 형태가 균일하고 표준화되어 있기 때문에 신속히 업무에 적응할 수 있고 신속한 서비스가 이루어질 수 있다. 또한 신속하게 정리된 객실로 인해 객실의 판매가 원활해질 수 있다는 장점이 있다.

(2) 디럭스 호텔 객실규모의 확대와 소모품의 고급화

최근 호텔의 규모 및 서비스가 양극화되는 현상이 나타남과 동시에, 고급 호텔 객실의 규모와 침대 규모가 확대되며 고급화가 이루어지고 있다. 침대규모의 확대는 최근 고객들의 체격이 커지고 있기 때문이다. 또한 수면만큼은 타인의 방해 없이 넓고 편안한 곳에서 잘 수 있기를 희망하고 있기 때문이다. 즉 침대의 사이즈가 커지는 만큼 객실의 규모도 대형화되고 있다.

중저가 호텔의 경우는 객실 내의 시설물 및 설비를 최소화해 가는 반면, 고급 호텔의 경우는 오히려 스위트룸 중심으로 객실을 구성하거나 객실당 유니트Unit 규모를 확대하고 있다. 특히 소모품을 고급화하여 고객의 차별화된 심리적 욕구를 충족시키기 위한 노력을 지속하고 있다. 최근 들어, 욕실 내 소모품의 경우도 친환경 재료를 사용하는 상품으로 변화를 꾀하거나, 명품의 브랜드를 비치하는 등 디럭스 호텔 고객만이 사용할 수 있는 소모품의 고급화를 통해 호텔의 이미지를 확고히 하고 있다.

이외에도 호텔을 처음 계획할 때도 일반적인 표준 객실Standard Room의 규모를 축소하고 스위트룸Suite Room과 같은 고급 객실의 비중을 높이고 있다. 특히 과거에 단순히 위생의 공간으로 인식되어 오던 욕실의 경우도 에스테틱 또는 테라피 공간의 의미로 확대되고 있다. 따라서 목욕젤라, 목욕소금, 바디로션, 양치액 등을 비치하고 있다. 또한 커피머신을 배치하여 고객들의 객실 내 커피의 고급화가 이루어지고 있다. 욕실과 객실의 공간 구분 없이 한 공간에 배치하여 객실 자체를 온전히 고객이 전유하여 사용한다는 개념을 확대시키고 있으며, 이외에도 일부의 호텔에서는 객실 내에서 간단히 운동할 수 있는 운동기구를 배치하여 최근 건강에 대한 관심이 확대되고 있는 고객의 특성에 맞추어가고 있다.

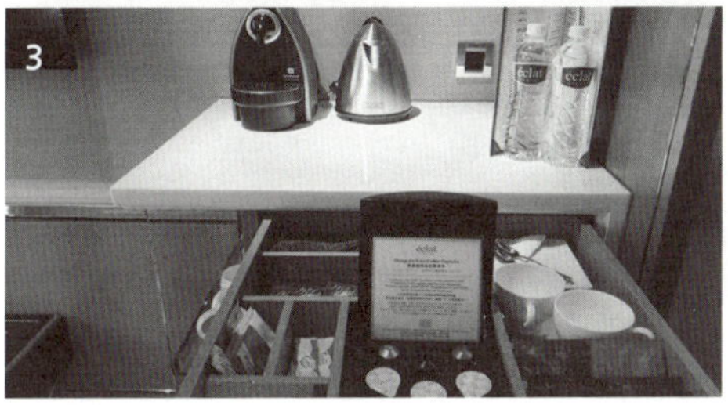

1 파크 하얏트 서울 : 식물성 원료만을 사용하여 만드는 '이숍' 제품을 사용
2 신라호텔 : 친환경 브랜드 '몰튼 브라운' 사용
3 대만 에끌라호텔 : 미니바 '캡슐 커피머신' 배치

2) 인공지능이 결합된 객실서비스

최근 국내 호텔에서는 인공지능AI : Artificial Intelligence이 결합된 객실서비스 상품이 등장하기 시작하였다. 노보텔 앰버서더 서울 동대문호텔 & 레지던스에서는 2019년 12월부터 호텔 내 로봇서비스를 시작하였으며, 호텔의 로봇서비스는 KT에서 선보인 '기가지니호텔'의 진화된 버전으로 말이나 터치로 객실용품을 요청하면 엔봇이 고객이 요청한 객실용품을 직접 가져다주는 벨맨서비스를 하고 있는 것이다.

서비스를 최초로 시작한 호텔은 서울 마곡에 위치한 코트야드 메리어트 바이 보타닉 파크호텔로 '코트야드 로봇을 뜻하는 코봇'이다. 이 로봇은 K-robo(케이로보)사(社)의 운반 로봇으로 자율주행이 가능하도록 호텔 내 모든 공간을 데이터화시키는 매핑작업을 마치고, 로비와 각층 복도를 오가며 고객이 요구하는 물품을 배달하는 서비스를 제공한다. 메이필드호텔에서는 2019년 초반부터 콘셉트 객실에 KT의 기가지니를 비치하여 고객이 음성으로 "전원을 켜주세요."라든지 "음악을 들려주세요."라고 하면 지시에 따라 서비스가 제공된다.

서울 웨스틴 조선호텔은 레스토랑, 공연, 전시, 뷰티 등 다양한 도시 관광투어 등 101가지 정보를 제공하는 '스마트 컨시어지'서비스를 국내 호텔 최초로 도입하고, 고객맞춤형 투어서비스를 제공하고 있다. 이 서비스가 가능한 것은 총 101개의 정보를 QR코드에 담아 고객에게 제공하도록 하고 있기 때문이다. 객실에는 QR코드 안내문을 배치하여 호텔을 방문한 전 고객들이 직접 101가지 정보를 손쉽게 받아볼 수 있도록 하고 있다.

노보텔 앰버서더 서울 동대문호텔 & 레지던스의 '엔봇(N-Bot)'

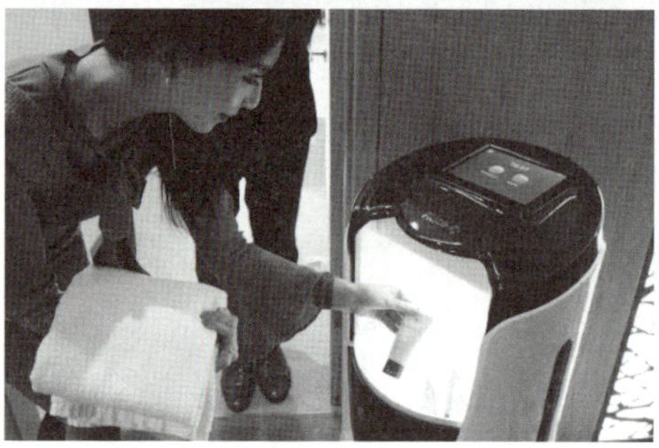

코트야드 메리어트 서울 보타닉 파크의 '코봇'

서울 웨스틴조선호텔의 QR코드 적용한 '스마트 컨시어지'

이러한 서비스 외에도 체크인과 체크아웃을 셀프로 할 수 있는 키오스시스템의 도입으로 고객이 호텔에 도착하여 체크인과 체크아웃을 위해 오랜 시간 기다리지 않고 직접 업무를 진행할 수 있도록 서비스하는 호텔도 있다.

명동 나인트리호텔의 셀프 체크인, 체크아웃시스템

5. 호텔 객실의 분류 및 종류

호텔 객실의 종류는 객실의 위치, 침대수, 크기, 이용목적 등으로 다양하게 분류될 수 있다. 이러한 분류기준 중에서 특히 침대 수는 호텔의 고객 구성에 영향을 받는다. 단체고객이 많은 호텔은 트윈 객실의 수가 상대적으로 많고, 신혼여행객의 비중이 많은 곳은 더블 및 스위트 객실의 비중이 높다. 고급 고객을 주요 타깃으로 하는 호텔에서는 상대적으로 스위트 객실과 같은 넓은 객실과 큰 사이즈의 침대 및 고급스런 내장 등을 갖춘 객실의 비중이 일반 객실에 비해 많으며, 올 스위트All Suite 개념으로 호텔 객실을 구성하는 경향이 있다.

호텔 객실의 면적은 객실의 형태와 침대의 수 및 가구설비의 종류나 크기에 따라 각각 다르다. 싱글이나 더블 및 트윈과 같이 전 세계적으로 제시되고 있는 객실 형태Type가 있으나, 특실이나 전통적인 형태의 객실(온돌)은 그 기준이 정해져 있지 않다. 우리나라의 경우 특실은 26m^2 이상, 한실(온돌)은 19m^2 이상으로 하고 있다.

세계적인 객실면적의 예

기준(m^2)

구 분	도심호텔	리조트호텔	비즈니스호텔
Single Room	16.0(4.84평)	22.0(6.66평)	10.5(3.18평)
Double Room	17.5(5.30평)	23.5(7.12평)	N/A
Studio Room	26.0(7.87평)	34.0(10.3평)	N/A
Twin Room	26.0(7.87평)	33.5(10.15평)	13.5(4.09평)

침대의 종류와 규격

종 류	길 이	폭	비 고
Single Bed	75inch(187.5cm)	39inch(97.5cm)	
Double Bed	75inch(187.5cm)	54inch(135cm)	
Queen Bed	80inch(200cm)	60inch(150cm)	
King Bed	80inch(200cm)	78inch(195cm)	
Extra Bed	75inch(187.5cm)	39inch(97.5cm)	Roll Away Bed

자료 : http://www.bayberrymall.com/feather.htm

1) 침대 종류와 수에 의한 분류

(1) 싱글룸Single Room

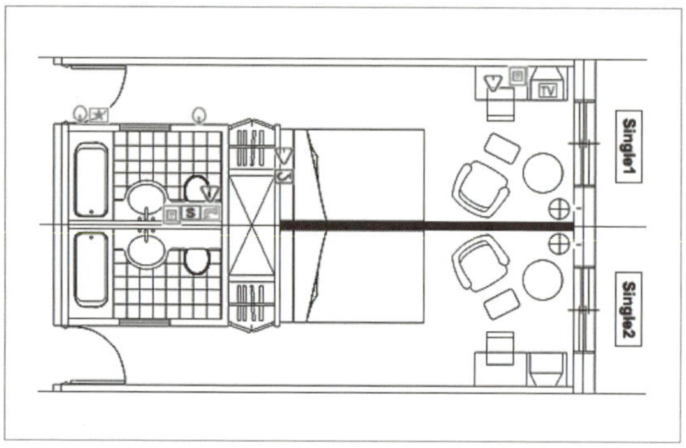

홀리데이인 서울 싱글룸 도면

싱글룸SWB : Single Bed Room With Bath, SB : Single Bed Room이라 불리며, 객실에 1인용 침대 1개가 준비되어 있다. 1인용 침대로 그 크기는 대개 세로 195~200cm, 가로 85~100cm, 높이 35~48cm 정도이면 적당하다. 얼마 전까지는 비즈니스호텔에 싱글 베드룸이 많았으나, 최근에는 여행객 중에 동반자 여행이 많고 체격이 커지면서 싱글 룸이 줄어들고 있다. 이와 같이 객실 내에는 1인 사용 용도로 꾸며져 있던 싱글 룸은 최근 주로 유럽 등지에서 흔한 형태이나, 국내에서는 거의 볼 수가 없다.

오사카 컴포트호텔

포 포인츠 바이 쉐라톤 하코다테

(2) 더블룸Double Room

더블룸DWB : Double Bed Room With Bath, DB : Double Bed Room으로 불리며, 2인용 침대 1개가 비치되어 있어 2인 사용이 가능한 객실이다. 크기는 대개 세로 195~200cm, 가로 140~160cm, 높이 35~48cm이다. 일반적으로 부부가 아니면 더블침대에 2인이 이용하질 않는다. 따라서 신혼여행객이 많은 지역의 호텔이나 휴양지 호텔Resort Hotel에 많이 준비되어 있다.

파크 하얏트 디럭스 더블룸

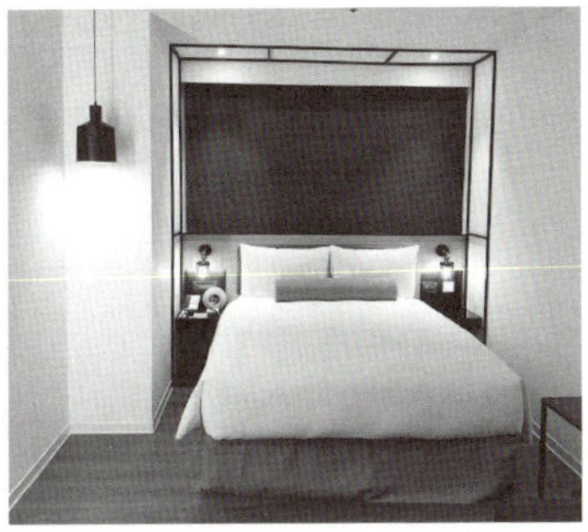

대만 시저 메트로 타이페이호텔 더블룸

(3) 세미-더블룸Semi-double Room

더블베드의 약 4분의 3 크기의 침대로 쓰리-쿼터 베드룸Three-quarter Bed Room이라고도 한다. 일반적으로 크기는 세로 195~200cm, 가로 110~130cm, 높이 35~48cm가 적당하다. 이러한 침구의 형태는 최근 세계적으로 체형이 커지면서 싱글룸의 싱글베드가 세미-더블베드 사이즈로 전환되고 있는 추세이다. 국내에서는 싱글룸에는 기존의 싱글베드가 아닌 세미-더블베드가 있으며 이를 싱글룸이라고 한다. 하지만 아직도 유럽에서는 싱글룸과 세미-더블룸을 분리하여 고객에게 제공하기도 한다.

(4) 트윈룸Twin Room

트윈룸TWB : Twin Bed Room with Bath, TB : Twin Bed Room으로 불리며, 이는 1인용 침대가 두 개 비치되어 있어 2인 사용이 가능하다. 단체의 일행이 사용하기에 편리한 객실이다. 특히 비즈니스호

제주 신라의 가족 트윈룸

텔의 경우 더블룸의 비중보다 트윈룸의 구성비를 더욱 높게 책정하여 운영하는 경우가 많다. 일본인의 경우 신혼여행객일지라도 더블베드보다 트윈 객실을 선호한다.

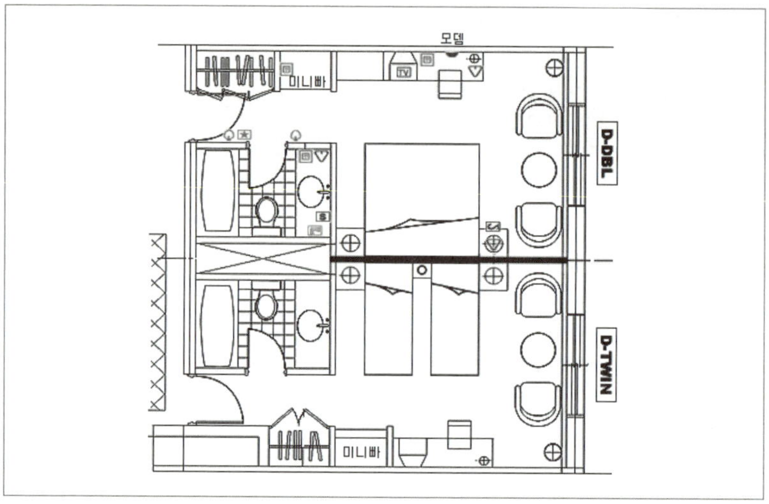

홀리데이인 서울의 더블룸과 트윈룸 도면

(5) 스튜디오룸Studio Room

스튜디오룸STWB : Studio Bed Room with Bath, STB : Studio Bed Room, ST/B : Studio Room으로 불리며, 변형시킬 수 있는 침대 1개(낮-소파, 저녁-침대로 사용)가 비치되어 있다. 2인이 함께 사용할 수 있는데, 이는 주간에는 침대를 벽쪽으로 붙이고 사무실로 객실을 이용할 수 있다. 미국의 스타틀러 호텔에서 처음으로 시도했다고 하여 스타틀러 베드라고도 부른다. 이는 소파 베드의 결점을 보완한 침대 형태라 볼 수 있다. 비즈니스호텔에서 객실의 공간을 효과적으로 활용할 수 있는 형태로 호평을 받는 침대이다. 이러한 형태의 룸은 국내에서는 아직 도입되지 않고 있으나, 유럽이나 미주에서는 사용하는 호텔들이 있다.

(6) 스위트룸Suite Room

스위트룸Sut/R : Suite Room, Sut/B : Suite with Bath으로 불리며, 보통 객실의 두 배로 침실과 응접실이 별도로 있는 객실이다. 주로 전망이 좋은 장소(바닷가, 호수가, 강가 등)에 위치하며 일반 객실

No.를 사용하지 않고 특별한 이름을 붙인다. 예를 들어, 왕실Royal, 왕자Prince, 공주Princess, 대통령President, 대사Ambassador, 황제Emperor 또는 황제의 룸Imperial Room이나 꽃 이름을 주로 사용한다.

그랜드 하얏트의 스튜디어 스위트

부산 파라다이스의 스위트룸

밀레니엄 서울 힐튼의 스위트룸

서울 쉐라톤의 디큐브 이그젝큐티브 스위트룸

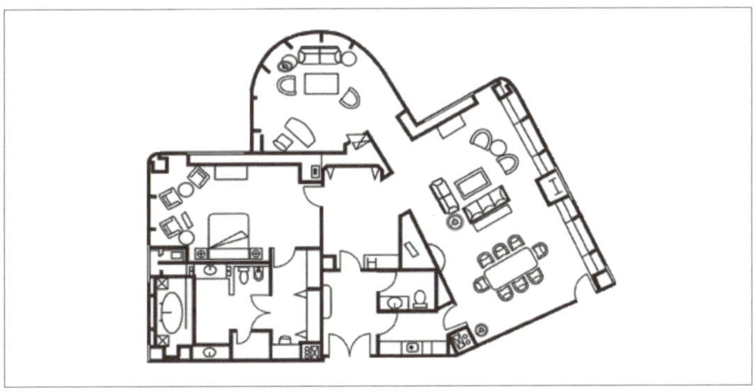

코엑스 인터콘티넨탈 프레지던트 스위트룸의 도면

호텔에 따라 스위트룸은 그 구성이 다양한데, 경우에 따라 욕실에 스팀사우나를 넣기도 하고, 호텔 유니트Unit의 구성을 다양하게 하여, 적게는 두 개의 유니트부터 한 층을 모두 사용하는 펜트하우스까지 그 구성이 매우 다양한 객실이 스위트룸이다.

(7) 트리플룸Triple Room

트리플룸TPL/B : Triple with Bath, TPWB : Triple Room with Beth, TPB : Triple with Bath으로 불리며, 트윈베드룸에 보조침대Extra Bed를 추가로 제공한다. 따라서 3인의 사용이 가능하다. 보통 단체고객이나 가족을 동반한 고객의 요청에 의해 준비된다.

대만 저스트 슬립 시먼딩호텔의 트리플룸

니코호텔 트리플룸

(8) 트윈 베드룸의 다양한 형태 중 싱글-더블 베드룸Single-double Bed Room

싱글베드 한 개와 더블베드 한 개로 구성된 것이며, 3인의 사용이 가능하다. 디럭스 트윈Deluxe Twin 또는 패밀리 트윈Family Twin이라고도 한다. 단체나 가족을 동반한 고객의 요청이 있을 경우 제공한다. 최근 싱글-더블 형태의 트윈이 증가하는 추세이다.

(9) 트윈 베드룸의 다양한 형태 중 더블-더블 베드룸Double-double Bed Room

더블베드 두 개가 비치되어 있으며 4인의 사용이 가능하다. 이 역시 디럭스 트윈Deluxe Twin 또는 패밀리 트윈Family Twin이라고도 한다. 고급호텔의 경우 일반 트윈과 차별화하기 위해 운영하기도 하며, 최근에는 고객들의 취향이 점차 객실 규모가 큰 것을 원하는 추세이다.

(10) 헐리우드룸Hollywood Room

최근 한국 내 일부 특급호텔에서 사용하는 베드의 형태로, 헤드보드Headboard는 하나이나 싱글 또는 더블베드를 두 개 붙여 설치하는 베드의 형태를 말한다. 이는 함께 붙어서 잠을 자기는 하되, 옆 사람의 움직임으로 잠을 깊이 들지 못하는 경우를 방지하기 위해 침대를 두 개 설치하여 붙여놓고, 하나의 침대처럼 여겨지도록 하는 형태이다.

유럽호텔과 일본호텔의 헐리우드 베드룸

(11) 온돌방Ondol Room

우리나라의 전통객실Traditional Korean Style Room or Korean Style Room로 바닥에서 수면을 취할 수 있는 객실의 형태이다. 지방 호텔이나 휴양지 호텔의 경우 구성비가 높은 편이며, 노인층이나 컨벤션 등 특별한 모임으로 대규모 숙박을 원하는 고객을 위한 객실로 이용되고 있다.

롯데호텔 온돌룸

서울 프라자 온돌 스위트

제주 신라 온돌룸

특별베드

① 엑스트라 베드Extra Bed

싱글침대와 비슷한 크기이나, 보조침대로서 롤어웨이 베드Rollaway Bed라고도 한다. 이동하기 편하도록 접을 수 있다. 헤드 보드와 풋 보드가 없는 간편한 침대로 투숙객 한 사람이 추가되었을 때 비상용으로 쓰인다.

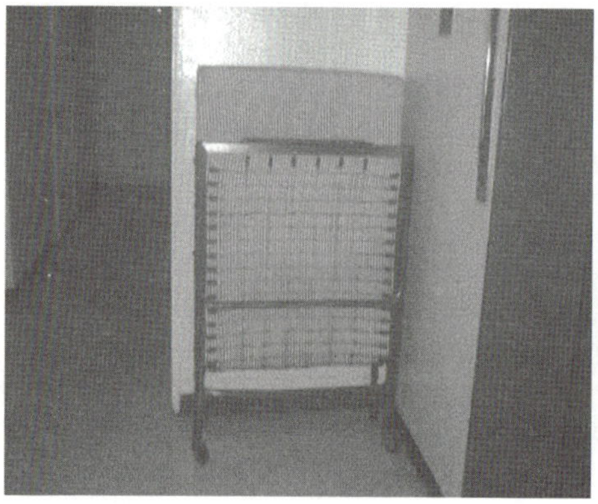

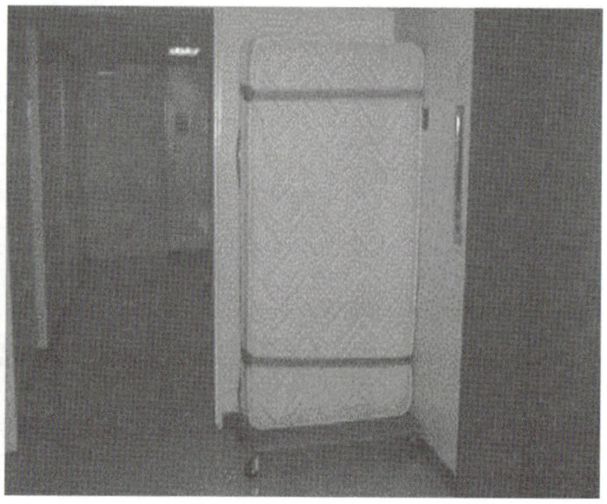

이동을 위해 엘리베이터 앞에 세워 둔 엑스트라 베드

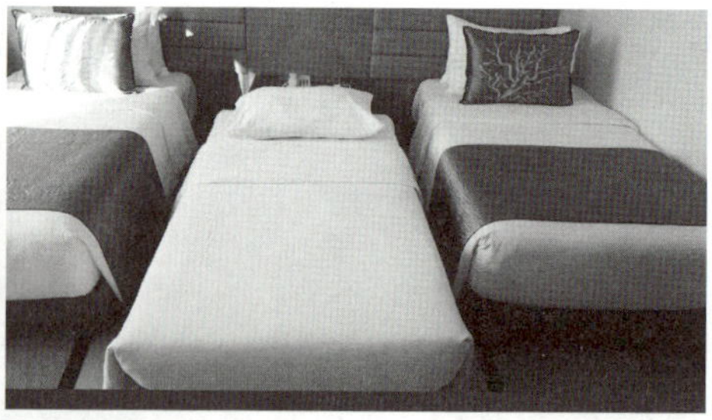

객실에 설치된 엑스트라 베드

② 베이비 크립Baby Crib

베이비 코트Baby Cot라고도 한다. 유아용 침대로 크기는 다양하다. 침대의 사각 위에는 어린이가 떨어지지 않도록 가름대를 걸쳐놓아야 한다.

신라호텔 아기침대

제주 롯데 아기침대

③ 카우치 베드Couch Bed

스튜디오 베드와 같은 개념으로 사용되는 주간에는 소파로, 야간에는 침대로 이용하는 침대이다. 크기는 보통 더블베드와 비슷하다. 일반적으로 북미나 아시아에서는 거의 사용하지 않는 형태이지만, 유럽의 경우 사용하는 경우가 있다. 장기체류의 경우 객실 내에서 낮에는 업무를 위해 객실을 거실로 이용하고, 밤에는 침실로 이용하는 경우 사용하게 되는 베드의 형태이다.

부산 롯데호텔의 클럽층의 객실 : 일반 더블베드와 카우치가 있는 모습

2) 이용 목적에 의한 분류

(1) 이그젝큐티브룸Executive Room 또는 이그젝큐티브 플로어룸Executive Floor Room

주로 비즈니스맨Businessman들이 이용하는 객실로, 객실에서 업무를 하면서 휴식을 취할 수 있도록 꾸며져 있다. 특징으로는 첫째, EFLExecutive Floor의 구성요소는 사무용 책상 & 의자, 팩스 라인 설치 또는 임대 등이다. 둘째, EFL 라운지층에 투숙하는 고객에게 아침식사, 음료, 칵테일 등을 무료로 제공한다. 셋째, 회의실로 사용하기 위한 회의용 탁자 & 의자, 비디오, 휴대용 스크린, 컴퓨터, 화이트보드White Board 및 필기도구가 준비되어 있다. 넷째, 소규모 회의실로 일반 사무실과 동일한 개념으로 사무용 책상, 전화, 업무에 필요한 각종 집기가 제공된다. 다섯째, 서비스 인원Service Staf이 오전 6시부터 저녁 10시까지 비서업무 및 정보제공 등의 업무를 제공한다.

신라호텔 이그젝큐티브 라운지

신라호텔의 귀빈층 비즈니스 디럭스룸

JW 메리어트호텔 서울 귀빈층 라운지

(2) 여성 전용객실Woman Floor Room

여성의 사회활동의 참가가 활발해짐에 따라 여성층을 별도로 마련하여 운영한다. 주로 휘메일 프로그램Female Program이라고 하여 객실 내 헤어드라이어, 다림질서비스 및 욕실에 여성전용 면솜, 화장용품, 사우나 시 활용할 수 있는 떼라피용품 등을 제공한다. 최근 들어, 여성들에게 관심이 되고 있는 미용 관련 소모품 및 시설의 이용을 서비스에 포함하기도 한다. 예를 들어, 욕실 내에 허브나 목욕용 소금을 준비하기도 하고, 테라피시설 등을 이용할 시 할인해 주는 서비스도 실시하고 있다. 종종 이벤트서비스로 여성 전용객실 이용 시 여성 화장품류 및 아로마상품 등을 서비스로 제공하기도 한다.

롯데호텔 서울, 여성 전용층 객실

(3) 장기투숙 전용객실Long-term Staying Room

장기 체류자를 위한 객실로 객실 내에는 취사 기능, 사무 기능, 접대 기능 등이 첨가된다. 주로 두 개의 유니트Unit로 구성되어 있어, 하나는 침실, 하나는 사무실 겸 응접실로 사용하며 전자레인지, 싱크대 등이 제공되기도 한다. 대표적인 예로 스위스 그랜드호텔을 들 수 있으며, 강남에는 가족호텔로 등록되어 있는 오크우드 프리미어호텔을 들 수가 있다.

코엑스 오크우드 프리미어 객실

(4) 장애인 전용객실Handicap Room

보건복지부에서는 「장애인 · 노인 · 임산부등의편의증진보장에관한법률」 기준을 마련하여 숙박시설에 있어서도 장애인 전용객실을 설치하도록 하고 있다. 장애자 전용객실로 모든 문이 여닫이식으로 설치되어 있고, 벽에는 손잡이 바Bar가 낮게 설치되어 있으며 스위치 등도 모두 낮게 설치되어 있다. 또한 욕실에는 고객의 안전을 위해 손잡이가 설치되어 있고, 비상호출 버튼이 설치되어 있다. 침대 등의 높이를 휠체어로 이동하기 쉽도록 하였으며 객실 내에 별도의 장애인을 도울 수 있는 가족이나 도우미의 룸을 마련해 놓고 있다.

L7 강남호텔의 장애인실

롯데호텔 부산의
장애인 전담 가이드 운영

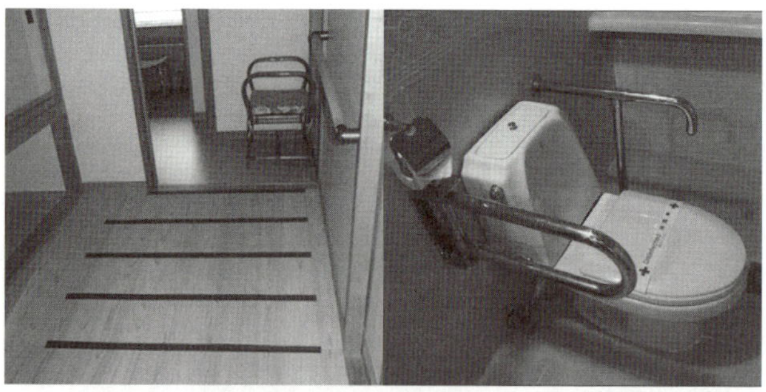

장애인 전용객실 : 벽에 부착된 바와 욕실의 모습
* 왼편 : 객실 벽에 바를 부착하고 바닥은 미끄럼방지 테이프를 붙였다.

3) 객실 위치에 의한 분류

(1) 커넥팅룸Connecting Room

객실이 맞붙어 있으며, 객실과 객실 사이에 통하는 문이 있어 출입이 가능하도록 연결된 방을 의미한다. 객실은 주로 한쪽은 더블베드룸Double Room과 다른 한쪽은 트윈베드룸Twin Bed Room으로 구성되어 있다.

다낭 알레그로 호이안호텔의 커넥팅룸

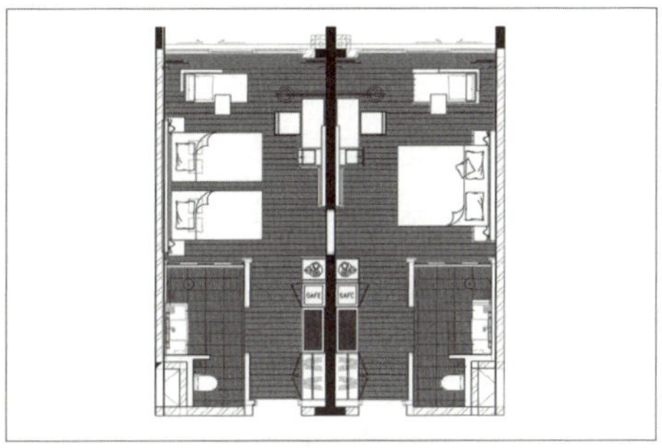

커넥팅룸의 도면의 예

각 호텔들의 커넥팅룸

(2) 어드조이닝룸Adjoining Room

인접된 객실, 즉 나란히 위치하는 객실을 의미하는데, 이 측면에서는 커넥팅룸과 일치하나 객실과 객실 사이에 문이 없다. 어드조이닝룸은 객실의 형태가 다른 것이 아니라, 고객의 객실을 배정할 때 나란히 옆방으로 배치하여 단체고객의 객실 배정 시 가장 먼저 고려되는 형태이다.

6. 객실수의 계산방법

1) 객실수에 의한 호텔의 규모

우리나라에서는 소규모 호텔, 중규모 호텔, 대규모 호텔로 구분하고 있으나, 일반적으로 100실 이하를 소규모 호텔이라고 하고, 100에서 300실 정도의 규모를 중규모 호텔이라고 하며, 300실 이상의 호텔을 대규모 호텔이라고 부른다. 미국의 경우, 25실 이하의 호텔을 소규모 호텔Small Hotel이라 하고, 25에서 100실 정도 규모의 호텔을 보통규모 호텔Average Hotel이라고 한다. 100에서 300실 규모의 호텔을 보통 이상 규모의 호텔Above Average Hotel이라 하고, 300에서 1,000실 정도 규모의 호텔을 대규모 호텔Large Hotel이라 한다. 1,000실 이상의 호텔을 초대형 호텔Mammoth Hotel이라고 한다.

미국의 라스베이거스의 호텔들의 규모는 수천 실에서 수만 실을 보유하고 운영되고 있다. 각국에서 라스베이거스를 찾는 관광객의 수가 많고, 이를 수용하기 위해 라스베이거스 호텔들의 경우 초대형 호텔들의 집산지라고 할 수 있다. 우리나라 서울의 경우는 도심지 호텔로 대부분 비즈니스호텔의 성격을 지니고 있으며, 5성급 호텔의 경우 일반적으로 400~600실 정도의 규모로 운영되고 있다.

2) 유니트 객실의 수

호텔기업이 보유하고 있는 객실수를 대외적으로 공표하는 경우, 즉 호텔을 정부기관에 등록하거나 호텔의 판매촉진을 위한 광고를 하게 될 경우 유니트 객실의 수Number of Rooms Unit를 공표하게 된다. 이유는 호텔의 객실수가 호텔의 규모를 결정짓기 때문이다. 즉 유니트 객실의 수는 공개적으로 발표되는 공칭(公稱) 객실의 수를 의미한다.

호텔의 전체 객실에 대해 하나하나의 칸수를 한 단위 객실로 계산하는 방법이다. 이는 대외적으로 공표된 호텔 전체 객실이 아닌, 건축 시 구성된 기본 객실 형태의 객실 하나하나를 의미한다. 예를 들어, 한 층의 객실수가 16객실이나 총 유니트 객실수는 20객실이 될 수 있다. 이는 한 층에 두 개의 유니트Unit로 구성된 하나의 스위트룸Suite Room이 네 개가 있다는 것을 의미한다. 스위트룸은 두 개의 보통객실로 판매하는 경우도 있다. 호텔의 임원숙소나 창고 등으로 사용되는 하우스 유스룸House Use Room까지도 포함되는 객실의 수이다.

3) 총 객실수

두 개의 객실로 구성된 스위트룸을 단일 객실로 간주하여 총 객실수Number Of Rooms Total를 계산하는 것이다. 이 방법으로 계산된 객실수가 진정한 의미의 총 객실수가 된다. 총 객실수에도 임원 및 직원의 숙소나 린넨룸Linen Room, 창고 등으로 쓰이는 하우스 유스House Use룸을 포함한다.

4) 판매가능 객실수

언제라도 원하는 고객에게 객실을 배정할 수 있는 판매 가능한 객실수의 합계이다. 총 객실수는 하우스 유스룸과 고장난 객실을 포함한 객실수를 말한다. 판매가능 객실수는 하우스 유스룸과 고장난 객실을 제외한 객실로 언제라도 판매할 수 있는 객실수를 의미한다.

호텔 객실층의 단면도

스위트룸						하우스 유스룸	엘리베이터	대기 공간	엘리베이터	하우스 유스룸	고장난 객실				스위트룸
1/2	3	4	5	6	7	8				9	10	11	12	13	14/15/16

스위트룸								고장난 객실								스위트룸
1/2	3	4	5	6	7	8	9	10	11	12	13	14	15	16	17	18/19/20

그림 설명 : 1. 위의 그림 중 밑에 있는 숫자는 유니트(Unit)를 나타냄
2. 왼편의 스위트룸은 두 개의 유니트가 하나의 객실로 만들어짐
3. 오른편의 스위트룸은 세 개의 유니트가 하나의 객실로 만들어짐

위 그림의 경우에는 36개의 유니트(엘리베이터와 대기공간을 제외한 최소 건축구조물의 단위)로 그림상으로 위쪽에 16유니트, 밑쪽에 20유니트로 구성되어 있으나 객실수는 30실이다. 고장난 객실이 2실 있고, 하우스 유스룸이 2실이 있기 때문에 판매가능 객실수는 26실이다. 만약 고장난 객실이 모두 수리되었다면 판매가능 객실수는 28실이 된다.

제3장 호텔 객실의 요금제도

1. 호텔 객실 수입의 개요

호텔기업 경영에 있어서 단위와 척도의 기준은 객실상품이다. 신규호텔을 계획할 때 건축설계에 있어서 객실을 기준으로 작업을 하게 되며, 규모를 이야기할 때도 호텔 내에 다양한 시설이 존재함에도 불구하고 객실수와 면적에 의해 결정된다. 객실경영의 손익분기점도 객실의 점유율 여하에 따라 결정된다. 객실판매로 인한 객실수입은 객실수입 자체만으로 그치는 것이 아니라 호텔영업 수익 전반에 영향을 미친다. 이는 식음료업장의 식음료 판매와 부대업장의 경우도 숙박객수에 많은 영향을 받기 때문에 호텔 객실의 점유율의 증대는 바로 호텔수익의 증대에 절대적인 영향을 미치게 된다.

호텔 내에서 객실상품은 성 · 비수기 고객의 차이와 객실을 이동할 수 없다는 비이동성의 특징과 고정비용의 과다 등 상품판매에 따른 여러 가지 제약조건으로 인해 판매 및 마케팅 활동에 한계를 갖는다. 이를 극복하기 위해 비수기에 객실수요를 증대시키기 위한 전략이 적극적으로 필요하다.

호텔 내에 당일 판매하지 못한 객실이 발생할 경우, 많은 고정비용의 손실을 가져오기 때문에 고객과의 신뢰성, 무형성의 특징을 지닌 서비스의 유형화 작업, 판매시점 관리 등과 같은 전략과 전술을 통해 객실의 구매욕구를 불러일으킬 수 있도록 노력해야 한다. 이를 위해 호텔은 객실가격 정책에 매우 민감하다. 즉 호텔은 객실가격의 차별화를 통해 고객의 구매 욕구를 자극하는 수단이 활용된다. 효율적인 객실가격 정책은 객실점유율을 향상시키고, 성 · 비수기의 매출 및 수익의 격차를 줄여주기 때문에 전반적인 경영활동을 용이하게 해준다. 하지만 호텔 객실가격은 다른 일반 공장에서 제공되는 제품과는 달리 복잡하게 구성되어 있다. 즉 호텔의 객실가격은 순수한 객실가격과 서비스요금, 부가세 등으로 구성되어 있어, 실제로 고객들이 지불하는 객실가격은 순수한 객실가격에 21%를 추가해야 한다. 즉 10만원이 순수한 객실가격이라면, 이 요금에 10%의 서비스요금이 부가되어 11만원이 되면 이 11만원에 10%의 부가세가 부가된다. 따라서 고객은 12만 1천원을 지불해야 한다. 이에 대한 내용을 명확히 명시해야 하고, 고객에게 사전에 확인시켜야 한다. 각국별 서비스 요금에 대한 규정과 부가세에 대한 규정이 다르기 때문에, 고객에게 이를 사전에 안내하지 않았다면 추후 고객이 객실요금을 정산할 때 불만을 표출할 수 있다. 이는 단순히 요금에 대한 고객의 불만사항 이외에도 호텔에 대한 이미지를 결정하게 되어 재방문의 고객을 놓치게 되는 오류를 범하게 된다.

그렇다면, 호텔은 객실요금을 통해 호텔의 수익을 증대시키기 위해 어떠한 노력을 진행해야 할 것인가. 호텔 객실의 점유율뿐만 아니라 판매가능 객실수와 평균 객실가격의 효율적인 비율이 호텔의 수익률을 높일 수 있는 주요 요인들이다.

2. 숙박 형태에 따른 호텔 객실요금제도

호텔요금은 객실요금과 식음료요금, 그리고 부대시설 등에서 사용한 요금으로 크게 세 가지로 나누어 볼 수 있다. 고객이 지불하는 호텔요금에는 객실요금과 식음료요금을 분리하여 각각 별도로 지불하는 유럽식 요금제도European Plan와, 객실요금에 식음료요금을 포함시켜 일괄 계산하여 지불하는 미국식 요금제도American Plan가 있다. 크게 이상과 같이 두 가지로 분류되며, 미국식 요금제도에서 식음료요금에 대한 부분이 수정된 형태의 요금제도가 이용되기도 한다.

1) 유럽식 요금제도

호텔의 전통적인 방법이다. 객실요금과 식음료요금을 분리하여 지불하는 방식으로, 이 경영방식은 고객에게 식사를 강요하지 않으며, 고객의 의사에 따라 식음료요금을 지불할 수 있다. 특히 도시의 호텔에서는 호텔 외부에 전문식당이 많이 있기 때문에, 고객의 식음료 선택의 폭이 다양하다고 볼 수 있다. 또한 도시의 호텔을 이용하는 고객들은 대부분 비즈니스가 목적으로 호텔에 투숙하는 경우가 대부분이기 때문에, 바쁘게 활동하게 되고 업무상 상대 회사의 사람들과 함께 전문식당을 이용하는 경우가 많다. 따라서 세계적으로 대부분의 호텔들이 객실요금과 식음료요금을 별도로 계산하는 유럽식 요금제도European Plan를 택하여 운영하고 있다. 우리나라의 호텔들도 유럽식 요금제도를 택하고 있다.

유럽식 요금제도는 고객이 호텔 내의 식사메뉴와 시간 등에 구애를 받지 않고 자유롭게 식사시간 및 메뉴를 선택할 수 있다는 장점이 있으며, 식사를 하지 않을 경우 경비를 절약할 수도 있다. 또한 취향에 따라 충분한 시간을 가지고 식사를 할 수 있는 장점도 지니고 있다. 특히 도시에 위치하고 있는 비즈니스호텔의 경우 호텔 외부에서 고객의 취향에 맞는 다양한 식사를 즐길 수 있다. 대부분 개별고객의 경우 유럽식 요금제도를 선호하고 있으며, 단체고객의 경우는 조식이 포함된 요금제도를 선호하고 있다.

2) 미국식 요금제도

숙박요금에 식사요금을 포함하는 요금제도이다. 휴양지호텔과 같이 호텔 주변에 식당시설이 호텔에 적합한 요금제도이다. 이 요금제도는 순 미국식과 수정 미국식 두 가지의 형태로 운영될 수 있다.

(1) 순 미국식 요금제도Full American Plan / Full Pension

객실요금에 식음료요금을 포함하는 요금제도로, 휴양지 호텔과 같이 호텔 주변에 식당시설이 없는 호텔에서 미국식 요금제도의 적용이 많이 이루어지고 있다. 순 미국식 요금제도는 식사요금이 하루 3식을 모두 포함하고 있기 때문에, 풀 플랜Full Plan, 또는 풀 팡숑Full Pension이라고 불리기도 한다. 이러한 방식은 여행사의 패키지투어Package Tour에 의해 투숙하는 고객에게 많이 적용하는 방식이다. 휴양지호텔과 유람선에서 채택하고 있는 요금제도로, 주로 투숙객에게 체크인 시 특별식권Extra Meal Coupon을 제공하여 정해진 식당에서 식사를 할 수 있도록 한 것이다. 이 요금제도는 객실요금에 3식의 식사가 의무적으로 포함되기 때문에, 경우에 따라서는 고객의 취향에 맞지 않는 식사메뉴가 포함될 수도 있으며 경우에 따라서 고객이 식사를 하지 못하게 될 경우도 요금은 환불되지 않는다.

(2) 수정 미국식 요금제도Modified American Plan

순 미국식 요금제도를 수정하여 객실요금에 3식 중 1식을 빼고 2식에 대한 요금을 객실요금에 포함하는 요금제도이다. 관광객의 경우 낮에는 관광시간으로 활용하게 되기 때문에 점심을 호텔에서 하지 못하는 경우가 발생한다. 따라서 하루 2식은 호텔에서 식사하도록 하는 요금제도를 수정된 미국식 요금제도Modified American Plan라고 하기도 한다. 이는 세미 팡숑Semi Pension, 하프 팡숑Half Pension, 또는 데미 팡숑Demi Pension, 듀얼 플랜Dual Plan이라고도 한다.

미국식 요금제도는 식사를 모두 호텔에서 할 수 있기 때문에 식사메뉴 선택을 위한 고민을 할 필요가 없고, 정해진 시간에 규칙적으로 식사를 할 수 있다는 장점이 있으며, 호텔측에서는 메뉴가 한정되고 고객의 수를 예측할 수 있기 때문에 원가절감 및 운영의 효율성을 높일 수 있다는 장점이 있다. 하지만, 고객의 입장에서는 메뉴선택의 폭이 적고 만약 식사를 지정된 시간에 하지 못했을 경우 비용만 지불하는 결과를 초래한다. 호텔측의 입장에서는 제한된 시간 내에 식사를 제공해야 하기 때문에 충분한 공간 확보 및 서비스 인력의 확보가 필요하다.

※미국식 요금제도의 경우, 호텔에서 경영관리를 위해 객실료와 식사요금을 구분하여 회계처리를 해야 한다. 그 이유는 부문별 원가계산, 부문별 매출액 산출 등 호텔의 경영분석 상 반드시 필요한 부분이기 때문이다.

3) 대륙식 요금제도

유럽식 요금제도와는 달리 객실요금에 대륙식 아침Continental Breakfast만을 포함하는 요금제도이다. 고객이 큰 부담을 느끼지 않고 아침식사를 가벼운 마음으로 할 수 있어 호텔측에서는 호텔 내에서 식사를 하도록 하여 매출액을 증대시킬 수 있는 제도이다. 특히 관광 및 여행을 중심으로 하는 고객은 조식을 호텔에서 해결하고 관광 프로그램에 참여하기 때문에 대륙식 요금제도Continental Plan를 많이 선호하고 있다.

4) 버뮤다식 요금제도

대륙식 요금제도Bermuda Plan를 진행할 경우, 일반적으로 조식의 형태는 크게 두 가지가 제시된다. 대륙식 아침식사Continental Breakfast와 미국식 아침식사American Breakfast 메뉴이다. 버뮤다식 요금제도는 객실요금에 미국식 아침식사 1식요금을 포함하는 요금제도이다.

[비 교]

대륙식 아침(Continental Breakfast)은 롤빵이나 토스트에 곁들여 커피나 홍차, 우유를 마시는 간단한 아침식사이다. 미국식 아침(American Breakfast)은 대륙식 아침 메뉴에 달걀요리, 오트밀, 콘플레이크, 육류(햄류) 등을 포함한다.

대륙식 아침식사

미국식 아침식사

3. 호텔 객실요금의 종류

1) 공표요금

호텔기업이 객실요금을 설정하여 이를 담당 행정기관에 공식적인 신고절차를 마치고 호텔에서 공시하는 기본요금이다. 공표요금Room Tariff에 제시되는 요금은 순수한 객실요금Net Rate으로 표시되어 있는데, 이는 객실가격보다 저렴하다는 인식을 고객에게 전달하기 위함이다. 따라서 실제 고객이 호텔에 지불할 때는 이 요금에 서비스요금과 부가세를 추가하여 지불해야 한다.

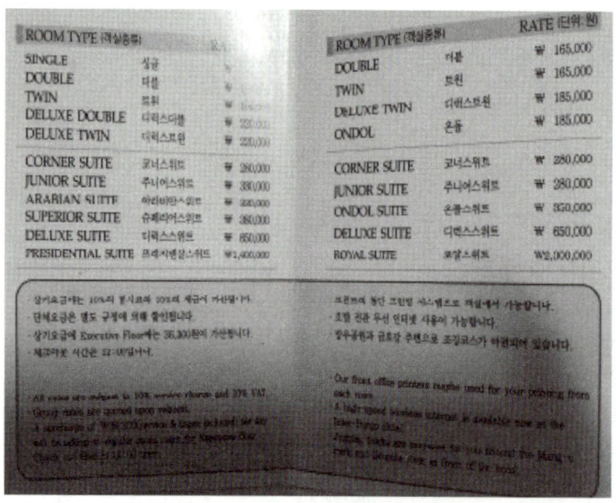

객실요금표(Room Tariff)

공표요금은 정규요금Full Charge, Full Rate으로, 할인되지 않은 정상 또는 정찰요금이다. Rack Rate 혹은 Full Charge나 Full Rate라고도 한다. 주로 브로슈어나 호텔을 홍보를 위한 팸플릿 등에 표시되는 요금이다. 공표요금을 고객들에게 알리기 위해 별도의 요금표를 만들어 배포하는데, 이를 Tariff 또는 Room Tariff라고 한다.

[공표요금]
Tariff는 미국에서 수입품에 부과시키는 관세율(Tariff)로 사용되던 것이 발전되어, 현재는 철도의 운임표, 호텔의 요금표로 사용되고 있다.

2) 특별요금

호텔에서는 원칙적으로 공표요금을 적용하고 있으나, 호텔의 마케팅 정책상 특별요금을 적용하는 경우가 많다. 이러한 특별요금Special Rate은 객실요금을 무료로 하는 무료요금Complimentary과 공표된 요금에서 할인을 해주는 할인요금Discount Rate이 있다.

(1) 무료요금Complimentary

호텔이나 여행사, 항공사에서 편의상 컴프Comp.라는 약어로 사용하고 있다. 무료요금의 경우는 주로 호텔에서 특별히 접대해야 될 고객이나 호텔의 판매촉진을 목적으로 초청한 고객에 대해 요금을 징수하지 않는 것이다. 특히 호텔에 이익을 주었던 사람, 이익을 주고 있는 사람, 이익을 줄 사람, 즉 호텔 영업에 기여도가 높은 개인, 회사, 여행사, 여행안내원 등에 제공된다. 여기에서 이익을 주거나 주었던 사람, 앞으로 줄 사람은 주로 다음과 같은 사람들을 의미한다. 따라서 호텔의 VIP, 여행사 가이드, 호텔 수배담당, 기타 객실판매에 기여도가 높거나 높을 것으로 예상되는 사람, 행사 및 세미나 유치자, 거래회사나 여행사의 임원 및 간부, 고객을 인솔하기 위한 사전답사자Site Inspection Team 등을 의미한다.

객실을 무료로 제공할 때는 호텔의 내부규칙에 의해 무료객실 제공에 대한 최종 결제는 호텔에 따라 차이는 있으나, 총지배인 혹은 객실부 지배인의 전결에 의해 결정되는 사례가 많다.

(예1) 거래여행사와의 경우 호텔 객실 10~15실을 사용할 때, 가이드 사용객실로 1실을 무료로 제공한다. 무료의 경우는,
첫째, 고객에게 객실만 무료(Complimentary on RoomComp on Room)로 제공하는 경우
둘째, 식사만 무료(Complimentary on FoodComp on Food)로 제공하는 경우
셋째, 객실과 식사 무료(Complimentary on Room and FoodComp on Room and Food)의 경우가 있다.

최근에는 호텔마다 각종 고객 혜택 프로그램Guest Benefit Program이나 항공사, 렌터카와 연계된 마일리지 프로그램Mileage Program에 의한 무료숙박이 증가하고 있는 추세에 있다. 그 대표적이 예로, 하얏트호텔의 경우 골드 패스포드라는 프로그램은 전 세계 33개국의 16개 항공사와 제휴하고 있으며, 총 5회 하얏트호텔에 투숙하면 무료숙박이 가능하다. 메리엇호텔의 경우는 메리엇 리워즈란 프로그램으로 전 세계 38개국, 9개 항공사와 제휴되어 있고, 무료숙박에 필요한 투숙횟수는 총 6회이다. HIG(전 세계 인터콘티넨탈 체인과 홀리데이인 체인의 결합)의 경우 전 세계 호텔을 이용횟수에 따라 마일리지가 적용된다.

(2) 할인요금

① 싱글(1인) 할인요금Single Discount Rate

고객이 싱글룸Single Room을 예약하여 호텔은 싱글룸 예약을 확약했으나 고객이 호텔에 도착했을 때 호텔측의 사정으로 약속한 싱글룸 제공이 불가능할 경우, 더블룸Double Room으로 업그레이드Up-grade 해주고 가격은 저렴한 싱글룸Single Room 가격을 받게 되는 경우를 말한다. 이 경우 고객은 1인 1실의 객실을 예약하여 사용하기로 했으나, 2인 1실을 사용하게 되어 그만큼의 혜택을 본다는 의미에서의 할인이다. 또는 어린이에게 엑스트라 베드Extra Bed를 제공하고 추가요금을 징수하지 않는 경우를 말하기도 한다.

모든 호텔요금은 기본적으로 투숙인원수에 의한 객실요금이 아니라, 각 객실의 종류에 대한 요금으로 결정되는 것을 말하기도 한다. 즉 객실의 종류에 따라 결정된 투숙인원(예 : 싱글룸 1명, 더블과 트윈룸은 각 2명, 트리플룸은 3명 기준)이 투숙하는 것을 기준으로 요금이 책정된다. 하지만, 싱글 할인요금은 싱글룸을 예약하고 확인한 후 체크인 하고자 하였으나, 호텔의 사정에 의해 더블룸이나 트윈룸에 배정된 경우 더블룸이나 트윈룸(2명 기준)의 요금을 지불하지 않고 처음 예약했던 대로 싱글룸의 요금을 정산하면 된다는 의미에서 할인 요금이라 한다.

② 비수기 할인요금Off-season Rate

호텔의 이용률이 낮은 계절에 한하여 공표요금에서 일정률을 할인해 주는 요금제도이다. 비수기 할인요금은 영업이 가장 저조할 때 이를 개선하기 위해 연례적으로 제공하는 할인요금이다.

우리나라는 지역에 따라 성 · 비수기가 달라지는데, 서울 및 수도권 지역은 다른 지역과는 성 · 비수기가 반대의 현상이 나타나고 있다. 여름에는 관광 지역의 경우 휴가 · 휴양객들로 인하여 객실점유율이 높은 반면, 수도권 지역은 지역주민의 이용이 현저하게 하락하고 외국인 투숙객도 줄어드는 현상이 발생하여 어려움을 겪게 된다. 또한 수도권 지역에 위치한 호텔은 겨울철에는 가장 어려운 비수기를 맞게 된다. 이를 극복하기 위해 최근에는 호캉스족을 대상으로 하는 이벤트 등을 실시하여 호텔의 성 · 비수기에 따른 고객수요를 비수기 할인요금을 통해 증대시키고 있다.

(예2) 비즈니스호텔은 주말에 객실점유율이 낮다.
해변, 산악 휴양지호텔은 주중에 객실점유율이 낮다.
해변은 여름철, 스키장은 겨울철이 성수기이다.

[참 고]
외래관광객의 계절별 입국 추세를 보면 3~5월, 9~11월이 성수기(On Season)이고, 겨울철인 12~3월이 비수기(Off Season)이다.

③ 커머셜요금 또는 코퍼레이트요금Commercial Rate or Corporate Rate

특정거래처 또는 이용빈도가 높은 고객과의 계약에 의해 일정한 요금으로 할인하여 주는 요금제도이다. 전년도의 호텔 이용실적이나 기업의 지명도에 따라 단골거래처인 외국인 기업체, 국내 그룹사, 지방의 유명회사, 관공서 등과 계약관계를 맺고 특별 할인요금을 제시한다. 일반적으로 거래처의 실적에 따라 10~30%를 할인해 주거나, 대기업이 경영하는 호텔들이 계열기업이나 방계회사에 대해서 이 제도를 적용한다. 대부분 전년도 1년간 사용실적을 기준으로 하여 다음 해 계약의 기준을 정하여 호텔 할인율이 결정되기도 하고, 1년간 일정의 객실수 또는 숙박수를 사용했을 경우를 정하여 그 사용 빈도만큼의 할인이 적용되기도 한다. 이 요금은 호텔과 기업 혹은 고객에게 모두 이익을 주는 요금제도가 될 수 있다. 호텔의 측면에서는 할인된 가격에 객실을 제공하기 때문에, 당회 이익은 낮을 수 있으나 지속적으로 고객을 유치할 수 있고, 충성도 높은 단골고객의 확보를 통해 객실의 매출액을 신장시킬 수 있다. 기업이나 고객의 측면에서는 객실을 언제든지 저렴하게 확보할 수 있을 뿐만 아니라 수준 높은 서비스를 제공받을 수 있다는 긍정적 측면이 있다.

④ 단체 할인요금Group Discount Rate

호텔은 단체로 이용하는 투숙객에 대해 할인요금을 적용하기도 하는데, 이러한 경우에는 일반적으로 여행사 기타 단체투숙객을 송객하는 기업과의 계약에 의해 요금이 결정된다. 즉 국제여행사, 국내여행사에서 송객하는 단체관광객Tour Group이나 정부기관 · 협회 · 학회 등의 공공단체에서 개최하는 컨벤션Convention 혹은 세미나Seminar에 수십 명, 수백 명이 참석하는 단체행사에 대해 특별히 할인되는 요금이다. 단체요금 적용은 이용하는 객실수가 많고, 객실 매출액이 크기 때문에 보다 저렴함 요금을 적용해 주는 것이다.

단체 할인요금을 가장 많이 적용받는 여행사의 경우, 호텔의 단체 할인요금 적용은 크게 두 가지로 나누어 볼 수 있다. 때에 따라서는 두 가지 요금 형태를 모두 적용하는 호텔도 있다. 그 적용방법은 첫째, 호텔과 여행사의 개별적인 계약에 의해 단체 할인요금이 결정되고, 이때 결정된 요금으로 객실을 제공한다. 이 방법은 호텔과 여행사가 어떠한 요금으로 협정하였느냐에 따라 여행사마다 객실이용에 대한 단체 할인요금이 다를 수 있다. 여행사의 입장에서는 고객이 단독으로 호텔을 사용하는 것보다, 저렴한 요금으로 고객에게 호텔을 제공할 수 있어서 고객이 호텔로 직접 예약을 하는 것보다 여행사를 이용하여 호텔을 예약하게 됨으로써 고객확보와 수익이라는 장점을 갖는다. 따라서 호텔에서는 여행사를 대상으로 단체 할인요금을 계약할 때 전년도의 호텔의 객실 매출액에 기여한 정도를 보고 할인요금을 결정하게 되기 때문에, 여행사의 경우 타 여행사에 비해 경쟁우위에 서기 위해 더욱 많은 고객을 호텔로 유도한다.

이외에도 호텔은 여행사와의 계약에 있어서 여행사에서 직접 기획한 특정 여행상품에 대해서만 단체 할인계약을 체결할 수도 있다. 이와 같이 여행사와 개별적으로 단체 할인요금을 계약에 의해 제공하는 호텔은 대부분의 경우, 객실 매출액의 많은 부분이 여행사에 의존하는 구조를 가지고 있다. 둘째, 호텔에서 특정 여행사와 계약에 의해 단체 할인요금을 적용하지 않고 호텔에서 단체 할인요금을 결정하여 모든 여행상 일괄적으로 적용하는 경우이다. 이는 동일한 단체 할인요금을 적용하는 경우의 호텔은 객실 매출액에서 여행사가 차지하는 비중이 낮고, 개별고객 위주의 객실 판매전략을 구사하는 경우가 많다.

객실가격이나 객실의 형태에 관계없이 균일요금제도Uniform Rate System라 할 수 있는 표준객실요금Standard Room Rate이 적용되는 것으로 균일요금Flat Rate이라고 한다.

⑤ 가이드요금Guide Rate / 투어 에스코트요금Tour Escorter Rate

여행사 단체를 받아들이는 호텔측과 여행사측 사이에 계약되는 경우이다. 단체관광객을 인솔하는 가이드나 투어 에스코터에게 계약에 의해 객실료나 식음료요금을 할인해 주거나 무료로 제공하는 제도이다. 이는 가이드나 투어 에스코터의 경우, 체크인이나 체크아웃 시 개별고객이 아닌 단체를 대표로 업무를 처리하여 호텔상품에 대한 신속성 서비스에 도움을 주기 때문이다. 또한 가이드나 투어 에스코터가 호텔의 이미지나 상품에 대해 고객들에게 어떻게 평가하여 전달하는가에 따라 호텔의 이미지나 상품에 대한 평이 달라지기 때문에, 가이드나 투어 에스코터에게 제공하게 되는 할인요금이다.

⑥ 호텔종업원요금Hotel Employee Rate

체인호텔의 경우, 자매호텔에 근무하는 종사원에게 적용하는 요금이다. 이런 요금을 적용받기 위해서는 사전에 예약을 원칙으로 한다. 일반적으로 성수기에는 고객들이 이용할 수 있도록 사용을 제한하기도 하며, 비수기에 고객이 적고 직원들의 업무도 많지 않을 경우 휴가를 사용할 수 있도록 하는 의미도 있다. 비수기에 자국의 타 지역에 위치한 동일브랜드의 호텔이나 타국에서 자매호텔에 머물게 됨으로 인해 직원도 고객의 맘으로 호텔을 이용할 수 있어 고객의 입장을 더욱 이해할 수 있고, 자매호텔을 통해 자신이 서비스하고 있는 호텔에 대해 다시 한 번 생각해 볼 수 있는 기회가 되기도 한다.

이외에도 자매호텔에 근무하는 직원들과 친밀해질 수 있는 시간을 갖게 되어 근무하고 있는 호텔 브랜드에 대한 자부심을 갖게 되기도 한다. 이는 직원복지 측면에서 매우 효과적인 할인제도이다. 세계적으로 다 브랜드를 가지고 있는 스타우드호텔 계열(쉐라톤, 웨스틴, 리츠칼튼, 라마다, 메리어트 등)이 가장 많은 자매호텔을 가지고 있으며, HIG(인터컨티넨탈과 홀리데이인이 합병되어 운영되고 있음) 역시 세계적으로 많은 자매호텔을 운영하고 있다.

⑦ 이벤트 / 패키지요금Event and Package Rate

호텔 영업이 다변화되면서 호텔 내의 각종 이벤트 참여자, 신혼부부 등을 표적시장으로 하는 일회성 상품을 만들어 객실과 연계하여 할인혜택을 제공하는 요금이다. 마케팅 부서에서 기획하여 객실부와 협의하여 객실의 공간이 허락하는 한 많은 이벤트/패키지를 유치하므로, 틈새시장Niche Market을 공략하게 된다.

호텔의 경우 일정 수준의 객실판매를 위해 다양한 방법으로 판매를 촉진시키기 위해 패키지와 프로모션을 구성하고 있으며, BARBest Available Rate를 통해 판매를 촉진하고 있다.

- 패키지Package
  - 계절별로 만들어지는 패키지 : 예를 들어, 여름에는 수영장 이용과 사우나 및 피트니스센터 이용과, 객실에 투숙할 경우 할인이 이루어지는 패키지상품
  - 특별 패키지 : 설이나 추석명절 또는 할로윈, 크리스마스에 맞추어 이루어지는 패키지와, 최근 들어 건강한 삶에 대한 관심이 고조되면서 스파 패키지, 힐링 패키지, 테라피 패키지 등을 통해 요금할인을 받으면서 다양한 호텔의 상품을 이용할 수 있는 기회를 제공한다.
- 프로모션Promotion : 호텔에서 가지고 있는 시설의 장점이나 특색을 활용하고 이를 고객에게 이용할 기회를 제공하면서 객실 수익을 증가시키기 위해 이루어지는 다양한 이벤트 활동을 통해 고객에게 호텔의 객실상품을 이용해 볼 수 있도록 한다.

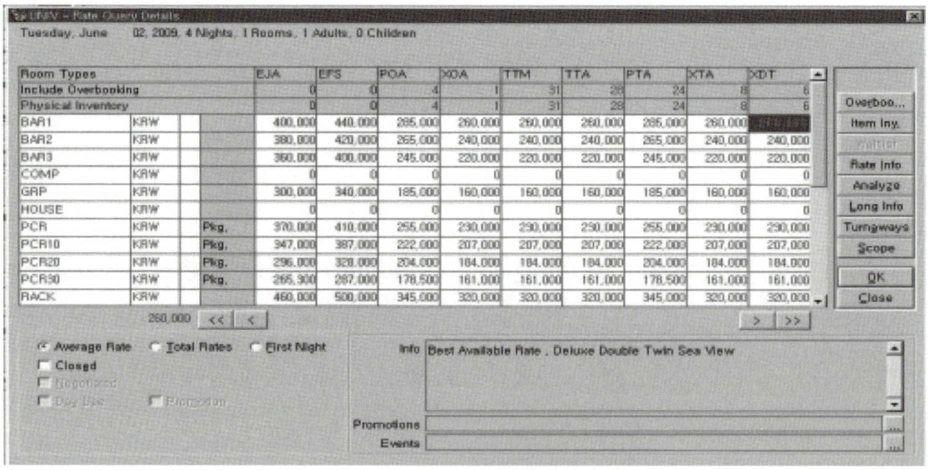

Room Types			EJA	EFS	POA	XOA	TTM	TTA	PTA	XTA	XDT
Include Overbooking			0	0	4	1	31	28	24	8	6
Physical Inventory			0	0	4	1	31	28	24	8	6
BAR1	KRW		400,000	440,000	285,000	260,000	260,000	260,000	285,000	260,000	[illegible]
BAR2	KRW		380,000	420,000	265,000	240,000	240,000	240,000	265,000	240,000	240,000
BAR3	KRW		360,000	400,000	245,000	220,000	220,000	220,000	245,000	220,000	220,000
COMP	KRW		0	0	0	0	0	0	0	0	0
GRP	KRW		300,000	340,000	185,000	160,000	160,000	160,000	185,000	160,000	160,000
HOUSE	KRW		0	0	0	0	0	0	0	0	0
PCR	KRW	Pkg.	370,000	410,000	255,000	230,000	230,000	230,000	255,000	230,000	230,000
PCR10	KRW	Pkg.	347,000	387,000	222,000	207,000	207,000	207,000	222,000	207,000	207,000
PCR20	KRW	Pkg.	296,000	328,000	204,000	184,000	184,000	184,000	204,000	184,000	184,000
PCR30	KRW	Pkg.	265,300	287,000	178,500	161,000	161,000	161,000	178,500	161,000	161,000
RACK	KRW		460,000	500,000	345,000	320,000	320,000	320,000	345,000	320,000	320,000

오페라 프로그램을 통한 BAR 조회 화면

- BARBest Available Rate : 호텔시장 내에서 위치와 과거의 매출 및 월별 · 연도별 객실 수익에 대한 보고서를 토대로 하여, 최고의 경영층과 객실 부서와 논의를 거쳐 결정되는 당일 최대의 적정가격을 BAR라고 한다.

⑧ 호텔 멤버십Membership Rate

호텔들은 각기 고객유치를 위해 멤버십을 운영하고 있다. 멤버십 회원의 경우 호텔 식음료 업장, 연회장 및 객실에 대한 할인을 받을 수 있다. 멤버십 종류에 따라 할인비율이 각기 다르게 적용되어 고객이 멤버십 등급을 선택하여 신청할 수도 있고, 일부 호텔에서는 마일리지 개념으로 멤버십을 운영하는 프로그램도 있어 호텔 사용빈도에 따라 등급이 결정되어 할인비율이 적용되기도 한다.

(3) 추가요금

퇴숙Chetk-out시간을 넘기거나 일정 변경 등으로 추가요금을 지불해야 하는 경우가 발생한다.

① 홀드 룸 차지Hold Room Charge

고객이 투숙하는 객실에 수하물을 두고 단기간 타 지역에서 투숙Sleep-out하면서 그 방값을 지불하는 것이다. 즉 객실에서 고객이 잠은 자지 않으나 해당 고객의 짐이 객실을 점유하고 있어, 호텔의 입장에서는 고객의 객실이용과 같은 상황이기 때문에 객실요금을 청구한다. 대부분 장기간 투숙하는 고객의 경우가 대부분이다. 단 호텔의 상황과 고객의 중요도에 따라 고객이 객실에 숙박을 하지 않고 수하물을 남겨둔 경우도 요금을 청구하지 않는 경우가 있다. 이는 고객이 타 호텔로의 이탈을 방지하기 위해 그리고 장기투숙을 하는 고객을 미래의 충성고객으로 유도하기 위한 전략으로 활용되기도 한다.

② 보장 예약요금Guaranteed Reservation / 야간 도착요금Midnight Charge

고객이 보장예약(신용카드나 보증금 등)으로 객실을 예약하고 호텔에 늦게 도착하거나 도착하지 않았을 경우로, 그 객실을 타인에게 판매하지 않고 예약고객을 위해 보류시켜 놓게 되어 지불하는 요금이다. 일반적으로 예약고객이 예약을 하고 다음날 새벽에 도착했을 때 그 전날의 요금을 적용하는 것으로, 사전에 고객과 연락이 있을 때 가능하며 퇴숙시간은 당일 오전 11시나 정오로 한다.

③ 초과요금Over Charge

퇴숙시간Check-out Time 이후에 객실을 사용할 경우에 부과하는 요금이다. 대부분 오후 6시까지는 반액, 6시 이후에는 전액을 추가요금으로 징수한다. 단 단골고객이나 VIP는 객실책임자의 재량으로 오후 3시 정도까지는 추가요금을 면제하기도 한다. 이는 객실상황이 여유로울 때 고객에게 편의를 제공함으로 추후 단골고객으로 유도하기 위해 호텔이 고객을 위해 지불하는 요금이라고 할 수 있다.

④ 3인요금Third Person Charge

일반 객실은 2인용이나 가족이나 동료가 함께 투숙하고자 할 때는 보조침대를 더 비치하여 고객에게 제공해야 한다. 이때 보조침대Extra Bed 요금을 징수하게 되는 것을 말한다. 호텔 별 정책에 따라 다르게 운영한다.

(4) 취소요금

① 취소요금Cancellation Charge

예약을 하고 당일까지 도착할 수 없어 예약을 취소할 때 부과하는 요금이다. 우리나라의 경우, 문화관광부의 규정에 의하면(1994년 이후),

- 개인고객의 경우
  - 3일 전 취소 : 객실요금의 20%
  - 2일 전 취소 : 객실요금의 40%
  - 1일 전 취소 : 객실요금의 60%
  - 당일 오후 6시 이전 취소 : 객실요금의 80%를 부과할 수 있다.
- 단체고객의 경우(15명 이상의 단체의 경우)
  - 9일부터 3일 전까지 : 객실요금의 10%

- 2일 전까지 : 객실요금의 30%
- 1일 전까지 : 객실요금의 50%
- 당일 오후 6시 이전까지 : 객실요금의 80%를 부과할 수 있다.

② 미도착요금No-show

고객이 예약을 하고 사전예고 없이 도착하지 않으면 객실을 다른 고객에게 판매하지 못한 손실에 대한 청구를 하게 된다. 우리나라의 경우 문화관광부에서 노-쇼No-show의 경우는 100%의 요금을 부과할 수 있다. 일반적인 경우 예약을 받을 때 신용카드번호를 받거나, 성수기에는 사전에 선수금Deposit을 받으므로 호텔의 손실을 최대한 줄여나가고 있다.

(5) 기타 요금

① 주간요금Part Day Charge / Day Use

본래는 주간에만 객실을 이용하는 고객에게 부과하는 요금으로, 일반적으로 1~6시에 객실을 사용하는 고객에게 부과하는 요금이다. 요금은 반액Half Charge을 받고, 오후 6시가 지나면 전액Full Charge을 받게 된다.

최근에는 하루 중 특정한 시간만을 사용하는 경우 발생되는 요금으로 인식하고 있다. 주간요금이 발생하는 원인은 여러 가지가 있으나 대표적으로 업무, 휴식 등을 주요 원인으로 들 수 있다. 특히 비즈니스호텔의 경우 회사들 간 비밀리 이루어지는 계약이라든지, 비밀리에 진행되는 보고회 등이 있을 경우 회사에서 업무를 진행하게 되면 모임 자체가 알려지게 될 수 있어 회사업무 진행 관련 내용에 대한 비밀이 유출될 수 있어 호텔로 이동하여 업무를 진행하는 경우도 있다. 이렇게 사용하게 되는 경우 주로 호텔의 주간요금제도를 활용하여 객실에서 업무를 진행하기도 한다.

② 업그레이드와 다운 그레이드Up-grade & Down-grade

업그레이드란 호텔의 사정에 의해 고객이 예약한 객실보다 가격이 비싼 객실에 투숙시키고, 요금은 고객이 예약한 객실요금으로 처리하는 경우이다. 경우에 따라서 호텔이 고객을 대접하기 위해 예약된 객실보다 값비싼 고급객실을 제공하고, 요금은 예약되었던 객실요금을 징수하는 경우도 업그레이드라 한다.

다운그레이드란 업그레이드와 상반되는 개념으로, 고객이 예약 신청한 객실보다 가격이 낮은 객실을 제공하는 경우이다. 이때는 고객의 기분이 상하지 않도록 호텔의 사정을 충분히 설명하여 객실을 배정하고, 물론 객실요금은 사용하는 객실의 요금을 징수하게 된다. 대신 객실의 비품Room Amenities을 강화시키거나 추후 재방문 시 사용할 수 있는 호텔 할인쿠폰 등을 제시하여 고객의 이탈을 방지할 수 있도록 노력해야 한다.

4. 객실의 가격결정 방법

일반적으로 호텔 객실의 적정한 요금을 결정하는 방법으로, 호텔을 새로 건축할 때 드는 건축비의 1/1,000로 결정하는 방법과, 직감적 가격결정 방법, 심리적 가격결정 방법, 경쟁적 가격결정 방법, 휴버트 방법Hubbart Formula 등 다섯 가지로 구분하고 있다.

1) 건축비의 1/1,000 방법

이는 1930년대 하워즈 엔 하워즈Horwath and Horwath호텔의 회계법인에 의해 최초로 사용된 방법이다. 이는 초기 객실가격을 결정하기 위해서 객실의 건축비 1/1,000에 대한 금액을 객실의 판매가격으로 책정한 것으로부터 시작되었다. 이는 신규로 건축할 당시의 건축비를 강조하여 시설의 화폐가치를 초기에 투자한 비용으로 산출하여 객실가격을 결정하는 방법이다.

1960년대까지 적용되다가 최근에는 사용하지 않고 있는 방법으로, 이는 오늘날 객실가격은 건축할 때 드는 비용인 토지비, 각종 시설을 위한 비용뿐만이 아니라 각종 서비스가 중요시되기 때문에 서비스 제공을 위해 드는 비용의 비율이 더욱 중요해졌기 때문이다.

2) 직감적 가격결정 방법

직감적 가격결정 방법은 건축비용과 추가로 드는 호텔 유지 · 관리에 필요한 비용, 그리고 객실의 수요에 대한 정확한 예측이 어려운 경우 호텔의 매니저나 경력자들이 그동안의 운영을 경험으로 얻은 노하우를 통해 시장가격을 직감적으로 산출하는 방법이다. 일반적으로 주먹구구식이라 칭하고 있지만, 오랜 경험을 토대로 가격을 결정하기 때문에 실질적으로 시장에서 활용되고 있다. 객실 총괄팀장들이 경쟁기업의 가격을 고려하고 그때그때 시장상황을 고려하여 신속히 객실가격을 변경하여 적용할 수 있는 특징을 갖는다.

3) 심리적 가격결정 방법

심리적 가격결정 방법은 가격의 가치적인 측면이 강조된 가격결정 방법이다. 즉 고객의 입장에서 객실을 이용하고 이에 대한 가격을 지불하고 만족도에 대한 고객의 심리를 파악하여 가격을 결정하는 방법이다. 따라서 고객의 만족도가 가격 결정에 있어서 매우 중요한 요소가 된다.

이 방법은 호텔의 실내장식, 가구, 설비, 입지, 서비스, 분위기 등의 유·무형의 객실상품을 고려하여 객실가격에 반영하는 것으로, 고객의 정확한 욕구와 그에 대한 만족도에 대한 심리적 상태를 파악하는 것이 선행되어야 한다. 하지만 호텔상품 자체가 객관적인 측면도 많지만, 고객이 느끼는 만족이란 것이 주관적이며 심리적인 측면도 많기 때문에 이를 적용하고 있다. 특히 밀레니엄 세대들의 경우 가심비에 대한 민감성이 있어 최근에는 심리적 가격결정 방법이 활용되고 있다.

4) 경쟁적 가격결정 방법

경쟁적 가격결정 방법은 동일유형의 타 호텔을 표준으로 하여 가격을 결정하는 방법으로, 표준으로 삼는 호텔의 비용 구성과 수요시장을 정확하게 파악하여 가격을 결정한다. 이는 시장 내에서 경쟁적 의미를 부각시켜 타 경쟁 호텔에 대한 정확한 분석 없이는 가격우위를 점할 수 없다는 것이 단점이다.

유사한 방법으로 시장 내에서 리더역할을 하는 호텔 객실가격을 추종하는 방법이 있는데, 이는 경쟁호텔의 객실판매수와 시장점유율 등에서 타 호텔이 일반적으로 기준으로 삼을 수 있다고 판단되는 경우 그 호텔을 기준으로 객실가격을 결정한다.

5) 휴버트 방법Hubbart Formula

비용을 토대로 가격을 역으로 계산하여 목표이익을 정해 가격을 결정하는 방법이다. 이는 비용의 결정, 객실당 평균 판매가격, 목표이익 그리고 예상판매 객실수를 고려하여 객실가격을 결정하는 방법으로 다음의 8단계에 의해 객실가격이 결정된다.

- 1단계 : 자기자본의 투자에 따라 요구되는 회수율을 목표이익으로 결정한다.
- 2단계 : 법인세의 납부 전 이익(세전 이익)을 산출한다.
- 3단계 : 미국호텔 유니폼시스템Uniform System상의 고정비용을 산출하는데, 지급이자 · 재산세 · 보험료 · 감가상각비 · 임대료 등을 고려하여 책정한다.
- 4단계 : 미배분 영업비용을 산출하는데, 외적인 일반관리비, 영업부문의 직접비용, 마케팅부문 비용, 시설부문 비용, 에너지부문 비용을 말한다.
- 5단계 : 객실부문의 손실과 이익을 제외한 각 영업부문의 이익과 손실을 계산한다.
- 6단계 : 미배분 영업비용, 고정비용, 기타 영업부문의 손익으로 기대되는 객실부문의 이익을 고려한다.
- 7단계 : 객실부문의 총 매출액을 결정한다.
- 8단계 : 예상되는 판매 객실수를 목표 매출액으로 나누어 평균 판매 객실가격으로 결정한다.

제4장 호텔 객실부문의 조직과 직무

호텔은 경영활동을 하는 기업이기 때문에 기업조직의 일반원칙을 준용하면서 경영이념, 위치, 규모, 소유형태, 경영방식 등을 고려하여 조직의 목적을 효과적으로 달성할 수 있는 조직구조를 개발하여 운영해야 한다.

호텔기업은 다양하고 이질적인 업종이 한곳에서 함께 운영되는 곳이다. 숙박과 휴식을 상품으로 하는 객실 부서, 다양한 식음료 상품을 판매하는 식음료 부서, 그 외에도 헬스 · 사우나, 카지노, 골프장, 수영장 등 다양한 레저시설을 운영하는 부대시설 부서 등으로 구분된다. 이들 업종들은 운영방법이 각기 다르게 이루어지며 각 부서의 특징에 맞는 운영과 조직을 통해 보다 효과적이고 합리적인 경영활동을 할 수 있다. 또한 호텔 기업은 다양하며 이질적인 업종으로 구성되어 각 부서별 특이성을 지니기 때문에 각 부문별 전문경영인 체제로 운영되어야 한다.

예를 들어, 객실 부서의 주요 상품인 객실은 이동 불가능하면서도 부패성이 강한 상품으로 그 경영전략이 기존의 제품 판매와는 달라야 하며, 따라서 수익률 관리를 위한 주요 요인도 다를 수밖에 없다. 식음료 부서의 경우 고객에 대한 서비스 개념은 호텔 전체 모든 상품판매에 동일하게 적용된다 할지라도, 식음료 부서의 경우, 메뉴관리와 원가관리, 식자재 관리에 대한 부분인 일반적인 상품과는 확연히 다르다.

이외에도 호텔 내에 운영되는 피트니스센터의 경우 일반적으로 회원제로 운영되고 있어 회원관리부터 회원권의 분양까지 타 부서와는 다른 특수성을 갖는다. 따라서 각 부서별로 하나의 회사를 운영하듯 전문경영인 체제로 운영되어야 하며, 전체 호텔의 조화로운 수익 극대화를 위해 부서 간의 화합과 조정도 필요하다. 대표적인 예로는 각 부서의 특수성이 있지만, 호텔 전반적인 서비스 제공의 방법이라든지 서비스의 질은 일관성 있게 호텔의 이미지와 일치해야 한다. 객실을 이용하는 고객이든 식음료 업장을 이용하는 고객이든, 아니면 각 부서의 모든 상품을 골고루 이용하는 고객이든 동일한 서비스가 제공되어야 확고한 호텔의 서비스에 대한 이미지가 만들어질 수 있다.

호텔의 모든 조직은 경영목적을 수행하기 위해 합리적이고 효율적인 조직을 필요로 한다. 이러한 조직을 표현하는 일반적인 방법이 조직표를 만드는 것이며, 조직 내 직무 간의 연계성을 도식적으로 보여준다.

호텔은 매출 발생의 기능적 측면에서 매출을 발생시키는 영업 부서와 영업 부서를 지원하는 지원 부서로 구분한다. 고객과 접객 정도에 따라 접객 부서와 비접객 부서로 구분하기도 한다.

- 영업 부서Revenue Center : 프런트오피스부, 식음부, 부대업장 등
- 지원 부서Support Center : 하우스키핑부, 조리부, 경리부, 구매부, 시설부, 인사부, 총무부 등
- 접객 부서Front Of The House : 프런트오피스부, 하우스키핑부, 식음부 등
- 비접객 부서Back Of The House : 경리부, 시설부, 인사부, 조리부 등

1. 호텔 객실부문의 조직

호텔의 이미지를 창출하고 동시에 고객에게 충성도를 높여 단골고객을 유도하는 역할을 하는 곳 중의 하나가 바로 객실 부서이다. 이러한 객실 부서의 주요 역할로는 첫째, 고객을 위한 상품 판매촉진 및 안내의 기능, 둘째, 고객관계관리CRM : Customer Relationship Management를 위한 각종 정보 제공, 셋째, 고객을 위한 신속하고 정확한 커뮤니케이션Communication 기능, 넷째, 타 부서와의 업무 조정 및 협동의 기능이다.

호텔 객실부문은 조직의 측면에서는 크게 프런트오피스Front Office와 하우스키핑Housekeeping 부서로 구분하고 있으나, 경우에 따라서는 프런트오피스 부문을 프런트오피스, 유니폼서비스Uniform Service 부문으로 구분하고 하우스키핑 부문을 하우스키핑과 세탁서비스Laundry Service 부문으로 구분하여 4부문으로 구분하기도 한다.

1) 프런트오피스 부문

호텔에서 프런트오피스Front Office 부문은 고객이 호텔에 도착하기 전에 예약하는 단계에서부터 고객이 체재하는 동안 제공되는 서비스를 중점으로 담당하는 부문이다.

(1) 프런트 데스크Front Desk

호텔에서 가장 눈에 띄고, 주로 로비에 위치하여 고객의 숙박 등록, 객실 배정, 정산이 이루어지는 퇴숙 절차를 담당한다. 프런트 데스크 근처에는 고객들의 문의사항을 처리하기 위한 컨시어지 데스크Concierge Desk가 있다. 이는 대부분의 고객들이 호텔 및 여타의 정보에 대한 문의가 있을 때 프런트 데스크에 와서 하게 된다. 호텔의 체크인 시간이나 체크아웃 시간에는 프런트 데스크가 바쁘기 때문에 문의를 하기 위해 대기해야 하는 시간이 필요하다. 이에 대해 신속한 서비스를 제공하기 위해 고급호텔에서는 컨시어지 데스크를 별도로 운영하고 있다.

(2) 전화교환Telephone Switchboard

복잡한 커뮤니케이션의 네트워크를 담당한다. 일반적으로 PBXPrivate Branch Exchange를 사용하여 업무를 수행하기 때문에 PBX Operate라고 부르기도 한다. 고객의 전화 응대 및 국제전화 업무, 웨이크-업 콜Wake-up Call, 비상연락망 관리를 담당한다.

(3) 예약Reservation

고객의 숙박을 위해 예약을 접수하고 이를 진행한다. 예약의 확인 · 변경 · 취소의 업무를 정확히 하여 고객의 등록 업무를 돕고 고객관리 자료를 수집하게 된다. 대부분 프런트오피스 사무실에서 별도 근무를 하게 되며, 외국인들의 이용이 많은 호텔의 경우 다국어를 구사할 수 있어야 한다. 또한 예약 업무의 정확도와 진행 정도에 따라 체크인 시간이 차이가 날 수 있다. 따라서 프런트오피스 업무 중 고객이 호텔에 도착하기 전 처음으로 접하게 되는 부서이기 때문에 호텔 이미지에도 많은 영향을 미치는 부서이다.

(4) 유니폼서비스Uniform Service

주차요원 · 도어맨 · 벨맨 · 컨시어지의 업무를 맡아 수행한다. 고객이 호텔에 도착하는 순간부터 떠날 때까지 호텔에 체재하는 동안 최대한 고객의 편의를 돕게 된다. 특히 호텔의 현관은 고객을 최초로 영접하는 곳임과 동시에 고객을 최후로 환송하는 곳이다. 그래도 유니폼서비스 업무를 대표적인 '접객서비스' 업무라 한다. 고객이 호텔에 체류하며 가장 많이 만나게 되는 벨맨의 서비스가 이루어지므로 호텔의 서비스 이미지가 형성되는 곳이기도 하다. 이러한 점에서 현관부문의 서비스는 다른 부문보다 종사원들의 개별능력이 확실히 발휘되는 상품이다.

이외에도 비가 올 때는 호텔의 이미지를 대표하는 현관 관리를 위해 우천 시 우산을 사전에 준비해 놓거나 비오는 날에는 바닥에 빗물이 떨어지지 않도록 하고, 혹시라도 빗물이 떨어졌을 경우 신속히 닦아내어 고객에게 발생할 수 있는 미끄럼 방지를 위해 카펫 관리까지 이루어지는 곳이다. 최근에는 가족들의 여행이 증가하고 있어 아이와 동반하는 고객을 위해 유모차 서비스도 진행하고 있다. 장애인들을 위한 서비스도 제공하며, 이를 위해 휠체어서비스도 제공하고 있어, 유모차와 휠체어 관리도 모두 유니폼서비스 부서의 담당 업무가 되고 있다.

(5) 비즈니스센터Business Center

사업상 체재 중인 고객에게 다양한 비서 업무를 제공하고 회의 준비 및 고객의 비즈니스를 돕는다. 국제적인 비즈니스를 위해서는 전문통역 업무도 제공한다.

신라호텔 비즈니스센터 내의 회의실

프라자호텔 비즈니스센터

JW 메리엇 비즈니스센터

(6) 피트니스센터Fitness Center

고객의 운동을 살펴주고 에어로빅, 웨이트 트레이닝을 지도 관리한다. 그 외에도 수영장 및 사우나, 스파 등의 관리를 담당한다. 국내 특급호텔의 경우 피트니스센터는 회원제로 운영되고 있어 회원관리를 맡아 처리하게 된다. 최근에는 건강과 미용에 대한 관심이 증대하고 있어, 다양한 스파관리 및 에스테틱에 대한 준비를 하고 고객을 맞이해야 한다. 이를 위해 철저한 위생관리 및 청결관리에 대해서도 규정을 잘 지켜야 한다.

부산 파라다이스 피트니스센터

웨스틴 조선호텔 피트니스센터

JW 메리엇의 암벽등반 코스, 실내 골프장, 체련장

(7) 귀빈층Executive Floo

'호텔 내의 호텔'이라고 불리는 귀빈층은 특수 목적의 전용객실층으로, 일반객실층과는 차별화된 서비스를 제공한다. 해외출장, 바쁜 스케줄, 복잡한 업무에 시달리는 현대 비즈니스맨들을 위해 보다 신속하고 정확하며 차별화된 고급서비스와 편안함을 제공함으로써 고객에게 만족감을 주게 된다.

호텔 내 최고의 고객들이 머무르는 곳이기 때문에 체크인과 체크아웃도 고객은 앉아서 처리하거나, 경우에 따라서는 고객이 객실에 먼저 들어간 후 사인 정도만으로 체크인과 체크아웃이 이루어질 수 있도록 맞춤서비스가 진행되기도 한다. 즉 대중적인 서비스가 이루어지는 일반층과는 달리 모든 분야의 전문가가 일대일 서비스로 고객을 응대하는 곳이다. 객실서비스뿐만 아니라 간단한 조식과 회의실까지도 서비스 제공이 가능하며, 일부의 호텔에서는 해피아워Happy Hour를 운영하여 칵테일 및 와인, 커피와 간단한 스낵을 무료로 제공하기도 한다. 귀빈층에서는 고급서비스가 이루어지기 때문에, 각자 맡은 부문에서는 최고의 전문가들이라 자부하는 직원이 배치되어 운영된다.

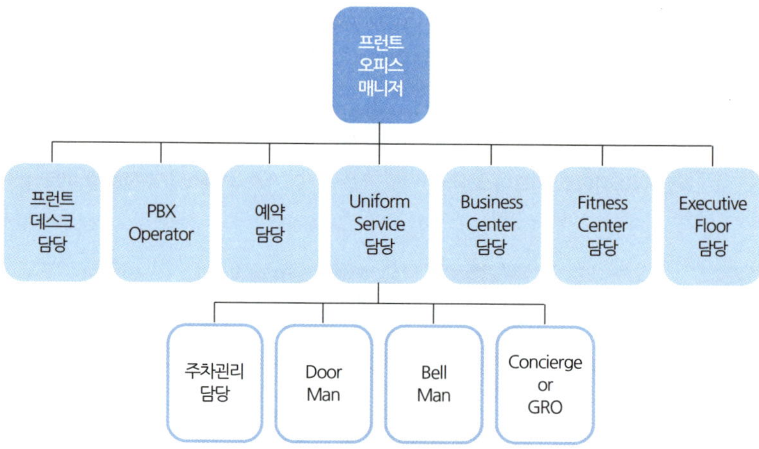

프런트오피스 부문의 조직도

2) 하우스키핑 부문

호텔 하우스키핑Housekeeping 부문은 프런트오피스 업무를 지원하고 객실 및 공공시설을 관리하며 모든 비품 및 가구를 관리한다. 이뿐만 아니라 호텔 내의 모든 린넨류를 관리한다. 즉 객실을 판매 가능한 상태로 유지시켜 객실상품을 생산하는 중요한 업무를 담당하고 있는 부서이다. 따라서 객실을 판매 가능한 상태로 유지하기 위한 정비 및 객실용 비품과 소모품의 관리 및 보관 등이 주요 업무이다. 최근에는 하우스키핑이 업무가 정비 및 세탁을 위해 화학적 부분까지도 인지하고 있어야 하기 때문에 전문가교육이 활발히 이루어지고 있는 부서이기도 하다.

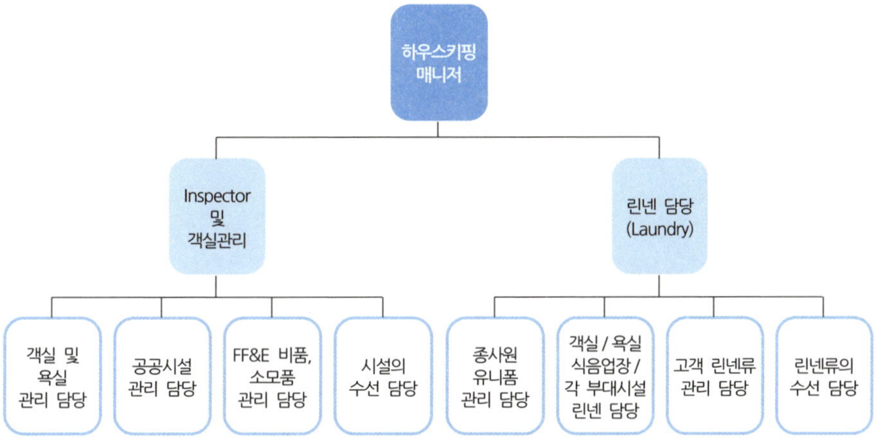

하우스키핑 조직도

(1) 객실 및 공공장소 청소 및 관리

호텔의 객실 및 욕실의 청소를 비롯하여 각 식음료업장, 연회장, 사무실, 복도 및 로비 등과 같은 공공장소, 호텔의 외곽을 청소하고 이에 부수된 모든 비품 및 소모품을 관리 유지하는 업무를 맡는다.

(2) 린넨 부서

린넨 부서는 호텔 자체 업무로 객실의 모든 린넨류와 욕실의 린넨류를 관리하고, 각 부대시설 및 식음업장의 린넨류를 관리한다. 이외에도 종사원들의 유니폼관리까지 담당하게 된다. 대 고객 업무로 고객의 세탁물에 대한 요구를 서비스하는 업무도 맡는다. 호텔에서 사용하는 모든 천을 세탁하고 관리하며, 이뿐만 아니라 고객의 세탁물서비스도 제공한다.

호텔에서 사용하는 천의 종류가 객실에서는 대표적으로 침대 시트부터 각종 타월까지, 그리고 객실 내에 있는 커튼까지 모두 세탁하고 관리하는 업무를 담당한다. 식음료 업장에서 사용하는 냅킨, 테이블보, 암타월 등 각종 천을 모두 세탁하고 관리한다. 과거에는 대부분의 호텔에서 직접 세탁실을 두어 세탁했지만, 최근에는 환경문제 등 점검하고 지켜야 하는 관련법이 강화되어 차츰 전문 세탁업체에 아웃소싱으로 운영하는 호텔들이 증가하고 있는 추세이다. 그러나 세탁을 제외한 수선이나 관리는 지속적으로 린넨 부서의 담당 업무로 진행되고 있다.

2. 호텔 객실부서의 직무

1) 프런트오피스 부문

(1) 객실 부서 팀장

객실부 최고의 직책을 가진 책임자로 객실상품의 생산과 판매에 대한 책임을 가지고 객실수입 증대를 위해 총 지휘한다. 객실 부서뿐만 아니라 타 부서와의 상호 협력관계를 유지하여 객실 업무가 원활하게 이루어질 수 있도록 관리한다. 이외에도 현관부문의 모든 직원들의 업무를 지휘 감독한다.

(2) 프런트 지배인

현관부문의 총책임자이며 객실 부서의 팀장을 보좌한다. 직무로는 객실관리Housekeeping 부서와 유기적인 업무관계를 유지한다. 고객에 대한 서비스와 객실 판매관리를 하며 직원들의 교육과 스케줄을 관리하여 고객에게 최상의 서비스가 이루어질 수 있도록 한다.

(3) 객실 담당

프런트 데스크에서 가장 중요한 업무를 수행하는 사람으로 고객의 객실을 배정하고 관리한다. 주요 직무로는 고객의 체크인Check-in과 체크아웃Check-out 업무 및 예약 업무를 담당하며 유니폼서비스 직원의 업무를 지시하고 감독한다. 또한 고객의 요청이 있을 경우 객실의 변경 업무를 담당하며 VIP 고객에 대한 보고서를 작성하여 프런트 지배인에게 보고한다. 그리고 고객의 우편물 관리와 고객의 불평처리 업무를 담당하고 고객에게 각종 안내와 정보를 제공한다.

(4) 예약 담당

프런트오피스의 중요 부문 중의 하나인 고객의 예약 업무를 담당한다. 프런트 데스크나 벨 데스크처럼 고객과 얼굴을 대면하는 경우는 적지만, 고객이 호텔에 도착하기 전에 처음으로 호텔에 대한 첫인상을 갖게 되는 곳이기 때문에 그 중요성이 매우 크다. 예약 담당의 직무는 고객의 예약접수와 변경 · 취소 · 확인 업무를 처리한다. 예약 신청자의 모든 정보를 수집하여 고객관리의 데이터베이스 작업을 수행한다.

(5) 전화 교환원

고객의 시외 및 국제통화 업무를 도와주고, 외부에서 오는 보이스메일을 관리하여 숙박고객에게 전달한다. 웨이크-업 콜Wake-up Call을 관장하고 실행하며 고객의 요청에 따라 호텔 정보 및 안내 업무를 수행한다.

(6) 컨시어지

고객의 모든 불편사항을 도와주고 고객이 호텔에 체재하면서 발생되는 모든 요청을 수행한다. 교통편 안내에서부터 관광 안내, 각종정보 안내를 담당하여 고객에게 정확하고 신속한 서비스를 수행한다. 따라서 주요 업무는 고객이 요청하는 모든 문의사항에 대해 해결사의 역할을 하는 업무를 수행한다.

업무의 내용에 따라 크게 호텔 내의 정보 및 호텔 내에서 발생하는 모든 문제와 호텔 외의 정보 안내, 예를 들어 관광 안내 이외에도 각종 교통 및 문화상품에 대한 예약 및 변경, 취소에 대한 대행 업무까지 수행한다. 따라서 호텔에서 컨시어지는 고객의 개인비서와 같은 모든 업무를 다루기 때문에 언어적인 부문 외에도 각종 시사적인 부문과 연관업체(여행사, 항공사, 문화시설 등)와 협의하여 업무를 수행해야 한다.

(7) 야간 당직담당자

주로 저녁 10시부터 다음날 7~9시까지 근무한다. 직무는 야간도착 고객의 체크인 업무를 도와주고, 객실의 영업일보고서Daily Room Report, Daily Morning Room Report를 작성하여 객실 부서 팀장 및 총지배인에게 매일 보고한다. 익일 출발예정자의 현황파악 및 도착예정자의 현황을 파악하여 보고서를 작성하고 이를 팀장 및 총지배인에게 보고한다. 익일 투숙객 객실배정 업무를 담당한다. 익일 도착할 고객 중 VIP 고객이 있을 경우 이에 대한 명단을 미리 출력하여 익일 출근하는 객실 팀장과 총지배인의 영접준비도 사전에 할 수 있도록 돕는다.

(8) 비즈니스센터 담당자

고객의 요구에 따라 개인비서 업무 및 회의실 관리 및 제공 업무를 담당한다.

(9) 귀빈층 담당자

귀빈층을 이용하는 고객을 위해 체크인과 체크아웃 업무를 담당한다. 귀빈층의 라운지를 운영 · 관리히며, 귀빈층 이용고객의 정보를 관리하고 특별 취향 등을 고려한 서비스를 제공한다.

(10) 도어맨

호텔에 출입하는 고객을 영접하고 차량의 유도 및 주차관리를 담당한다. 고객 출발 시 자동차의 호출 및 수배 업무를 담당하며 호텔 현관의 교통질서 및 차량정리를 담당한다.

(11) 벨맨

고객이 현관을 통과하여 로비를 들어온 후 호텔에 체재하면서 이루어지는 모든 서비스를 제공하는 사람으로, 고객을 프런트 데스크로 안내하고 고객이 객실을 배정받으면 고객의 짐을 들어주고 객실까지 안내한다. 숙박하는 고객의 우편배달 업무 및 짐관리 업무를 담당하고 호텔 로비의 청결과 질서유지를 담당한다.

2) 하우스키핑 부문

(1) 객실관리 지배인

객실관리 부서 종사원들의 근무태도 관리 및 작업을 지시하고, 이를 잘 수행하고 있는지를 확인한다. 객실용 비품 및 소모품, 가구 등의 공급 및 재고관리를 담당하며 VIP 객실점검 및 확인을 담당한다. 또한 세탁물 및 린넨류 공급의 책임자로 업무를 수행한다.

(2) 객실관리 클럭

객실관리 부서 종사원들의 인사를 담당하고, 종사원들의 근무태도를 점검하며 숙박고객의 통계 등을 분석한다.

(3) 객실 인스펙터

객실 인스펙터Room Inspector는 객실을 점검하고 열쇠를 관리한다. 또한 보수작업을 총괄하며 분실물 및 습득물을 관리하고 처리한다. 또한 객실의 정비보수를 계획하고 이를 수행한다.

(4) 하우스맨

상품화되기 전의 객실상태를 점검하고, 룸메이드의 근무상태를 점검한다. 또한 객실의 소모품 보충관계를 점검하고 미니바를 관리하며 공공장소의 청결상태를 점검한다.

(5) 룸메이드

객실과 욕실의 청소 및 정비를 담당한다. 객실 청소상태를 보고하고 소모품을 보충하며 객실보수에 필요한 사항을 보고한다. 또한 복도 및 로비 등과 같은 공공장소의 청소 및 정비를 담당한다.

(6) 린넨 담당

객실에서 나오는 모든 린넨류를 담당한다. 객실에 필요한 일체의 비품 및 소모품을 공급하며, 객실 판매현황에 따른 린넨 소유 수량의 분출 업무를 맡는다. 또한 종사원의 유니폼 관리 및 수선, 세탁 업무를 담당한다.

(7) 세탁 지배인

고객의 세탁물을 관리하고 세탁기기 및 세제 등을 관리한다. 세탁실 종사원의 업무수행을 지시하고 감독한다.

(8) 세탁물 분류 담당

모든 세탁물을 섬유의 질과 사용 용도에 따라 분류한다. 특히 기름 세탁의 종류와 물 세탁의 종류를 분류한다. 또한 고객 세탁물과 호텔 내부에서 사용하는 세탁물을 분류 관리한다.

(9) 롤러Roller 담당

대형 롤러에 의한 다림작업을 수행하며 기계작동의 업무를 담당한다.

(10) 프레싱 담당

고객용, 호텔 내부용 세탁물의 다림질을 담당한다.

(11) 수선 담당

호텔 내부용 린넨류의 수선을 담당하고, 고객의 요청에 의한 고객 린넨류에 대한 수선을 담당한다.

(12) 세탁물 배달 담당

고객 세탁물의 수거와 배달을 담당하고, 호텔 내부에서 사용되는 모든 세탁물을 수거하고 재배치하는 업무를 수행한다.

제5장 고객의 호텔 객실이용 단계별 업무

고객은 네 단계의 사이클에 의해 호텔 객실을 이용하게 된다. 호텔에서는 각 단계마다 서비스와 회계에 관한 업무가 발생하게 된다.

고객의 측면에서 5단계에 실행해야 하는 것과 접촉할 객실 업무 담당자

구분 \ 단계	1단계	2단계	3단계	4단계	5단계
고객 순환단계	도착 전 (Pre-arrival)	도착 (Arrival)	체재 (Occupancy)	출발 (Departure)	피드백 (Feedback)
서비스 업무	예약 업무	등록	각종 유니폼서비스	퇴숙	고객관리
회계 처리	신용 설정	금액 입력	야간 점검	금액 집계	여신

도착 전	도 착	체 재	퇴숙(출발)
• 예약담당자	• Desk Agents • Uniformed Service	• Desk Agents • Switchboard(PBX) • Uniformed Service • Mail and Information	• Cashier

1. 고객의 호텔 도착 전 단계

고객이 호텔에 도착하기 전에 객실 예약을 먼저 하게 된다. 따라서 첫째, 예약 직원은 예약 문의에 대해 신속하고 정확하게 답변해야 한다. 둘째, 예약이 성사되면 예약 장부를 만든다. 이는 고객 사이클의 시초이고 고객이 도착하기 전에 객실과 객실료를 정해두고 고객 장부Folio를 만드는 기초가 된다.

2. 고객의 호텔 도착 단계

호텔에 고객이 도착하게 되면, 가장 중요한 고객의 등록Registration 업무가 시작된다. 따라서 첫째, 등록절차 전에 예약상황을 점검한다. 둘째, 등록카드Registration Card를 만든다. 이때 고객의 지불방법, 체재기간, 기타 고객의 요청(간이침대, 아기침대, 선호하는 객실 위치 등)을 기록한다. 이는 고객이 퇴숙한 후에 고객 기록History의 기본 데이터가 되는 자료이다. 셋째, 객실과 객실료를 정한다. 이는 효율적인 객실현황 체계Room Status System에 전적으로 의존한다. 넷째, 지불방법을 결정한다. 다섯째, 객실의 열쇠를 고객에게 전한다.

영국 리츠칼튼호텔의 도어맨

동대문 메리엇트의 도어 데스크

호텔 벨서비스 중 짐 옮기기

팬 퍼스픽호텔의 컨시어지 데스크

미국 라스베이거스의 벨라지오호텔의 프런트 데스크

호텔 체크인 모습과 벨맨의 모습

3. 고객의 호텔 체재 단계

고객의 체재기간 동안 대고객서비스가 이루어진다. 첫째, 정보, 기자재, 각종 소모품, 기타 고객이 요구하는 서비스가 제공된다. 이때의 서비스는 고개만족을 극대화하기 위해 신속하고 정확하게 제공해야 한다. 둘째, 고객의 불만을 처리한다. 이는 고객과 호텔 간의 명확하고 건설적인 의사교환에 의존한다. 셋째, 고객의 안전에 만전을 기한다. 귀중품 보관, 열쇠관리, 비상사태 대책, Safe Deposit, 분실물 처리Lost & Found 등의 서비스가 이루어진다.

4. 고객의 호텔 퇴숙 단계

고객이 호텔에서의 일정을 마치고 떠나는 단계이다. 첫째, 고객에게 정확한 Guest Folio를 건넨다. 둘째, 대금을 지불받는다. 셋째, 고객이 퇴숙할 때까지 정산되지 못한 금액은 후에 청구됨을 알린다. 넷째, 고객 기록장부Guest History를 작성한다. 다섯째, 객실의 상태Rm. Status를 조정하고 객실관리부Housekeeping에 알린다. 여섯째, 고객이 호텔에서 숙박하는 동안 불편한 사항이 없었는지 알아본다. 일곱째, 고객이 퇴숙을 하고 난 다음 다시 호텔을 재방문하도록 하거나, 아니면 체인호텔인 경우에는 고객이 여행을 하는 경우 방문 예정지의 체인호텔을 예약하거나 소개한다.

이와 같은 단계를 거쳐 고객의 호텔 이용 사이클은 마무리된다.

호텔 귀빈층

서울 그랜드 하얏트호텔의 귀빈층 라운지

호텔 시그니엘 79층 안내데스크

프라자호텔의 비즈니스센터 5층 입구 조형

비즈니스센터 내의 컨퍼런스룸

5. 고객의 호텔 피드백 단계

호텔에서 고객이 퇴숙하면 고객의 사이클은 마무리가 된다. 하지만 호텔 객실종사원의 업무도 완료되었다고 할 수는 없다. 고객이 퇴숙한 후에 첫째, 호텔에서는 고객의 자료를 정리 기록하여 다시 고객이 재방문하게 될 때 보다 나은 서비스가 이루어질 수 있도록 준비를 해야 한다. 둘째, 개별고객인 경우 퇴숙 시 모든 요금에 대해 정산을 하게 되지만, 계약 기업을 통해 호텔에 투숙했던 고객 중에는 추후 정산이 이루어지는 경우가 많다. 따라서 여신 부서로 고객의 정산 업무가 이관된다. 셋째, 여신 부서는 각 계약 기업 및 계약 여행사를 대상으로 계약 기간에 따라 정산 업무가 진행된다. 넷째, 객실 부서에서는 고객의 기록장을 기본으로 재방문을 위한 고객관리가 시작된다. 예를 들어, 고객이 퇴숙한 후 호텔에 대한 만족도 평가를 할 수 있도록 안내하여, 재방문하였을 때 고려해야 하는 서비스 부문을 점검한다. 다섯째, 이벤트나 행사 기획이 있다면 이에 대한 정보를 고객에게 전달하여 재방문할 수 있도록 안내한다.

제2부

호텔 객실 예약서비스

제1장 예약 업무

호텔 객실 예약은 고객의 네 단계 사이클에 있어서 최초로 이루어지는 고객 도착 전 단계이다. 따라서 고객은 이전의 경험이나 여행사의 추천, 지인으로부터의 권유, 브랜드 이미지 등에 의해 호텔 선택의 영향을 받는다. 호텔과의 첫 대면인 예약 업무는 고객의 호텔 선택에 있어서 가장 중요한 역할을 하게 된다.

호텔의 모든 부서가 목표를 가지고 업무를 수행하는데, 예약Reservation 부서에서는 특정한 목표를 가지고 있다. 예약 부서의 목표는 호텔을 찾아오는 고객들의 인원을 효율적으로 조절하여 수입을 극대화시키는 것이다. 따라서 고객이 호텔에 도착하기 전에 프런트 데스크Front Desk에서는 판매가능 객실의 여부, 객실의 상황 등에 대해 숙지하고 있어야 하며, 객실 내의 소모품, 예약 시 고객의 꽃바구니 주문 등에 대해서도 점검해야 한다. 또한 주요 고객의 목록을 재확인해야 하며, VIP들의 기록을 토대로 그들의 취향을 미리 숙지해 두어야 한다. 이를 위해 항상 로그북Log Book을 점검하고, 단체예약 사항에 대해서도 미리 점검해야 한다.

호텔에서는 가능한 호텔의 수입을 최대로 올리기 위해 객실 판매에 최대의 관심을 기울인다. 고객의 만족과 효율성, 수익성을 성취하기 위해 고객이 예약을 할 때 효과적인 절차와 시스템을 갖추고 있어야 한다. 효과적인 예약업무 절차를 수행하기 위해서는 예약기법에 관한 여러 가지 정보를 수집할 필요가 있다. 조사에 의하면, 호텔 고객의 80% 이상이 사전에 예약을 하고 호텔을 방문하는 것으로 나타났다. 고객들은 호텔 객실을 예약하는 방법을 알고 있으며, 직접 호텔 객실을 예약하여 호텔로부터 예약서비스를 잘 이용하고 있는 것으로 나타났다.

1. 호텔 객실 예약의 유형

호텔 객실 예약은 크게 보증예약Guaranteed Reservation과 비보증예약Non Guaranteed Reservation으로 나누어진다.

1) 보증예약Guaranteed Reservation

호텔의 정당한 예약취소Cancellation 절차에 따라 취소된 예약을 제외하고, 고객이 호텔 투숙에 관계없이 예약된 객실에 대해서는 객실요금을 지불하고, 대신 호텔에서는 객실을 보장하는 예약의 형태를 말한다. 날씨 등에 영향을 많이 받는 휴양지 호텔이나 객실공급이 원활하지 못한 비즈니스호텔 등에서는 노-쇼No-show를 최대한 방지하기 위해, 즉 Full-house를 달성하기 위한 수단으로 보증예약을 많이 활용하고 있다. 보증예약의 수단은 다음과 같다.

(1) 요금선불Prepayment, Paid-in-advance; PIA

고객이 예약을 신청할 때 요금 전액을 미리 현찰로 지불하는 형태를 말한다.

(2) 신용카드Credit Card

호텔 객실 예약 시 고객의 신용카드 정보를 미리 획득하여 No-show 발생 시 신용카드 회사에 해당 객실요금을 청구하는 형태이다.

(3) 보증금Advance Deposit

호텔 객실 예약 시 해당 객실요금의 일부금액을 미리 예치해두는 것으로, 단기 투숙일 경우 주로 1박에 해당하는 객실요금을 예치하게 된다.

(4) 여행사Travel Agent

고객이 여행사를 통해 보증예약을 하고 No-show를 발생시키면, 호텔은 요금을 여행사에 청구하는 형태이다.

(5) 거래 기업체Corporate

거래 기업체와 호텔 간에 사전 계약에 따라 이루어지는 예약보증 수단으로써 거래 기업체가 호텔에 의뢰한 예약 내용 중 No-show 발생분에 대해서는 거래 기업체가 재무적 책임을 지는 형태이다.

2) 비보증예약Non Guaranteed Reservation

호텔에서 제시한 도착예정 시간 또는 체크인Check-in 시간에 고객이 도착하지 못할 경우 예약은 자동으로 취소된다. 이때 고객에게 도착예정 시간까지 도착하지 않으면 예약이 취소된다는 사실을 반드시 사전에 주지시켜야 한다. 통상적으로 도착 당일 18 : 00시 이후에는 사정에 따라 호텔에서 예약을 임의로 취소할 수 있다.

2. 호텔 객실 예약 신청경로

일반적으로 휴양지호텔Resort Hote의 경우, 고객이 직접 예약을 하는 경우가 많다. 그러나 상용호텔Business Hotel의 경우는 기업체의 비서나 실무 부서, 예약센터, 여행사, 체인본부를 통해서 예약을 접수하는 경우가 많다.

호텔 객실 예약을 위한 접수 수단으로는 전화, 팩시밀리, 인터넷, 직접방문 등이 있으며, 개인컴퓨터를 이용한 통신접수나 호텔 체인본부의 중앙예약사무실CRO : Central Reservation Office과 전문예약망GDS : Global Distribution System으로 UTELL, SABRE, ABACUS, APOLLO, TRAVEL WEB 등을 이용할 수도 있다. 최근에는 다양한 호텔 예약사이트들이 생겨 보다 폭넓고 신속하며 다양한 정보를 이용한 예약이 이루어지고 있다. 단지 인터넷 등을 이용하여 예약할 경우는 반드시 예약번호를 확인해야 실수가 없다.

1) 전화예약

전화는 예약접수 수단으로 가장 많이 이용되고 있다. 전화는 무엇보다도 신속하고 접객원과 의문사항 등을 그때그때 확인할 수 있는 장점이 있다. 전화예약도 무료전화 사용Toll-free Telephone Lines 080번과 직통전화Direct Telephone로 나눌 수 있다.

(1) 무료전화 사용Toll-free

세계적인 체인호텔들은 호텔 기업에서 무료전화시스템을 설치하여 운영하고 있다. 일부의 특정 호텔에서는 여행사나 개별고객을 대상으로 무료전화를 사용할 수 있도록 한다. 우리나라의 경우 클로버서비스(080)를 실시하는 기업 및 호텔이 증가하고 있다.

(2) 직통전화Direct Telephone

대부분의 호텔에서는 직통전화를 통해 고객으로부터 예약을 받는다. 직통전화는 통상 업무용으로 많이 사용하고 있기 때문에, 대표전화보다는 예약전화번호를 별도로 사용하는 경우가 많다. 특히 전화를 통한 예약 시 얼굴을 보지 않고 하기 때문에 종사원의 고객에 대한 각별한 배려가 필요하며, 항상 밝고 명랑한 음성으로 고객을 접객해야 한다.

2) 팩스예약

전화보다 정확하고 해외예약의 경우 더욱 많이 사용된다. 이는 해외에서 전화를 할 경우 언어의 소통이라든지 혹시 잘못 전달되는 오류를 방지할 수 있어서 널리 활용되고 있다. 또한 단체고객 예약의 경우와 같이 구체적인 내용을 한꺼번에 전달할 수 있다는 장점이 있다. 따라서 전화예약을 한 고객이 확인 방법이나 견적서 제출 방법으로 널리 사용하고 있다.

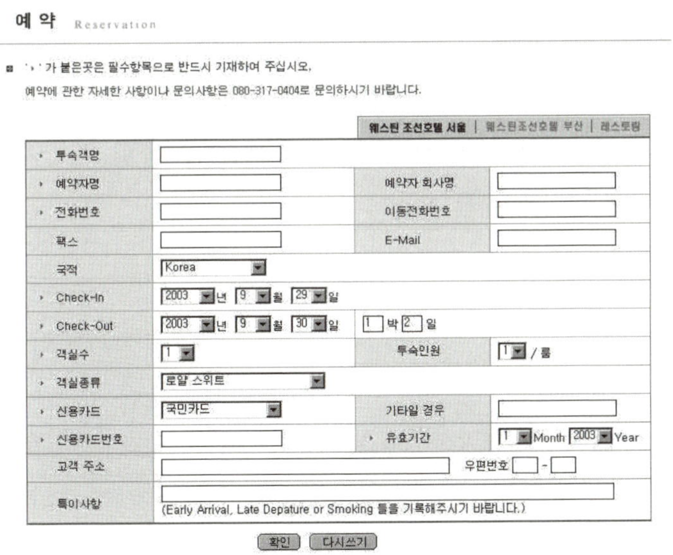

3) 홈페이지를 통한 인터넷예약

체인호텔들과 예약전문회사들은 세계적인 예약통신망을 구축하고 이를 통해 객실상황을 파악하여 예약을 집행하게 되고, 우대고객관리프로그램Mileage Program과 연계하여 혜택을 부여하기도 한다. 최근에는 예약의 정확성과 종사원을 감축할 수 있다는 이유로, 호텔 홈페이지를 통한 고객의 예약을 유도하기 위해 많은 할인혜택을 부여하기도 한다. 이러한 추세가 보편화되면서 인터넷예약은 전 세계적으로 확대되고 있다.

4) 여행사예약

국내 · 외 여행사로부터 접수되는 예약은 각 여행사와 맺고 있는 제반 조건에 의해 요금, 지불방법, 고객특진 등이 결정된다.

(1) 외국의 여행사를 통한 예약

외국의 여행사로부터 직접 호텔로 예약 신청이 들어오는 경우가 있는데, 이는 서로간에 계약을 하지 않는 한 거의 드문 형태이다.

(2) 국내의 여행사를 통한 예약

규모가 큰 여행사와 호텔과의 예약 경우는 투숙객의 쿠폰Coupon 또는 바우처Voucher를 발행하여 요금을 징수한다. 이런 예약을 받았을 때는 예약카드 이름 슬립Name Slip에 쿠폰에 의한 예약이라는 것을 명확하게 명기해야 한다.

5) 전문 예약사무소를 통한 예약

전문 예약망GDS : Global Distribution System으로 UTELL, SABRE, ABACUS, APOLLO와 같은 시스템을 이용하는 경우와 해외 체인예약사무소를 이용하는 경우 두 가지가 있다.

해외호텔 전문예약과 관련하여 GDS 예약전용망을 갖춘 업체들이 전용단말기를 이용하여 사용자(대부분 여행사 종사원)와 호텔을 직접 연결해서 고객이 원하는 해외 지역의 호텔을 실

시간으로 검색하고 예약할 수 있도록 한다. 이외에도 항공사 CRSCumputer Reservation System 영향을 받아 항공사, 호텔, 자동차렌탈 기업과 같은 여행공급자의 중요한 유통채널로써 여행사들은 주요 GDS에 연결되어 호텔 객실 예약과 항공 좌석 예약을 다국적으로 활용한다. 대표적인 GDS로는 갈릴레오GALLILEO, 아바쿠스AVACUS, 월드스판WORKLDSPAN, 아마데우스AMADEIS 등이 있다.

주로 체인예약사무소를 이용하는 경우를 Property-to-property Reservation이라고 한다. 국내의 경우 UTELL를 많이 이용하고 있으며, 체인호텔들의 경우는 해당 호텔에서 외국 및 타 지역의 체인호텔을 예약해 주고, 세계적으로 체인망이 많은 Holiday Inn의 경우 전 세계에 예약사무소만을 별도로 운영하기도 한다.

6) 호텔예약시스템CRS : Central Reservation System

체인호텔의 경우 해당 체인호텔에서 사용하는 동일 컴퓨터시스템으로 상호 연계되어 있어 예약 절차를 간소화 할 수 있다. 상호 연계시스템으로 예약이 실시될 경우 고객에 대한 정보를 공유함으로써 고객관리가 유용하다. 이외에도 시스템 운영 비용을 절감할 수 있어 가능한 한 다른 시스템의 유통경로를 통해 예약보다 자체 호텔의 예약시스템을 통한 예약 방법을 선호한다.

7) 직접방문 예약 : 내사하여 예약하는 방법

단위가 큰 예약이나 식음료, 부대시설과 함께 이루어지는 예약은 이를 확실히 성사시키기 위해 관련 담당자들이 직접 호텔을 방문하여 현장을 확인하고 예약을 하게 된다. 이 경우 고객이 원하는 것을 명확히 확인할 수 있다는 장점이 있다.

8) 기타 : 이메일을 통한 예약

해당 호텔에 체재 경험이 있는 고객이 안부 겸 편지로 예약여부를 문의해오는 경우도 있다. 최근에는 e-mail을 통해 직접 예약담당자에게 친밀감을 나타내고 예약을 확인하는 고객도 있다.

3. 호텔 객실 예약의 종류

호텔 객실 고객을 크게 분류하면, 개인고객FIT : Foreign Individual Traveler, 일반 단체고객Group Customer, 관광단체GIT : Group Independent Traveller로 분류하며, 이는 다시 고객을 구성하고 있는 시장으로 세분화 할 수 있다. 이러한 고객의 세분시장에 따라 예약의 종류도 구분된다.

1) 개인예약

개인예약Single Reservation이라고 해서 고객 한 사람에 한정하지는 않는다. 가족이나 소규모 단위의 고객도 취급한다. 예약을 숙박인 수로 구별해서 단체 이외의 모든 고객의 예약을 개인예약이라고 한다. 개인예약은 고객의 특성에 따라 사업가Business Man, 휴가객Vacationers, 장기체류고객Long-term Guest 등으로 구분하며, 고객 시장별로 호텔이 위치한 지역 내 모든 회사All Business Firms In Area, 종합병원Hospitals, 학교와 대학Schools And Colleges, University, 공무원Government Officer, 영사관 및 대사관Consulates and Embassies, 상공회의소Chambers of Commerce, 협회본부Association Headquarters, 클럽Clubs 등으로 구분하기도 한다.

2) 단체예약

호텔에서 단체고객은 숙박비를 부담하는 고객 15~20명 이상의 인원으로 구성되어 숙박을 하고자 할 때를 의미한다. 일반적으로 이 단체예약Group Reservation은 여행사를 통해 이루어지는 경우가 대부분이다. 단체예약의 경우, 숙박뿐만 아니라 식사도 포함하는 경우가 대부분이며, 안내자(가이드)를 동반하는 경우가 많다.

단체의 규정은 호텔마다 조금씩 달리 적용되는데, 일반적으로 10실 정도를 사용할 때 단체로 취급하기도 하고, 고객수에 의해 단체를 구분하기도 한다. 단체예약 접수 시 주의사항으로는 단체 도착 1주일 전에 예약 확인의 연락을 반드시 해야 한다. 예약이 확인되었을 때는 단체명단, 식사시간, 도착시간, 여행일정 등을 정확히 접수하여 일정에 차질이 없도록 협조해야 한다.

단체고객의 경우도 시장에 따라 항공사 직원Airline Crews, 여행사를 통한 관광단체Group Tours Organized by Travel Agents 등으로 시장을 구분한다.

3) 여행사예약

여행사예약Travel Agent Reservation은 여행업자로부터의 예약으로써 개인예약이나 단체예약이며, 이 여행업자로부터의 예약인 경우는 여행업자에게 소정의 수수료Commission를 지불한다. 수수료의 지불이 있는 예약을 명확히 하기 위해서는 여행업자로부터 받은 예약카드에 'TR' 또는 '수수료 지불요망'이라는 내용을 직인하여 다른 예약과 구별한다.

4) 특별예약

VIPVery Important Person 등의 예약은 특별예약이라 하여 다른 예약과 구별한다.

(1) VIP 예약

총지배인과 사장에게까지 보고되며 상부로부터의 각종 지시에 의해서 환영준비, 서비스 등의 특별 배려를 한다. 객실은 별도로 분류하고 객실정비는 미리 이행한다. 객실 내의 비품 및 청소상태에 만전을 기하고, 객실 내에는 꽃꽂이를 하며 과일 및 와인서비스 등이 제공된다.

(2) 단골고객의 예약

단골고객이 항상 사용하는 객실 혹은 좋아하는 층이 정해져 있는 경우가 있기 때문에 특별한 요청이 없는 한 자주 사용하던 객실을 배정한다. 최근에는 호텔들이 고객 조직화의 일원으로 멤버십Membership 제도를 도입하여 회원들에게 일정률의 할인요금제도를 적용하여 고객 우선의 서비스를 실시하고 있다. 이는 새로운 고객을 유치하기 위해 드는 비용의 25% 정도이면 단골고객 유지를 위한 비용으로 충분하기 때문이며, 단골고객의 경우는 호텔에 대한 충성도가 높아 타인에게 호텔을 권하는 경우가 많으며 구전을 통한 홍보요원이 되기도 하기 때문이다.

(3) 신혼객의 예약

신혼여행객에 대해서도 예약의 단계에 미리 객실을 지정하고, 도착 전에 객실에 축하카드를 준비하고 꽃장식과 초콜릿 등을 제공한다. 특히 휴양지 호텔인 경우는 신혼여행객이 많기 때문에 예약 시 주의를 기울여야 한다.

(4) 기타 예약

항공사 승무원과 잠시 항공스케줄에 의해 머물게 되는 고객들의 예약과 주한미군 예약 등이 있다. 특히 주한미군의 경우 최근까지 용산기지 내에는 드레곤 힐Dragon Hill이라는 장교용 호텔이 있었으나, 평택으로 군 기지 이전 후 특별계약된 호텔을 활용하기도 한다.

이상의 경우 외에 예약 시 내국인과 외국인을 구별하기도 하고, 숙박비 지불방법에 의해 분류하기도 한다.

4. 예약 시 주의해야 할 객실

호텔 객실에 대한 예약은 고객과의 첫 약속이다. 따라서 예약을 받을 경우 호텔 객실이 투숙을 희망하는 날짜와 객실 형태에 있어서 고객이 투숙 가능한 상황인지를 먼저 점검하는 것이 필요하다. 예약 업무를 시작하기 전 반드시 예약시스템 상의 객실 예약 현황을 파악하고 예약이 불가능한 날짜와 객실 형태가 무엇인지 인지하고 있어야 한다.

1) 예약 시 주의해야 할 객실

(1) **하우스 유스룸**House Use Room

호텔 객실 중 호텔의 관련자가 업무를 위해 사용하고 있는 객실이 있는지를 확인하고, 이러한 객실은 고객에게 판매할 수 없는 객실이므로 고객에게 판매 가능한 객실에서 제외해야 한다.

(2) **고장인 객실**Out of Order Room

객실의 시설이나 가구 등이 훼손되어 수리하기 전에는 고객에게 판매가 불가능한 객실이 있다. 이 고장인 객실은 수리되기 전까지는 예약이 불가능하다. 이러한 객실의 경우 수리가 된 후에는 사용가능한 객실로 전환시켜 예약이 가능하도록 해야 한다.

(3) 룸 블록Room Block된 객실

고객의 요청이나 단체고객으로 인하여 사전에 객실을 지정하는 것을 룸 블록킹이라 하는데, 이렇게 지정된 객실을 다른 고객에게는 판매가 불가능하다. 따라서 예약 시 이미 룸이 블록킹 되어 있다면 예약을 받을 수 없다.

(4) 극성수기의 객실

휴가철이나 호텔 내에 특별행사 등이 있어 고객의 수요가 증가하면 이 시기를 극 성수기로 보고, 초과예약을 받을 수 없다. 따라서 객실 예약상황을 사전에 파악하고 극성수기 시기에는 고객에게 객실을 배정할 수 없는 상황임을 안내해야 한다.

2) 객실 예약 조정

(1) 객실 예약 조정

호텔 객실 예약 담당자가 호텔 객실 예약을 통해 객실을 판매하는 경우, 객실 예약 상황의 점검을 통해 고객에게 최상의 객실을 구매할 수 있도록 해야 한다. 이를 객실 예약 조정이라 하는데 하나는 업-세일링Up-selling 방법이고, 다른 하나는 다운-세일링Down-selling 방법이다.

업-세일링의 경우, 예를 들어 고객이 희망하는 객실의 형태가 더블룸Double Room의 경우 혹시 고객이 보다 나은 전망의 객실을 원한다면 바다가 보이는 또는 산이 보이는 전망의 방은 기존의 더블룸보다 추가로 얼마를 더 지불하면 사용할 수 있다고 유도하여, 고객도 약간의 추가금액을 더 지불하고 더 만족할 수 있는 객실을 사용하도록 유도하는 것을 말한다.

다운-세일링의 경우, 예를 들어 객실 상황이 고가의 객실이 모두 예약이 완료되었는데, 고객이 고가의 객실을 예약하고자 할 경우 현재의 객실 예약 상황을 고객에게 안내하고, 약간의 차이지만 유사한 서비스를 받을 수 있는 객실 예약을 안내하여 타 호텔로 고객이 이탈하는 것을 방지하는 방법이다. 예를 들어, 고객이 귀빈층의 더블룸을 예약하고자 했는데, 객실 상황을 확인해보니 귀빈층의 더블룸이 모두 예약되었다면, 좀더 저가격인 일반층의 더블룸 중 귀빈층과 가까운 객실이 있을 때 그 객실로 예약을 유도하여 판매함으로써 고객의 만족도를 어느 정도 유지하고 고객의 이탈을 방지할 수 있다.

(2) 초과예약Over Booking

호텔의 경우 전년도의 객실판매 실적을 기준으로 월별, 주별, 일별 특징을 파악하여 비수기와 성수기의 차이를 분석한다. 이를 토대로 성수기 때 많은 고객들이 호텔을 찾지만, 특별한 상황에 따라 일정부분 노쇼No Show나 예약 취소, 조기 퇴실 같은 경우가 발생한다. 이런 일이 발생하면 호텔의 수익률을 감소시키는 요소가 될 수 있기 때문에 초과예약을 받는다. 대부분의 상황에 따라 2~3%에서 최대 10% 정도의 초과예약을 받게 되며, 항공사와 마찬가지로 예약 시 대기자 명단Waiting List으로 예약된다는 사실을 안내하고 고객의 동의를 받아야 한다.

만일 고객이 대기자 명단으로 예약을 하고 호텔에 도착했는데, 당일 해당 객실이 만실이 되어 고객에게 객실을 제공하지 못하게 되는 경우에는 유사한 조건의 다른 호텔 객실로 안내하는 서비스인 턴어웨이서비스Turn Away Service를 실행한다. 하지만 유사지역의 경우 성수기가 비슷하여 동일한 상황이 많기 때문에 이에 대한 상황을 사전에 고객에게 반드시 알려야 한다. 턴어웨이서비스가 이루어질 경우에는 고객에게 상황을 안내하고, 추후 해당 호텔 이용 시 혜택이 주어질 수 있도록 하며 이를 고객에게 안내한다.

5. 예약 접수의 절차

예약 접수란, 호텔에서 고객의 주문에 의해 객실을 비롯하여 여러 상품을 판매하기 위한 계약행위라고 할 수 있다. 고객은 숙박기간 동안 예약한 내용에 따라 숙박하게 된다. 따라서 예약 접수 시에 예약담당자는 예약카드에 반드시 해당 고객이 호텔에 체재하는 동안 만족할 수 있도록 하기 위해 정확히 내용을 기록해야 한다. 호텔을 방문하는 고객들은 다양한 사고방식과 여행 형태, 국적을 가지고 있기 때문에 예약카드의 기재사항은 표준화되어 있어야 하고 보기에 간단하고 명확해야 한다.

호텔 객실 예약에 있어서 가장 중요한 것은 고객의 요구조건에 맞는 최적의 객실을 배정하여 제공하는 것이다. 이를 위해 컴퓨터 예약시스템의 활용이 이루어져야 하며, 예약담당자의 신속하고 정확한 업무처리와 고객의 입장에서 접객하는 친절하며 공손한 자세가 요구된다.

예약을 할 때는 다음과 같은 원칙을 지켜야 한다. 첫째, 고객이 요청한 예약은 예약 책임자 또는 프런트오피스 책임자가 수락하거나 거절해야 한다. 둘째, 수락 또는 거절이 결정된 내용을 예약 신청자에게 통지해야 한다. 셋째, 예약 책임자에 의해 결정되어 고객에게 통지되어 확인된 상태를 객실을 직접 판매하는 프런트 데스크 직원에게 정확하게 전달해야 한다. 넷째, 접수된 예약의 조정과 오차의 최소화, 예약 요청에 대해 최대한의 적절한 객실 확보, 전체 예약 조정 수행을 위해서는 예약 취급과 기록유지를 제도화해야 한다.

1) 예약 접수준비 단계

예약 접수를 받기 위해서 담당자는 사전에 객실상황 및 예약 객실을 확인하고, 고객이 요청하는 객실 형태별 · 치별 판매가 가능한 객실이 어느 정도 확보되어 있는지 숙지하고 있어야 한다.

고객으로부터 예약문의가 있을 때 첫째, 객실 예약이 가능할 경우 고객의 사전 사용여부 등 고객의 이력Guest History을 검토하고 예약 수락 및 조건을 협상한다. 그 후 예약 확인번호를 알려주고 확인서를 제공한다. 둘째, 객실 예약이 불가능할 경우 호텔 객실 의뢰에 대해 감사를 표시하고 타 호텔을 추천한다. 그러면서 추후 당해 호텔을 사용토록 관리한다. 즉 잠재고객으로서의 관리를 한다.

(1) 도착 예정일

도착 예정일은 년, 월, 일, 요일까지 정확하게 고객에게 문의하여 확인한다. 이는 예약 가능한가의 여부를 파악하기 위함이다. 도착시간, 이용 교통기관 등을 함께 물어 도착일에 프런트 데스크에서 객실을 준비하는데 차질이 없도록 한다.

(2) 출발 예정일

예약접수 시 몇일까지라고 말하는 고객의 경우 몇일까지라고 말한 날까지 숙박한다는 의미일 수도 있기 때문에, 출발일이 언제인지를 반드시 확인해야 한다.

- 년, 월, 일은 반드시 두 자리로 기입한다.

  (예) 20년 03월 02일

- 시간은 오전, 오후로 구분하지 않고 24시간제를 사용하여 기입한다.
  (예) 10시 10분, 15시 30분
- 항공편Flight No.을 확인한다. 이는 항공시간표를 보고 도착시간Arrival Time을 기입하도록 한다. 즉 항공에 관련해서는 도착시간 기록, 항공편명, 약어Abbreviation를 사용하여 기입한다.

(3) 투숙고객 이름

- 외국인의 경우 성Last Name과 이름First Name을 구분하여 정확한 철자를 문의하여 기입한다.
- 내국인의 경우 한글로 받고, 영자로 표기하여 호텔시스템에 입력하기 편리하도록 기록한다.
- 직함Title은 성 앞에 기입하고 약자를 사용하여 기록한다.
  (예) Phd. Kim, Dr. Park, Ms. Lee 등
- 단체의 경우 여행사에서 예약 시에 여행번호나 약자를 사용하여 신청할 경우, 반드시 여행사의 전체 명과 여행 단체의 이름을 문의하여 정확하게 기록한다.
- 컨벤션의 경우 국제행사, 학회 또는 단체는 행사이름과 대표자의 이름을 함께 기록한다.

(4) 객실 형태와 객실수, 고객수

- 한 객실을 두 명의 고객이 이용할 경우(2인 1실) 두 명의 고객명을 기록하여, 추후 객실서비스 및 체크인과 체크아웃 시 편의를 도모한다.
- 한 사람의 이름으로(대표자의 이름으로) 여러 개의 객실과 여러 가지의 객실 형태로 예약하고자 할 경우 객실 형태(Single, Double, Twin, Triple Room 등)를 숙지하고, 이외에도 한 객실에 몇 명이 사용하는지(Single, Twin, Triple Use 등)를 함께 기록한다.
- 단체예약은 특별한 요청이 없는 한 2인 1실로 기록한다.

(5) 객실요금

- 개별고객FIT의 경우 객실요금은 단위별로 정확하게 기록하고 예약자에게 객실요금을 반드시 안내하여 고객이 선택할 수 있는 기회를 제공해야 한다.
- 단체의 경우 단체의 객실요금은 특별계약에 의해 각기 다를 수 있기 때문에, 반드시 특별계약의 내용이 있는지 확인하고 객실요금을 안내해야 한다.

(6) 예약자명과 연락처

호텔의 경우 숙박자를 대신하여 비서나 또는 회사담당자가 출장자의 호텔을 예약하는 경우도 있고 여행사나 항공사를 통해 예약하는 경우도 있기 때문에, 예약자와 투숙객이 다른 경우가 있어 이에 대해 항상 고려하고 기록해야 한다.

- 예약하는 사림이 투숙객을 대신하여 예약을 하는 경우 예약자가 숙박의 보증인이 된다는 의미를 포함하고 있다.
- 체크인Check-in 전에 반드시 예약 확인을 통하여 노쇼No Show를 방지할 수 있도록 연락처를 확인하고, 제재 중 또는 체크아웃Check-out 한 후 발생할 수 있는 문제를 예비하도록 한다.
- 예약처에 일반회사, 항공사, 여행사 등을 확실히 분류하여 기록한다.
- 예약자명은 부득이한 경우를 제외하고 전체명Full Name과 부서, 직책까지 기록한다.

(7) 접수일자

투숙일과 접수일을 혼동해서는 안 된다. 최근에는 모든 호텔이 시스템을 활용하여 예약접수를 하고 있기 때문에, 투숙일과 접수일이 혼동되는 경우는 극히 드물다. 다만 고객이 팩스나 이메일을 통해 예약하는 경우 반드시 접수일을 정확히 기록하여 추후 변경, 취소 등의 업무가 발생할 때 확인할 수 있도록 한다.

(8) 접수 담당자

호텔의 경우 예약자와 숙박자가 다른 경우가 있고, 숙박자가 호텔에 도착했을 때 기록이 잘못되어 있는 경우가 발생할 수 있어 예약 당시 접수했던 담당자를 반드시 기록하도록 되어 있다. 최근에는 모든 호텔들이 시스템을 활용하여 예약을 받기 때문에 시스템 접근 시 담당자가 로그인하면 자동으로 접수 담당자로 기록된다. 이는 혹시라도 발생할 수 있는 기록의 누락 여부 또는 수정 시 대조를 확인하기 위함이며 책임을 명확하게 하기 위함이다.

(9) 특별요청 확인

일행이 있는 고객의 경우 특별히 함께 같은 층이나 옆방으로의 배정을 요청하는 경우, 즉

방콕 반얀트리 웰컴 과일

객실 블록킹Room Blocking을 요청할 때 특별요청란에 커넥팅룸Connecting Room, Adjoining Room, Same Floor 등과 같은 사항을 명확히 기입한다. 이는 체크인Check-in 시 방을 배정할 때 고객의 편의사항을 확인하여 배정하기 위함이다. 주요 고객VIP일 경우 회사 규정에 준하여 처우를 기입하고 객실 매니저에게 보고하여 고객이 투숙하기 전에 준비할 수 있도록 한다.

① 객실 위치에 대한 특별요청

고객의 특성에 따라 객실이 위치하는 층 중에서 높은 층의 객실을 요청하는 고객도 존재하고, 오히려 낮은 층의 객실을 요청하는 고객도 존재한다. 이외에도 엘리베이터에서 가까운 객실을 요청하는 고객도 있다.

② 여러 개의 객실을 사용할 때의 특별요청

여러 개의 객실을 사용할 경우 커넥팅룸Connecting Room이나 어드조이닝룸Adjoining Room을 요청하는 경우도 있고, 비즈니스맨들의 경우 직급이 다를 경우 오히려 객실층을 분리할 것을 요구하기도 한다.

③ 아기침대Bay Cot나 보조침대Extra Bed의 요청

유아를 동반하는 고객의 경우 예약 시 아기침대를 요청하기도 하고, 객실에 추가인원이 숙박할 경우 보조침대를 요청하기도 한다. 이 경우는 하우스키핑에 여유분의 아기침대나 보조침대가 확보되어 있는지를 확인하고 특별요청 사항을 접수한다.

④ 가습기나 공기청정기의 요청

최근에는 일부 5성급 호텔에서는 이미 공기청정기가 배치되어 있는 곳도 있지만 고객이 가습기나 공기청정기를 요청하는 경우가 있어, 이에 대해 하우스키핑에 여분의 가습기나 공기청정기의 재고가 있는지 확인하고 특별요청에 대한 접수를 실행한다.

⑤ 픽업서비스Pick-up Service

외국인 고객의 비율이 높은 호텔의 경우, 픽업서비스에 대한 특별요청이 빈번히 이루어진다. 이 경우에는 도어데스크Door Desk와 연계하여 픽업서비스의 가능 여부를 먼저 확인한 후 고객에게 안내한다. 만약 픽업서비스가 어려울 경우에는 셔틀이나 리무진서비스를 이용할 수 있도록 고객에게 안내한다.

⑥ 규정된 체크인 시간보다 일찍 호텔에 도착하고자 하는 고객의 요청

고객 중에는 항공스케줄 등의 이유로 호텔에서 규정하고 있는 체크인 시간보다 일찍 호텔에 도착하여 휴식을 취하길 희망하는 고객들이 있다. 이를 얼리 체크인Early Check-in이라 한다. 이러한 고객이 있을 경우 투숙일 전날의 객실상황을 확인하고, 혹시 얼리 체크아웃Early Check-out 하는 고객의 객실상황을 확인하여 예약을 받는다.

⑦ 규정된 체크아웃 시간보다 늦게 호텔에서 떠나고자 하는 고객의 요청

일반적으로 호텔은 11~12시를 체크아웃 시간으로 정하고 있다. 그러나 고객이 사정상 늦게 체크아웃Late Check-out 하고자 할 경우 호텔에서는 일정금액의 요청을 추가로 징수한다. 대부분 호텔 규정의 체크아웃 시간보다 3시간 정도 늦을 경우에 일부의 요금에 대한 추가지불을 요청하게 되며, 6시간 이상 추가로 객실을 사용하고자 하면 일반적으로 주간 이용요금Day Use Charge을 추가로 지불하도록 하고 있다. 다만 비수기의 경우나 반복고객을 유도하기 위한 세일즈의 한 방법으로 3시간 정도 객실 사용을 연장하고자 할 경우 추가요금을 받지 않는 경우도 있다.

⑧ 기타 특별요청

고객이 호텔 투숙기간 동안 기념일 등이 있어 생일 케이크라든지 기념 케이크 또는 과일 및 와인, 꽃 등을 특별서비스로 요청하는 경우가 있다. 이럴 때에는 고객의 기념일 등을 증명할 내용을 확인하고 호텔 규정에 따라 특별요청을 접수한다.

고객이 과일을 특별 요청하였을 경우 과일과 더불어 과도와 포크, 냅킨 등을 함께 제공한다. 과일의 경우 신선도를 고려하여 고객의 투숙시간에 맞추어 객실에 제공하도록 한다.

와인의 경우, 고객이 희망하는 와인의 종류를 확인하고 희망하는 와인의 재고를 확인한다.

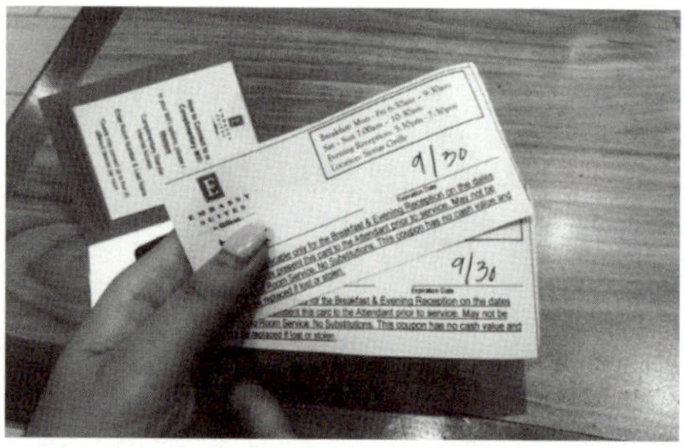

엠버시 스위트 바이 힐튼 오하위 카폴레이의 식사 바우처

특히 화이트 와인의 경우, 적정온도를 맞추기 위해 고객의 투숙시간에 맞추어 제공하게 되며, 고객이 희망하는 와인글라스의 개수를 맞추어 제공한다.

꽃을 요청한 고객을 위해서 호텔 내의 플라워숍Flower Shop에 고객이 희망하는 꽃을 구성해 줄 수 있는지의 여부를 확인하고 고객의 요청을 접수한다.

최근에는 고객들이 수면의 질에 대해 매우 민감하여, 침구류에 대한 특별요청이 증가하고 있다. 특히 베개가 숙면에 주는 영향이 크기 때문에, 사전에 특별베개를 요청할 경우 그에 맞춤서비스를 제공한다. 국내에서는 나인트리호텔이나 인터콘티넨탈의 경우 사전에 고객이 베개를 선택할 수 있도록 하고 있다.

(10) 지불조건 및 지불범위

고객이 어떤 내용으로 지불이 이루어지는지 조건 및 범위를 명확히 기록한다. 예를 들어, 개별고객FIT 중 회사 출장자의 경우 해당 회사가 호텔과 계약이 되어 있는 경우 객실요금만 회사에서 지불되는지, 객실과 조식요금을 함께 회사에서 지불하는지를 명확히 기입하여 추후 추가적으로 발생하는 요금에 대해서는 투숙고객에게 지불토록 한다. 단체고객의 경우 역시 객실요금만 단체를 적용할 것인지, 객실과 조식이 포함된 단체로 이에 해당하는 요금을 단체기관에서 지불할 것인지를 명확히 한다.

이외에도 체크아웃Check-out시 지불할 것인지, 후불로 지불되는지에 대해서도 명확히 기록한다. 지불 내용에 있어서는 쿠폰을 사용하는지 바우처Voucher를 사용하는지도 구분한다. 항공사에서 사용하는 경우도 계약조건을 확인하여 기록하고, 계약조건 외의 고객 사용분에 한해서는 투숙고객에게 직접 지불하도록 한다.

2) 예약접수 단계

(1) 고객 기록파일의 작성

- 신규고객의 경우 고객카드(고객파일)를 새로이 작성한다.

- 재방문 고객의 경우 기존에 있던 고객카드를 찾아 예전 사용기록을 확인한다.
- 여행사/회사를 통한 개인고객의 경우 투숙객 입장에서는 개인고객이지만 호텔의 입장에서는 여행사 단체고객으로 간주하고 예약고객 카드의 고객 성명란에는 투숙객이 아닌 여행사 고유번호와 예약번호가 적혀 있으며 식사관계가 명시되고 지불방법도 언급되어 있다.
- 여행사/회사를 통한 단체고객의 경우 협회, 공기업, 학교, 학회, 회사, 여행사 등을 통해 국제교류, 국제회의, 학술세미나, 관광여행 등을 이유로 15~20인 이상이 동시에 투숙하므로 취급되는 예약 형태, 주로 단체나 여행사의 이름으로 별도의 협의된 요금과 조건으로 예약이 이루어진다.

(2) 예약 요청서Reservation Request Slip의 기록

예약 시 예약카드에는 다음의 사항이 기재되어야 한다.

- 투숙고객 성명 및 숙박인원수
- 투숙고객의 연락처
- 투숙고객의 소속
- 투숙고객이 이용하는 교통수단과 편명
- 예약자 성명 및 연락처
- 도착일자 및 도착시간
- 예상 출발일자 : 숙박일수(숙박기간)
- 사용객실의 종류와 사용객실수
- 객실요금
- 지불방법
- 접수자 성명
- 특별요청(어린이 동반, 아기용 침대, 장애인, 금연층 등) 및 기타사항
- VIP 여부 및 제공할 물품의 종류(와인, 꽃바구니, 과일, 초콜릿 등)

Gest Reservation Card

First Name			Last Name		
Title			PAX		
Room Type			Room Ea.		
Room Rate			Special Rate		
Address					
Zip Code			Tel No.		
e-mail			Fax No.		
Nationality			Passport No.		
Arrival Date			Flight No.		
Departure Date			Flight No.		
Reserved Date					
Guarantee					
Credit Card		Credit Card No.			
Billing Information		Room Only		Room + Breakfast	
Contact Person					
Name	Tel No.	Fax No.	e-mail		
Reservation Date			Reservation Time		
Reservation Staff					
Reservation Confirm No.					
Remarks / Special Offer					

이상의 기재 내용의 주요 사항은 다음과 같다.

① 투숙고객 성명 및 숙박 인원수

외국인의 경우 투숙고객 성명은 Last Name, First Name, Middle Name의 순으로 기록하고, 인원수는 아라비아 숫자로 기록한다. 경우에 따라서는 대표 고객명을 적고 그 외 몇 명으로 기록하는 경우도 있다. 단체의 경우 소수인원의 경우는 각자의 성명을 기입하고 다수의 경우는 단체숙박 수배서에 기입하여 파일을 보관한다. 단체고객의 취급은 거의 판매부문으로 예약이 신청된다. 그러나 프런트오피스로 직접 예약신청이 들어오면 예약 담당자는 우선 지배인과 상담하여 결정해야 한다.

② 투숙고객의 연락처

혹시라도 고객의 예약 변경이 발생하거나 취소 또는 늦은 체크인이 발생할 경우를 대비하여 투숙고객의 연락처를 반드시 기록해 놓는다. 이는 추후 고객관리 시 생일이나 경조사 시에 카드를 보낼 때도 사용된다.

③ 투숙고객의 소속

투숙고객의 소속을 기록하여 혹시 투숙고객이 소속된 곳에서 많은 고객이 방문하게 된다면, 그 소속된 곳과 추후 계약을 맺어 더 많은 고객을 유치할 수도 있으며, 경우에 따라서는 투숙고객은 인지하고 있지 못하지만 소속된 곳이 호텔과 계약을 맺을 관계일 경우도 있어, 이럴 경우는 고객에게 이행되는 혜택을 알려줌으로써 고객에게 보다 나은 서비스를 제공할 수도 있다.

④ 투숙고객이 이용하는 교통수단과 편명

투숙고객이 이용하는 교통수단을 알아두면 교통사정에 의해 도착이 지연될 때 확인할 수 있다.

⑤ 예약자 성명 및 연락처

투숙고객이 직접 예약하지 않는 경우가 있기 때문에 예약한 사람의 이름 및 연락처를 반드시 기록하여 예약변경 및 취소 시 예약상황을 확인할 수 있도록 하기 위함이며, 추후 고객 이력카드Guest History Card의 활용에도 도움이 된다.

⑥ 도착일자 및 도착시간

성수기에 호텔의 가동률을 높이기 위해 필수적으로 기록해야 할 내용이며, 객실의 준비를 위해서도 필요하다. 도착시각은 호텔에서 제공하는 셔틀버스의 운행을 위해 필요하며, 벨 데스크에서는 도착시간에 맞추어 맞이할 준비를 하게 된다.

⑦ 예상 출발일자 : 숙박일수(숙박기간)

새로이 투숙할 예약된 고객의 객실 사용관계 때문에 되도록이면 고객의 출발시각까지도 문의를 하여 기록한다. 호텔의 퇴숙시간이 일반적으로 12시이기 때문에 사전에 고객에게 퇴숙시간을 알리고, 고객이 객실 사용을 연장할 경우 호텔 약관에 명시되어 있는 요금을 부가적으로 적용해야 하기 때문에 고객에게 출발시각을 반드시 물어야 한다.

⑧ 사용객실의 종류와 사용객실의 수

고객의 취향에 따라 선호하는 객실의 구조나 배경이 있기 때문에 객실의 종류는 반드시 물어야 한다. 객실번호를 고객에게 사전에 알려주는 것보다는 고객이 도착한 후 결정하여 알려주는 것이 좋다. 단지 고객이 원하는 유형의 객실을 확보하고 조정하며 객실번호는 미리 지정하되, 고객에게는 층수 정도만 알려주는 것이 좋다.

⑨ 객실요금

객실을 예약한 고객에게 호텔의 객실요금을 설명한 후 고객이 원하는 객실요금에 알맞은 객실을 제공한다. 객실 예약을 하는 경우는 될 수 있는 한 가격이 높은 객실부터 저렴한 요금의 객실순서로 안내한다. 고객이 호텔에서 계약을 맺은 회사이거나, 기타 호텔에서 고객에게 판매 차원에서 발행되는 특별카드Special Card와 같은 것을 소지하고 있는지를 확인하여 가격을 결정해야 한다. 그리고

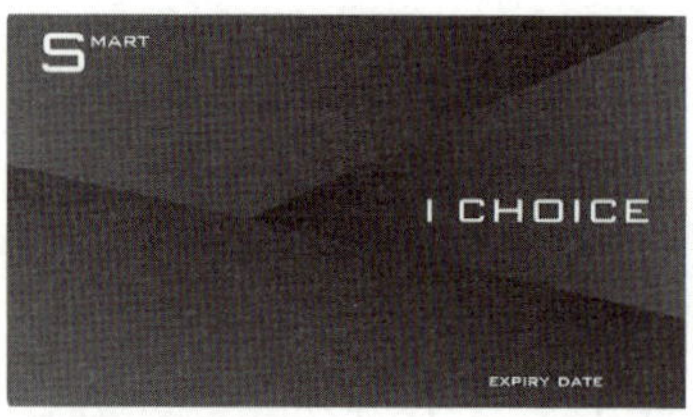

인터컨티넨탈의 I Choice 멤버십

워커힐호텔의 프리스티지 클럽카드

객실요금을 안내할 때는 반드시 세율과 서비스요금이 별도로 부가되는지 여부를 알려주고, 그 비율도 알려주어야 한다. 이는 미국의 경우 주별로 호텔 객실요금에 부가되는 세율이 각기 다르게 적용되기 때문에, 반드시 고객에게 그 세율을 알려주어야 추후 고객의 불만을 줄일 수 있다. 또한 추가로 사용하게 되는 별도의 침대나 추가 인원에 대한 요금까지도 알려주면 고객에게 도움이 될 수 있다.

⑩ 지불방법

회사가 숙박요금을 지불하는 경우에는 회사명, 소재지, 전화번호, 지불책임자, 지불일자 등을 상세히 기록해 둔다. 신용카드 지불인 경우 사전에 카드를 판독해두어야 한다. 요금을 지불하는 곳이 여행사인 경우는 호텔과 계약한 여행사에 대해서만 예약을 취급하게 되는데, 이 경우 객실요금만의 지불 또는 식대까지 포함하여 지불하겠다고 조건을 거는 경우도 있다. 여행업자는 이 같은 예약을 투어번호Tour No.로 정리하고 있기 때문에 예약담당자는 이를 기입한다.

첫째, 예약신청 시 정확한 객실요금을 적용할 수 없는 경우 이를 선택적 요금Optional Rate이라 하며, 이는 미결정 요금이라고도 한다. 이때 이를 접수한 후에 직속상관에게 보고하고, 과거에 투숙한 경험이 있는 고객일 경우 과거기록에 준하여 요금을 적용한다. 둘째, 예약에 있어서 지불조건이 정리되면 프런트나 예약 담당지배인으로부터 확인 서명을 받아둔다.

⑪ 접수자 성명

투숙고객이 체크인 시 예약 내용과 달리 객실이 배정되었다거나, 혹시 변경 및 취소 등을 할 경우 예약카드를 확인하게 되는데, 고객이 예약한 내용과 다를 경우를 대비하여 항상 예약을 받았던 접수자의 성명을 명기하여 문제가 발생했을 경우 담당자를 찾아 확인할 수 있도록 한다.

⑫ 특별요청(어린이동반, 아기용침대, 장애인, 금연층 등) 및 기타사항

투숙고객의 투숙상황에 따라 또는 기념일에 투숙할 경우를 대비하여 특별요청이 있을 경우는 반드시 이를 기록하여 고객이 투숙했을 때 만족할 수 있도록 미리 준비해 둔다. 경우에 따라서 베개 혹은 특별이불을 요청할 경우, 객실관리부에 연락하여 미리 준비해두어야 한다.

⑬ VIP 여부 및 제공할 물품의 종류(와인, 꽃바구니, 과일, 초콜릿 등)

중요한 고객의 경우 그리고 기념일에 투숙하는 고객을 위해 특별히 제공할 물품을 미리 기록해두어 투숙 당일 고객에게 정확히 배달될 수 있도록 한다.

(3) 예약번호 부여 및 통보

호텔 객실을 예약한 후에는 반드시 예약번호를 부여하고 부여된 예약번호를 고객에게 통보한다. 대부분 예약문화가 보편화된 외국인의 경우 체크인 시 예약상황에 대해 문의하는 종사원에게 고객성명 대신 정확하게 예약번호를 이야기하는 경우가 종종 있다. 이는 정확성을 중시하는 외국인들의 특징이라고 볼 수 있다. 또한 예약번호는 만약 예약의 변경이나 취소가 발생하게 될 경우 신속히 예약 기록카드를 찾아 확인할 수 있도록 도와주기도 한다. 따라서 예약이 수락되었을 경우는 반드시 고객에게 정확히 예약 확인번호를 통지한다.

HOT WIRE HOTEL
shocking Behavior Drive
Electric City, Washington 77777-7777

PLEASE CHECK FOR ACCURACY
Your Reservations Gave Been Confirmed

Arrival	Time	Departure	No. Guest	Room Type	Rate
6/11/	GTD	6/14/	2	DELUXE KING	120
Special Request: OCEAN VIEW				Group Affiliation : WESTERN ATHLETES CONFERENCE	

PAUL D. LIGAMENT
1234 ACHILLES TENDON WAY
WOUNDED KNEE
SOUTH DAKOTA 00000-0000

We require credit to be established prior to or at registration
For your convenience we accept the Following credit cards:
VISA, Master Card,
American Express, Carte Blanche,
Diners Club, and Discover Card.

A Guaranteed Payment Reservation:
Unless canceled, you will be responsible for payment of room accommodations reserved for one night with the remaining days being canceled.

A 6:00pm Reservation:
Room accommodations and all remaining days will be canceled at 6:00pm unless a deposit of $100.00 per room is received in advance.

Reservation #9821-017 Toll-Free Reservations 800-555-5555

Check-in time is 4pm
Check-out is 12 noon

예약

WYNDHAM GARDEN HOTEL
PHOENIX AIRPORT

April 30, ----

Ms. Mary Watson
1020 1st Avenue, Northeast
Anytown, Texas 77001

Dear Ms, Watson:
Thank you for choosing the Wyndham Garden Hotel-Phoenix Airport for your next visit to our community.
We are delighted to confirm your reservation details as Follows:

confirmation #	75747 Guaranteed
Arrival Date	05/09/ --
Departure Date	05/11/ -- An early departure may result in additional charges.
Number of Guests	1Adults 0Children
Number of Rooms	1
Rate	$169.00

Please take a moment to review the following: Nonguaranteed reservations will be held until 4pm on day of arrival. Guaranteed reservations can be canceled until 4pmday of arrival. Failure to do so will result in a charge of one night's room and tax. For any amendments or additional information, please contact the reservations department at (602) 220-4400.
We look forward to welcoming you to the Wyndham Garden Hotel-Phoenix
yours Sincerely,

Jeanne S. Tibbetts
Reservations Sales Agent

예약 확인서

(4) 예약 기록카드의 보관

최근에는 호텔의 다양한 컴퓨터시스템을 통해 예약하고 관리하기 때문에 별도의 카드를 사용하지 않는다. 대표적으로 HISHotel Information System와 피델리오시스템FIDELIO System을 이용하여 객실에서는 고객관리를 하고 있다. 세계적인 체인호텔에서는 대부분 피델리오시스템을 사용하고 있으나, 최근 업그레이드된 오페라시스템을 사용하는 곳도 있다.

(5) 특별예약

① VIP예약

예약접수 시 고객이 VIP로 판단되면 가능한 한 예약책임자가 예약을 받도록 한다. 고객성명, 직위 및 직책, 회사, 객실종류, 일행의 여부, 고객의 취향 등 가능한 세밀하게 고객의 요구사항을 기록한다. 특히 도착시간 또는 항공편 등 교통수단을 반드시 받아둔다.

- 등급 결정 : 호텔의 규정에 의해 책임자가 결정한다. 기타 필요한 관계 부서에 연락하고

도착 전 총지배인에게 보고한다.

- 객실 지정Room Block : 특수층이나 객실을 고객이 요구하면 그 객실을 블록Block시켜 프런트 데스크Front Desk나 Key Box에 Stock Card를 넣어 판매 시 주의토록 한다.
- VIP 도착보고서 작성 : 도착 하루 전 VIP 예약사항을 작성하여 총지배인, 식음 부서, 당직 지배인, 하우스키핑 등 관련 부서에 전달한다.
- 대우 / 예우Treatment : 당일 도착 VIP를 선정 프런트 데스크Front Desk에 의뢰하여 객실 배정을 받은 후 VIP Treatment에 객실번호Room No., 과일, 꽃 등을 구분 기입하여 결제를 득한 후 객실관리부, 룸서비스 등에 보내어 미리 준비한다.

제주 하얏트의 룸서비스의 모습

호이안 한 호텔의 웰컴 과일과 총지배인 환영카드

- 환영카드Welcome Card : 당일 아침(공휴일은 2일 전)에 객실 책임자가 총지배인에게 보고하여 환영카드에 고객명과 총지배인으로부터 카드에 서명을 받아 카드를 봉투에 넣어 하우스키핑, 룸서비스에 보내어 과일, 꽃 또는 와인과 함께 셋업Set-up되도록 한다.

② 단체예약

최소 1개월 전 예약이 이루어지게 된다. 여행 대리업체의 경우 객실 수배담당자가 전화 및 팩스로 예약한다.

- 객실 보유현황 확인 : 주말 및 연휴에 많은 객실을 요구하고 있기 때문에 예약 시 객실 예약 현황에 주의를 기울여야 한다.

- 여행 가이드 유무와 지불방법을 확인한다.
- 단체의 성격을 확인한다. 객실만 사용하는지, 객실과 식사를 모두 사용하는지, 연회장까지 이용하는지를 확인한다.
- 단체예약 내용을 확인한다.
  - 단체명과 인원수
  - 숙박기간
  - 가이드 성명
  - 지불조건의 확인
  - 식사예정표
  - 특별 수배사항
- 단체예약 시 주의사항
  - 객실이 여유가 많더라도 주말 및 연휴는 보유객실의 40% 이상 단체예약을 받지 않는다.
  - 50실 이상의 많은 객실 요구 시에는 예약 책임자의 동의를 얻어야 한다.
  - 예약 시 가이드 유무 및 계산방법(직불, 후불, 객실만, 객실과 식사 포함) 등을 확인하여 기록한다.
  - 국제회의Convention가 있을 경우 연회예약과 판촉 부서에서 객실을 요구하며, 총지배인의 결제를 받아 특별요금을 적용시킬 수 있다.

제2장 예약 변경과 취소

1. 예약 변경

1) 예약 변경의 경우

고객이 특별한 사정에 의해 예약한 내용이나 일정을 변경해야 하는 경우가 발생할 수 있다. 이 경우 예약 담당자는 예약 내용을 확인하고 객실상황 등을 고려하여 변경이 가능한지를 확인하고, 경우에 따라 변경을 또다른 경우에 따라서는 예약 취소를 진행해야 한다. 객실 예약 변경의 경우는 다양한 내용이 발생할 수 있으나, 대부분 다음과 같은 내용의 변경이 발생한다.

(1) 일정 변경 : 도착일, 출발일의 변경

일정의 변경은 숙박일수가 변화되기 때문에 숙박일수가 축소될 경우는 별 문제가 없지만, 숙박일수가 늘어날 경우 고객이 원하는 객실상황이 가능한가를 분명히 확인해야 한다. 가능할 경우 변경을 실행하고, 불가능할 경우 고객에게 사실을 안내하고 변경할 것인지, 그대로 예약을 유지할 것인지, 취소할 것인지를 문의하여 처리한다.

(2) 객실수 및 인원의 변경

사용객실수가 증가할 경우도 객실상황이 가능한가를 먼저 확인하고, 변경 가능 여부를 고객에게 알려주어야 한다.

(3) 객실 종류 및 형태의 변경

객실 종류를 변경할 경우 고객이 원하는 객실 종류의 예약이 가능한지 확인하고 고객에게 알려주어야 한다. 객실 형태의 변경이 가능할 경우 변경예약을 실행하고, 고객이 희망하는 객실 형태가 이미 만실이 되었을 경우 고객에게 상황을 안내하고 변경 전의 상태로 그대로 예약을 유지할 것인지, 아니면 다른 형태의 객실로 예약할 것인지, 아니면 예약을 취소할 것인지를 문의하여 처리한다.

(4) 투숙객 변경

예약을 취소하는 것이 아니라 모든 예약 조건은 동일하되, 투숙하고자 하는 고객이 변경되는 경우이다. 단 국내호텔의 경우 여름과 겨울에 내국인을 대상으로 하여 패키지 할인상품이 판매된다. 이때 내국인이 투숙한다고 하고 실제 투숙객이 외국인이라면 변경이 불가능하게 된다.

(5) 지불조건 변경

신용카드 지불 및 현금 지불 등의 방법을 변경할 경우 보증예약인지 아닌지 등을 확인하고 변경해야 한다. 이외에도 회사 지불인지, 개인 지불인지도 확인하여 처리해야 한다.

2) 예약 변경 절차

- 예약번호 및 예약자명으로 예약기록 카드를 찾는다.
- 변경 해당 내용의 객실이 사용 가능한지 그 여부를 확인한다.
- 예약변경 및 예약번호 재확인 후 변경된 예약번호를 고객에게 안내한다.

2. 예약 취소

1) 예약 취소 절차

- 예약번호 및 예약자명으로 예약 기록카드를 찾는다.
- 예약 취소

(1) 취소자의 이름 및 취소자의 연락처를 기록

투숙고객은 전혀 알지 못하는 상황에서 다른 사람이 예약을 취소하는 경우를 방지한다.

(2) 접수자 기록

예약된 내용으로 투숙고객이 투숙을 하는데 잘못된 취소로 객실을 사용하지 못하게 되는 경우가 있어 그 내용을 확인하기 위함이다.

(3) 취소날짜 기록

취소날짜, 시간을 기록하여 추후 발생할 수 있는 불미한 상황에 대처하기 위함이다. 정확한 취소 날짜와 시간 기록을 통해 취소 시 담당자가 누구인지 명확히 확인할 수 있다.

(4) 단체 및 개인의 경우 취소요금 부과 여부를 결정

취소요금 부과에 대해 호텔 규정을 고객에게 안내한다. 일반적으로 국내의 경우 15인 이상을 단체로 보고 있으며, 단체의 경우 2일 전 취소의 경우 객실요금의 10%를, 하루 전 취소의 경우 객실요금의 20%를, 숙박 당일 취소의 경우 객실요금의 30%를 부과한다. 개인의 경우 하루 전 취소의 경우 객실요금의 20%를, 숙박 당일 오후 6시 이전 취소의 경우 객실요금의 50%를, 숙박 당일 오후 6시 이후 취소의 경우 객실요금의 80%에서 100%까지 요금을 부과한다. 물론 호텔 규정에 따라 약간의 부과되는 요금에는 차이가 있다.

(5) 선수금 및 보증 예약상황 확인

선수금Deposit이 있는지를 확인하고, 이외에 보증예약으로 신용카드가 보증Guaranteed되어 있는지를 확인하여 취소요금을 청구한다.

(6) 예약 취소번호 부여

예약을 확인할 때와 마찬가지로 예약을 취소할 경우에도 예약 취소번호를 부여하고 이를 고객에게 안내한다.

(7) 예약취소 기록 보관

예약 취소기록을 보관한다. 이는 예약자와 투숙자가 다를 경우 예약자가 취소했는데, 투숙

자는 이를 모르고 투숙했을 경우 발생할 수 있는 상황을 위함이다.

(8) 초과예약Over Booking의 경우

호텔의 경우 일정비율의 초과예약을 받은 후 예약을 마감한다. 오전, 오후, 야간으로 시간이 지나면서 점차 정리한다. 예약변경, 취소, 당일 예약 등으로 수시로 호텔 객실상황이 변하므로 자주 점검하고 통제한다.

호텔의 경우는 No Show 및 예약취소, 빠른 출발Early Departure 등의 이유로 객실점유율 100%를 달성하기 어려운 점을 감안하여 대개 3~5% 범위에서 보유객실보다 초과하여 예약을 접수할 수 있도록 하고 있다.

① 객실 유형별 객실부족의 경우

남아있는 객실을 고객에게 정중하게 권유한다. 단 초과예약은 10% 선을 넘지 않도록 하며, VIP나 단골고객의 경우 우선적으로 객실을 배정한다.

② 특별객실(전망 좋은 층 등) 요구 시 객실부족의 경우

예약상황을 공손하게 설명하고 다른 객실을 정중히 고객에게 추천한다. 고객이 응하지 않을 경우 당일 체크인 시 No-show나 취소로 객실상황이 여유가 있을 수 있으므로 프런트 데스크Front Desk에 문의한다. 단 VIP나 단골고객 등 중요한 고객은 초과예약으로 접수를 받는다.

③ 전체 객실부족의 경우

객실부족 상황에 대해 고객에게 사과 및 설명을 하고, 주변의 호텔로 Turn Away 방안을 모색한다.

【객실 예약 우선순위】

1순위 : VIP
2순위 : 재방문 고객(Repeat Guest)
3순위 : 거래회사 고객
4순위 : 판매 프로모션(Sales Promotion)
5순위 : 기타

3. 선수금

호텔 객실을 예약하면서 사전에 객실요금을 전부 또는 일부를 지불하는 것을 말한다. 성수기나 연휴 등 객실이 부족할 경우와 노쇼No Show를 방지하기 위해 예약 담당자가 요구하는 경우 고객의 객실 예약 확인 및 타인의 객실료 지불을 위해 선수금Deposit을 받게 된다.

선수금의 종류는 다음과 같이 구분할 수 있다.

1) 예약담당자 요구에 의한 선수금

성수기, 연휴 및 주말, 늦은 체크인Late Check-in 시 단체예약 등에 주로 예약 선수금을 받는다. 이는 늦은 호텔 도착 시 갑자기 발생할 수 있는 여러 경우를 대비하여 선수금을 받음으로써 고객에게 객실을 확보할 수 있도록 하는 제도이다. 단골고객이나 VIP 또는 신원이 확실한 고객에게는 선수금을 요구하지 않으며, 일반적으로 하루분의 숙박료 전액을 징수함을 원칙으로 한다.

2) 고객요구에 의한 선수금

고객이 객실 예약 시 객실 지정을 하거나 특별한 형태의 객실을 확약받고자 지불하는 경우에 지불한다. 그 외에 타인의 객실료를 지불하고자 할 경우도 선수금을 지불한다.

3) 선수금 취급요령

고객이 선수금을 지불하면, 예약담당자는 선수금영수증Advance Deposit Receipt Slip을 작성해야 한다. 4매로 복사되어 있는 영수증을 1매는 예약계, 2매는 회계과에 예약선수금과 같이 제출한 후 장부에 서명을 받는다. 1매는 고객에게 전달한다.

4) 예약 취소 및 선수금 반환 요청

호텔에서는 기본적으로 사전에 예약금을 지불하고 호텔을 예약한 고객이 투숙하지 않은 경우에 예약금에 대해서는 노쇼No Show에 대한 요금Charge으로 부과한다. 일반적으로 단골고객의 경우 기존의 관계를 고려하여 예약금을 환불해 주는 경우가 많다. 이때는 반드시 환불에 필요한 일정한 형식을 갖추어야 하는데, 이때 지급승인서 양식과 예탁금에 대한 증빙서류를 첨부하여 재정부의 담당자 승인을 득한 후 환불처리 할 수 있도록 한다.

은행송금에 의한 환불처리 시에는 송금에 따른 수수료를 제외한 후 환불하는 것이 기본이다. 고객이 예약을 취소하며 선수금 반환을 요구할 때는 도착 1일 전까지는 전액을 반환하며, 당일 취소의 경우는 50%(호텔 규정에 따라 달라짐)의 요금을 반환한다. 당일이 지난 후 취소 반환 요구 시에는 거절을 원칙으로 한다. 이때 이 금액은 경리부에서 기타 수입으로 처리하게 된다. 예약금을 환불하고자 할 경우 반드시 현금으로 지불되었는지 신용카드로 결제되었는지를 확인하고, 신용카드로 결제되었을 경우 신용카드마다 호텔로 승인되는 날짜가 다르기 때문에 반드시 이를 확인하고 처리해야 한다.

선수금(Advance Deposit) 환불처리 – 지급승인서(Request for Check)

날 짜	년 월 일
대상고객(Payable to)	
주소 및 연락처	주 소 :
	연락처 :
환불금액(Return Amount)	
환불사유(Explanation)	
이체계좌(Bank Account No.)	은 행 : 계좌번호 :
고객확인(Guest Check)	승인(Authorized By)
〈첨부〉 예약서 및 대장 첨부 / 입금 내역서	

호텔 객실 예약시스템 사용

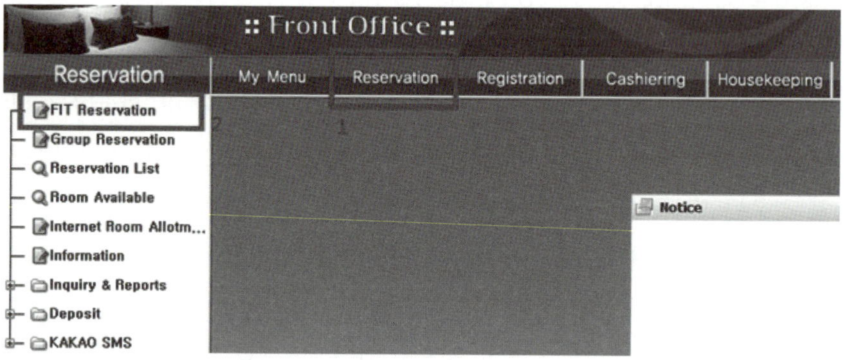

개별고객 예약 만들기 : 상단 Bar에서 'Reservation' 클릭, 좌측 Category에서 'FIT Reservation' 클릭

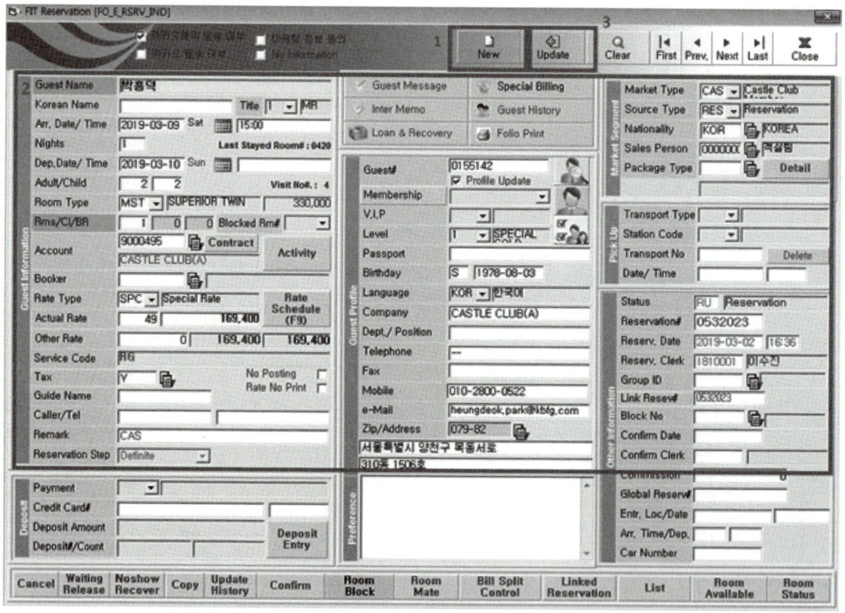

상단 'New'를 클릭

❶ Repeat Guest일 경우 좌측 Guest Name에서 고객의 성함을 입력하면, 동일한 이름이 있거나 재방문 고객일 경우 다음과 같은 팝업창이 나타난다.

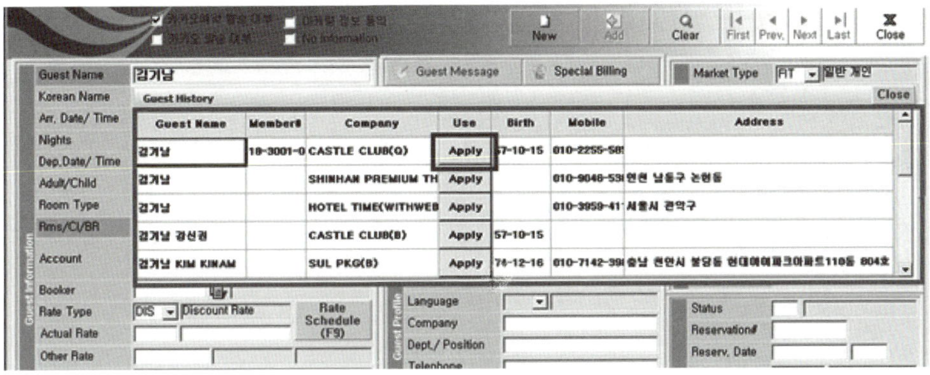

반복고객의 경우 팝업창이 나타나면

❷ 명단 중 예약자 Profile의 'Apply'를 클릭하면 고객의 기본정보가 모두 입력된다. 특이사항 혹은 변경사항이 없는 경우 투숙일자만 변경한 후 상담 'Add' 버튼을 클릭하면 완료된다.

❸ 처음 방문고객의 경우(Fist Visitor의 경우)는 상기 그림에서 팝업의 목록List 중 동일 프로필이 없고, 처음 방문일 경우 아래와 같이 진행한다.

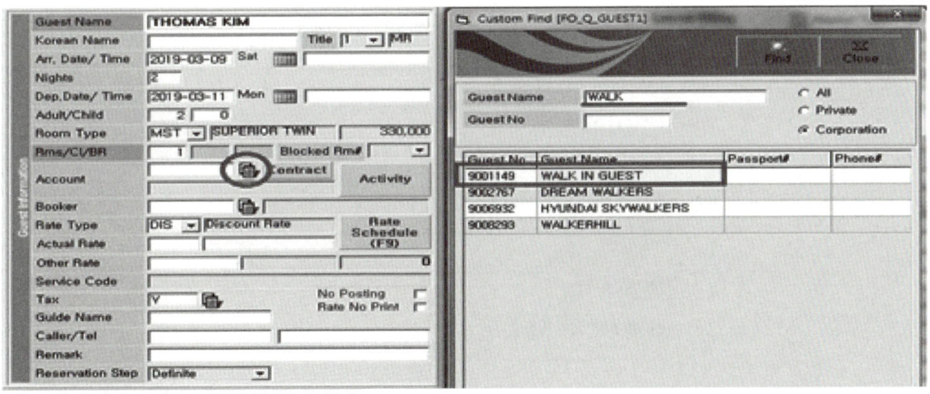

첫 방문고객의 경우

❹ 투숙일정 및 고객정보 입력은 먼저 고객명Guest Name을 입력한 후 도착 날짜와 출발 날짜Arr. Date~Dep. Date를 입력하고 객실 형태Room Type를 입력한다.

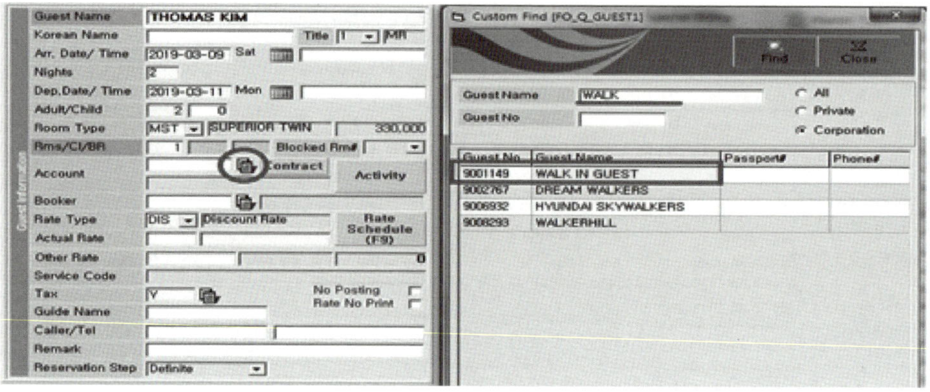

Account 입력방법

❶ 상기 동그라미의 아이콘을 클릭하면 옆 팝업이 나타난다. 그러면 고객이름Guest Name의 예시와 같이 유형을 입력한다.

❷ 요금 형태Rate Type를 입력한다.

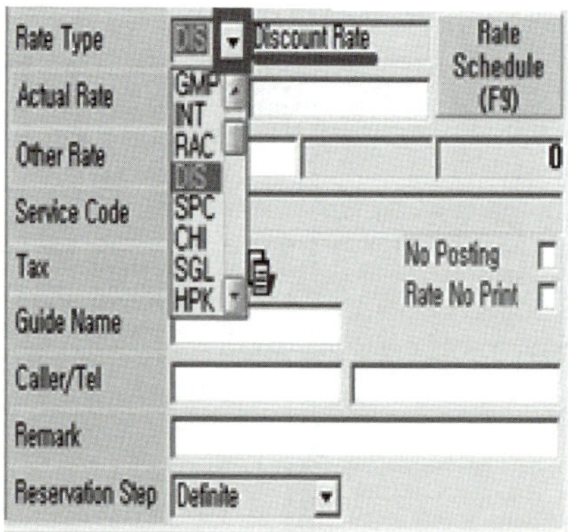

❸ ▼버튼을 클릭한 후 유형에 따른 Initial을 선택한다.

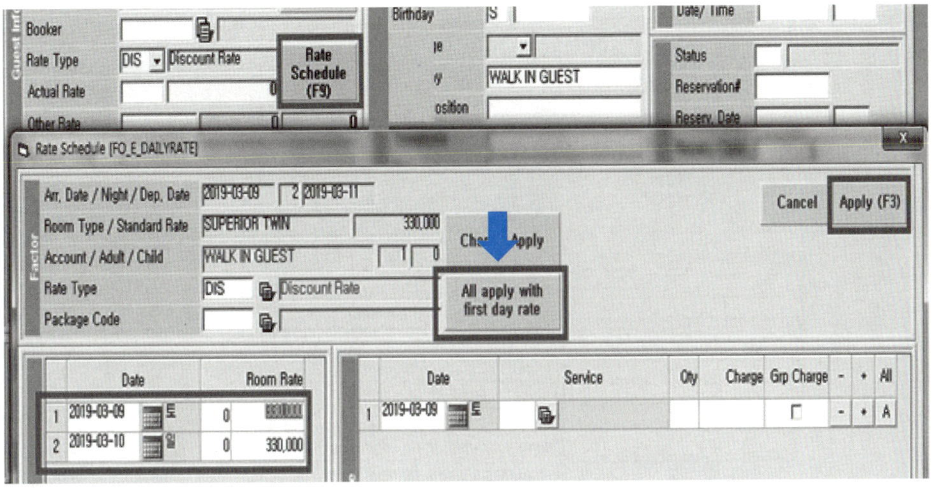

요금조정

❶ 'Rate Schedule'에서 객실요금Room Rate을 조정한다. 좌측 하단에서 'Room Rate'

❷ 가격항목에서 조정가격을 직접 입력한다. (예)에서와 같이 1박 이상인 경우 중앙 'All Apply with First Day Rate'을 클릭하면 전 일정의 가격이 조정된다.

❸ 우측상단 'Apply' 버튼을 클릭하여 확정한다.

❹ 'Remark'란에 결제 관련의 정보 및 주요 사항을 간략하게 입력한다.

❺ 중앙부분 고객 프로필을 순서대로 기입한다.

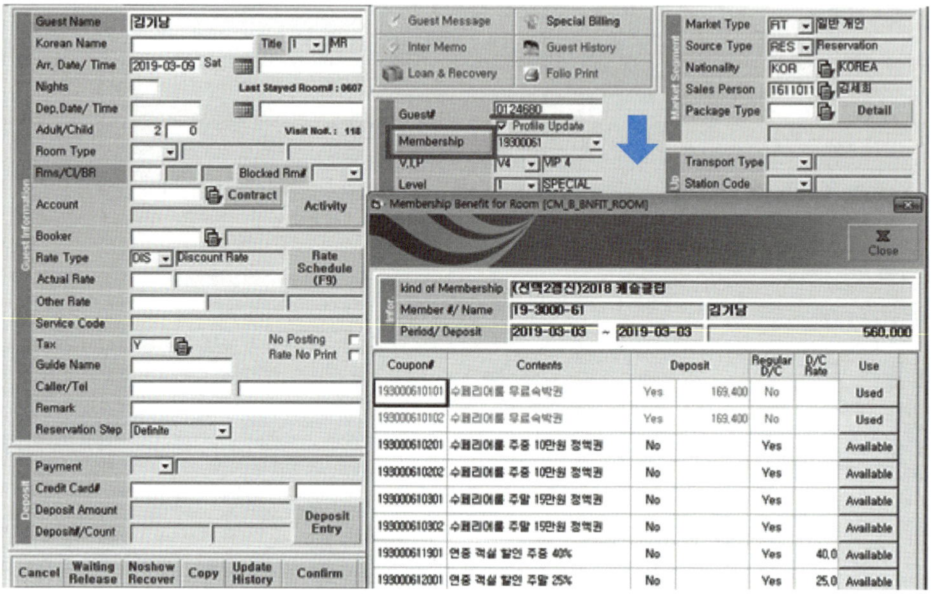

멤버십 고객 처리하기

❶ 중앙 'Guest#' 부여한다.

❷ 'Membership' Bar를 클릭하면 상기의 팝업창이 나타난다.

❸ 당일 해당하는 E-coupon(멤버십 쿠폰)을 우측 'Available' 버튼을 클릭하여 적용한다. 단 당일 해당 쿠폰만 적용되므로, 야간 근무자는 첫날을 제외한 익일부터 마감 후 이용예정인 E-coupon을 설정해야 한다.

❹ 모든 정보를 입력한 후 UPDATE를 클릭해야 한다.

❺ 예약번호 생성과 동시에 예약을 완료한다.

제3부

호텔 객실 등록서비스

제1장 호텔 객실 등록에 대한 이해

고객은 호텔에 도착하게 되면 현관을 거쳐 벨서비스를 받게 되며 프런트 데스크로 이동하게 된다. 프런트 데스크에서 객실 등록이 완료되면 객실로 이동하게 되며, 이때 다시 벨서비스를 받게 된다. 벨맨과 함께 객실로 이동하고 객실에 들어간 후 벨맨의 객실시설에 대한 안내서비스를 받은 후 객실을 사용하게 된다.

고객의 체크인 사이클을 확인해 보면 첫째, 예약 단계이다. 이는 사전예약 단계이며, 다양한 경로인 전화, 팩스, 홈페이지, 여행사 등을 통해 예약이 이루어진다. 그 후 예약된 날짜에 각종 이동수단(승용차, 공항 리무진버스, 호텔 픽업서비스 등)을 이용하여 호텔에 도착하게 된다. 고객이 호텔에 도착하게 되면 도어 데스크Door Desk에서 도어맨의 영접서비스를 받게 된다. 도어맨은 이때 차량의 문을 열어주는 서비스와 수하물 운반서비스를 제공한다. 그 후 벨맨에게 전달되고 벨 데스크서비스가 이루어진다.

벨맨은 수화물을 확인하고 고객을 프런트 데스크로 안내한다. 혹시 고객이 장애인인 경우 휠체어를 대여해 주고, 아기와 함께 온 고객에게는 유모차를 대여해 준다. 프런트 데스크에서 사전예약이 이루어진 고객의 경우, 예약을 확인하고 고객의 신분증을 확인하며 등록카드를 작성한다. 고객은 이때 객실 사용에 대한 보증금을 예치하게 된다. 그 후 객실을 배정받고, 객실의 키를 전달받게 된다. 이때 수하물을 벨맨이 운반해 줄 경우 객실의 키를 벨맨이 대신 받기도 한다. 벨맨은 고객과 함께 객실로 이동하며 호텔의 시설 및 각종 호텔에 대해 안내하고, 호텔 사용에 대한 고객의 질문사항에 대해 답변하게 된다. 일반적으로 현재의 날짜 정보, WiFi 사용법 등에 대해 안내한다. 객실에 도착하게 되면 벨맨은 고객의 수하물을 베기지 데크에 올려놓고 시설 사용에 대해 안내한다. 특히 온도조절 및 미니바 사용, TV 사용, 무료로 제공되는 물이 있다면 그에 대해 안내하고 객실을 나온다.

1. 호텔 객실 등록 업무

예약 업무는 고객이 호텔에 도착하기 전의 일이었다면, 드디어 고객이 호텔에 도착하여 숙박을 하기 위해서는 호텔 객실 예약에 대한 등록 업무를 하는 것이다. 호텔에 투숙하기 위해서는 먼저 프런트 데스크에서 체크인Check-in을 해야 하는데, 이는 등록의 개시를 의미한다. 고객은 객실을 판매하는 프런트 데스크를 통해 자신이 예약한 것에 대한 내용을 재확인하고 호텔의 정책에 대한 정보를 얻는다.

캐나다의 호텔 프런트 데스크

호텔 내의 프런트 데스크

고객은 호텔에 도착하여 등록이 끝나고 객실로 투숙하면 실질적인 호텔에서의 숙박이 시작된다. 따라서 첫째, 프런트 데스크는 고객을 맞이하는 최초의 장소이며 전송을 하는 마지막 장소이다. 따라서 숙박 고객이 프런트에서 좋은 인상을 받으면 안정감과 만족감을 갖게 된다. 둘째, 호텔에서 투숙Check-in이란 등록절차를 말하는 것으로 매우 중요한 과정이라 할 수 있다. 고객은 객실을 판매하는 프런트 데스크를 통해 객실에 관한 정보를 얻는다. 셋째, 투숙을 결정한 후에는 고객에게 객실 열쇠가 제공되고, 고객은 지정된 객실로 입실하게 된다. 이때 프런트 직원은 프런트 데스크에서의 등록 절차를 간소화하고 신속하게 하기 위해서 많은 고객에 대한 정보를 숙지하고 있어야 한다.

일반적으로 예약을 통해 고객들이 호텔에 도착하기 때문에 예약 시 제공된 고객의 정보를 미리 숙지하고, 그에 따라 고객과의 계약 내용을 보다 정확히 이행할 수 있도록 해야 한다. 고객이 프런트 데스크에서 등록하는 절차는 다음 5단계의 업무로 구성된다.

객실 등록 절차는 5단계로 분류된다. 첫째, 등록 전 업무Pre-registration Activity, 둘째, 등록카드 작성Creating the Registration Record, 셋째, 객실 배정과 객실요금 설정Assigning the Room and Rate, 넷째, 지불방법 결정Establishing the Method of Payment, 다섯째, 객실 열쇠 발급Issuing the Room Key, 여섯째, 특별요구에 대한 이행Fulfilling Special Requests이다.

2. 호텔 객실 등록 절차

1) 등록 전 업무

(1) 등록 준비

호텔 객실담당 종사원은 첫째, 고객의 특성에 대해 파악하고 있어야 한다. 고객이 도착하기 전 객실가격 및 투숙고객에 대한 정보를 사전에 습득하고 있어야 한다. 도착 예정 고객이 여행사를 통해 예약된 고객인지, 호텔 패키지를 이용할 고객인지, 단체고객의 한 구성원인지, 호텔과 계약된 회사를 통해 예약하고 호텔로 오는 고객인지 사전에 파악하고 있어야 한다.

둘째, 호텔 객실상품인 객실 형태 및 당일 객실 예약 상황을 파악하고 있어야 한다. 예약된 객실 및 객실 형태Room Type별 상황을 파악하고 있어야 하며, 이외에도 객실의 위치를 정확히 파악하고 있어야 고객이 도착했을 때 방배정을 명확히 진행할 수 있다. 고객이 호텔 프런트 데스크에 도착하여 엘리베이터에서 먼 객실을 요청할 수도 있고, 아웃사이드 객실Outside Room을 요청할 수도 있다. 이를 위해 호텔 객실의 위치에 대해서는 종사원의 머릿속에 그림이 그려져야 한다.

셋째, 호텔 내부의 다른 업장에서 진행되는 상황에 대해 파악하고 있어야 한다. 예를 들어, 고객이 도착하는 당일 연회장의 행사가 무엇이며, 행사에 참여하는 인원이 어느 정도인지 그 내용에 따라 당일 호텔의 혼잡도가 어느 정도인지 파악하고 있어야 한다.

넷째, 호텔 외부정보에 대해서도 파악하고 있어야 한다. 고객이 도착하는 날의 날씨 및 교통의 혼잡성, 주변호텔의 예약상황 등에 대해 파악하고 있어야 돌발적으로 발생할 수 있는 상황에 대처할 수 있다.

다섯째, 근무시작 전에 인수인계에 대한 준비가 마무리되어야 한다. 특히 객실의 이전 근무자로부터 특이사항이나 주의를 요하는 사항이 있는지, 고객의 불만사항이 접수된 것이 있는지의 여부를 확인하고 불만고객이 있다면 어떠한 내용인지 확인하고 처리할 수 있도록 해야 한다.

여섯째, 업무비품에 대해서도 사전에 준비되어야 한다. 예를 들어, 고객에게 제공할 영수증, 바우처Voucher 등 단순비품 외에도 컴퓨터시스템의 상태를 사전점검하고 프린터, 계산기 등 전산기기의 이상 유무를 사전에 확인한다.

일곱째, 고객 숙박등록카드를 정리한다. 전날 야간 근무자가 사전에 예약자들을 확인하고 도착할 고객들의 명단을 정리해놓은 것을 재확인하고, 주요 고객VIP의 명단과 특이사항을 점검한 후 타 부서와 연계하여 준비해야 하는 사항이 있을 시 사전에 미리 연락을 취해 놓는다. 개별고객뿐만 아니라 단체고객수 및 특이사항에 대해서도 사전 점검하여 로비의 혼잡성을 줄이고 신속히 서비스할 수 있도록 미리 특성에 맞는 방배정을 해놓고 객실키도 미리 준비해 놓는다.

여덟째, 객실현황을 파악한다. 당일 판매 가능한 객실상태와 수를 파악하여 당일 체크인 객실수, 체크아웃 객실수, 전체 점유율, 객실 판매 가능한 요금에 대해 사전에 숙지하고 있어야 한다. 고객이 도착 전에 객실이 준비될 수 있도록 특별 요청사항 등을 미리 하우스키핑에 연결하여 확인한다.

아홉째, 호텔측의 사정에 의해 고객에게 예약한 객실을 제공하지 못할 경우 동일한 가격에 비싼 객실을 제공하는 객실 업그레이드를 실행해야 하는 경우도 있다. 특히 VIP 고객을 접대하기 위해 예약 당시부터 예약요금을 고급 객실로 업그레이드하여 준비하는 경우도 있어, 이에 대해 사전에 점검하고 대략적인 방배정도 해둔다.

이상의 내용을 크게 구분하면, 세 가지로 나누어 볼 수 있다. 고객이 등록하기 전에 종사원은 첫째, 고객의 예약기록에 의거하여 미리 등록카드의 기본 내용은 작성해 둔다. 둘째, 객실번호와 객실요금을 설정해 둔다. 셋째, 고객원장Folio의 작성 등을 미리 정해둔다. 이러한 세 가지를 미리 준비하고 있다면 고객의 신속한 등록업무Check-in를 도울 수 있다. 호텔상품에 있어서 중요한 요소 중의 하나가 서비스의 신속성이다. 따라서 사전의 준비가 철저할수록 고객이 호텔 프런트 데스크에 도착하여 소비하는 시간을 최소화 할 수 있다.

고객의 특별 요청사항의 코드

코 드	코드 내용	서비스 내용	관련 부서
BIR	Birthday	생일케이크 무료 제공	룸서비스
BF	Breakfast	조식 포함으로 조식 쿠폰 발급 및 조식 레스토랑 안내	프런트 / 레스토랑
IF	Internet Free	인터넷 무료 사용	프런트 / 전산
EFL	Executive Floor Lounge	귀빈층으로 객실 배정	프런트
HF	High Floor	높은층으로 객실 배정	프런트
AE	Away From Elevator	엘리베이터에서 먼 객실 배정	프런트
UG	Room Up-grade	객실 무료 업그레이드	프런트
UPS	Up-Selling	업세일링 된 객실로 배정	프런트
AP	Airport Pick-up	공항 마중서비스	컨시어지
SD	Airport Sending	공항 송별서비스	컨시어지
ER	Extra Bed	추가 침대 요청	하우스키핑
HUM	Humidifier	가습기 요청	하우스키핑

사전고객 등록 준비

준비 사항	준비 내용
등록카드 준비하기	• 예약 슬립과 함께 고객의 성함, 연락처, 체크인 / 체크아웃 날짜와 시간, 객실 형태 등 기본적인 내용이 적혀져 있는 레지스트레이션(등록) 카드를 미리 준비한다.
객실 배정하기	• 사전 예약 시 고객이 요청한 내용을 바탕으로, 고층, 전망, 엘리베이터와의 거리를 고려하여 객실을 배정한다. • 특별요청은 예를 들어, 아기침대, 추가침대, 침대가드 등을 요청했을 경우 하우스키핑에 연락하여 객실에 미리 세팅하여 둔다.
키 발급하기	• 준비된 키텍에서 배정된 방의 번호를 쓰고 체크인 / 체크아웃 날짜에 맞추어 객실키를 만든다.

2) 고객응대 : 고객정보 확인 및 예약 확인

예약 확인

고객이 프런트 데스크로 안내되면 객실담당은 정중하게 인사하고, 예약의 유무를 확인한다. 예약을 확인할 때는 고객의 풀 네임Full Name을 묻는다. 이는 동일한 성(姓)의 고객과 혼동을 방지하기 위함이다. 예약이 되어 있다면 예약카드를 통해 쉽게 업무 처리를 할 수 있다. 객실에 여유가 있는 경우에는 예약대로 고객에게 객실을 제공할 수가 있다.

고객응대 방법

고객응대 시기	응대 멘트
	• 안녕하십니까? XXX 호텔입니다. • 예약하셨습니까?
프런트 데스크에 고객이 도착했을 때	• (예약 확인 후)고객님 예약 확인되었습니다. • 등록카드와 연락처, 주소(여권번호), 서명 기재를 부탁드립니다. • 개런티용 신용카드를 오픈해 주시겠습니까? • 오늘부터 XX박으로 더블룸을 이용하시며, 객실은(손으로 객실번호 적은 곳을 가리키며) 이곳입니다. • 편히 쉬십시오. 감사합니다.

3) 등록카드 작성 및 객실배정과 요금설정

고객이 프런트에 도착하여 예약 확인이 끝나면, 고객에게 등록카드를 제시하여 고객의 연락처, 주소, 여권번호, 서명에 대한 기재사항을 기입하도록 한다. 고객이 등록카드Registration Card를 작성하는 동안 예약카드상에 있는 객실 형태를 확인한 후 예약이 되어 있는 객실 형태와 같은 종류의 객실인지를 확인한다. 그리고 고객이 등록카드를 작성한 후에는 객실을 배정하게 된다. 객실을 배정하고 객실키Room Key를 고객 뒤에 대기 중인 벨맨에게 건네준다.

고객이 프런트 데스크에 도착하면, 준비된 등록카드를 고객에게 보여주고 성함, 전화번호, 체크인 날짜, 체크아웃 날짜, 정확한 숙박일수를 확인한 후 첫째, 내국인의 경우 주소, 이메일 주소, 맨 아래에 서명까지 작성을 부탁한다. 둘째, 외국인의 경우 여권번호와 이메일 주소, 맨 아래 서명까지 작성을 부탁한다. 이때 예약자 이름과 실제 투숙자가 다를 경우 정산하는 사람의 정보도 받아둔다. 셋째, 신용카드 개런티를 받는다. 신용카드 개런티를 오픈하거나 가승인 또는 현찰예치금Cash Deposit의 경우는 객실료의 1.5배를 받는다.

라스베이거스 벨라지오호텔에서 등록하는 고객들

고객 등록

REGISTRATION CARD

Room No		Room Type		Room Rate	
Arrival Date		Departure Date		Nights	
Sur Name		Given Name		Date of Birth	
Nationality		Telephone		E-mail	
Company		Address		Reservation No	
Remark				Special Service Code	

♣ **Personal Information Provision**

MAYFIELD HOTEL & RESORT(hereinafter referred as"The hotel"), /*by Junglim Development Co.Ltd.,considers your privacy to be of the utmost importance and we will do our very best to respect and protect your privacy. **The hotel** takes your privacy very seriously and has established the agreement to comply with the 'Republic of Korea Information and Communication Network Utilization and Information Protection and Promotion Act' and all applicable laws.

※This information remain in the hotel system for 5 years by related governmental policy or law.

등록카드 작성하기

등록카드에는 고객이 기입해야 될 사항이 있고, 객실 담당자가 기입해야 할 사항이 있다. 대부분의 호텔에서는 고객을 위해서 주소나 이름, 회사명, 출발일, 방문목적, 국적, 여권번호 또는 주민등록번호, 전화번호 등 기타 부수적인 사항에 대해 고객이 서명할 수 있는 등록카드를 사용하고 있다. 객실 담당자는 객실번호, 객실요금, 코드번호, 체크인과 체크아웃 날짜 및 담당자의 서명을 한다. 고객 등록카드는 고객에 대한 정보를 확보하는데 있어서 중요한 것이며, 고객 등록 후 고객 회계가 최초로 발생한다.

고객 등록카드의 내용을 확인한 후 사인함

객실키 전달

4) 체크인 하기

일부의 호텔에서는 고객 등록카드에 고객의 귀중품에 관하여 인쇄된 명세표를 포함시킨 경우도 있다. 부차적으로 대부분의 호텔에서는 고객의 출발 날짜를 재확인하여 고객의 다음 목적지에 대한 예약을 도와주기도 한다.

고객 등록카드는 고객의 체류기간 연장이나 고객에게 제공된 서비스 등을 기록하여 추후 마케팅적 측면에서 그리고 추후 재방문했을 시에 고객에게 보다 나은 서비스를 제공할 수 있는 고객이력카드Guest History Card로 활용된다. 고객이 등록카드를 작성하고 객실로 가게 되면, 고객원장Guest Folio이 발생된다. 최근에는 대부분의 특급호텔에서는 컴퓨터시스템으로 모든 것을 처리한다. 우선 고객원장에는 거래가 발생한 날짜, 요금이 발생된 항목, 요금이나 신용한도 금액 등이 기록된다. 또한 고객에 의해서 발생된 추가되는 액수를 지속적으로 기입한다.

(1) Walk-in Guest일 경우

Walk-in Guest의 경우 사전예약 없이 호텔을 방문하여 투숙을 원하는 고객으로서 지방 호텔이나 일반 관광호텔일수록 워크인의 고객이 차지하는 비율이 높다. Walk-in Guest의 경우 예약 고객이 우선순위가 있기 때문에 객실상황을 확인하고 고객을 안내하게 된다. 객실상황이 가능하면, Walk-in Guest에게는 객실 사용에 대한 예치금을 미리 지불할 것을 권유한다. 또한 등록카드 작성 시 고객에 대한 정보가 없기 때문에 시간이 예약고객에 비해 많이 소요된다. 따라서 예약 시 고객의 취향 등에 대해 문의할 것을 프런트 데스크에서 모두 확인한다.

고객등록 준비를 하고 있는 프런트 데스크 담당자들

객실키를 전달받는 고객

호텔 객실시스템의 경우 세계적인 체인호텔들은 대부분 마이크로소프트사(社)에서 개발된 호텔시스템인 오페라시스템OPERA System을 활용하고 있으며, 국내의 단독호텔인 비즈니스호텔의 경우 국내에서 개발된 산하정보시스템의 윙스Wing's시스템을 사용하고 있다. 일부 호텔(대표적으로 롯데호텔)의 경우 자체 개발하여 사용하기도 한다. 윙스 프로그램의 경우 다음과 같은 화면으로 구성되어 있다.

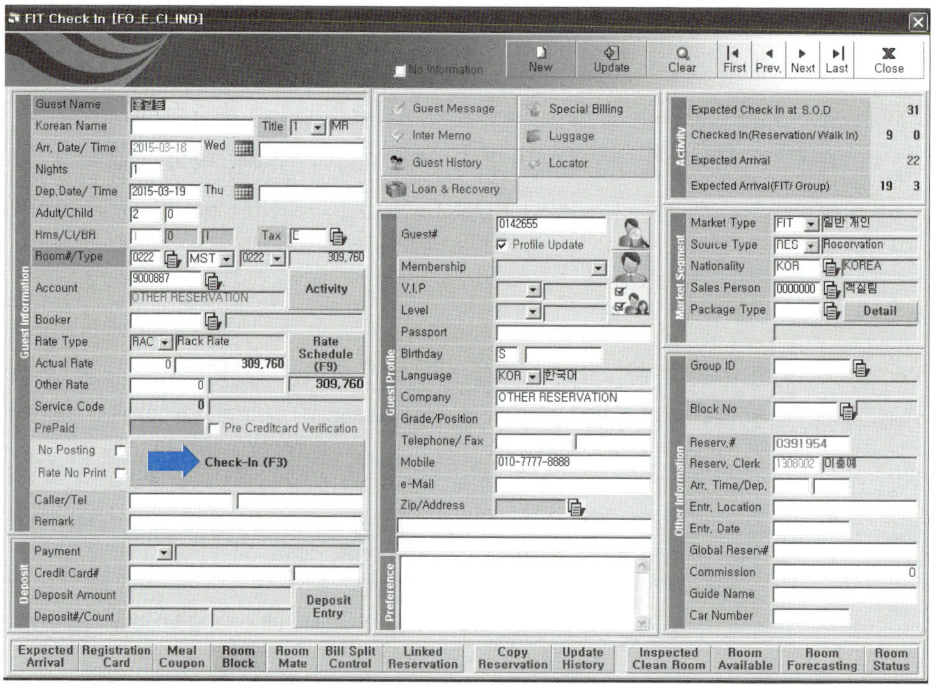

중간에 Check-in(F3)을 클릭

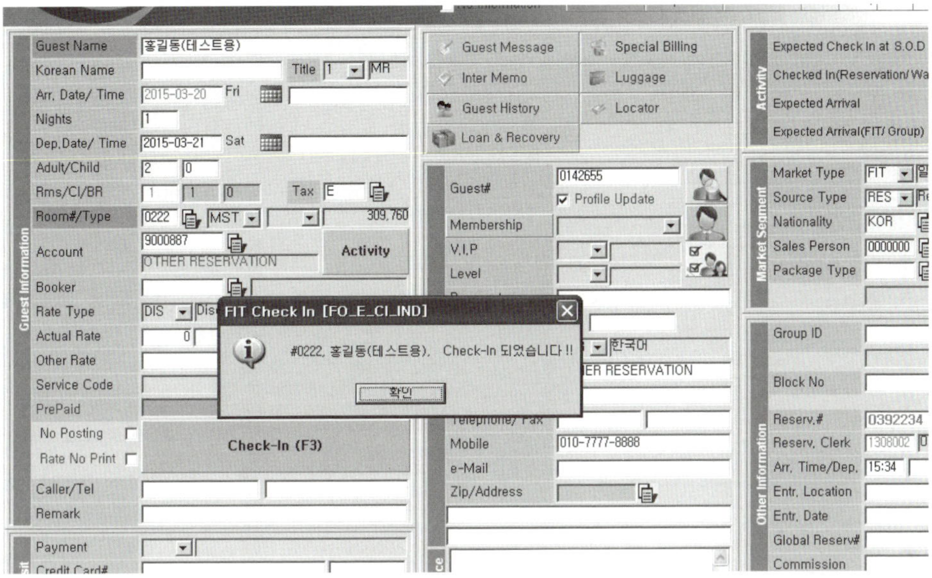

시스템상으로 체크인 완료된 상태

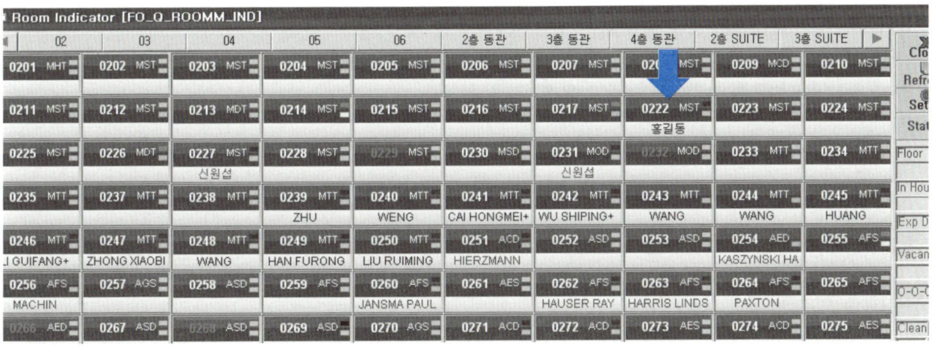

체크인이 완료된 상태를 나타내는 화면(Room Indicator Room No. 222호에 홍길동 님이 배정되었음을 나타냄)

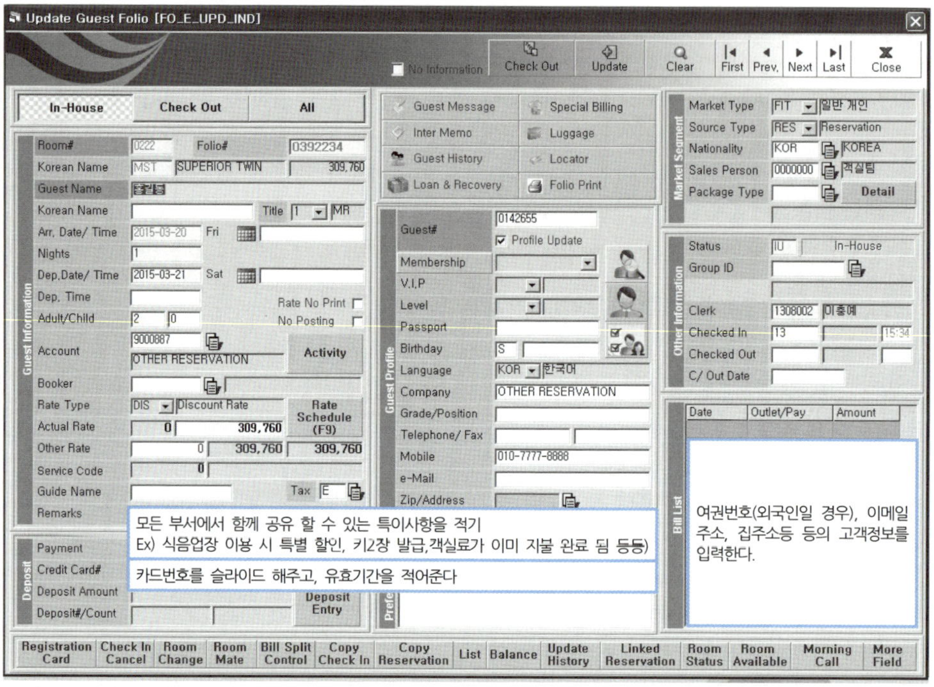

*** Remark : 모든 부서에서 함께 공유할 수 있는 특이사항을 적기**
(예) 식음업장 이용 시 할인, 키 2장 발급, 객실료가 이미 지불 완료됨 등
*** Payment : 카드번호를 슬라이드 해주고 유효기간을 적어줌**

고객과 객실담당자의 체크인 준비가 완료되었다면 고객을 체크인 시킨다. 체크인시스템에서 버튼을 클릭하면 체크인 완료 상태로 시스템이 전환된다. 고객의 체크인이 끝나고 난 후 고객정보를 시스템상에 등록한다.

(2) VIP의 경우

대부분 VIP의 경우는 귀빈층Executive Floor을 사용하는 경우가 대부분이기 때문에 호텔에 도착하게 되면, 우선 귀빈층 라운지Executive Floor Lounge로 안내한다. 그리고 이곳에서 등록Check-in 절차를 앉아서 밟게 된다. 대부분 사전에 예약을 하고 방문하기 때문에 미리 객실배정 및 객실키 등을 준비해 놓는다. 따라서 등록 시에는 모든 것을 사전에 미리 정리하여 고객은 등록카드에 서명만 할 수 있도록 하여 시간을 절약할 수 있도록 한다.

(3) 단체고객의 경우

단체고객의 경우 많은 사람이 호텔이 한꺼번에 도착하기 때문에 단체고객을 담당하는 여행사나 단체의 담당자와 긴밀하게 협의하여 도착 전에 가능하면 모든 정보를 입수하여 간략한 등록업무 과정을 거치도록 해야 한다. 단체고객을 이끄는 사람은 호텔 도착 전 고객의 명단과 여권번호, 일정 등의 구체적인 내용을 미리 전달하고 도착 시 차량의 주차장 확보 등을 미리 통보하여 고객의 편의를 도모한다.

다음은 단체고객의 체크인이다.

① 체크인 전

- 단체고객의 이력(예약 등)을 확인한다.
- 단체의 가이드와 연락을 취하여 객실 형태와 객실수, 숙박일수를 확인한다.
- 단체고객의 객실을 사전에 배정해 놓는다.
- 객실키를 준비해 놓는다.
- 지불조건 등을 사전에 확인한다.
- 시스템상으로 체크인(단체 그룹에 들어가서 AUTO C/IN 시킨다)한다.
- 가이드에게 키와 조식 쿠폰이 있다면 이를 전달한다.
- 호텔 이용 안내에 대해 설명한다(예를 들어, 객실과 객실끼리 전화하는 방법, 전 객실 금연 안내, 외부 흡연장소 안내, WiFi 사용 안내 등).
- 모닝콜, 카드 개런티, 여권번호와 영문이름이 들어간 명단을 받는다.

② 체크인 완료 후

단체고객의 체크인이 완료되면 시스템상으로 모닝콜을 넣고, 모닝콜 명단을 시스템상에 입력한다. 기타 고객정보를 입력한다.

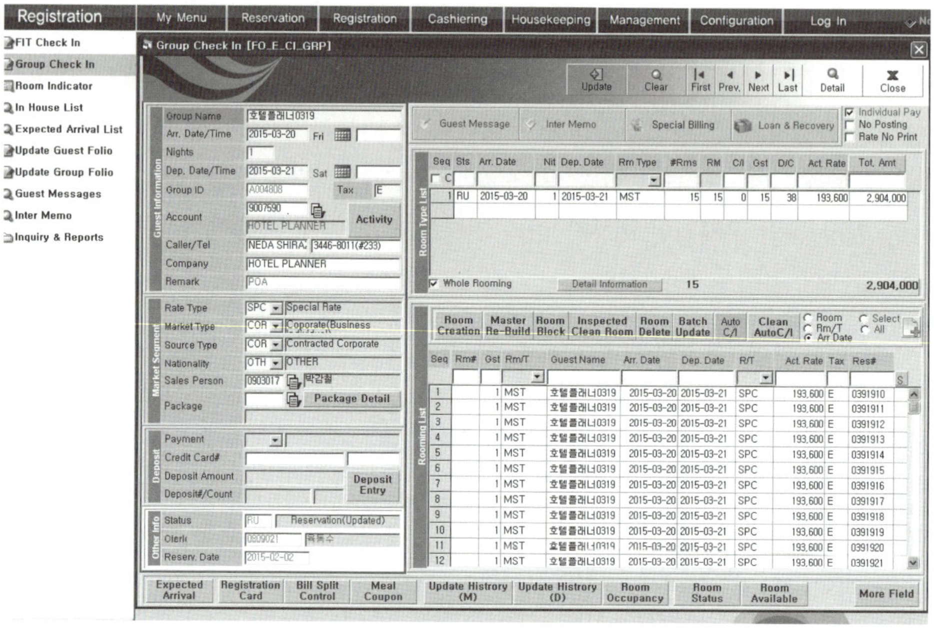

Group Check-in에서 전체 선택한 후 Auto C/I 하기

단체고객들이 체크인을 위해 로비에 대기하고 있는 모습

제2장 호텔 객실 배정 및 변경

1. 호텔 객실 배정 전 점검사항

객실 배정 전 체크인 하기 전에 객실 담당자는 객실의 정비가 완료되었는지를 반드시 확인하고 배정해야 한다. 일반적으로 호텔시스템에 따라 보여지는 화면의 구성은 다르지만, 일반적으로 배정하고자 하는 객실이 VCVacant Clean 객실임을 확인하고 방을 배정한다.

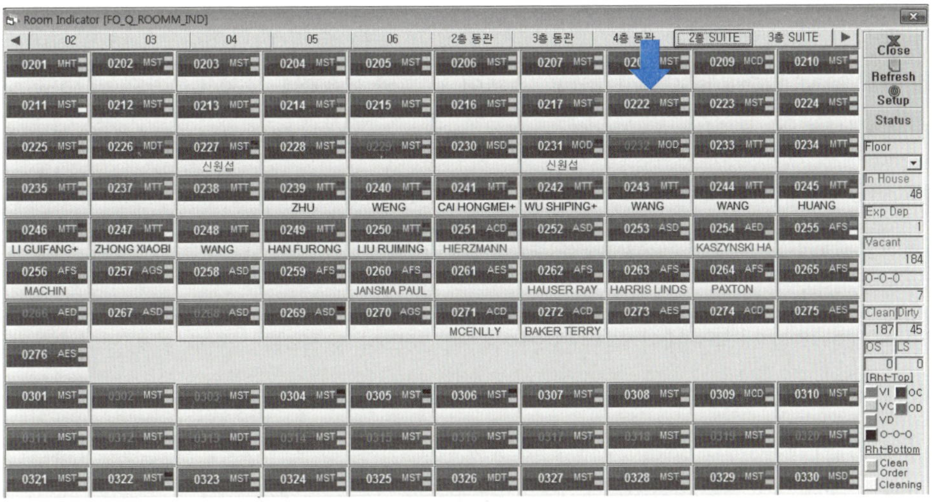

홍길동 님이 배정된 객실 No.222호는 VC로 체크인이 가능

일반적으로 호텔에서 사용하고 있는 객실상태 점검은 다음과 같다.

- VI : Vacant Inspection : 객실이 비어있고, 담당자가 확인이 완료된 객실
- VC : Vacant Clean : 객실이 비어있고 깨끗한 객실
- VD : Vacant Dirty : 객실은 비어있고 청소가 안 되어 더러운 객실
- OC : Occupancy Clean : 고객이 재실 중이며 청소가 완료된 객실

- OD : Occupancy Dirty : 고객이 재실 중이며 청소가 안 되어 더러운 객실
- OOO : Out of Order : 고장난 객실
- CO : Clean Order : 청소요청 객실
- Cleaning : 청소 중인 객실(일반적으로 화면에 불이 반짝반짝 한다)
- Other Function : 객실번호에 빨간색으로 되면 메시지Message가 있다는 표시이고, 고객이름이 분홍색으로 되어 있으면 고객이 재실이라는 표시이다. 그리고 객실번호가 분홍색으로 되어 있으면 블록Block된 객실이다.

2. 호텔 객실 배정

객실 배정Room Assignment이란 등록 과정에서 중요한 부분 중의 하나이다. 이는 확실히 판매가 가능한 객실을 고객에게 배정해야 한다. 고객의 요구에 부합하는 객실이 없을 때에는 객실 상황을 자세히 조사한 후 판매가 가능한 객실을 분류해 놓는다. 예약정보에 따라 고객이 도착하기 전에 객실은 사전에 배정되고 객실가격이 결정된다. 객실의 사전 배정은 판매가 가능한 객실의 상태와 객실이 얼마나 고객의 요구를 충족시키는지에 따라 결정되고, 객실 배정은 등록 과정 동안에 마무리된다.

객실 배정과 객실요금은 예약 자료에 근거하여 고객이 도착하기 전에 정해질 수도 있다. 호텔마다 차이가 있긴 하지만, 예약을 하고 오는 고객의 숫자가 점차적으로 증가하고 있는 추세이다. 보통 예약된 고객은 명확한 객실 형태와 요금이 지정되어 있기 때문에, 객실 담당자는 객실 판매 과정에서의 어려움이 없다. 즉 숙박에 따른 요금과 객실 형태는 투숙하기 전에 결정된다고 볼 수 있다. 그러나 본래 예약 내용과 다른 숙박 형태를 고객이 요구한다면 이전의 예약을 취소시키고 고객이 요구하는 객실을 판매할 수도 있다.

사전에 예약을 하지 않은 일부의 고객은 프런트 데스크에 직접 가서 고객 자신이 원하는 객실을 객실 담당자에게 요구하는 경우도 있다. 이때 객실 담당자는 고객이 원하는 객실 형태를 컴퓨터를 통해 확인한 후 고객이 원하는 객실이 사용가능할 경우 판매한다. 그러나 상황이 불가능할 경우 고객에게 정중하게 객실 상황을 설명한 후 다른 객실을 권유한다. 이때에 객실

요금은 팀장의 권한대행으로 지배인의 지시에 따르거나, 지배인이 부재중이라면 호텔의 기본 정책에 의해 결정하게 된다. 제휴카드 소지 고객이나 규정에 의한 할인적용 대상 고객 역시 호텔의 기본정책을 따른다.

고객이 원하는 객실 형태를 제공했을 경우 고객은 지불한 금액에 대해 만족감을 가질 수 있다. 그러나 일부 호텔에서는 고객이 사전에 예약한 객실을 제공하지 못할 경우 예약한 객실 형태보다 다소 가격이 고가(高價)일지라도 더 나은 객실을 보통 객실요금으로 제공하는 경우도 있다. 객실 담당자는 객실을 배정하는데 있어서 호텔에서 정한 규칙에 따라 객실을 판매하는 것이 원칙이다. 그러나 상황에 따라 고객의 편의와 만족을 위해 어느 정도의 신축성 있는 조절은 필요하다. 이를 통해 고객만족을 증진시켜 단골고객으로 전환할 수 있기 때문이다.

일반적으로 객실요금은 주로 객실의 크기, 객실의 위치, 가구의 질, 객실 내 소모품 등에 결정되는 경우가 많다.

다음은 객실의 배정과 객실요금의 설정에 대한 객실 담당자가 해야 할 절차이다.

- 객실판매 가능성을 확인한다.
- 가족의 경우 커넥팅 객실Connecting Room을 권하고, 오락시설과 가까운 곳이 있다면 그곳으로 객실을 배정한다.
- 흡연 객실과 금연실의 선택에 대해 고객에게 문의하여 결정한다.
- 긴급한 상황이 발생되었을 시 대처요령 및 비상통로에 대해 안내한다.
- 객실 배정표Room Slip는 고객성명, 객실번호, 객실요금, 국적, 도착일, 출발일을 기입하고 담당자가 서명한다. 객실 배정표를 3매 작성하여 1매는 고객에게, 1매는 객실 관리담당자나 해당층의 데스크로 보낸다.
- 할인 내역서를 숙박카드와 같이 프런트 회계담당 직원에게 넘긴다. 회계담당 직원Front Cashier은 그 할인 내역서에 의해 할인 조치한다.
- 객실 및 객실요금의 변경지시서는 고객의 객실 변경 요청이 있으면 벨서비스 직원에게 지시하여 객실을 옮겨주고, 객실 및 객실요금 변경지시서Room or Rate Change Slip 등 서식에 의해 결과를 보고한다. 변경된 사항을 관련되는 타 부서(회계부와 객실 관리부)에게도 통보하고 객실회계 담당자는 대체 · 정리하여 그 고객이 출발할 때 정확한 계산서를 받을 수

있도록 한다.

- 객실판매 현황표Room Sales Count Sheet는 객실수의 통계와 영업분석을 위한 자료로 활용한다.

1) 객실상태

효율적인 객실과 객실요금의 결정은 정확한 객실상태의 관련 정보인 예약상태Reservation Status, 객실관리상태Housekeeping Status, 객실상태Room Status에 의존하여 배정한다.

2) 룸랙 및 룸인디케이터

룸랙을 통해 객실상황표Room Rack Slip, 객실변화상황Room Change Status, 판매가능 객실상황Available For Sale, 투숙고객Sleepe) 객실점유 보고서Occupancy Report, 객실관리부 상황보고서Housekeeping Status Report 등을 알 수 있다.

3) 호텔 객실시스템

객실영업 부서Front Office와 객실관리Housekeeping 부서는 객실상태 정보를 공유하게 된다. 이는 객실관리 부서에서 고객이 투숙하고 난 후 청소를 하며 그 객실의 상황에 대해 이상이 있는지, 청소는 완비되어 있는지 등을 점검하고 이를 기록해 주어야 객실영업 부서에서 고객에게 객실을 배정할 수 있기 때문이다.

객실영업 부서에서는 그날 도착한 고객에 대한 특별요청 사항 등에 대해 미리 객실관리 부서에 전달해야만 객실관리 부서에서 고객이 도착하기 전에 미리 준비할 수 있기 때문에 이 두 부서 간에는 서로 긴밀한 커뮤니케이션이 이루어져야 한다.

객실상태에 대한 표시 내용으로는 다음과 같은 형태가 있을 수 있다.

- Occupied : 객실이 점유된 상태
- Out of Order : 고장난 객실
- Slept Out : 고객이 자고 나간 객실

- Baggage Still in Room : 객실 내에 고객의 짐이 있음을 알림
- Occupied No Baggage : 고객이 점유하고 있는 객실이며 짐은 없음
- Slept in But Checked Out Early A.M. : 고객이 오전 일찍 체크아웃을 했지만, 현재 고객이 객실에 있는 상태
- Early Arrival : 일찍 도착한 고객이 있음

상기와 같이 객실시스템에 표시하여 프런트 데스크와 하우스키핑 부서에서는 정보를 공유하고 상황에 따른 서비스를 제공함으로 인해 고객의 만족도를 높일 수 있다.

고객이 프런트 데스크에 도착하여 배정하는 경우도 있지만, 예약고객의 경우는 대부분 사전 배정을 진행한다. 고객이 호텔에 도착하기 하루 전이나 사전에 객실을 미리 배정하고, 고객이 호텔에 도착하면 배정된 객실에 대해 객실을 배정한다. 이를 통해 보다 신속한 체크인이 이루어질 수 있다. 이때 고객의 요청사항이나 중요 고객의 객실을 미리 배정하고 하우스키핑 또는 관련 부서에 통보한다. 사전에 투숙기록이 있는 고객의 프로파일고객 히스토리 : Guest History을 확인하여 고객이 주로 사용하는 객실을 배정할 수 있도록 한다.

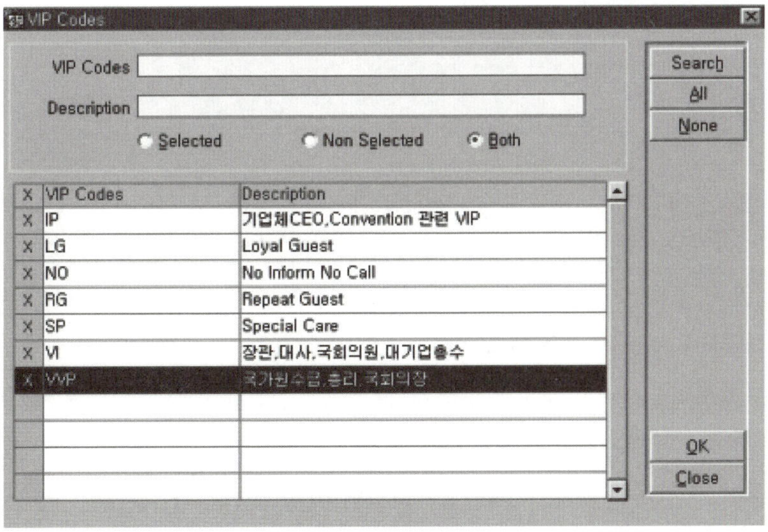

VIP 고객코드

4) 객실요금

객실요금은 1박에 대해 호텔이 부과하는 요금으로 고객의 상태에 의해 몇 가지로 구분할 수 있다. 첫째, 커머셜요금Commercial Rate으로 자주 호텔을 방문하는 고객을 위해 제공되는 요금이다. 둘째, 무료요금Complimentary Rate : Zero Rate으로 호텔 객실의 판매촉진을 위해 무료로 객실을 고객에게 제공하는 요금이다. 셋째, 단체요금Group Rate으로 호텔이 규정하고 있는 일정의 인원 또는 객실을 사용할 때 적용되는 요금이다. 넷째, 가족요금Family Rate으로 여러 가족구성원이 함께 오는 고객에게 적용되는 요금이다. 다섯째, 주간만 사용하는 요금Day Use Rate으로 호텔 객실을 24시간 사용하는 것이 아니라, 오후시간대에 최소 3~6시간 정도를 사용하는 고객에게 적용하는 요금이다. 여섯째, 패키지요금Package Rate으로 호텔에서 객실의 판매촉진을 위해 객실 및 타 업장의 사용을 함께 묶어 상품으로 구성하여 판매되는 요금이다.

이외에도 객실상품의 판매촉진 및 규정에 의한 다양한 요금이 있기 때문에 예약을 하고 온 고객에 한하여 예약 시 적용한 요금으로 부과한다. 이는 고객이 이미 예약 시 해당 고객의 특성에 적합한 요금이 적용되었기 때문이다. 하지만 예약이 이루어지지 않고 오는 Walk-in 고객의 경우에는 적용가능 요금을 확인하여 호텔의 매출과 고객서비스의 측면을 잘 고려하여 요금을 적용한다.

5) 객실위치

프런트 데스크에 근무하는 담당자는 각각의 객실 위치 및 특징을 숙지하고 있어야 고객의 요구에 적합한 객실을 추천할 수 있다. 그로써 고객의 만족을 극대화 할 수 있다. 객실의 등급, 객실의 크기, 위치, 전망, 가구의 배치, 객실 소모품 등에 대한 정보를 정확히 숙지하고 고객이 원할 때는 언제든지 정보를 제공해야 한다.

일반적으로 여성의 경우 고객이 거부하지 않는 한 엘리베이터에 가까운 곳으로 배치하여 안전성을 고려한다. 엘리베이터 근처의 경우 많은 고객들이 지나다녀 소음이 많다. 그렇지만 여성고객의 경우 가능한 한 복도의 제일 끝 객실의 배정을 삼간다. 장애인이나 노약자의 경우는 낮은 층의 엘리베이터와 가까운 곳의 객실로 배치하여 이동에 편리성을 도모한다. 함께 온 고객이 각기 다른 객실을 사용할 경우는 가능한 한 고객이 거부하지 않는 한 같은 층의 옆방 Adjoining Room으로 배정한다. 국내의 경우 모든 호텔이 금연호텔이지만, 혹시라도 흡연자가 있는 경우는 반드시 흡연장소를 안내하고 객실 어느 곳에서도 금연지역임을 안내한다.

어린이를 동반하는 경우 가능한 한 낮은 층으로 배정하고 객실이 여유가 있을 경우 어린이와 함께 사용하는 객실의 바로 밑에 층 객실은 타 고객에게 배정하는 것을 고려해야 한다. 최근에는 층간소음에 대한 고객의 불만이 많기 때문에 이러한 점도 고려하여 객실을 배정한다.

6) 객실확보

예약상황에 의거하여 객실을 미리 잡아두는 것을 의미한다. 즉 미래를 위한 객실 확보이다. 예약된 객실은 호텔시스템 상 일정표인 카렌더Calender, 콘트롤 북Control Book 월 차트Wall Chart, 컴퓨터 블록Computer Block에 표시되지만, 담당자는 항상 객실 확보Future Block를 점검하며 파악하고 있어야 원활한 객실 배정이 이루어질 수 있다.

3. 호텔 객실 변경

고객이 예약을 변경하게 되었을 경우 객실의 변경 및 수정이 이루어지기도 한다. 예를 들어, 투숙 일정의 변경, 객실 형태Room Type, 추가 객실 요청, 객실 내에 필요한 사항(공기청정기, 특

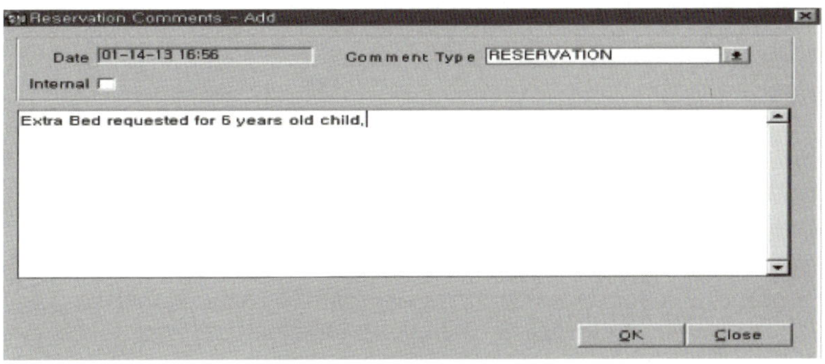

고객 요청사항을 코멘트란에 작성

수베개, 추가침대, 아기침대 등)을 추가로 요청했을 경우 해당하는 객실을 변경해야 할 때가 있다. 이럴 경우 코멘트Comments를 달아 시스템에 입력하여 다른 담당자가 근무할 때라도 항상 확인할 수 있도록 해야 한다.

이외에도 일반 객실을 고객에게 배정했으나 특별한 사정으로 고객에게 통보된 객실의 번호가 변경될 때 관련 서류를 확인하여 꽃이나 과일 및 기타 전달물이 있을 때 벨 캡틴Bel Captain을 통해 옮기도록 하고, 객실과 룸서비스 및 하우스키핑 부서에 이를 통보해야 한다.

호텔측의 사정으로 객실이 변경되는 경우도 있지만, 고객측의 사정으로 객실을 변경해야 할 경우 첫째, 변경하고자 하는 객실의 요금과 고객의 수하물을 점검하고 새로운 키를 발급한다. 컴퓨터의 객실번호를 수정하고 메시지를 점검하여 고객에게 전달한다. 그리고 하우스키핑에 연락하여 고객의 짐을 이동시키고 프런트 데스크에서는 객실에서 발생된 회계상의 정산을 옮거진 객실로 변경하여 기록한다.

제3장 지불방법 결정

고객의 등록 절차는 지불 관련 정보를 수집하는데 매우 중요한 역할을 한다. 고객이 등록할 시 지불에 대한 내용을 고지해야 고객이 체크아웃Check-out 시 정산 업무를 실행할 때보다 신속한 대응이 가능하다. 대표적인 지불방법은 다음과 같은 것이 있다.

1. 현금지불

고객이 숙박등록 시점에서 체재 전에 객실요금을 미리 지불하는 것이다. 이는 PIAPaid-in Advance 목록에 올라있는 신용도가 불확실하거나 호텔을 처음 사용하는 고객에게 적용된다. 이러한 고객에게 후불을 허가하기 위해서는 체크인Check-in 시 신용카드를 먼저 가승인 받아두어야 한다. 최근에는 현금으로 예치하는 경우는 거의 없으며, 예치 시에는 신용카드로 가승인Imprint 받아두고, 체크아웃 시에는 현금으로 지불하게 되는 경우도 있다. 통상적으로 호텔 객실요금의 경우 5성급 호텔은 금액이 크기 때문에 현금 사용을 대부분 하고 있지 않다. 다만 비즈니스호텔이나 숙박일수가 적을 경우 현금을 사용하기도 한다. 현금 지불의 경우 국내에서는 외국 고객의 경우 미국 달러($)로 지불하는 경우도 있으며, 각국의 화폐로 현금 지불 가능성에 대해 문의하는 경우도 있다. 이에 대해서는 호텔의 규정에 의하며, 일반적으로 미국 달러로 지불하고자 할 경우 그날의 환율을 적용한다.

2. 개인수표

고객은 체재 전에 미리 개인수표로 지불하는 경우가 있다. 이때 주의를 하지 않으면 안 된다. 이는 수표로 지불키로 하고, 정산한 후 잔금을 현찰로 지불해야 하는데, 수표에 이상이 있는 경우를 대비해야 하기 때문이다.

따라서 첫째, 맨 처음 거래를 수표로 하여 잔금이 생길 경우에는 그 잔금을 바로 현금을 내어주지 않고 되도록이면 처음의 수표를 고객에게 되돌려주고 계산서상의 정확한 금액을 지불할 수 있는 다른 수표를 요구한다. 둘째, 조심해야 할 것은 수표발행 날짜가 없는 수표는 가짜일 가능성이 크기 때문에 받지 말아야 한다. 셋째, 계산서 지불을 위해 수표를 받을 수 있어도 현금교환을 위한 수표는 받지 않는 것을 원칙으로 한다. 또한 항상 수취인이 '호텔'로 되어 있어야 한다. 넷째, 두 세 차례를 거친 수표의 경우는 반드시 고객에게 고객의 신상에 대한 것과 연락처, 여권번호 또는 주민등록번호를 명기하도록 요구한다.

이외에 수표보장서비스Check Guarantee Services란 것이 있다. 이는 호텔업계에 매우 도움을 주는 서비스로, 회계원이 은행에 전화로 고객수표의 금액과 관련 자료를 말하면 수표 발행인의 연혁을 파악하여 지불을 보장하거나 거절한다. 호텔은 이 서비스에 대해 수표 건당 일정의 비용을 은행에 지불해야 하나, 안전한 금융거래를 위해 필요하다고 할 수 있다.

3. 신용카드

세계적으로 가장 보편화되어 사용하는 것이 신용카드이다. 신용카드로 고객이 요금을 지불하고자 할 경우 신용카드를 고객으로부터 전달받게 되면 유효기간을 확인한다Expiration Date. 경우에 따라서는 고객이 퇴숙하기 전에 유효기간이 끝나는 경우가 있기 때문에 반드시 유효기간을 확인해야 한다.

둘째, 온라인 승인On-line Authorization을 받는다. 이는 온라인 확인 체계를 이용하여 승인번호Authorization Code를 받는 것이다. 온라인 확인 체계가 불가능한 경우는 반드시 취소책자Cancellation Bulletins를 이용하여 신용카드를 확인하다.

셋째, 무효 또는 불량카드Invalid Card인지를 확인한다. 확인 결과 무효 또는 불량카드로 판명된 경우 고객에게 다른 방법의 지불을 요구한다. 다른 방법으로 지불하는 것이 여의치 않을 경우 여신과나 부서의 지배인에게 상황을 인계한다.

넷째, Imprinting the Voucher 과정이다. 이것은 승인번호를 받은 경우 신용카드 바우처Voucher에 카드를 임프린트Imprint한다.

다섯째, 고객 신용카드의 한도액을 확인한다. 신용카드 회사에서는 호텔에 지불 한도액을 허가하여 특별한 허가가 없는 한 한도액을 초과한 부분에 대해 지불하지 않는다. 따라서 계산서의 금액이 지불 한도액을 초과할 경우 회계원은 신용카드회사로 연락하여 추가의 허락을 받아야 하며, 고객의 한도액을 처음부터 알 수는 없다. 고객의 숙박일수나 사용 객실의 요금이 고가일 경우는 반드시 한도액에 대해 불만을 토로하기도 한다.

컴퓨터시스템화 된 호텔에서는 고객의 사용발생 금액이 지불 한도액을 초과하지 않도록 관리할 수 있다. 일부의 호텔에서는 고객에게 번거롭게 하거나 다른 지불방법을 요구하지 않아도 되도록 신용카드회사에게 더 높은 지불 한도액을 정해줄 것을 요구하는 경우도 있다.

4. 직접지불

대금을 고객이나 소속된 회사에 청구하는 방법이다. 고객 또는 회사와 호텔 간에 맺어진 신용 합의 계약에 의거하여 신용의 범위를 넓힌 것으로, 퇴숙Check-out 시 고객이 단순히 자신의 원장Folio 내용을 읽고 살핀 후 서명만 하면 신용카드회사나 제3자가 아닌 호텔 자신이 수납의 주체가 된다. 이를 위해서는 반드시 고객이 소속된 회사나 여행사와 사전 계약이 있어야 한다.

5. 특별 프로그램에 대한 지불

숙박 등록 시 고객은 회사, 항공사, 다른 단체에서 받은 것으로 특별한 혜택이 보장되는 쿠폰이나 증서 등을 제시할 수 있다. 프런트 데스크 직원은 이러한 프로그램의 내용을 숙지하여 금액, 조건, 기간에 유의하여 적용한다. 쿠폰이나 증서의 내용이 할인인지 무료인지를 확인하여 그에 해당하는 내용을 기초로 하여 요금을 정산한다. 특별 프로그램뿐만 아니라 호텔의 멤버십이나 특별이벤트를 통한 상품의 구매일 경우, 반드시 이에 대한 지불 내용을 확인하여 응대해야 한다.

6. 신용요청의 거절

고개의 신용상태가 빈약하여 고객의 신용요청을 거부Denying a Credit Request할 때 주의가 필요하다. 한 개인의 신용은 고객의 자존심에 영향을 줄 수 있으므로 가능한 한 고객의 입장을 최대한 보호해야 한다.

승인요청의 거절 요령은 다음과 같다.

첫째, 승인번호를 받지 못한 경우, 혹시라도 주변에 사람이 있을 경우 타인이 듣지 못하도록 주의하여 고객에게 문제사항을 알린다. 또한 고객의 카드에 대해 '불량' 또는 '무효', '쓸모없는' 이란 단어를 사용하지 않는다. 이때는 전화로 신용카드회사 담당자와 고객이 직접 문제를 해결할 수 있도록 건의한다. 그 후 고객에게 설명할 기회를 주고 다른 지불방법을 제안한다.

둘째, 개인수표를 받지 못할 상황일 때에는 고객에게 호텔의 규칙에 대해 차분히 설명한다. 친절하고 협조적인 자세로 고객을 대한다. 그 후 고객과 대안을 상의한다. 은행이 영업시간일 경우에는 근처의 은행을 안내해 주거나 전화를 이용하도록 한다.

제4장 객실열쇠 발급

1. 객실키 발급

고객에게 객실키를 전달하는 프런트 데스크 종사원

숙박등록 절차는 객실키Key를 고객에게 발급하고 전달하면서 마무리한다. 호텔의 객실키는 고객의 안전과 직결되는 가장 중요한 도구이기 때문에, 고객의 체크인과 동시에 객실키를 고객 스스로가 잘 관리할 수 있도록 객실키 사용법에 대한 안내를 제공해야 하고, 사용 중 잃어버리게 될 경우에 대해서도 호텔 규정 및 정책을 안내해야 한다. 그리고 체크아웃 시 반드시 객실키를 반납하면서 수납이 완료됨을 안내해야 한다. 객실키 관리원칙을 문서화한 호텔이 있을 만큼 객실키는 매우 주의하여 관리되어야 한다.

벨서비스가 있는 경우 고객에게 먼저 서비스 제공여부를 물어야 한다. 서비스를 원하면 프런트 데스크 직원이 벨맨에게 열쇠를 건네주고 벨맨으로 하여금 고객을 객실로 안내하도록 한다. 도중에 객실의 특징과 식당의 위치, 업장들의 영업시간, 아이스머신의 위치 및 여타의 호텔 정보를 고객에게 알려준다. 그리고 고객의 질문사항에 대해 공손히 대답한다.

벨맨은 고객이 가지고 온 짐을 들고(무겁거나 크면 벨맨 카트에 적재한 후에 끌고 간다) 고객을 앞서게 한 후 엘리베이터를 통해 지정된 객실에 도착하여 객실문을 열기 전에 확인 '노크'를 하고, 열쇠로 문을 열어 키홀더에 키를 꼽아 객실등을 켜며 고객을 먼저 실내로 들어가게 하고, 짐을 짐 받침대Baggage Stand에 놓으며 스위치가 있는 장소를 설명하면서 전등의 고장이 없는가를 확인한다. 또한 다른 용무가 없는지를 고객에게 물어본 후 퇴실하며, 객실문을 조심하여 가만히 닫는다. 안내가 끝났으면 신속히 벨 데스크Bell Desk에 돌아와 Baggage in Record에 객실번호, 투숙고객 성명, 짐 수량, 시간, 벨맨의 이름을 기입하고 만약의 사고에 대비하여 보관해야 한다.

최근에 객실키는 호텔의 규모, 신축년도, 경제성 등에 따라 여러 형태가 있지만 전통적으로 된 열쇠는 점차 사라지고 있는 추세이다. 대신 마그네틱Magnetic, 근접키RF Card / Radio Frequency 방식으로 발전해 나가고 있다. 이는 예전 열쇠의 경우 고장은 거의 없지만, 분실 시에는 호텔에서 관리하고 있는 열쇠뭉치를 바꿔야 하는 점과, 여분의 열쇠Extra Key를 제공하기 어려운 단점이 있었다. 마그네틱의 경우는 배터리가 소모되었을 때는 문이 작동하지 않아 불편한 점이 있다. 그러나 고객이 분실했을 경우 신속하게 교체가 가능하고, 여분의 열쇄가 필요할 때 얼마든지 제공할 수 있다는 장점이 있다. 근래에는 교통카드와 같은 원리의 근접방식RF 키가 도입되어 예전의 키 단점을 보완하여 분실 시 습득한 사람이 복제하기 어렵고 자석물질이 근접해도 반도체칩으로 제작되어 영구적이고 안전하게 사용할 수 있는 장점을 지니고 있다. 단 단가 측면에서는 비싼 편이지만 효용성을 고려한다면 훨씬 유리하다.

최근에는 핸드폰 앱을 통해 객실을 배정받고, QR 코드를 통해 객실에 들어갈 수 있도록 하는 호텔들도 등장하고 있다.

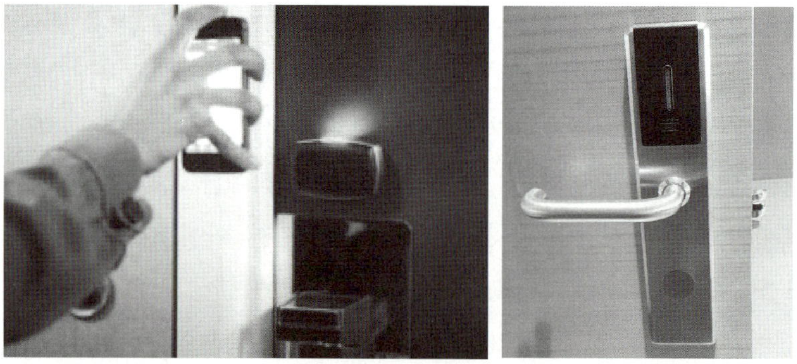

고객의 핸드폰으로 객실 호실을 전달하여, 고객이 핸드폰으로 직접 객실을 오픈

일반적으로 키를 제작할 때는 일시 사용키Time나 투숙객 사용키Days로 사용용도에 따라 분류하고, 부부나 가족인 경우에는 여분의 키를 필요로 하는지 물어본다. 고객이 키를 분실했을 경우는 새로운 키로 제작하고, 키를 객실 내에 넣고 문을 잠그게 되면 복사키를 제작해 주는 대신 반드시 고객 본인인지를 확인해야 한다.

일반적으로 호텔에서 사용하는 키의 종류는 고객이 사용하게 되는 객실키, 하우스키핑에서

메이드 등이 객실청소 및 관리를 위해 사용하는 키로, 하나의 키로 담당하는 객실을 모두 열 수 있는 플로어키Floor Key 이외에도 하나의 키로 모든 객실을 열 수 있는 마스터키Master Key가 있다.

이외에도 호텔 내 급한 상황이 발생했을 때 열 수 있는 비상용키Emergency Key가 있다. 비상용키는 마스터키로도 열지 못하는 호텔 내의 모든 문을 열 수 있는 키이다.

2. 객실키 발급 시 주의사항

고객의 호텔 객실 등록이 완료된 후 주위의 다른 고객이 객샐키의 객실번호를 알아차리게 해서는 안 된다. 이는 고객의 안전을 위하고, 고객의 개인생활을 보호하기 위함이다.

고객의 객실키는 어떠한 경우에도 객실번호나 이를 식별할 수 있는 숫자를 표시해서는 안 된다. 따라서 대부분의 호텔은 고객에게 키를 전달할 경우 키를 키 카드에 넣어 전달하며 카드에 객실번호를 적어 전달하도록 하고 있으며, 대부분의 호텔은 고객이 2인 1실을 사용하게 되더라도 하나의 키를 발급하게 된다. 그러나 고객의 요청에 의해 하나의 키를 더 요청할 경우 키 사용에 대한 안내와 분실했을 경우에 범칙금이 있다면 이에 대해 안내해야 한다. 그리고 퇴실할 때 반드시 두 개의 키를 모두 반납하고 정산해야 함을 고지한다.

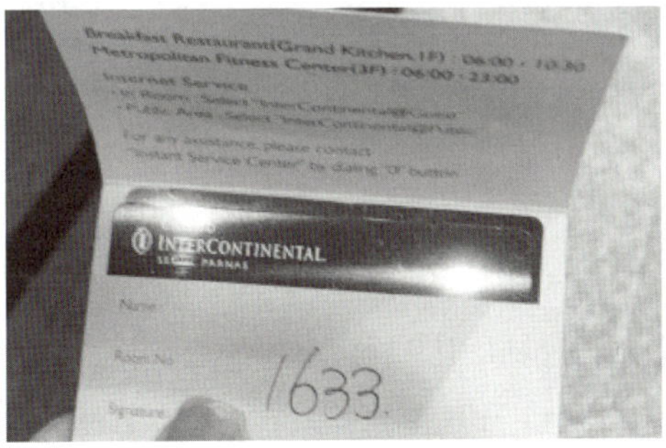

고객 객실키

객실키 카드

*** 고객 객실키는 키 카드(홀더)에 넣어 전달하고, 키 카드에 객실번호를 적는다.**

고객의 키를 관리하는 것 이외에도 프런트 데스크에서는 고객의 객실에 사용하는 모든 키, 즉 마스터키, 비상키 등을 사용 시에는 반드시 키 관리대장Log Book에 사용목적, 사용시간, 사용자 등을 명기하며 사용 후에는 즉시 키 보관 담당자에게 반납할 수 있도록 하여 호텔의 안전을 보장해야 한다.

3. 객실키 재발급 규정

1) 객실키 분실

고객이 객실키를 잃어버렸을 경우 프런트 데스크에서는 고객이 투숙고객이 맞는지 신분증이나 여권을 먼저 확인한다. 만약 고객이 신분증이나 여권을 객실에 두고 왔다고 할 경우에는 고객의 연락처, 주소 등을 통해 고객의 신분을 확인한다. 고객의 신분이 투숙객으로 확인되었을 경우 고객에게 새로운 키를 발급하고, 기존에 발급되었던 키는 찾게 되더라도 사용되지 않음을 고객에게 안내한다.

호텔에서 사용하는 RF 빈 카드와 카드 리더기

2) 객실키 복사

체크인 할 때 2인 1실의 경우에도 하나의 키를 발급하고 있으나, 함께 투숙하는 고객에게도 하나의 키를 더 사용할 수 있도록 요청하는 경우가 있다. 이럴 경우는 대장에 키 복사 발급에 대한 사유 등을 작성하고 하나의 키를 복사하여 고객에게 전달한다. 추가로 요청하여 발급된 복사키는 반드시 퇴실할 때 두 개의 키를 모두 반납하고 정산해야 함을 안내한다.

호텔의 객실키를 발급하는 순서는 다음과 같다.

- 키 발급기를 통해 객실키를 생성한다.
- 키 홀더에 객실번호를 정확하게 기록하고 고객에게 전달한다.
- 호텔의 키 발급 규정에 의거하여 객실키는 2인 1실의 경우 하나의 키를, 경우에 따라서는 투숙 인원수에 맞게 키를 고객에게 전달한다.
- 고객이 키를 분실하였을 경우는 고객의 신분을 반드시 확인하고 새로운 키를 발급하며, 기존에 발급되었던 키는 되찾더라도 사용할 수 없음을 고객에게 고지한다.

고객이 객실에 입실하고 있는지를 확인하는 방법은 각층에 배치된 층별 인디케이터 판넬을 보고 확인할 수 있으며, 프런트 데스크에서는 호텔 객실시스템상의 인디케이터를 통해 확인할 수 있다.

인천 영종도 웨스턴 그레이스호텔의 Floor Indicator Panel

3) 객실키 사용법과 반납

객실키는 투숙객에게 전달하는 것을 원칙으로 하나, 벨맨의 서비스가 함께 이루어질 경우 벨맨에게 전달하기도 한다. 로비에서 엘리베이터를 타고 객실 층수를 누르기 전에 키를 키 박스에 터치 또는 삽입한 후에 해당 층수를 누를 수 있는 호텔도 있다. 이는 투숙객이 아닌 고객이 호텔 객실층의 접근을 방지하기 위함이다. 고객이 투숙하게 되는 층에 도착한 후 고객 객실에 같은 방법으로 키를 터치하거나 삽입하게 되면 객실이 열리게 된다.

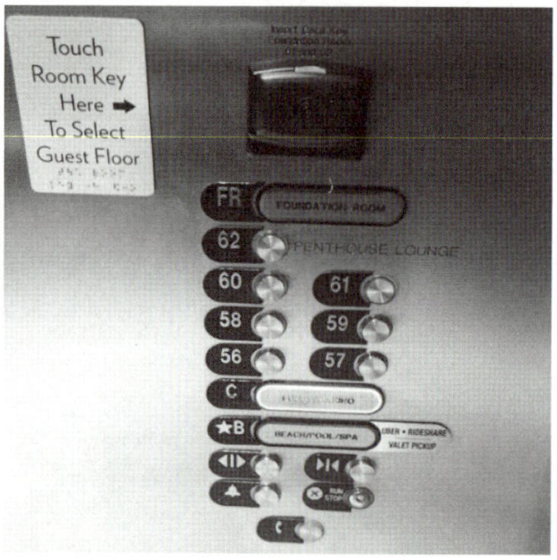

라스베이거스 만달레이 베이호텔의 엘리베이터(고객이 머무르는 층을 누르려면 키를 터치해야 함)

객실에 키를 터치하는 모습

고객의 객실키는 단순히 객실의 문을 여는 것에만 사용되는 것이 아니라, 객실 내의 모든 시스템 사용을 연결하고 있다. 객실키를 객실 내 홀더에 삽입하면 그때 객실 내의 모든 전기시설의 전원이 들어오면서 기기 및 시설을 사용할 수 있다. 예를 들어, 객실 내의 모든 전등과 온도조절, 음향조절 등이 가능하도록 되어 있다.

따라서 고객이 체크아웃 할 경우에는 반드시 발급되었던 모든 키를 반납해야 함을 고객에게 반드시 안내해야 한다.

제5장 특별요구에 대한 이행 및 숙박 거절

1. 고객의 특별요구

고객의 취향에 따라 특별요구를 하는 경우가 있다. 특히 위치Location, 전망View, 침구Bedding, 비품Amenities에 대해 요구하는 경우가 있다. 또한 건강상의 이유로 침구류의 경우 알레르기 등이 있는 경우 고객의 편의를 살펴야 한다. 일반적으로 단골고객의 경우에는 과일바구니를 총지배인 이름으로 객실에 보내기도 하고, 신혼고객일 경우에는 샴페인이나 와인, 꽃바구니, 초콜릿 등을 고객이 미리 요청하기도 한다. 아기가 있는 고객의 경우 아기침대Baby Crib를 요청하기도 하므로 미리 준비해야 한다. 경우에 따라서는 다림질판 및 다리미의 제공을 원하는 경우도 있기 때문에 미리 준비하여 비치해 둔다.

2. 귀중품 보관

호텔 프런트오피스 내의 금고

고객이 귀중품이나 여권 등 중요서류가 있을 경우, 객실 내에 금고가 있다면 금고에 보관하게 된다. 하지만 모든 호텔의 객실마다 금고가 비치되어 있는 것은 아니기 때문에, 일반적으로 고객이 귀중품을 프런트 데스크에 맡기게 되면 프런트오피스의 안전금고를 무료로 사용할 수 있기 때문에 이곳에 보관한다. 금고를 사용하기 위해서는 프런트 데스크 종사원이 출입구의 버튼 또는 비밀번호를 입력해야 금고의 출입구가 열리는 경우가 많다. 이는 일반고객이 자유롭게 들어가지 못하게 하여 일반고객을 통제할 수 있게 하기 위함이다. 금고담당 종사원이 금고의 출입문을 열어주게 되면 이용고객은 금고 등록카드에 금고번호, 객실번호, 날짜, 서명을 기록하고 직접 금고보관함에 귀중품을 넣고 관리한다.

고객은 객실 내에 금고가 설치되어 있는 경우 귀중품을 객실 내에서 보관할 수 있다. 객실 내의 안전금고Safety Deposit Box는 디지털금고로 고객이 비밀번호를 지정할 수 있도록 하고 있다. 만약 고객이 비밀번호를 잊어버리는 경우에는 고객의 입회 하에서 마스터카드를 통해 금고를 열 수 있다. 마스터카드를 통해 금고를 열었을 경우 비밀번호를 초기화하고 반드시 고객이 비밀번호를 다시 설정할 수 있도록 한다. 객실 내에 비치된 안전금고는 일반적으로 옷장 안에 있으며, 경우에 따라서는 나이트 테이블 서랍 안이나 미니바 근처에 비치되어 있기도 하다.

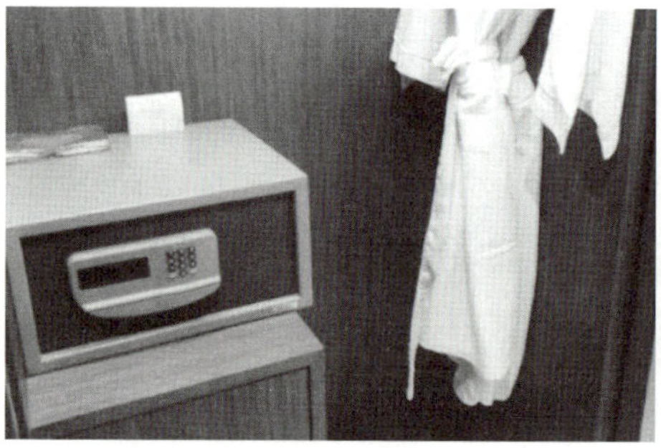

호텔 객실 내 옷장 안에 있는 개인금고

그랜드 인터콘티넨탈호텔의 미니바 곁에 비치된 안전금고

객실 내에 비치된 안전금고의 경우, 사용법은 금고문을 닫고 리셋Reset 버튼을 누른다. 그 후 일반적으로는 4개의 숫자로 된 비밀번호를 누른다. 그 후 럭Luck 버튼을 누른다. 이로써 금고의 비밀번호는 세팅된다. 확인을 위해 비밀번호를 누르고 금고의 문을 열면 된다. 이로써 안전하게 금고를 사용할 수 있게 된다.

3. 숙박 거절

일반적으로 호텔은 도착한 사람들을 고객으로 숙박시켜야 할 의무가 있다. 공공 숙박장소에서 인종, 피부색, 종교 또는 국적에 의한 차별이 원칙적으로 금지되어 있다.

고객의 숙박을 거절할 수 있는 합법적인 이유는 다음과 같은 경우이다. 첫째, 이용 가능한 객실이 부족할 경우, 둘째, 고객이 술에 취하거나 난폭한 행동을 할 경우, 셋째, 호텔서비스에 대한 요금 지불의사가 없는 경우이다. 이러한 경우에는 법에 따라 숙박 거절의 이유가 다르다. 그러나 이는 누구든 객실이 거부되기 전에 관리자에 의해 재고되어야 할 문제이다.

호텔에서 고객에게 숙박을 거절하게 되는 경우 중 객실이 부족하여 투숙시킬 수 없는 경우에는 주로 Walk-in 고객이다. 따라서 호텔은 방침을 세워 고객을 숙박시킬 수 없는 경우에 다루어야 할 방법을 직원에게 알려주어야 한다.

1) 워크인 고객의 경우

워크인Walk-in 고객에게 이용할 수 있는 객실이 없다고 명확히 알려주어야 하며, 숙박할 객실이 있는 가까운 주변의 호텔을 제시해 준다. 그러나 고객이 예약을 했다고 믿고 있는 경우는 매우 어려워진다. 그 예를 들면 다음과 같다.

첫째, 고객이 확정표Confirm Sheet를 제시하는 경우 반드시 날짜와 호텔 이름을 확인한다. 대부분의 경우 체크인Check-in의 날짜가 다르거나 다른 호텔을 예약하고 잘못 찾아오는 경우가 종종 있으므로 이를 확인한다. 둘째, 당사자가 아닌 다른 사람이 예약을 했는지 물어본다. 다른 장소에 예약을 했거나 통화자의 이름으로 잘못 입력되는 경우가 종종 발생한다. 셋째, 고객이 보는 앞에서 예약파일을 이중으로 검토한다. 대부분의 경우 다른 날짜에 예약된 경우가 많다. 넷째, 성을 다른 철자법으로 작성했는지 예약 파일을 이중으로 검토한다. 특히 B, P, T는 전화 통화 시 혼동되는 경우가 많기 때문에 이를 점검한다. 또는 성과 이름이 바뀌지 않았는지를 확인한다. 다섯째, 여행사나 대리인을 통해서 예약한 경우 고객이 전화로 명확하게 밝힌다.

고객을 되돌려 보내는 방법 외에는 다른 방법이 없을 경우 타인의 눈에 띄지 않도록 사무실로 고객을 안내하여 그 이유에 대해 공손하면서도 자세하게 설명한다. 가능한 처음 선택했던 호텔에 숙박할 수 없었던 고객은 그와 비슷한 곳을 확보하여 고객이 이용할 수 있도록 조치한다.

2) 보장받지 못하는 고객 : 취소할 수 있는 시간이 넘어서 호텔에 도착하는 경우

고객은 여러 가지 이유로 호텔에 늦게 도착하는 경우이다. 예약 취소시간이 지나서 도착할 것이 분명하더라도 예약을 바꿀 수 없는 경우가 있다. 결과적으로 오버 부킹Over Booking 등 객실이 확보되지 못해서 숙박할 수 없는 경우가 있다. 이 사실을 고객에게 통지할 때는 세심한 배려가 필요하다. 숙박시설의 부족은 고객이나 호텔의 잘못이 아님을 기억하고 설명해야 한다.

3) 보장된 고객

호텔측에서 예약을 조심하여 다루고 바르게 예측했다면, 보장된 예약고객에게 절대로 숙박을 거절해서는 안 된다. 그럼에도 불구하고 이러한 상황이 발생했을 시에는 프런트 데스크 직원들은 호텔의 방침에 따라 처리해야 하며, 그 처리방법은 다음과 같다.

- 모든 프런트 데스크 거래를 검토한다.
- 관련된 모든 자료를 이용하여 이용 가능객실의 수를 정확하게 확인해야 한다. Sleeper(없는데도 있다고 표시된 경우)가 있는지 이중으로 점검한다.
- 객실 랙Room Rack, 하우스키퍼 보고서Housekeeper's Report, 고객 원장Guest Folio을 비교하여 차이가 있는가를 확인한다.
- 듀 아웃Due-outs : Check-out 하기로 예정된 고객에게 전화한다. 전화를 받으면 우선 퇴숙Check-out시간을 확인한다. 만일 전화를 받지 않으면 실제로 객실을 점검한다. 이는 고객이 프런트 데스크를 거치지 않고 떠날 수도 있기 때문이다(청구서를 받게 예정되었거나, 선수금을 치른 경우 또는 퇴숙하는 것을 잊어버렸을 경우도 있다. 스키퍼Skipper로 판명되면 이 사실을 빨리 파악하고 다른 고객이 사용할 수 있도록 조치한다).
- 모든 고장난 객실을 개별적으로 점검한다. 필요할 때 판매할 준비가 될 것인가? 그리고 고객이 이 상태로 이용하기를 원한다면 가격 조정이 가능한가를 확인한다.

도착한 고객들에게 부족한 숙박시설에 대해 이야기할 때는 프런트 데스크 직원들이 일관성이 있어야 한다. 도움이 될 만한 방법은 다음과 같다.

- 이용이 가능한 날짜 중에서 가장 빠른 시일에 다시 오도록 권유한다.

- VIP 목록에 적어놓았다가 다시 방문했을 경우 보상으로 작은 선물을 준비하여 고객에게 제공한다.
- 예약하고도 숙박하지 못한 모든 고객들에게 편지를 보내 불편함에 대해 다시 한 번 사과하고 앞으로 언제든지 다시 오도록 격려한다.
- 국제회의 참석자로 확보된 객실을 이용하지 못한 경우, 모임 기획자에게 알려야 한다. 기획자가 참석자들을 함께 투숙하도록 주선함으로써 문제를 해결할 수 있다. 이러한 상황에서 프런트오피스Front Office와 모임 기획자가 좋은 관계를 유지할 수도 있다.

4. 개인정보 보호 및 숙박 약관

호텔에서 고객의 숙박을 거절하는 경우 고객의 입장에서는 기분이 나쁜 경우가 많다. 따라서 호텔에서는 호텔의 숙박 규정 및 약관을 고객에게 안내해야 한다. 최근에는 「개인정보보호법」이 강력히 작용하게 되기 때문에 특히 고객과 실랑이가 벌어지는 경우가 생긴다. 해당 호텔에서는 고객에게 「개인정보보호법」을 지키고 있음을 사전에 고지하고 이에 협조해 줄 것을 부탁한다. 항상 고객의 입장에서 정중하고 예의바르며 공손한 태도로 안내한다.

1) 개인정보보호법

국내의 경우, 정보통신서비스를 이용하는 고객의 개인정보를 보호하고 정보통신망을 안전하게 사용할 수 있는 환경을 조성하는 일환으로 「개인정보보호법」을 적용하고 있다. 행정자치부에서는 2008년 8월 개인정보의 유출, 오 · 남용 등 개인정보 침해 사례가 지속적으로 발생하고 있어 국민들의 사생활보호를 위해 이에 대처하기 위한 「개인정보보호법」을 제정하였다. 「개인정보보호법」의 적용 대상을 공공 · 민간 모든 개인정보 처리자로 하고, '개인정보보호위원회'를 설치하며 개인정보의 수집 · 이용 · 제공 등에 대한 동의를 얻어야 한다. 수집 및 이용 목적, 개인정보의 항목 및 방법, 이용의 보유기간을 고객에게 알리고 고객의 동의를 받아야 한다.

2) 일반 개인정보 및 고유 식별정보 수집 및 이용

(1) 수집 및 이용 목적

고객의 성명, 주소, 전화번호, 국적, 지불방법 등은 호텔서비스에 따른 객실 예약 및 대금결제나 정산을 위해서만 사용한다. 또한 고객의 성명, 주소, 생년월일, 연락처, 이메일주소, 회사명, 직책은 호텔서비스 제공에 따른 공지사항의 전달 및 본인 의사 확인 및 불만처리 등을 원활히 처리하기 위한 의사소통의 경로로 확보하며, 서비스 안내 및 호텔상품 안내를 위한 자료로 활용됨을 고객에게 고지한다. 외국인의 경우 여권번호, 내국인의 경우 주민등록번호는 객실 예약 및 계약의 성립과 유지, 종료, 대금결제 및 정산을 위한 투숙객의 식별 절차에 사용되며 이를 반드시 고객에게 고지한다.

(2) 개인정보 수집항목 및 보유기간

고개의 개인정보 수집항목 중 성명, 주소, 연락처, 국적, 지불방법 등은 고객의 체크인 시 반드시 받아야 하는 정보이며, 선택적으로 고객의 서비스를 위해서 고객의 생년월일, 이메일주소, 회사명, 직책, 직함, 도착 및 출발시간, 예약번호, 객실번호, 객실요금 등은 선택적으로 수집할 수 있다.

고객에게 수집된 개인정보의 경우 '수집 및 이용목적'이 달성되면 파기해야 한다. 단 전자상거래 등 고객이 관련 법령의 규정에 의해 같은 거래 관련 권리의무 관계의 확인 등을 이유로 일정기간 보유해야 할 필요가 있는 경우에는 일정기간 보유한다.

- 고객의 객실 및 호텔의 업장 사용에 대한 대금결제 및 재화 등의 공급에 관한 기록은 대금완제일 또는 채권 소멸시효 만료까지 보관한다.
- 객실 예약 및 철회 등에 관한 자료는 예약일 또는 철회일로부터 5년간 보관한다.
- 고객의 불만 또는 분쟁에 관한 자료는 분쟁이 종료한 날로부터 5년간 보관한다.
- 고객유지 및 우수고객 선정을 위한 자료는 고객의 호텔 투숙 종료일로부터 5년간 보관한다.
- 기타 소송이나 분쟁이 있어 근거자료로 보존할 필요성이 있는 경우 소송이나 분쟁이 완료된 후 10년간 보관한다.

고객은 일반 개인정보 및 고유 식별정보의 수집 및 이용을 거부할 수 있지만, 선택적인 개인정보의 수집 및 이용에 동의하지 않을 경우 개인의 개별서비스 제공이 불가할 수 있음을 고객에게 안내한다. 단 필수적 개인정보의 수집 및 이용에 동의하지 않을 경우 호텔 투숙 및 기본서비스가 정상적으로 제공되지 않거나 고객이 불편을 감수해야함을 사전에 고지한다.

(3) 숙박 약관

모든 호텔들은 자신의 호텔 규정에 의한 숙박 약관을 가지고 있다. 숙박 약관은 법령에 기초하여 호텔에서 지정한 규정으로 약관 내용, 숙박 거절의 내용, 요금, 체크인 · 체크아웃 시간, 숙박 책임 등의 내용으로 구성되어 있다.

고객들은 숙박 약관을 통해 자신의 권리와 의무를 확실히 할 수 있으며, 호텔 종사원은 책임을 명확히 한다. 특히 호텔 내에서 지켜야 할 고객의 의무도 명확히 한다. 아무리 객실이 고객에게 주어진 공간이라 해도 공공이 함께 사용하는 곳이기 때문에, 타 고객을 위해 함께 지켜야 할 의무를 명확히 하고 있다. 예를 들어, 객실에서는 화재가 발생할 수 있는 전기기기를 사용할 수 없다든지, 주방이 없는 객실에서 일회용가스통을 사용하여 음식을 만드는 것은 금지사항으로 정해져 있다. 또한 타인에게 불쾌감을 주는 혐오의 행동은 금지할 수 있도록 약관에 명시하고 있다.

Hotel Front Desk Operation

호텔 객실의 이해

제4부

호텔 객실 퇴숙서비스

제1장 퇴숙서비스의 이해

1. 퇴숙 업무의 개념

퇴숙Check-out은 호텔 종사원이 고객과 접촉할 수 있는 마지막 기회이며, 마지막 인상을 결정지어주는 업무이다. 퇴숙 시에도 투숙 등록 때처럼 신속하고 효율적인 업무 처리는 고객들의 재방문의 계기가 될 뿐만 아니라, 다른 사람에게 투숙했던 호텔을 추천할 수도 있다는 사실을 잊어서는 안 된다.

퇴숙이란, '투숙고객이 객실 및 식사 등의 호텔을 사용하고 요금계산을 마치고 키를 반납하는 것으로, 즉 객실을 비우는 것'을 의미한다. 퇴숙 업무는 고객이 정산하는 프런트 회계 업무로부터 시작된다. 출발고객의 영수증Bill을 정확하게 작성하고 요금을 계산하여 받으며, 회사지급으로 되어 있는 경우 영수증에 사인을 받는다. 퇴숙은 투숙고객에게 마지막으로 행하는 서비스이기 때문에 좋은 인상을 남기는 것이 중요하다.

퇴숙의 목적은 '고객이 숙박하는 동안 발생된 미불금액을 회수하거나 기타 다른 지불방법을 결정하고 정확한 객실회계 기록을 남겨 고객으로 하여금 투숙 후 퇴숙을 할 때 마지막 좋은 인상을 창출시키고 고객이 퇴숙 후에 다시 재투숙할 수 있도록 고객에 대한 신상기록을 남겨놓고자 함이다.'

2. 퇴숙 업무의 방법

퇴숙 업무는 호텔 객실등록 때와 마찬가지로 신속하고도 세심한 업무처리가 우선적으로 요구되며, 구체적인 업무는 다음과 같다.

- 퇴숙 시에 청구해야 할 모든 금액을 고객의 계산서에 찍고, 또 당일에 발생한 금액 여부를

확인한다.

- 지불방법을 확인한다.
- 객실키를 받는다.
- 고객에게 호텔에 머무는 동안 편안했는지, 혹시 불편한 점은 없었는지를 물어본다.
- 고객의 호텔에 대한 어떤 평가나 불만사항들에 귀를 기울인다.
- 고객에게 감사하며, 다시 호텔을 방문해 줄 것을 부탁한다.

1) 개별고객의 퇴숙 업무

개별고객의 퇴숙은 컴퓨터를 통해 성명, 고객정보, 지불방법, 메시지와 당일 조식, 미니바, 기타 추가사용 여부를 묻고, 공항까지의 교통편의 예약여부와 객실키의 추가사용 및 호텔서비스의 만족도 여부를 문의하여 총 금액을 제시한다.

카드로 지불할 경우, 이지 체크Easy Checke에 승인번호를 부여받은 후 전표에 서명을 의뢰하고, 카드와 전표서명이 동일한지 확인한 후 전표와 카드를 고객에게 전한다.

현금으로 지불할 경우, 고객이 보는 앞에서 2회 이상 현금을 세어서 확인하고, 거스름돈을 금액 단위로 정리하여 영수증과 함께 현금 트레이에 담아 거래 내용을 확인하며 두 손으로 고객에게 전달한다. 현금은 모든 계산이 완료되기 전까지 현금 박스에 넣지 않으며, 취급 현금은 원화, 자기앞수표, 외화(미국 달러, 일본 엔화, 중국 원화 등), 여행자수표만 해당된다.

2) 단체고객의 퇴숙 업무

단체고객의 경우 마스터 넘버Master No.를 컴퓨터에 입력하여 미계산 잔여고객을 점검한 후 객실수, 숙박일수와 대조하여 식사계산서와 선수금을 확인하여 처리한다. 영수증에는 투숙고객 중에서 대표자의 서명을 받아 여행사용 호텔 바우처Voucher 중 고객용 계산서는 여행 가이드를 통해 고객에게 전달하도록 하고, 여행사 직불인 경우에는 가이드 혹은 여행사 직원에게 요금을 받고 영수증을 건넨다. 단체고객 중 협회나 회사의 단체가 퇴숙하는 경우는 사전에 계약된 지불방법에 따라 처리한다. 특히 단체의 경우 지불금액이 큰 경우가 많아 지불 및 정산에 대해 재무 및 여신 부서로 이관하는 경우도 있다. 이럴 경우에는 반드시 해당 부서에 연계하여 업무를 확인하고 처리한다.

3) 후불고객의 퇴숙 업무

개별고객은 총 금액을 제시하고 계산서를 출력하여 고객원장Folio에 회사명, 성명, 서명을 기록해 줄 것을 부탁하고, 확인이 안 될 경우 여신담당 부서에 확인한다. 여행사 후불은 객실수, 숙박일수를 환산하여 바우처Voucher를 작성하고 선수금, 조식 쿠폰의 발생 수량을 확인한 후 계산서를 첨부하여 후불처리하며 여신담당 부서에 이월한다.

3. 퇴숙시간

퇴숙시간은 대부분의 호텔이 거의 동일하다. 일반적으로 오전 08 : 30에서 12 : 00까지 가장 많이 이루어진다. 12 : 00 이후에 퇴숙할 경우에는 추가요금Over Charge을 부과한다. 단 귀빈층의 고객이나 스위트 객실을 이용한 고객의 경우 호텔 객실상황에 따라 호텔 규정에 따라 15 : 00까지 무료로 하는 경우도 있다. 하지만 일반 객실 이용고객의 경우는 다음의 규정을 두고 있다.

- 12 : 00~15 : 00 : 객실요금의 30% 추가요금 징수
- 15 : 00~18 : 00 : 객실요금의 50% 추가요금 징수
- 18 : 00 이후 : 1박 숙박요금 징수

4. 퇴숙절차

퇴숙절차를 신속하고 효율적으로 수행하기 위해 프런트 직원은 사전에 퇴숙에 대비해야 한다. 일반적으로 고객들이 가장 많이 퇴숙하는 시간은 오전 9시에서 12시 사이이다. 일부의 호텔에서는 퇴숙하는 고객의 편의를 도모하고 사전에 스키퍼Skipper : 요금을 지불하지 않고 호텔을 나가는 고객를

방지하기 위해서 프런트에 근무하는 직원들이 퇴숙하는 고객들의 명단을 정리하여 계산을 미리 준비하는 경우도 있다. 고객은 프런트 데스크에 계산하려고 왔을 때 프런트 데스크에 근무하는 직원이 정산을 신속히 처리하여 고객이 지불할 내역을 준비해 놓기를 원한다. 준비하는 과정에 있어서 중요한 것은 고객의 원장Guest Folio을 정확하게 기재하는 것이다.

고객이 프런트 데스크에 도착하면, 고객 회계원장에 전기된 요금이 고객에게 청구된다. 고객이 퇴숙을 하면 프런트 직원은 정확하게 정산을 해야 한다. 경우에 따라 고객이 투숙 등록을 할 때Check-in 신용카드를 오픈시켰으나, 퇴숙 시 현금이나 기타 수표로 지불하기를 원한다면, 원장Folio에 '지불'이라는 표시를 하고 투숙등록Check-in 할 때 고객이 복제한 신용카드 용지는 고객 앞에서 폐기처분해야 한다. 만약 고객이 신용카드를 사용하려 할 때 고객의 등록 시에 프런트 데스크에서 카드를 복제하지 않았다면 신용카드를 바우처Voucher 위에다 복제시켜야 한다. 프런트 회계 담당자Front Cashier는 그때 고객의 서명을 받기 위해 바우처를 고객에게 제시하기 전에 완전하게 바우처의 내용을 기입해야 한다. 고객이 프런트 데스크를 떠나기 전에 프런트 직원은 고객에 대한 전달메시지나 우편물이 있는지의 여부를 확인해야 한다.

대부분의 호텔에서는 단지 고객이 퇴숙하는 것에만 관심이 있지 고객에 대한 메시지나 우편물에 대해서는 관심을 가지지 않는 경우가 많다. 일단 고객이 퇴숙을 하게 되면 룸랙Room Rack 슬립과 등록카드는 제거되고 룸객에는 'On Change(변동)'라고 표시를 한다. 이 같은 표시를 하지 않게 되면 호텔 착오로 인해 Rack에는 재실로 표시되지만, 실제로는 공실인 이른바 슬리퍼Sleeper 현상이 나타난다. 즉 하루를 마감할 때 객실관리Housekeeping의 보고서에 슬리퍼로 나타난다. 이 같은 실수는 그 객실에 대한 매출손실의 결과를 가져오게 된다.

따라서 프런트 데스크 직원은 체계적인 과정을 밟아 퇴숙 업무를 수행해야 하며, 호텔 내에 없는 고객의 메시지를 받지 않도록 고객정보 및 전화 랙슬립Rack Slip에서 받은 메시지를 제거해야 한다. 다음은 각 상황별 퇴숙 업무의 절차이다.

1) 개별고객

개별고객이 퇴숙할 경우 고객으로부터 수하물을 객실에서 옮겨줄 것을 요청받으면 이때 객실번호를 확인한 후 카트를 가지고 벨맨은 객실로 올라간다. 짐을 고객과 함께 옮길 경우와 짐만 먼저 옮길 경우가 있는데, 짐만 먼저 옮길 경우 컨시어지 데스크Concierge Desk나 주위에 보관하여 다른 고객의 짐과 섞이지 않도록 한다.

고객이 퇴숙절차를 위해 프런트 데스크에 오면 프런트 데스크 직원은 고객에게 보통례로 인사한다. 고객에게 호텔에 머무는 동안 불편한 점이 없었는지를 물어본 후, 퇴숙 과정 동안 혹시 고객에게 메시지가 있는지를 확인하여 남겨진 메시지가 있다면 고객에게 전달한다. 프런트 데스크 회계담당자는 아침에 퇴숙이 붐비는 동안에 발생된 항목이 원장Folio에 누락되는 것을 피하기 위해 고객이 프런트 데스크에 도착하자마자 각 업장에서 발생된 고객의 요금이 전기Posting된 원장을 미리 준비해 놓고, 고객이 프런트에 도착하게 되면 고객에게 객실 내에 있는 미니바나 전화 사용료, 유료시청 요금Pay-per View 및 식음료 업장 등에서 추가로 사용한 항목이 있는지를 문의하고 고객 원장에 있는 내용을 재확인하여 정산한다. 고객 원장의 정산된 내용인 영수증Receipt을 출력하여 고객 정산 내용과 함께 필기도구를 함께 캐시 트레이Cash Tray에 놓아 고객에게 건네준다. 이때 고객은 정산의 정확성 여부를 확인하도록 한다. 만약 고객이 퇴숙을 하고 난 후 고객이 객실 이외의 호텔 내에서 사용한 요금이 미수된 채 남아있다면 고객이 호텔등록 시 등록카드에 기재한 주소 및 연락처로 미수된 내용을 통보하고 추후 금액을 청구한다.

고객이 Folio를 점검하는 동안 고객 등록카드를 찾아 신용카드로 지불할 경우 등록카드에 붙어있는 카드 Slip을 고객에게 전한다. 고객 내역서에 잔액이 '0'인 마지막장을 지급영수증을 발급해서 고객에게 전달하고 카드 슬립Slip과 내역서를 함께 퇴숙봉투에 넣어둔다. 고객에게 정중하게 인사하며 재방문할 것을 요청하며 호텔의 좋은 이미지를 심도록 노력한다. 등록카드의 고객 이력파일Guest History에는 고객의 요청사항, 신용카드번호 등을 기재하여 사후고객의 요구에 충분히 대처할 수 있도록 데이터베이스화 한다. 고객의 퇴숙이 끝난 후에 짐을 현관 밖으로 옮기고 이동할 차량에 싣는다.

만약 고객이 공항 영송Airport Sending서비스를 요청하는 경우인데, 주로 비즈니스 고객의 외국인이 대부분 공항 영송서비스를 요청한다. 호텔마다 공항 영송서비스 비용이 다르지만 일반적으로 21~13만원 정도이며, 공항 영송서비스는 대부분 고객이 체크아웃 하기 전에 요청하게 된다. 컨시어지는 고객의 호텔 출발시간을 사전에 파악하여 현관에 호텔 차량을 준비하고 시간에 맞추어 공항까지 서비스한다.

2) 단체고객

단체고객의 경우도 개별고객의 서비스 절차와 동일하다. 단 가이드가 수화물 내리기Baggage Down를 요청하거나 고객이 직접 요청하면 객실번호를 확인한 후 짐을 로비로 내려 수량을 파악하여 벨 데스크 옆에 보관하고 업무일지에 기록한다. 그리고 단체객을 위한 버스가 도착하면 로비에 보관된 짐을 확인한 후 차에 싣고, 짐 싣는 작업이 끝나면 카트를 가지런히 정돈한다.

5. 정산처리 방법

고객이 체크아웃 할 시 가장 핵심적인 업무 중의 하나가 정산작업이다. 이때에는 고객이 사용한 객실 및 기타 업장에 대한 지불내역을 확인하고 지불방법 등을 명확히 확인해야 한다. 고객을 위해 객실 판매를 위해 예약 업무부터 고객의 등록 업무, 고객이 호텔에 머무르는 동안 이루어지는 모든 서비스 제공에 대해 마지막으로 그에 대한 대가로 고객으로부터 받게 되는 요금이다. 정산 시에는 폴리오Folio를 기준으로 업무를 진행하게 된다. 프런트오피스에서 이루어지는 거래Transaction는 주로 폴리오에 기록된다. 폴리오는 하나의 정산서어카운트 밸런스 : Account Balance에 영향을 주는 모든 거래의 기록을 의미한다. 고객 폴리오상의 거래를 기록하는 작업을 포스팅Posting이라고 한다.

이외에도 호텔에서 사용하는 정산 관련된 내용 중에는 피엠PM : Posting Master이 있다. 이는 단체고객의 비용 정산이나 연회행사와 같은 대형의 비용 청구를 한 번에 쉽게 하기 위한 계정을 의미한다. 이를 위해 가상계정을 만들어 사용한다. 피엠을 주로 루팅Routing을 통해 다른 폴리오Folio의 품목을 자동으로 옮겨온 후 청구하는 형식을 따른다.

1) 바우처 지불

바우처 지불Voucher Payment의 경우 퇴숙 시 개인이 지불해야 할 금액이 잘못 정산되었는지 확인하여 조치를 취해야 한다. 대부분 바우처 지불의 경우 바우처에 따라 객실료만 지불하는 바우처, 객실료와 조식이 포함된 바우처, 모든 비용이 포함된 바우처인가를 확인하여 그에 따른 정산을 하도록 한다. 호텔에서 사용되는 바우처는 매우 다양하며, 그 사용 내용이 각기 다르기 때문에 정산할 때 반드시 어떠한 내용의 바우처인지 확인해야 한다.

(1) 선드리 바우처Sundry Voucher

패키지 등 체험활동 등 객실요금 외에 객실 사용 시 드는 추가비용이 있을 시 작성한다. 이러한 내용의 비용은 현장에서 즉시 결제 또는 퇴실 시 합산 결제한다.

(2) 페이드아웃 바우처Paid Out Voucher

프런트 데스크에서 현금이 나가고 추후 결제받을 돈이나 카드로 결제받는 경우에 작성한다. 예를 들어, 연회행사 준비 비용, 투숙객이 프런트 데스크에서 현금을 빌려간 경우(카드깡 또는 후불) 등에 사용한다. 기본적으로 수수료로는 5% 정도, 행사 등에 해당되는 것은 10%를 적용한다.

(3) 신용 영수 바우처Credit Receipt Voucher

고객에게 신용카드 보증 대신 현금 보증을 받는 경우에 해당한다. 고객의 등록카드에 보증된 내용의 바우처를 부착한다. 체크아웃 시 잔금이 발생한 것에 대해서는 고객에게 반납하거나 호텔 이용권 판매 시 사용하도록 고객에게 안내한다.

(4) 공제 바우처Allowance Voucher

고객에게 금액이 잘못 적용되어 매출에서 차감시킬 때 사용한다. 예를 들어, 고객의 객실 사용에 대한 불만으로 객실요금의 일부를 차감할 때나 식음료 업장 등에서 할인받을 수 있는 것을 정가 그대로 적용하였을 때, 즉 할인을 미적용했을 때 공제하고 결제하는 방법이다.

(5) 대여 기록Rental Record

투숙객이 호텔의 물품을 대여했을 때 작성하는 것으로, 해당 객실 특이사항Remarks에 기재하고 체크아웃 시 반드시 반납 여부를 확인하도록 한다.

(6) 무료 요청Complimentary Room : House Use

투숙객의 객실요금을 무료 처리할 때 사용하는 바우처이다. 일반적으로 단체예약의 대표나 호텔 내 대표나 총지배인의 지인 또는 근무연장 시 직원에게 제공되는 경우에 적용된다.

모든 바우처의 경우 고객동의 서명 또는 무료 처리의 경우 부서장이나 호텔의 대표 또는 총지배인의 서명이 반드시 필요하다.

2) 회사 지불

모든 비용을 회사에서 지불하는 경우는 사전에 준비되어 있어야 한다. 예약 시 후불처리 준비가 되었는지에 대해 고객이 호텔에 투숙 중 회사에서 팩스 등으로 후불처리 요구를 여신담당 지배인Credit Manager의 승인 하에 처리한다. 내역서에 고객의 서명을 받고 영업장에서 발생한 빌Bill과 후불요구서를 함께 여신담당 부서로 보낸다.

3) 장기 투숙객

장기 투숙객의 경우 개인지불인 경우 주Weekly 단위의 정산이나 월Monthly 단위의 정산을 하게 된다. 본인의 계정관리를 위해 주 단위로 정산하는 고객은 정산 시점까지 내역서를 프린트한다. 신용카드 또는 현금으로 지불하고자 하면 컴퓨터상으로 '0' 잔액을 만들고, 계정을 새로 할 것인지 계속 이어서 할 것인지 고객의 뜻에 따라 새 계정을 원하면 새로 계정을 등록Check-in 시켜주고, 계속 이어서 하기를 원하면 그 계정을 그대로 사용한다. 개인지불 시 지불금액이 많으면 중간 정산을 하도록 연락하여 지불을 받든가, 신용카드의 지불이면 적정한 예상금액을 카드회사에서 승인을 받고 준비한다.

4) 빠른 퇴숙

익스프레스 체크아웃은 귀빈층의 고객이나 VIP 고객 또는 빠른 퇴숙서비스를 원하는 고객을 위해 준비한다. 이 경우 고객이 투숙 시 혹은 퇴숙 전에 신용카드를 프린트해야 하고, 등록카드에 주소가 정확해야 한다.

퇴숙 전날 객실요금이 포함된 고객 내역서의 원장Invoice과 사본을 익스프레스 체크아웃 봉투에 넣고 퇴숙 당일 오전 5시 전에 고객의 객실문 밑으로 넣어둔다. 고객은 호텔 지침서의 내용에 따라 양식을 기재하여 프런트 데스크에 전달한다. 프런트 데스크 담당자는 고객의 신용카드 유효기간과 고객의 이름을 재확인해야 한다.

5) 셀프 퇴숙

명동 나인트리호텔 로비에 설치된 셀프 체크인/체크아웃시스템

최근 일부 비즈니스호텔의 경우 퇴숙 시간대에 혼잡을 방지하기 위해 키오스시스템 등을 이용하여 고객이 스스로 체크인Check-in 하고 체크아웃Check-out 할 수 있도록 하는 곳이 증가하고 있다. 셀프 체크아웃 장소가 로비에 있거나 객실 내 컴퓨터가 프런트 데스크의 컴퓨터와 연계되어 체크아웃 시 혼잡을 피하고 시간을 절약하며 편리하게 체크아웃을 진행할 수 있다는 장점이 있다. 신용카드에 의해 예약이 보장된 고객의 경우 컴퓨터터미널을 사용할 수 있다.

로비에 키오스시스템을 이용하는 경우와 객실 내의 컴퓨터를 이용하여 셀프 체크아웃 하는 경우 약간의 차이가 있을 수 있다. 이때 주의해야 할 사항은 고객이 사용하는 시스템과 프런트 데스크에서 사용하는 시스템이 연동되어 고객이 처리하는 정보가 신속하게 교환되어야 한다는 점이다. 예를 들어, 고객의 정산이 완료되었을 경우 하우스키핑에서는 청소 상태 등을 신속히 파악하여 프런트오피스에 빠른 시간 내에 정보를 제공하고 객실 내의 상황을 수시로 확인하여 정보를 공유해야 한다. 만약 고객이 미니바의 물품을 사용했을 경우 하우스키핑에서 이를 점검하여 고객이 체크아웃 시 정산할 때 신속히 진행할 수 있도록 시스템에 입력해 두어야 한다. 정산이 완료됨과 동시에 키 박스에 키를 반드시 발급한 개수만큼 반납해야 하며, 이를 점검할 수 있도록 시스템화되어 있어야 한다. 대부분의 호텔에서는 고객이 체크아웃함과 동시에 체크인 시 발급했던 키는 사용할 수 없도록 시스템상으로 처리되게 된다.

6) 정산 시 신용카드의 승인이 떨어지지 않는 경우

고객이 지불을 희망하는 신용카드가 승인이 떨어지지 않는 경우 고객에게 그 상황을 고지시키고 다른 신용카드나 현금으로 지불할 수 있도록 권유한다. 만약 다른 신용카드나 현금이 없다면 여신담당 지배인Credit Manager에게 연락하여 지시에 따르거나 여신담당 지배인이 부재 시에는 당직 지배인의 지시를 따른다. 모든 상급자가 부재중일 경우 고객이 속해 있는 국내 사무소나 거래처에서 대신 지불할 수 있게끔 연락하여 지불받도록 하고, 추후 상급자에게 보고한다.

7) 다른 고객의 정산 내용을 지불하게 된 경우

다른 고객이 현재 투숙 중인 고객일 경우, 원래의 고객원장으로 계정 내용을 이동하고 다시 정산한다. 만약 다른 고객이 퇴숙을 했다면 다른 고객의 정산 내용을 다시 이동시키고, 그 업장에서 서명한 다른 고객의 빌Bill과 내역서, 등록카드의 사본을 함께 여신부 담당자에게 넘겨 그 고객의 등록파일상의 연락처로 연락하여 다른 고객이 추후 지불할 수 있도록 한다.

제2장 추가 사용내역 확인 및 정산

1. 추가 지불

1) 늦은 퇴숙

고객이 호텔에서 규정한 퇴숙시간을 지키지 않고 늦게 퇴숙하는 경우이다. 이 경우에 호텔은 고객에게 추가요금을 징수할 수 있다. 다만 추가 징수에 대한 내용을 고객에게 통보해야 한다. 만약 프런트 데스크와 고객과의 어떠한 대화가 서로 이루어지지 않은 경우, 고객이 늦게 퇴숙할 때 프런트 회계 담당자가 추가요금을 징수한다면 고객이 불만을 제기할 수 있다.

이런 상황을 미연에 방지하기 위해 객실문 내측에 퇴숙시간을 명시하는 안내판을 부착해 놓는다. 고객은 사전에 호텔측과 어떠한 대화가 없을 경우 추가되는 요금에 대한 지불을 거절할 수 있다. 따라서 프런트 데스크 담당자는 퇴숙시간 이후에 고객의 추가요금 발생에 대해서는 고객에게 지불의 당위성을 인식시켜야 한다. 호텔에 퇴숙시간을 엄수해야 하는 이유는 고객이 퇴숙한 후 다음 고객을 맞이하기 위해 객실관리부Housekeeping 직원이 객실을 정비할 시간이 필요하기 때문이다.

2) 객실 외의 업장에서 사용한 요금

고객이 다른 업장에서 사용한 요금이 늦게 청구되면, 고객이 체크아웃 하고 호텔을 떠날 때까지 정산이 이루어지지 못하는 경우도 발생한다. 예를 들어, 고객이 객실에 머무르는 동안 식음료업장에서 식사를 하고 객실로 요금을 이관한 경우나 룸서비스 등을 사용하고 이를 객실로 이관한 경우이다. 이때 각 업장에서 고객이 떠나기 바로 직전에 사용한 금액 등이 객실요금 정산 시까지 이관되지 못하는 경우가 발생할 수 있다. 따라서 고객이 늦은 퇴숙 시 발생되는 추가비용이 있을 수 있기 때문에 고객에게 정산된 고지서의 내용을 확인할 수 있도록 하고,

별도로 발생하는 요금이 제대로 제시되었는지 확인받아야 한다. 만약 추후 발생하게 되는 요금이 있다면 추가요청이 가능함을 고객에게 고지한다.

이러한 객실요금 외에 발생할 수 있는 요금도 있지만, 일반적으로 늦은 체크아웃으로 발생하게 되는 추가요금의 경우 일반적인 체크아웃 시간을 넘겨 객실을 추가로 사용한 시간만큼 추가요금이 부과되게 된다. 일반적으로 객실의 점유율이 높지 않은 경우에는 고객의 추후 호텔 방문을 위해 요금을 추가로 받지 않는 경우도 있다.

이외에도 세탁요금, 미니바 사용에 대한 요금, TV방송 중 요금이 부가되는 채널을 이용했는지 반드시 고객에게 확인하고 정산서를 고객이 확인할 수 있도록 해야 한다.

3) 숙박 연장

고객이 예약한 숙박일수보다 호텔에 더 머물기를 희망할 경우 호텔의 객실 상황을 확인하고, 객실 판매가 가능하다면 추가 지불보증과 함께 객실키를 재발행해 주기도 한다. 이때 반드시 고객이 연장하고자 하는 기간 동안 예약상황을 고객에게 안내하고, 투숙 연장에 따른 객실요금에 대한 안내와 더불어 추가 지불보증이 되어야 함도 함께 알려야 한다.

이외에도 기존의 객실요금을 여행사나 그룹에서 계산하는 경우에는 반드시 기존의 예약을 대행했던 여행사나 단체의 가이드에게 확인을 거친 후 숙박 연장을 진행해야 한다. 만약 고객이 여행사를 통해 패키지 단체여행으로 숙박하고 개인적으로 숙박 연장을 희망하나, 여행사에서 고객이 호텔에 더 머물 수 없다고 한다면 고객에게 이러한 상황을 정확하면서도 공손한 자세로 안내한다.

만약 고객이 이용했던 여행사가 다른 호텔과 계약에 의해 다른 호텔에서 숙박을 연장할 수 있도록 요구한다면 해당 호텔이 아니라 다른 호텔에서 숙박 연장이 가능할 경우 이를 고객에게 안내한다. 또는 단체로 숙박할 경우와 개별로 숙박 연장하게 되어 고객이 지불해야 하는 적용요금이 변경될 경우 고객이 의사결정을 할 수 있도록 해야 한다. 만약 숙박 연장으로 발생되는 요금은 고객이 직접 여행사를 통하지 않고 호텔에 지불해야 함을 안내한다.

이외에도 고객이 체크아웃 날짜가 되었는데, 체크아웃을 하지 않고 객실에 짐을 놓고 외출하는 경우도 있다. 호텔에서는 이러한 고객으로 인해 해당 객실을 다른 고객에게 당일 판매가 불가능하게 된다. 이럴 경우 호텔 운영시스템에 기록된 고객의 연락처로 연락하여 고객의 숙박연장 유무에 대해 확인한다. 고객이 숙박 연장을 원하지 않을 경우, 신속히 체크아웃 절차를 진행해 줄 것을 요청한다. 만약 객실의 짐을 고객이 정해진 시간 내에 빼기 어려울 경우 객실요금이 추가로 부과됨을 안내한다. 고객이 업무상 짐을 호텔에 맡겨야 할 경우에는 먼저 체크아웃 절차를 밟고, 짐은 벨 데스크에 보관 요청을 하도록 안내한다.

2. 매출 정정

고객의 사용으로 인해 발생된 매출을 정정해야 하는 경우가 있다. 일반적으로 매출의 정정은 발생 시점에 따라 보이드Void와 얼로원스Allowance로 나누어 볼 수 있다. 이는 매출 발생 시 또는 그 이후의 오류로 인하여 과다 또는 과소 계상되거나 될 것을 객관적인 증빙자료에 의해 수정하는 것이다. 보이드는 당일 발생 매출을 당일 조정하는 것을 의미하며, 얼로원스는 당일 이전의 매출을 당일 조정하는 것을 의미한다.

1) 보이드

당일 매출액 중의 오류를 수정한 것을 보이드Void라 말한다. 매출로 확정되는 시점 이전의 매출 조정에 해당한다. 매출의 오차 및 오류가 발생되었을 때는 오류분의 전체 금액을 상대계정에서 말소시킨 후 정확한 금액을 새로 입력하여 수정한다.

2) 얼로원스

당일 이전의 매출 중에 생긴 오류를 당일 수정하는 것을 얼로원스Allowance라 말한다. 매출 발생 부서에서 매출 조정 전표에 금액과 사유를 기록한 후 해당 부서장의 결제를 얻은 후 재정부에 제출하고 재정부에서 승인되면 수정한다.

매출의 정정 절차는 호텔 운영시스템 항목 중 리베이트Rebate 계정을 이용하여 매출을 정정하도록 되어 있으며, 리베이트 한 후 프린트하고 확인 도장을 찍는다. 그 후 고객에게 확인 서명을 받아둔다. 정정이 이루어졌을 경우 반드시 적절한 사유를 기록하여 추후 동일한 잘못이 없도록 한다. 정정 내역에 대해서는 부서장의 결제를 받고 재경부에 제출한다.

3. 미니바 운영

객실 내의 미니바에는 고객이 호텔 내의 다른 영업장을 방문하지 않고도 객실 내에서 각종 주류, 음료, 안주를 이용할 수 있도록 편의를 제공하며, 혹시 고객이 챙기지 못한 생활용품이나 일회용품, 기타 소모품 등이 비치되어 있다. 고객이 미니바의 품목을 사용했을 경우에는 고객이 체크아웃 하기 전에 하우스키핑 부서원이 직접 확인하여 해당 객실에 포스팅Posting하거나, 체크아웃 시 프런트 데스크 직원이 고객에게 확인하여 직접 포스팅하여 정산할 수 있도록 한다.

일부 호텔에서는 미니바 사용에 대한 부정확성을 줄이기 위해서 고객이 미니바의 물품을 건드리게 되면 시스템을 통해 자동으로 요금이 부가될 수 있도록 하고 있다. 그러나 일부는 센서가 너무 민감하거나 고객이 미니바의 물품을 확인하기 위해 건드리기만 하고 사용하지 않은 물품을 다시 제 위치에 놓아도 시스템상으로 정산되는 경우가 있어 고객의 불만이 접수되기도 한다.

고급호텔의 경우 고객의 불만을 감소시키기 위해 고객의 정직성을 믿고 고객이 미니바 사용에 대해 언급한 내용을 믿고 정산을 처리하는 경우도 있으며, 단골고객이 아닌 경우 체크아웃 시 하우스키핑을 통하여 객실의 미니바 사용을 확인하고 정산 업무를 처리하는 경우가 일반적이다.

1) 스키퍼Skipper 발생 시 확인

먼저 시스템에 기록된 고객의 연락처를 확인하여 연락한다. 고객과 연결되면 미니바 내역을 고객에게 확인시킨 후 결제를 진행함을 안내하고 결제한다. 고객과 연결이 안 되거나 연결이 어려울 경우 체크인 시 받은 보증 결제수단으로 결제를 진행한다. 그리고 반드시 기록지에 고객의 투숙날짜, 고객이름, 객실번호, 연락처, 결제금액 등을 고객이 기록한다.

2) 단체고객 미니바 점검

단체고객의 체크아웃 경우 개별고객들에게 전부 미니바 사용에 대해 확인할 수 없기 때문에 사전에 명시된 체크아웃 시간 전에 하우스키핑에서 미니바 체크를 진행하여 손실이 없도록 한다. 미니바의 경우 객실 내에 설치되어 있어 층별 하우스키핑 담당자가 점검하며, 프런트 데스크로 정보를 제공한고 프런트 데스크에서 정산하도록 하고 있다.

미니바의 상품은 호텔의 고객 특성이나 등급에 따라 다소 차이가 있다. 그러나 대부분 기본적 주류로 양주, 맥주를 갖추고 있으며 미네랄워터, 소다수, 토닉워터, 진저엘과 같은 믹스 드링크류, 각종 과일주스류, 스포츠음료, 건강음료와 같은 음료와 안주를 위한 견과류나 유포 등이 있다. 그 외에는 생필품(일회용품, 치약, 칫솔, 양말, 스타킹 등)이 구비되어 있다.

일부 국내의 고급 호텔에서는 스파나 테라피용품을 판매하기도 한다. 예를 들어, 고급 욕실 전용 소금이나 버블비누 등을 미니바에 비치하여 고객이 이용할 수 있도록 하여 매출에 도움이 될 수 있도록 하고 있다. 일반적으로 미니바의 물품은 일상적으로 판매되는 요금에 비해 고가이다. 이는 외부에서 판매되는 것이 아니라 고객의 편리를 위해 객실에서 곧바로 사용할 수 있도록 하는 편의에 대한 가격이라고 생각할 수 있다.

4. 부대 업장의 비용

고객이 객실 외의 다른 업장을 사용하거나 룸서비스, 세탁 등으로 인해 발생되는 비용에 대한 정산이 있다. 이는 타 부서와 연계하여 정보를 공유하고 정산의 이관을 받아 업무를 진행해야 한다.

만약 고객이 사용내역의 재확인을 요청할 경우 유선상으로 하우스키핑이나 해당 영업장 등을 통해 사용내역을 확인한다. 필요시에는 해당 업장의 빌Bill을 확인한다. 영업장의 빌에 고객이 직접 서명하였는지 확인하고 고객이 다른 빌, 예를 들어 체크인 시 서명한 내용 등과 확인하여 일치하는지를 점검한다. 그 후 고객에게 업장의 빌을 보여주고, 사용내역을 확인할 수 있도록 한다.

모든 정산은 정확하고 투명하게 확인되어야 한다. 따라서 정산에 대한 고객의 문의에 대해 정확한 설명을 제공할 수 있도록 타 부서와 적극적으로 협력한다. 정산의 내역서Invoice에 오류가 있을 경우, 요금을 입력 또는 수정하도록 조치한다. 정산 내역에 있어서 수정을 해야 할 경우 내역서를 재출력하여 고객에게 확인시키고, 결제 예정금액과 내용에 대해 정확하게 설명한다.

5. 호텔 객실시스템상으로 체크아웃 하는 방법

1) 고객응대 하기

고객이 프런트 데스크로 체크아웃 하기 위해 도착하게 되면, 담당자는 고객응대를 위한 멘트를 준비한다.

- "○○○○호를 이용하신 ○○○ 고객님 맞으십니까?"
- "호텔에 머무르시면서 불편하신 점을 없으셨습니까?"
- "객실 내에서 유료제품을 이용하신 것이 있으십니까?"
- "내역서, 확인 부탁드립니다."
- "객실요금과 추가적으로 사용하신 내역까지 총 000,000원입니다."
- "결제는 어떤 것으로 하시겠습니까?"
- "신용카드 결제이십니까? 현금 결제이십니까?"
- "현금 영수증이 필요하십니까?"
- "감사합니다. ○○○ 고객님 즐거운 시간 보내십시오."

2) 호텔 체크아웃시스템 사용하기

(1) 1박 사용요금 안내

"홍길동 고객님, 현재 결제하실 금액은 1박 객실요금 309,760원입니다."

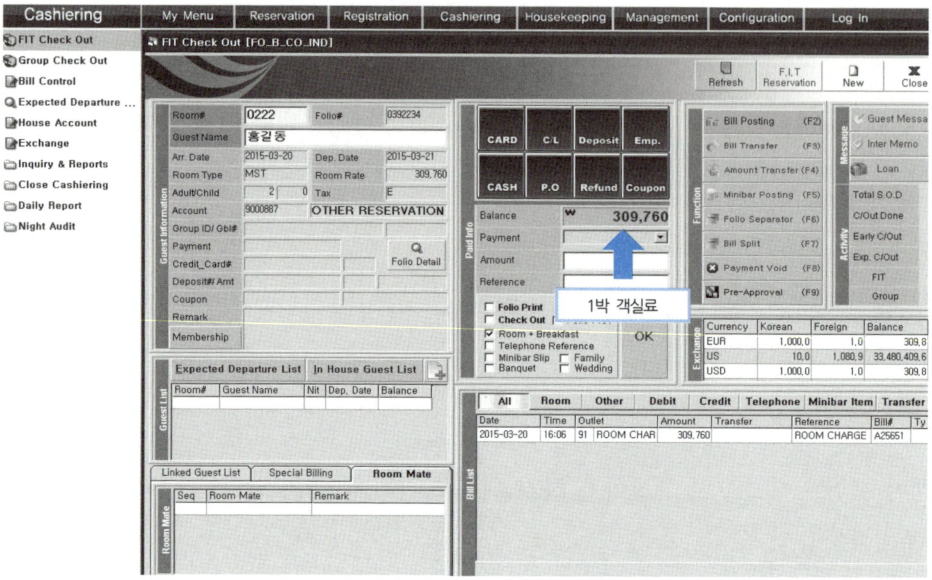

(2) 추가 사용내역

"홍길동 고객님, 미니바에서 칫솔 1개, 치약 1개, 트윅스 1개를 이용하셨습니다."

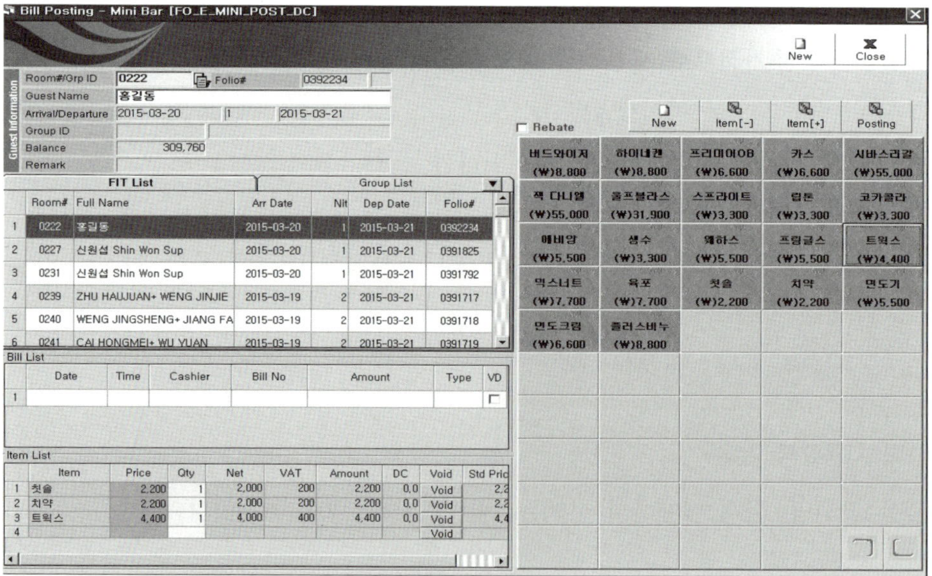

(3) 최종 내역 계산하기

"222호 홍길동 고객님, 1박 객실요금 309,760원과 미니바에서 칫솔 1개, 치약 1개, 트윅스 1개 이용하신 내역까지 총 318,560원 결제 부탁드립니다."

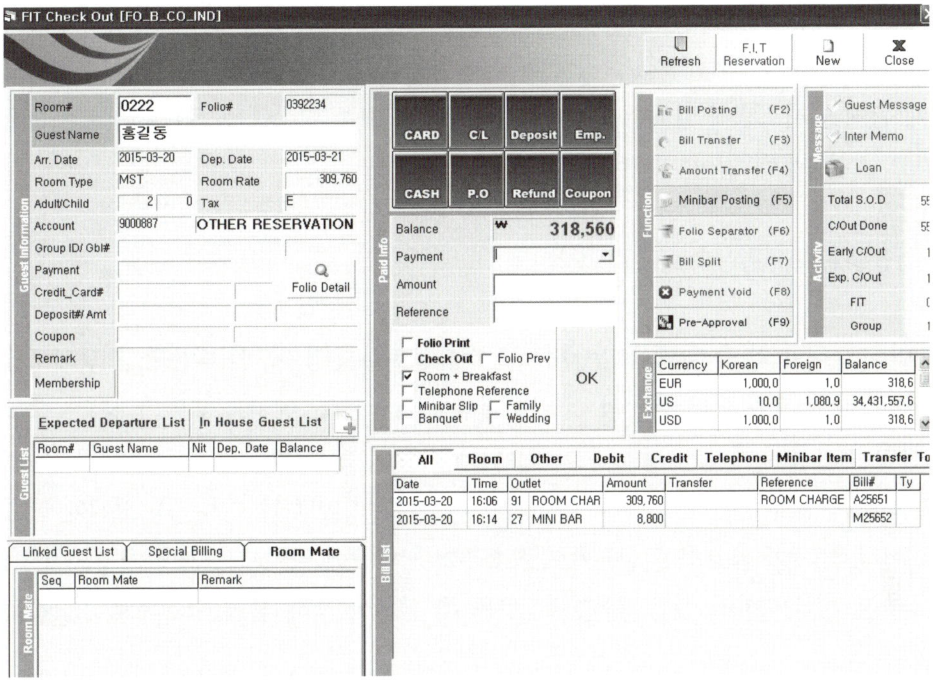

고객이 현금으로 결제할 시 현금영수증이 필요한지 문의하고, 신용카드 결제 시 일시불 또는 할부인지에 대한 여부를 알아보고 진행한다.

6. 결제방법 이해

1) 현금 결제

고객이 지불해야 할 총 금액을 확인한다. 그 후 고객에게 총 금액을 알려준다. 고객이 현금으로 결제하기 위해 현금을 프런트 담당자에게 건네면, 현금을 받는 즉시 고객 앞에서 금액을 고객과 함께 확인한다. 만약 고객이 수표로 결제하고자 한다면 수표의 뒷면에 이름, 연락처, 서명을 받는다. 외국인의 경우 여행자수표로 결제를 희망하면 여권의 신분을 확인하고 서명을 받는다. 금액이 일치하면 반드시 "얼마 받았습니다."라고 말한다. 계산이 종료되면 영수증과 잔돈을 정산 트레이에 담아 고객에게 전달한다. 지불받은 돈이나 수표는 금전 수납함Drawer Box에 넣는다. 이때 자국 화폐의 경우 자국의 통화 내용을 그대로, 외화로 받은 경우 원화로 환전한 전체 금액을 시스템에 입력한다. 그리고 고객에게 최종 영수증을 프린트하여 고객에게 확인시키고 호텔봉투에 넣어 고객에게 전달한다.

2) 신용카드 결제

고객이 지불해야 할 총 금액을 안내하고 고객으로부터 신용카드를 받는다. 신용카드를 받게 되면 먼저 신용카드가 고객 본인의 것인지 여부를 확인한다. 예치금 금액과 신용카드를 확인하고, 불일치할 경우 예치금Guarantee, 이에프티EFT의 보이드Void 기능을 사용하여 신용카드를 취소하고 새로 승인을 받는다. 금액이 일치되면 하나의 승인번호를 원하는지 고객에게 그 여부를 확인한다. 결제가 완료되면 신용카드 영수증의 서명란에 반드시 고객의 서명을 받는다. 최종 영수증을 프린트하여 카드 영수증을 부착하여 트레이 위에 올려 고객에게 전달한다.

3) 호텔 상품권 및 선불권 결제

호텔에서 발행하고 있는 상품권이나 선불권을 고객이 사용할 경우 유효기간, 금액, 내용 등을 확인하여 사용여부를 결정한다. 고객과 빌Bill의 내역 및 결제방법이 맞는지를 재확인한다. 확인이 완료되면 결제방법으로 최종 결제하고 영수증을 고객에게 전달한다.

4) 제 3자의 결제

투숙고객이 결제하지 않고 제 3자에 의해 결제가 이루어지는 경우가 있다. 회사원의 경우 회사 지불이 이루어지거나 여행사를 통해 호텔을 이용한 고객의 경우, 고객은 여행사에 지불하고 여행사에서 호텔에 지불하게 되는 경우가 그 대표적인 예이다.

(1) 직불인 경우

고객이 직접 방문하여 결제하게 되는지, 팩스 또는 이메일로 결제하는지의 여부를 확인한다. 지불보증된 수단으로 금액을 확보한 후 확보된 지불수단으로 정산 처리한다. 지불자의 원하는 수단인 예를 들어 팩스, 이메일, 우편, 직접수령 등으로 영수증을 전달한다.

(2) 후불인 경우

제 3자의 결제에 있어서 후불로 정산하는 경우 고객의 모든 업장의 빌Bill을 확보한다. 후불이 승인된 바우처Voucher 또는 후불 확인서를 등록카드에 부탁한다. 그 후 고객 정산내역서 Invoice에 후불 영수증 2매를 등록카드 및 후불승인 확인서에 첨부한 후 재경부에 전달한다. 후불의 경우는 재경부에서 일정 계약된 날짜에 정산을 받게 되어 있다.

7. 예치금 처리

1) 현금 예치금 처리

고객이 체크인 시 예치했던 예치금은 체크아웃 할 시 다음과 같이 처리한다. 예치금을 현찰로 했을 경우 예상금액에 추가 사용한 내역이 있는지 확인한다. 추가 사용 내역을 제외한 차액을 고객과 함께 확인한다. 호텔 운영시스템의 캐셔Cashier에서 해당 객실을 입력한다. 페이드아웃 리펀드Paid Out Refund 계정을 사용하여 체크인 시 승인된 예치금Guarantee 중 차액을 반환Refund 처리한다. 페이드아웃 리펀드Paid Out Refund 처리하게 되면, 영수증에 고객의 서명을 받은 후 최종 내역서를 프린트하여 차액과 함께 고객에게 전달한다. 고객으로부터 서명받은 영수증은 최종 내역서와 함께 프린트한 것에 첨부하여 재경부에 제출한다.

2) 신용카드 예치금 처리

고객이 체크인 할 때 신용카드로 예치금을 지불했다면, 예치할 때 사용한 신용카드를 고객에게 요청한다. 고객에게 신용카드를 건네받으면 숙박객 본인의 신용카드인지 다시 한 번 확인한다. 예치금Guarantee 신용카드와 불일치할 경우 예치금Guarantee, 이에프티EFT의 보이드Void 기능을 사용하여 신용카드를 취소한다. 그리고 취소 후 취소 영수증을 고객에게 전달한다. 예치금 지불시 사용했던 신용카드와 일치할 경우에는 해당 신용카드로 정산한다.

제3장 고객 환송

호텔 내에서 서비스하는 마지막 상품은 고객 환송하기이다. 마치 호텔에 도착한 고객을 도어맨에서 시작하여 발렛서비스, 벨맨서비스를 통해 환영함으로써 호텔의 첫 이미지를 만든 것처럼, 마지막으로 정산을 완료하고 호텔을 떠나는 고객을 환송하는 것으로 또다시 고객에게 호텔의 이미지를 만들 수 있다.

1. 고객의 의견 확인

고객이 퇴실 후 프런트 데스크에서 정산이 완료되면, 모든 체크아웃 절차는 완료된다. 프런트 데스크 담당자는 투숙고객의 모든 자료를 모아 정보를 기입하고 미래의 고객을 분석하며 마케팅 도구로 활용할 수 있도록 고객 히스토리Guest History를 명확히 한다. 장기적으로 고객이 호텔을 이용할 수 있도록 고객의 특성을 파악하고 추후 단골고객으로 유치가 가능한 경우 특별 관리하게 된다. 이를 위해 고객이 체크아웃 할 때 반드시 고객이 호텔에 머무는 동안 불편했던 점은 없었는지, 아니면 즐거웠던 점은 무엇이 있는지 고객에게 문의해야 한다. 고객이 호텔에 머물면서 즐거웠던 업장은 어느 곳이었으며 어떤 내용에 만족했었는지 문의하여 추후 고객의 재방문이 이루어졌을 때 사전에 고객의 선호를 타 영업장과 공유한다. 그와는 반대로 고객의 불평사항이 접수된다면 그 내용이 무엇인지 명확히 분석하여 추후 발생할 수 있는 문제를 사전에 방지하도록 한다.

프런트 데스크에서는 고객과 관련된 자료를 검토해 판촉 부서의 마케팅 전략을 수립하는데 자료를 공유한다. 호텔에 투숙하는 동안 각종 행사에 참여한 고객이나 단체고객을 대상으로 미래의 호텔 마케팅 전략을 수립하게 되면 이러한 고객들의 특성이 많은 도움이 된다.

호텔이 객실을 사용하는 목적이 객실만을 사용하기 위함인지, 호텔에서 진행되는 각종 행사에 참여하기 위해 행사가 진행되는 동안 숙박을 하고 있는 고객인지의 여부는 추후 마케팅 전략에 있어서 중요한 내용이 되기도 한다. 이러한 경우 고객의 객실 사용 만족도뿐만 아니라 시설 및 행사 진행내용에 대한 만족도도 매우 주요 요소가 된다. 이러한 점 때문에 호텔의 모든 종사원은 자신이 근무하고 있는 업장뿐만 아니라 타 부서와도 긴밀한 협조가 필요하다.

고객이 호텔에 머무르는 동안의 만족도에 대해서는 객실에 비치된 만족도 카드를 고객이 직접 작성하는 경우도 있지만, 대부분 고객이 체크아웃 할 때 프런트 데스크 담당자가 고객에게 문의를 통해 만족도를 알아보고 그에 따른 후속조치를 하는 경우가 대부분이다.

고객이 만족했다면 재방문을 위해 다양한 판촉전략을 고객에게 제시하게 된다. 하지만 불만사항이 접수되었다면 반드시 그 내용을 처리해야 한다.

2. 고객의 불만 확인

모든 고객들은 고객으로서의 대접을 받을 권리가 있다. 따라서 호텔 종사원은 고객의 소속이나 신분에 관계없이 최상의 서비스를 제공하도록 노력해야 한다. 하지만 다양한 신분과 계층, 국적과 민족의 고객이 사용하는 호텔에서는 상품에 대해 다양한 반응이 있을 수 있다. 가능한 한 발생할 수 있는 불만사항을 최소화하고 가능한 한 개별 특성을 고려한 서비스가 이루어질 수 있도록 고객서비스에 대한 접객방법을 공유해야 한다.

고객을 환송할 때 고객에게 반드시 호텔 체재 동안 불편한 점이 없었는지 확인하고 반드시 경청한 후 기록을 남긴다. 고객이 숙박을 하는 동안의 서비스나 시설에 대해 불평한다면, 정중히 사과하고 불편사항을 즉시 기록하여 시정하겠다고 공손히 응대한다. 해당 부서의 지배인에게 접수된 문제점을 공유하고 추후 재발하지 않도록 조치를 취해야 한다.

고객의 불편 유형은 시설물에 대한 것과 직원의 태도에 대한 것, 호텔 외적인 것 등이 있다.

1) 고객의 불평 종류

(1) 시설적인 측면

고객이 호텔 시설물을 사용하며 느끼게 되는 불평사항이다. 예를 들어, 객실의 온도 조절이 잘되지 않는다든지, 조명의 밝기, 전열기기, 배관, 아이스 머신, 엘리베이터의 속도 등에 대한 내용이 가장 많다. 시설에 대한 불편 부분 중 객실 내의 시설로 해당 객실에만 해당되는 사항인지 호텔 전체 객실의 문제인지를 구분하여, 해당 객실에만 발생하는 문제라면 신속히 수리를 통해 고객의 불편사항을 해결해 주어야 한다. 그리고 고객이 원한다면 다른 객실로의 변경을 통해 문제를 해결할 수도 있다. 하지만 호텔 객실 전체의 시설적인 문제라면, 추후 호텔의 리노베이션(수리) 시 호텔시설의 문제점을 우선적으로 해결할 수 있도록 기록하고 해당 부서에 전달한다.

(2) 직원의 태도

호텔서비스에 있어서 가장 발생해서는 안 되는 내용이 직원들로 인한 불평사례이다. 하지만 직원의 무례한 말투나 태도로 인해 발생되는 불평사례가 빈번히 발생한다. 직원은 절대 능력 이상에 대해 고객에게 약속하지 않아야 한다. 다만 고객이 직원으로부터 받아야 한다고 생각하는 서비스의 기대치가 있다. 이에 미치지 못하면 고객은 직원에 대해 불평을 하게 된다. 만약 고객의 불평사항이 해결 가능한 문제라면 진심을 담은 사과를 통해 해결이 가능하지만, 불가능한 문제일 경우 직원은 신속하게 자신의 잘못은 시인하고 담당 지배인에게 연락해야 한다.

지배인과 해당 직원은 고객에게 관심을 갖고 불평사항을 경청해야 하며, 역지사지의 생각으로 공감의 표현을 하며 경청해야 한다. 단 고객이 불평사항을 이야기할 때는 일반 다른 고객이 듣지 않도록 분리된 장소로 안내한 후 고객 불편상황을 들어야 한다. 고객이 이야기하는 동안 바로바로 그에 대해 언급하거나 반박 또는 대꾸하지 않아야 하며, 고객과는 절대로 언쟁해서는 안 되고, 고객의 자존심을 최대한 존중해 주어야 한다.

지배인은 해당 고객의 문제에 대해 개인적 관심을 표현하고, 고객의 이름을 자주 사용하면서 직원의 태도를 객관적으로 표현하고, 잘못이 있는 부분에 대해 재교육을 통해 수정해 나갈 것을 고객에게 안내한다. 그 후 반드시 직원의 잘못이 있을 경우 재교육을 통해 추후 다른 고객에게도 발생할 수 있는 문제점을 해결한다.

(3) 특이한 불평 : 교통수단 등 호텔 외적인 문제에 대한 불평

고객이 호텔로 접근하는데 있어서 불편함을 호소한다든지, 영업장의 이른 마감 시간에 대해 불평을 할 경우 이는 신속히 해결할 수 있는 부분이 아니기 때문에 이에 대해 사과한다. 특히

호텔 접근에 있어서 교통 혼잡일 경우 한국 및 호텔이 있는 지역의 교통상황에 대해 안내하고 최선의 방법을 제시한다. 영업장의 마감시간에 대한 불평의 경우에는 호텔의 규정과 정책을 안내한다.

2) 고객의 의견 카드

호텔은 고객으로 하여금 호텔을 이용하는 동안 느꼈던 점을 점검할 수 있도록 설문지를 객실에 비치하고 있다. 주로 호텔에서 느꼈던 서비스의 문제점, 시설의 문제점, 개선사항으로 구분하여 설문을 고객이 체크할 수 있도록 해야 한다. 이러한 고객의 의견 카드Guest Comment Card를 통해 고객의 의견을 피드백 할 수 있고 고객의 만족도를 분석할 수 있다. 대부분 이러한 설문지를 코멘트 카드Comment Card라고 한다. 코멘트 카드는 주로 프런트 데스크나 당직 데스크에도 비치되어 있으며, 객실 내 테이블에 비치하기도 한다. 수집된 코멘트의 자료를 활용하여 추후 고객만족도 향상을 위한 방안을 수립한다. 코멘트 내용은 주로 객실 만족도, 접객서비스 만족도, 시설 만족도, 재방문 여부, 개선 등으로 구분한다.

코멘트 카드의 분석을 통해 호텔의 상품 중 고객이 어떤 불평을 가장 많이 하는지 손쉽게 알아볼 수 있다. 고객이 갖는 불평 중 빈번히 나타나는 불평 내용은 반드시 파악하고 해결하여 추후 원만한 호텔 운영을 준비해야 한다. 예를 들어, 고객이 객실에 머무르면서 욕실의 하수구가 자주 막힌다는 불평이 지속적으로 발생한다면, 신속히 하수구 수리를 통해 추후 발생할 수 있는 문제를 제거해야 한다.

기타 호텔 운영에 관련된 불평사항의 접수가 빈번히 발생한다면, 호텔의 정책이나 규정에 경쟁호텔과의 비교를 통해 개선해야 할 점을 분석하고, 경쟁호텔도 동일한 상태라면 해당 호텔의 차별화된 방법을 찾아야 한다. 직원의 태도나 서비스에 대한 부분이 빈번하게 불평사항으로 발생한다면, 직원선발 및 교육에 대한 내용을 재점검하여 직원 역시 호텔의 가장 중요한 인적 상품임을 명심해야 한다. 이를 코멘트 카드에 대한 분석 결과는 모든 호텔의 부서장들이 공유하며 해당 부서에서 발생하는 불평사항을 최소화하기 위해 협력해야 한다.

3. 고객의 환송 절차

1) 고객의 만족의사 확인

체크아웃 절차 중 정산의 과정이 완료되면 반드시 고객의 만족의사를 확인하고, 불평사항이 있다면 정중히 사과하고 수정할 것을 전하며 고객이 만족했다면 감사의 인사를 전달하고 추후 재방문해 줄 것을 유도한다.

이 모든 서비스는 신속하고 정확하며 정중해야 한다. 그리고 형식적인 태도나 언변보다는 진심된 마음으로 고객을 위해 최선을 다하고 있음을 표명해야 한다. 고객의 만족 의미는 매우 주관적인 측면도 있으나, 공통적으로 진심어린 노력과 밝은 응대는 고객의 만족을 이끌어내는 원동력이다.

2) 고객의 편의 제공

고객의 만족 여부를 확인한 후 고객에게 편의를 제공하기 위해 교통편(공항 셔틀버스, 택시, 발렛서비스, 렌터카 등)의 사용 여부를 확인한다. 사전에 호텔에서 이용 가능한 교통편을 활용하여 최적의 방법을 고객에게 안내한다.

3) 수하물 관리

객실에서는 퇴실하고 정산까지 완료했으나, 호텔 내에서 행사가 남아있거나 개인 스케줄에 의해 호텔을 바로 떠나지 않을 경우 고객의 수하물을 벨 데스크에 보관할 수 있음을 안내한다. 또한 고객이 수하물 보관을 의뢰할 경우 벨 데스크에 연결하여 수하물 보관서비스를 실시한다. 만약 체크아웃 후 바로 호텔을 떠날 경우 벨맨에게 고객의 짐을 고객이 이용하는 교통수단까지 운반서비스를 제공한다. 벨맨과 도어맨은 고객에게 정중한 태도로 환송하며 호텔에 머물러 준 것에 대한 감사의 표현을 한다.

Hotel
Front Desk
Operation

호텔 객실의 이해

제5부

접객서비스

제1장 도어 데스크서비스

현관 유니폼서비스란, 호텔의 프런트 기능에 반드시 필요하며 고객에게 다양한 종류의 개인적인 서비스를 제공하는 것을 말한다. 호텔에 도착하는 고객과 호텔을 떠나는 고객에게 서비스를 제공하는 것은 가장 일반적인 유니폼Uniform Service이다. 도어 데스크서비스는 호텔에 도착하는 고객을 영접하고 그들의 짐을 운반하며 자동차를 대신 주차시켜 주는 것이 기본적인 업무이며, 이것은 호텔 현관과 주차장에서 호텔 객실까지 연결된다. 고객이 호텔을 떠날 때에도 유니폼 종사원의 기본적인 업무는 고객을 전송하고 그들의 짐을 운반하여 교통의 편의를 제공하는 것이다.

고객이 호텔에 머무는 동안 유니폼서비스 종사원은 호텔 내부의 시설물, 호텔 내에서 개최되는 각종 연회행사 안내와 고객에게 관심을 줄 수 있는 지역별 식당, 음식, 극장과 같은 호텔 주변 지역에 대한 주요 정보의 제공자가 되며, 관광 관련 정보를 제공하는 중요한 역할을 맡고 있다. 대표적인 유니폼서비스 중의 하나는 수화물 관리 및 수화물의 예치상황과 정돈상황에 대한 서비스이며, 그 외에도 종사원들은 메신저 역할을 하게 되고, 페이징Paging Service 및 승강기 오퍼레이터와 같은 업무도 담당하게 된다. 유니폼서비스 업무의 총괄 담당자는 호텔 현관의 청소상태와 정리정돈을 지휘 감독하게 된다. 그 외에도 장애자를 위한 휠체어Wheel Chair나 보관상태 점검도 담당한다.

일반적으로 유니폼서비스 업무는 다음과 같이 구분한다.

- Valet Parker : 자동차를 대신 주차시켜 주는 업무를 담당하는 사람
- Door Man : 도착하는 고객을 영접하는 사람
- Bell Man : 고객들의 짐을 운반하고, 각종 물품류를 객실로 전달하며, 고객의 짐을 일시적으로 보관해 주고 차량까지 적재하는 업무를 담당하며, 우편물을 전달하고 메시지를 전달하는 업무를 수행하는 사람
- Concierge : 고객에게 각종 정보를 전달하고 불편사항을 해결해 주는 사람

도어맨Door Man은 고객이 호텔에 도착하여 최초로 접하게 되는 접객 담당자이다. 따라서 호텔의 첫인상을 좌우하는 중요한 역할을 하는 사람이다. 주로 현관에서 고객의 영접과 떠날 때의 환송 업무를 하며 현관 부근의 차량 정리, 주차장 안내, 차량 호출, 택시 수배, 현관의 청결 유지, 우천 시 우산대여 업무 등을 맡아서 고객의 불평이 없도록 제반 편의를 도모하는 업무를 한다. 항상 단정하고 청결한 복장을 하고 고객에게 상냥한 미소로 반기며 인사함으로써 첫인상을 깊게 인식시키도록 노력한다. 또한 벨맨이나 프런트 데스크의 인원이 부족할 때는 고객의 짐을 객실까지 운반하고 등록Check-in과 퇴숙Check-out 업무를 보조하는 역할을 한다.

일반적으로 호텔에서 유니폼서비스 요원들은 24시간 배치되어 운영된다. 도어맨Door Man은 매일 16시간 이상 배치되어 운영되는데, 도어맨은 항상 수화물 꼬리표Tag와 호루라기, 자동차 유리닦이, 우산 등을 준비하여 몸에 지니거나 현관 데스크에 보관하고 있어야 한다.

도어맨의 업무를 살펴보면 다음과 같다.

1. 영접

뉴욕 한 호텔의 도어맨

호텔 입구에 도착한 고객을 향해 인사 절차에 따라 밝은 표정으로 환경의 인사를 전달한다. 도어맨은 호텔에 투숙, 방문하는 고객에게 좋은 첫인상을 주는 곳이다. 따라서 항상 미소와 환대로 고객을 맞이하며 좋은 첫인상을 줄 수 있어야 한다.

호텔에 도착하는 고객의 자동차문을 열어 고객의 승·하차를 도와주고, 고객의 물품을 받아주며 벨맨Bell Man에게 고객의 도착을 알린다. 이를 위해 먼저 차량이 호텔에 들어오면 2~3미터 전방에서 남자의 경우 거수경례를 하고, 여자의 경우 목례를 한다. 고객에게 큰 소리로 "오서 오십시오!Welcome to the XXX Hotel, Sir!"를 외친다.

차량이 들어오면 적당한 위치에 정지시키고 차량의 문을 연다. 문을 두 손으로 잡아 고객이 안전하게 하차하면 문을 살짝 닫는다. 그리고 차량에서 고객의 수하물을 내릴 경우 적극적으로 협조한다.

수하물 중 조심하여 다룰 것은 없는지 고객에게 문의하여 혹시 발생할 수 있는 불미스러운 일을 사전에 방지한다. 수하물의 이상 유무를 점검한 후 수하물 수량을 확인하고 고객에게 수량이 맞는지 확인한다. 예를 들어, "가지고 오신 짐은 총 A개가 맞으십니까?"라고 확인한다.

차량으로 이동한 고객을 맞이하는 도어맨

고객의 짐을 차에서 내려주는 모습

2. 안내

차량에서 내린 고객에게 프런트 데스크로 안내하고, 벨 데스크 직원에게 수하물을 전달한다. 투숙하는 고객이 아니라 호텔의 행사에 참여하기 위해 방문한 고객일 경우 행사장의 위치를 안내한다. 행사장이 아닌 식음료 업장 및 기타 업장을 방문하는 고객이 위치 등에 대해 문의가 있을 경우 업장의 장소 및 운영시간 등에 대해서도 안내한다.

그 외에도 고객의 문의가 있을 때 호텔 주변의 주요 공공건물, 극장, 기타 공연장, 시내정보, 관광정보, 주차시설, 접근도로 등을 안내한다. 특히 관광정보에 있어서는 지역 내의 관광 관련 정보를 항상 숙지하고 있어야 하며, 지역 축제나 기타 관광명소에 대한 정보를 요청하는 고객에게는 팸플릿 등을 전달할 수 있어야 한다. 보다 자세한 내용을 문의할 경우는 벨맨이나 컨시어지에게 연락하여 세부적인 정보를 고객이 전달받을 수 있도록 배려해야 한다.

3. 출입통제

호텔 현관의 정문 주변에 어떤 장애물의 방치도 허용하지 않는다. 호텔의 정숙과 품위를 손상시키는 잡상인 등의 출입을 통제한다. 이때는 잡상인일지라도 정중하게 출입통제 규정에 대해 설명하여 호텔에 대한 이미지를 관리한다.

4. 출입문의 개폐관리

호텔의 현관문은 대부분 자동문이거나 회전문으로 되어 있다. 이때 회전문일 경우 고객이 부상당하지 않도록 도와준다.

도어맨이 현관문을 열어주는 모습

콘래드호텔의 권○현 도어맨

일반 출입문 중 여닫이문의 경우 출입문이 상당히 무게가 있기 때문에 항상 여닫는 동안에 긴장을 늦춰서는 안 된다. 자동 개폐문일 경우에는 고객보다 한 발 앞서 미리 센서가 작동하여 문이 열릴 수 있도록 고객을 배려하여 행동한다. 회전 출입문의 경우 자동 회전문과 수동 회전문이 있다. 자동 회전문의 경우, 한 칸당 함께 들어갈 수 있는 인원이 있기 때문에 앞선 사람을 너무 바짝 따라들어가지 않도록 안내하고, 수동 회전문의 경우 뒷사람을 볼 수가 없어 앞선 고객이 너무 빨리 회전문을 밀고 들어가면 뒤의 고객에게 시간차를 두고 들어갈 수 있도록 유도한다. 특히 고객의 손, 발, 옷 등이 걸리지 않는지 항상 확인하고 출입문 관리를 한다.

5. 분실물관리

고객이 호텔을 출발할 때 혹시라도 빠뜨리고 간 귀중품, 가방 등의 물품을 습득했을 때는 지체 없이 프런트오피스Front Office에 인계하고 이를 확인한다.

6. 차량관리

택시의 정차 위치를 안내하는 도어맨

차량 정리는 주차 정리요원 업무만이 아니라 도어맨Door Man 업무의 일부분이기도 하다. 일정 시간 이상 호텔의 정문 앞에는 주차하는 것을 허용하지 않는데, 이는 호텔로 출입하는 고객 차량의 흐름을 원활하게 하기 위함이다. 행사 등으로 인해 차량이 붐빌 때에는 사전에 계획을 세워 차량의 흐름에 방해가 없도록 하고, 인접 지역의 교통경찰관과도 사전에 연락하여 유기적인 협력 관계를 유지한다. 만약 VIP 차량이 도착했을 때는 주차 정리요원의 협조를 얻어 VIP 차량 주차지역에 주차한다.

고객이 주차 대행접수를 원할 경우 주차 대행요금을 설명하고 꼬리표Tag를 발행하면서 차량의 이상 유무를 확인하고, 이상이 발견되면 차주가 확인토록 한다. 안전한 장소에 차량을 주차시키고 잠금장치를 확인한다. 관리대장에 기입하고 발행한 꼬리표와 차량의 열쇠를 묶어 함께 보관한다.

차량을 고객에게 인도할 경우 고객에게 주었던 꼬리표를 건네받아 보관중인 꼬리표와 동일한지 확인하고, 안전하고 신속하게 고객에게 차량을 인도한다. 이때 운전석의 위치를 임의로 변경해서는 안 되고, 변경시켰을 경우 인도 전에 원위치로 복귀시켜 놓아야 한다.

7. 정위치의 근무 유지

도어맨Door Man은 개인의 용무나 기타 사유로 잠시 자리를 비워야 할 때는 벨서비스 직원에게 의뢰하여 업무를 대행시키고, 도어맨의 경우는 반드시 호텔 현관에서 이루어지는 서비스가 이루어지도록 해야 한다.

8. 발렛서비스

그랜드 하얏트의 발레 파킹

발렛서비스Valet Service는 차량에 대한 전문직원을 배치하여 주차를 도와주는 서비스로, 고객 출발 시 차량 대기서비스를 제공한다. 주로 근무시간은 오전 7시부터 오후 10시 30분까지로 하루 15시간 30분 정도 서비스가 이루어진다. 각종 다양한 차량에 대한 이해와 정보를 가지고 차량을 운행할 수 있어야 하며, 특히 각종 차량별 브레이크 및 시동장치 등에 대한 조정이 가능해야 한다. 최근에는 자동센터로 작동되는 여러 장치들이 있어 항상 새로운 모델의 차량에 대한 정보를 습득하고 있어야 한다.

1) 고객의 차량 인수 시

고객의 차량을 인수할 때에는 운전석 옆문으로 다가가 문을 열고, 눈맞춤Eye Contact을 하며 밝은 표정으로 인사를 하고 주차카드를 발부한다. 차량의 외부상태를 앞 · 뒤 창문, 바퀴의 상태, 차량 외부의 상태를 확인하고, 그 후에는 차량 내 귀중품 유무를 고객에게 확인한다. 차량을 주차시킨 후 주차카드에 주차 위치, 차량번호, 주차근무자 성명을 기록하여 열쇠와 함께 주차박스에 보관하고 이를 장부Log Book에 기록한다. 이를 통해 혹시 다음 스케줄의 근무자에게 인계되었을 경우에도 고객에게 불편이 없도록 한다. 내용은 프런트 데스크와 공유한다.

2) 고객의 차량 인계 시

고객에게 인사말과 함께 주차카드를 인수받아 확인하고, 신속하게 고객 앞 1미터 이내에 차량을 정차시켜 인계한 후 영송서비스 요령에 따라 배웅한다. VIP 고객의 경우 로비에 고객이 도착하게 되면 주차 지역의 발렛 담당자에게 신속히 연락하여 고객이 현관에서 차량을 기다리는 시간을 최소화 할 수 있도록 차량을 대기시킨다.

3) 교통수배서비스

고객이 차량을 필요로 하는 경우에 고객의 요구차량에 대한 정보를 정확하게 제공하여 불편이 없도록 교통수배서비스Transportation Arrangement를 제공해야 한다.

고객이 리무진서비스를 요청했을 경우 호텔과 공항 사이를 운행하는 서비스인지, 고객이 주요 거래처까지의 서비스인지, 혹시 거래처 사람의 픽업서비스를 요청하는지를 구분하여 리무진서비스를 수배한다. 일반적으로 리무진서비스의 경우에는 귀빈층 숙박 고객이나 VIP 고객을 대상으로 제공되는 서비스이지만, 호텔과 계약된 거래처(기업 및 여행사 등)의 요구가 있을 경우도 서비스가 제공된다. 따라서 배차의 여건에 따라 조정할 수 있어야 한다. 일반적으로 오전 7시 이전에 호텔을 출발하는 리무진서비스의 요청이 있을 경우 렌터카나 택시로 대신하기도 한다. 이때의 비용은 호텔이 부담하기도 한다.

리무진서비스 외에도 택시 수배 요청이 있을 경우, 호텔과 계약된 택시회사가 있을 경우에 연락을 통해 고객이 희망하는 시간에 현관에 대기할 수 있도록 수배한다. 그리고 고객의 최종 목적지를 확인하고 택시기사에게 목적지를 전달하여 정확하게 고객을 안내할 수 있도록 한다. 그리고 고객을 정중히 전송한다.

택시의 경우에는 일반택시Standard Taxi와 모범 및 대형택시Deluxe·Jumbo Taxi, 국제택시International Taxi 등이 있다. 각 택시별 기본요금과 시외 및 야간 할증에 대해 고객에게 안내해 주어야 한다. 일반적으로 국제택시는 중형과 모범, 대형으로 구분되며 운전기사는 외국어에 대한 통역이 가능하다. 일반적으로 영어가 대표적인 사용언어가 된다.

고객이 택시를 이용하게 되면, 고객이 희망하는 목적지까지의 대략적인 거리, 소요시간, 요금을 안내하여 고객의 혼동을 최소화한다. 특히 지역적으로 교통혼잡이 예상되는 경우 상황에 대해 안내하여 고객을 배려한다. 고객이 호텔을 돌아올 때 불편함이 없도록 호텔의 명함을 전달하여 돌아올 때 택시이용 시 운전기사에게 호텔까지 안전하게 고객을 모실 수 있도록 해야 한다. 일반적으로 호텔 명함에는 호텔의 주소와 연락처, 간단한 지도가 작성되어 있어, 외국인 고객이 운전기사와 언어소통이 되지 않아도 호텔로 돌아오는데 불편함이 없다.

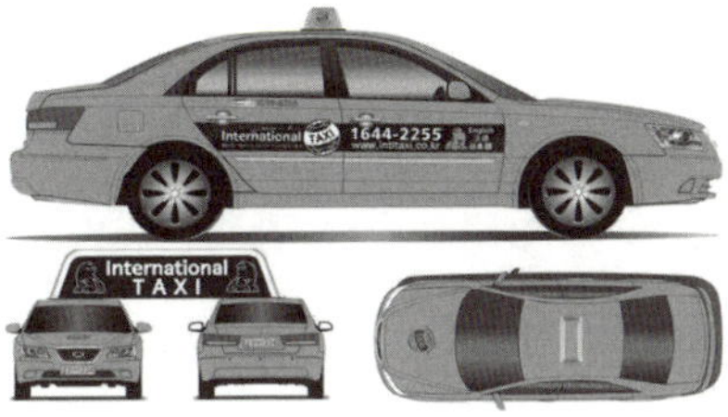

인터내셔널 택시

인사동호텔 앞에 대기 중인 대형 택시와 인터내셔널 택시들

4) 차량의 호출 간격

도어맨의 경우 호텔 현관의 차량에 대한 관리 업무를 진행하기 위해 호텔 입구의 차량통제를 정확히 진행해야 한다. 고객의 요청에 따른 차량의 출차는 순서대로 진행해야 하며, 주차공간을 확보하지 못할 정도로 동시에 여러 대의 차량이 출차되어 붐비지 않도록 조정해야 한다. 출차의 호출과 출차 간격은 무전을 통해 발렛담당 직원과 협조하여 조정해야 한다.

호텔 내에 행사가 있을 경우 행사 일정을 확인하고 행사의 내용이 웨딩인지, 국제적인 세미나인지, 일반 이벤트인지 행사의 규모와 시간을 사전에 파악하고 참석 인원을 고려하여 시간대별 호텔 현관의 차량을 통제 관리할 수 있어야 한다.

근무 전 호텔 출입 예상인원을 고려하여 대형 차량의 통제와 소형 차량의 정차 위치 등을 사전에 인지하고 대비해야 한다. 또한 호텔 현관 앞에 차량의 정차뿐만 아니라 주차공간의 부족으로 인하여 호텔 주변의 도로가 혼잡해질 수 있으며, 이로 인해 호텔 내에서 진행되는 행사에 시간을 제대로 맞추지 못하는 고객이 있을 수 있기 때문에 차량의 원활한 소통을 위해 사전준비가 이루어져야 한다. 대량의 차량 혼잡이 예상될 경우 호텔 근처 및 현관, 주차 입구쪽에 안내를 통해 고객의 불만을 감소시키도록 적극적인 고객과의 소통방

롯데호텔 : 고객의 차량 탑승을 도와주고 있는 도어맨

법이 필요하다. 대형 차량이 오랫동안 정차하지 못하도록 통제하고 신속히 이동할 수 있도록 운전기사와 소통한다.

고객이 호텔을 떠나기 위해 주차장에 있던 차량을 호출할 경우에도 주차 위치 및 요청 순서에 따라 일정간격을 유지해야 한다. 성수기 및 주말의 경우에는 호텔 입구에 많은 인원이 집중되며 차량 역시 출차하고 입차하는 차량이 많기 때문에, 주차 요원뿐만 아니라 도어맨도 함께 협업하여 차량을 정리 · 통제시키고, VIP 고객의 차량은 주차 정리요원의 협조를 얻어 VIP 고객 주차지역에 신속히 주차시킬 수 있도록 사전 자리를 확보해두어야 한다.

혼잡이 예상될 때에는 사전에 해당 인원을 적절히 배치할 수 있도록 인원관리도 해야 한다. 발렛, 도어, 벨서비스 담당직원을 평일보다 많이 배치하여 고객의 혼잡을 최소화한다.

9. 영송

롯데호텔 : 고객을 영송하는 도어맨

고객의 차량을 운전하는 운전기사가 있는 경우, 차량 호텔서비스와 자동차 열쇠를 주며 현관에 대기시켜달라는 고객의 경우는 차량을 신속하게 정문에 대기시킨다. 만약 고객이 영업용 차량을 이용하고자 할 경우와 먼저 항공사 직원Airline Crew일 경우 항상 시간이 넉넉하지 않으므로 줄을 서지 않고 우선적으로 승차토록 한다. 영업용 차량을 이용하는 투숙 고객과 호텔의 일반 업장 고객이 있을 경우 투숙 고객을 우선으로 한다. 고객이 콜택시Call Taxi를 이용하고자 할 경우는 콜택시를 부르고 택시 승강장에서 대기할 수 있도록 서비스를 제공한다. 고객의 차량문을 닫을 때는 조심성 있게 닫으며 인사를 한다.

10. 실외 냉 · 난방기의 작동

호텔 현관으로 출입하는 고객의 편의를 위해 계절별로 여름에는 냉방기를, 겨울에는 난방기를 설치하고 이를 관리할 수 있어야 한다.

1) 냉방기의 설치와 관리

실외온도에 따라 호텔 및 법적인 규정에 따라 실외 냉방기를 설치하고 가동할 수 있어야 한다. 냉방기는 고정식과 이동식으로 구분되며, 대부분의 호텔에서는 이동식 냉풍기를 사용하고 있으나 차츰 에너지절감 정책에 따라 사용빈도를 낮추고 있다. 정부정책에 따라 영업장의 실내문을 닫도록 하고 있어, 호텔의 현관을 나서면 바로 높은 온도와 습도를 느끼게 된다.

2) 난방기의 설치와 관리

도어 데스크 담당자는 호텔에 규정된 실외온도에 따라 실외난방기를 설치하고 가동할 수 있어야 한다. 난방기 역시 냉방기와 마찬가지로 고정식과 이동식으로 크게 나눌 수 있다.

연소방법에 따라 연소형과 비연소형이 있으며, 설치 위치에 따라 실내용과 실외용이 있다. 현관에서 주로 사용하는 난방기는 이동식 비연소형을 사용했으나, 최근에는 호텔 현관의 케노피에 달아 사용하는 추세이다. 이는 난방기가 위쪽에 설치되어 고객이 차량을 타기 위해 이동하는데 거추장스럽지 않게 이동할 수 있고, 차량을 기다리는 동안 따듯하게 유지해 주기 때문이다. 환경과 에너지 문제들을 고려하여 최근에는 태양의 복사원리를 이용한 난방 방식으로 열을 멀리 전달하는 개방된 공간의 난방에 적합한 제품을 선호하고 있다. 원적외선 히터는 고객의 피부나 옷에 직접 닿지 않도록 설치하고 위치나 거리를 유지할 수 있도록 해야 한다.

일반적으로 호텔 현관에 설치된 난방기의 경우 리모컨으로 이용하여 조작할 수 있도록 하고 있다. 또 고객이 안전하게 사용할 수 있도록 정기적인 점검을 요구한다. 항상 청결을 유지하고 수리를 요하는 상태가 발생했을 경우에는 시설 부서의 도움을 받아 신속히 조치토록 한다.

11. 우산 관리

현관의 청결관리도 도어맨의 역할이다. 특히 우천 시에는 빗물이 떨어져 고객의 안전 및 청결에 특히 신경을 써야 한다. 외국인 고객의 경우 여행 시 우산까지 준비하고 오는 고객이 많지 않다. 갑자기 업무를 위해 호텔 밖으로 이동하려 하는데, 우산이 없다면 고객의 입장에서는 당황될 수 있다. 일반적으로 고급의 호텔에서는 일정수의 우산을 보유하고 있으며, 귀빈층의 경우 객실의 옷장 내에 우산이 비치되어 있는 곳도 있다. 하지만 대부분 일반 객실의 고객 경우에는 도어 데스크에서 호텔의 우산을 대여하기도 한다. 우산 대여서비스는 호텔마다 차이는 있지만 일반적으로 일정금액의 예치금을 받고 대여해 준다.

도어 데스크에서는 일기예보로 기상 상황을 파악하여 사전에 우산의 수량을 확보해야 하며, 우천 시를 대비하여 사용이 가능한 보유 우산의 개수를 파악하고 보관 상태를 정기적으로 확인해야 한다. 이외에도 고객이 편리하게 우산을 대여할 수 있도록 항상 보관 상태 목록을 작성하여 충분한 수량의 우산을 확보해야 한다. 일반적으로 호텔에서 사용하는 우산의 경우에는 호텔 로고가 새겨진 접이식이 아닌 골프우산처럼 지팡이식 대형 우산을 사용한다.

우천 시에는 현관에 우산을 꽂을 수 있는 우산꽂이를 준비하는 호텔도 있으나, 최근에는 빗물에 젖은 우산을 관리할 수 있는 자동우산관리 비닐봉지를 현관에 비치하여, 현관에 떨어지는 빗물도 관리하고 고객들이 빗물이 떨어지는 우산을 호텔 내에 가지고 다니지 않도록 한다. 또한 빗물이 바닥에 떨어져 미끄러지기 쉽기 때문에 항상 카펫을 사전에 깔아두어 고객이 미끄러지지 않도록 한다.

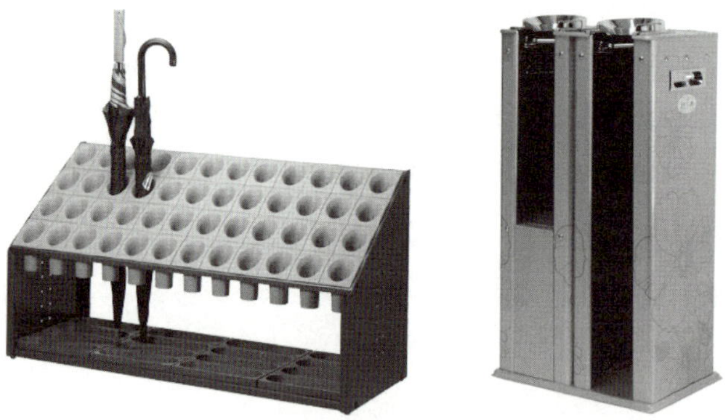

우산꽂이 및 자동우산 비닐보호백 관리기

고객이 우산을 대여하고자 할 경우에는 대여 장부를 작성한다. 이를 위해 항상 우산은 지정된 장소에 보관하고 보유 목록과 수량을 숙지하고, 고장난 우산이 있을 경우 정비하여 보관해야 한다. 고객에게 대여할 경우 장부를 작성하여 대여시간 및 반납시간, 고객성명, 숙박객일 경우 객실번호, 수량 등을 작성하여 우산의 수량을 항상 점검할 수 있어야 한다.

고객이 반납하면 항상 우산의 상태를 점검하여 보관해야 하는데, 우산을 항상 청결한 상태로 보관할 수 있도록 하고, 젖은 우산은 반드시 건조시킨 후 보관한다. 유료로 대여했을 경우에는 이용요금을 정산한다. 고객이 우산을 분실했을 경우 분실한 우산에 상응하는 비용을 확인하여 이를 고객에게 고지한 후 객실요금에 합산한다.

제2장 벨 데스크서비스

1. 벨 캡틴의 업무

벨 캡틴은 접객서비스 지배인Uniformed Service Manager의 지시를 받아 현관 업무를 수행한다. 주요 업무는 벨맨Bell Man들의 근무 일정을 관리하며, 수화물이 고객에게 정확히 전달되고 관리되는지를 감독한다. 벨맨 컨트롤 시트Bellman Control Sheet가 정확히 기록 · 유지 · 관리되고 있는지 항상 확인 · 점검하며, 고객에게 전달되어야 하는 메시지가 정확히 전달되었는지를 확인한다. 또한 호텔 로비의 청소상태를 점검하고 감독하며, 호텔 정문에 있는 각 국가의 국기가 순서대로 게양되었는지, 상태가 항상 청결하게 유지되어 있는지를 확인하고 점검한다. 현관서비스 지배인Uniformed Service Manage)이 부재인 경우에는 그 업무를 대행한다.

2. 벨맨의 업무

고객이 호텔에 도착하면 도어서비스 직원으로부터 고객과 수하물을 인계받아 프런트로 안내하고, 고객이 숙박등록Check-in을 마치면 객실 직원으로부터 객실의 열쇠를 받아 고객을 객실까지 안내한다. 벨맨은 각종 메시지 및 신문 등의 전달과 고객의 요구에 따라 각종 서비스를 제공하며, 고객이 호텔에 머무르는 동안 유아를 동반한 고객에게는 유모차 대여서비스를 제공하고, 장애인 고객이 있을 경우는 휠체어 대여서비스를 제공하고 관리한다.

1) 벨맨의 직무 순서

첫째, 고객을 맞이하고 카트에 고객의 수화물을 싣는다. 둘째, 객실을 배정하는 과정과 판매 · 안전 그리고 고객과의 관계유지에 심혈을 기울인다. 셋째, 고객에게 호텔의 다양한 상품을 추천하여 호텔 상품을 판매한다. 또한 기타 유모차와 휠체어를 대여하고 관리한다. 고객의 요청이 있을 경우 수하물 보관서비스도 진행한다. 넷째, 고객이 퇴숙 시 영송한다.

2) 벨맨의 서비스 과정

(1) 대기

객실 판매현황과 각종 연회 중 행사진행 상태를 미리 숙지하고, 현관 입구 안쪽에 있는 벨 데스크에서 대기하고 있다가 숙박고객을 신속히 맞이하며 도어맨으로부터 고객의 수하물을 인계받는다. 고객이 직접 수하물을 가지고 로비로 들어오는 경우에는 신속히 고객의 수하물에 대한 운반서비스를 진행한다. 그리고 고객을 프런트 데스크까지 안내한다. 고객이 숙박 등록을 하고 있는 동안 가벼운 짐이면 손에 들고 고객의 2~3보 뒤쪽에서 객실 판매 직원의 지시를 기다린다.

(2) 수하물 운반을 위한 왜건Wagon이나 카트 사용

① 고객 체크인 시 수하물 운반

벨맨은 매일 왜건을 닦아 청결을 유지 · 관리하고 무겁고 큰 수화물은 아래로, 파손 위험이 있는 수화물은 위에 놓는다. 왜건은 벽과 약 10cm 가량 거리를 둔 뒤 부딪히지 않도록 운행한다. 고객과 마주치면 왜건을 멈추고 고객을 향해 보통례(15도 정도의 목례)로 인사한다. 왜건으로 수하물을 운반할 때는 수하물 꼬리표Baggage Tag를 부착하고 다른 사람들이 왕래하는데 방해가 되지 않도록 하며, 수화물을 고객이 보이는 장소에 보관한다.

하와이호텔 벨맨의 수하물 운반서비스

파리 리츠칼튼호텔의 벨맨

고객이 단체고객으로 호텔에 도착하게 되면, 한꺼번에 많은 짐을 객실로 운반해야 한다. 이때는 고객의 짐이 섞이지 않도록 단체별 수하물 꼬리표의 색을 분리하여 고객의 짐에 부착하여 운반한다.

단체고객의 짐에 단체별 색깔을 분리하여 부착하여 왜건에 실은 모습

많은 단체고객이 체크인을 하게 되면, 바로바로 고객의 수하물을 객실로 운반하기 어려운 경우도 있다. 이럴 때는 고객의 수하물 분실을 방지하고, 단체별 짐을 분리하기 위해 고객들의 수하물에 꼬리표를 부착한 후 수하물 그물망Baggage Net을 덮어 정리해 두었다가 순차적으로 수하물을 고객의 객실로 운반한다.

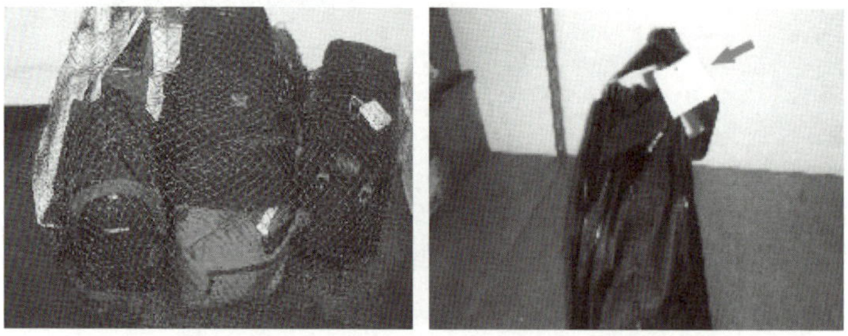

고객의 수하물에 부착한 수하물 꼬리표와 수하물 그물망으로 덮어둔 모습

② 고객의 객실 변경 시 수하물 운반

고객이 호텔 숙박 등록을 위해 고객 수하물을 운반하게 되는 경우 외에도, 고객이 호텔에 숙박하는 동안 다른 객실로의 변경을 요청하거나 호텔의 사정에 의해 객실을 변경해야 하는 경우도 고객의 수하물을 운반해야 한다.

벨맨은 프런트 데스크 담당자로부터 재실 중인 고객의 객실 변경 요청을 받으면 객실의 수하물을 새로운 객실로 이동시킨다. 이때 욕실, 책상서랍, 욕실, 침대 주변 등 객실의 모든 곳을 살피고 확인하여 고객의 짐이 빠지지 않도록 주의하여 변경된 객실로 옮겨야 한다. 특히 수하물이 많을 경우 짐의 양과 크기에 맞는 왜건을 가지고 객실로 가서 옮긴다. 새로운 객실로 짐을 옮길 때는 전 객실에 짐이 놓여있던 상태 그대로 옮겨질 수 있도록 한다. 특히 고객의 입회하에서 고객이 희망하는 위치에 고객의 짐을 놓는다. 이는 고객이 짐의 일부가 없어졌다는 불안감을 가질 수도 있기 때문이다.

만약 고객이 부재중일 경우 짐을 이동하게 될 경우에는 반드시 하우스키핑 담당자의 입회하에 짐을 이동하도록 한다. 특히 객실 변동에 의한 수하물 운반일 경우는 고객의 입회 하이든 아니든 하우스키핑에도 연락하고 벨데스크 장부Log Book에 객실 변경사항을 기록하고 운반된 짐의 수와 내용 등을 기록한다.

③ 고객의 체크아웃 시 수하물 운반

프런트 데스크의 담당자로부터 고객의 체크아웃 요청을 받은 후에 객실번호를 확인하고 고객에게 수하물의 개수를 문의한 후 수하물 왜건의 종류를 선택하고 체크아웃 슬립을 작성한다. 체크아웃 슬립과 수하물 왜건을 가지고 객실로 신속히 이동한다. 객실에 도착하면 벨을 누르고 문을 열어주면 정중하게 인사한다. 그 후 체크아웃 여부를 확인한다. 고객의 수하물을 왜건에 싣고 다시 한 번 빠진 물건이 없는지 확인한다. 특히 옷장, 서랍, 침대 위 등을 확인한다.

고객들이 가장 많이 잃어버리는 부분이 세탁물을 맡겼을 경우 옷장이나 눈에 보이는 장소에 옷이 없기 때문에 호텔에 놓고 떠나는 경우가 많으므로, 고객에게 세탁물을 맡긴 것이 없는지를 확인한다. 그리고 고객의 수하물을 확인하는 과정에서 객실의 손상이나 이상 유무를 확인한다. 수하물을 왜건에 모두 실은 후 고객과 함께 프런트 데스크로 이동하는 동안 투숙기간에 불편했던 점이 있었는지를 물어본다.

고객을 프런트 데스크로 안내한 후 수하물을 벨 데스크로 가져가서 객실번호를 다시 한 번 확인하고 수하물 꼬리표를 부착한다. 이때는 반드시 수하물의 개수를 표시하여 차량이 현관에 도착할 때까지 잠시 보관한다. 혹시 고객의 일정으로 인해 2시간 이상 고객의 수하물을 보관하는 경우에는 별도로 장기간 보관하는 장소로 이동하여 보관한다.

고객이 프런트 데스크에서 체크아웃 절차를 모두 완료하고 이동하면, 바로 잠시 보관했던 고객의 수하물을 현관으로 이동 운반하고 현관 밖까지 안내하며 도어맨과 협력하여 버스나 차량에 수하물을 싣고 정중하게 환송인사를 한다. 고객을 환송할 때는 차량번호를 반드시 기록하고, 고객이 출발하면 수하물 왜건이나 카트를 제자리에 정돈시키고 체크아웃 슬립을 작성하여 벨 데스크 지배인에게 제출한다.

단체고객의 체크아웃 시에는 단체고객의 가이드나 인솔자에 의해 원하는 시간에 맞추어 객실에서 수하물을 로비로 운반해오는 배기지 다운Baggage Down서비스 요청을 받게 된다. 벨맨은 객실번호가 기록되어 있는 단체의 목록을 확인하여 혹시라도 객실 변경된 곳이 있는지를 확인한다. 요청한 객실로 왜건이나 카트를 가지고가서 객실마다 고객들의 수하물의 수량을 확인하고 다른 객실 고객의 수하물과 섞이지 않도록 주의하면서 수하물 왜건을 로비로 운반한다. 고객이 완전히 프런트 데스크에서 체크아웃 절차가 완료될 때까지 단체고객의 수하물에 수하물 그물망Baggage Net으로 덮어 분실을 방지한다.

VIP 고객일 경우 체크아웃 시간을 사전에 점검하고 체크아웃 30분 전에 엘리베이터 앞에 수하물 왜건을 준비하여 대기한다. 수하물을 로비로 운반 요청한 시간이 되면 당직 지배인Duty Manager이 객실에 연락하며 수하물을 확인한다. 당직 지배인이 확인한 후에 벨맨은 수하물 다운서비스Baggage Down Service를 시작한다.

VIP 고객의 객실에서 벨을 누르고 정중하게 수하물 운반서비스를 진행함에 대해 안내하며, 고객의 짐을 모두 왜건에 싣고 수량을 점검한다. 로비로 고객의 짐을 운반한 후 고개의 이동 차량에 도어맨과 함께 적재한다. 짐을 모두 차량에 적재하면 고객의 차량 탑승을 도와준다. 그 후 고객에게 정중히 인사한다.

(3) 로비관리 업무

수화물에 관련된 주요 업무 외에 벨맨의 업무로는 로비관리 업무가 있다. 로비는 고객이 호텔에 들어와 호텔시설 및 분위기에 대한 첫인상을 갖는 곳이기 때문에 항상 청결 및 정돈에 신경을 써야 하며, 그 업무로는 다음과 같다.

- 최근에는 건물 내 금연으로 지정하고 있지만, 경우에 따라서 재떨이 청소 및 정리(최근에는 국내는 물론 외국에서도 대부분 실내에서는 금연으로 지정되어 있다)
- 로비의 테이블 및 의자정돈
- 더럽혀진 현관유리 및 도어 청소관리
- 공중전화 및 구내전화대의 정리 및 정돈
  - 국내의 경우, 대부분 공중전화박스는 사라졌지만, 구내전화는 사용하고 있다.
  - 항상 메모지와 필기구를 갖추어 두어야 한다.
- 분실물 접수
- 불이 들어오지 않는 전구 점검 및 연락 조치
- 벨 데스크Bell Desk의 정리 및 정돈
- 신문 판매대 및 안내책자 비치대의 정리 및 정돈
- 로비 바닥의 이물질 및 휴지 제거

① 청소

더러워진 곳을 발견하면 상황을 판단하여 로비 메이드Lobby Maid에게 통보하여 조치하고, 사소한 사항은 직접 정리한다. 소파, 공공화장실 등을 수시로 점검한다.

호텔의 로비에 비치된 의자

② 로비 주변의 질서유지

고객 휴대품의 안전을 위해 항상 주의를 기울인다. 로비에서 오랜 시간 앉아 있는 고객이 있을 경우 공손하게 만날 사람이 있는지 문의하고, 만날 고객이 있는데 찾지 못하고 있다면 페이징Paging서비스를 한다. 또한 로비에서 술냄새를 풍기거나 주변 고객에게 불쾌감을 주는 고객이 있다면, 정중히 안내하여 다른 고객이 불편하지 않도록 조치한다.

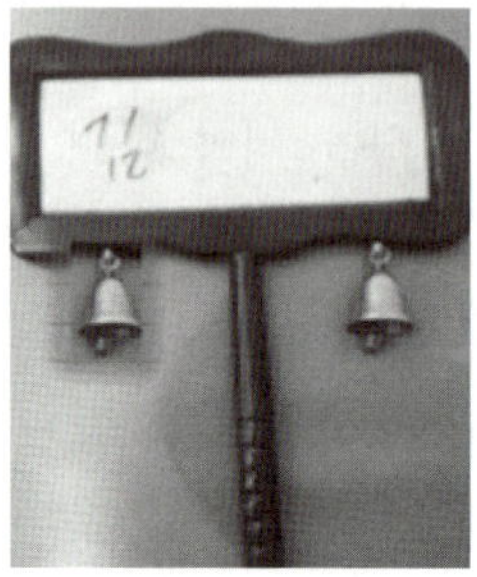

페이징 보드

③ 페이징서비스Paging Service

로비에서 일행을 찾아주는 서비스를 말한다. 만나기를 희망하는 고객에게 만날 고객의 성명을 정확히 확인하여 페이징서비스 안내판인 페이징 보드Paging Board에 성명을 정확히 기입한다. 페이징을 할 때는 고객들이 잘 볼 수 있도록 보드를 어깨 위로 향하게 하고, 보드의 양쪽에 달린 벨소리가 잘 들리도록 걸을 때 살짝 흔들며 걷는다. 만나려는 고객을 찾으면 찾고자 하는 고객에게 안내한다.

이상의 업무를 수행하기 위해 일정 지점을 중심으로 하여 시계방향으로 업무시작 전과 퇴근 전 또는 매시간 단위로 순찰하고, 이상이 발견되었을 때는 바로 조치한 후 상급자에게 보고한다.

(4) 개별고객FIT의 체크인Check-in과 체크아웃Check-out서비스

① 현관에서 프런트 데스크까지

먼저 프런트 데스크로 안내한다. 고객이 타고 온 차량에 잔여물품이 있는지의 유무를 확인한다. 고객이 호텔에 처음 방문한 경우라면 프런트 데스크의 위치를 찾는데 어려움이 있을 수 있다. 따라서 현관에서부터 고객을 영접하고 숙박등록을 위해 프런트 데스크를 신속히 안내한 후 고객이 숙박등록Check-in을 하는 동안 2~3보 정도 뒤에 짐을 놓고 각 수하물에 꼬리표Tag를 달고 대기한다.

② 프런트 데스크에서 객실까지

먼저 고객의 등록 절차가 끝나면, 프런트 데스크 직원으로부터 객실 안내 지시를 받고 고객의 객실 열쇠를 받아 프런트 데스크 직원이 말한 객실번호와 키번호가 맞는지를 확인한다. 이때 수하물에 달아둔 수하물표Baggage Tag에 객실번호를 기재한 후, 객실로 향할 때 2보 정도 앞에서 엘리베이터로 간다. 엘리베이터에서는 고객이 먼저 타도록 문을 잡아 안내하고, 짐은 한쪽으로 두고 호텔 내의 부대시설을 안내한다든가, 고객에게 관심을 주는 말로 친근감을 표시한다. 귀빈층을 사용하는 고객의 경우 엘리베이터 카드 사용법을 설명한다. 예를 들어, "카드를 센서에 대고 버튼을 누르시면 됩니다."라고 말하며 시범을 보여준다. 엘리베이터 안에서도 간단한 호텔의 시설물 및 업장에 대해 안내할 수 있다. 예를 들어, 조식을 할 수 있는 식당의 위치와 운영시간, 피트니스센터의 위치 및 사용방법 등을 안내할 수 있다.

엘리베이터가 고객의 객실층에 멈추면 엘리베이터에서 내린 후 고객의 2~3보 앞에서 객실로 안내한다. 만약 고객의 짐이 많을 경우 고객용 엘리베이터를 이용하지 않고 직원 엘리베이터를 사용한다. 엘리베이터가 혼잡할 경우 객실키를 고객에게 전달하고, 짐을 가지고 곧 뒤따라가겠다고 말한 후 직원 엘리베이터를 이용한다. 고객의 짐은 체크인 후 7분 이내에 객실에 전달한다.

③ 객실에서

만약 직원 엘리베이터를 이용했을 경우, 벨맨은 짐을 전달할 때 노크나 벨을 울려 짐을 가지고 왔음을 고객에게 알린다. 객실에 들어갈 때는 반드시 고객의 이름을 부르며 인사하고 들어가야 한다. 고객과 동행했을 때는 객실 앞에서 반드시 비상구의 위치를 알려주어야 하며, 객실번호를 확인한 후 객실 앞에서 카드키 사용법에 대한 설명과 함께 문을 열고 안으로 인도한다.

카드키를 키홀더에 넣어 전원이 들어옴을 안내

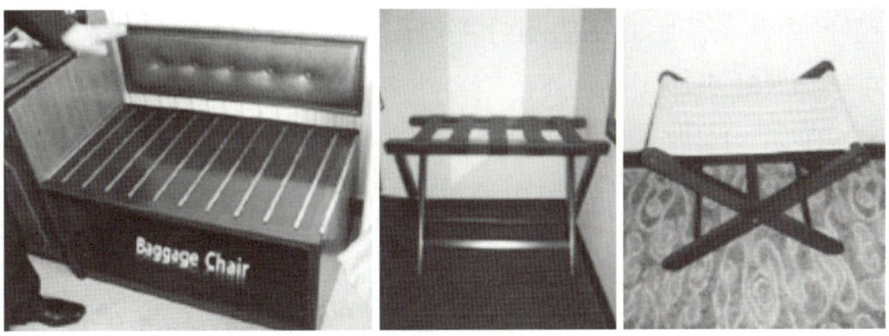

Baggage Chair

객실 내 TV 사용법에 대해 안내

먼저 객실에 들어가 전등을 켜고 고객의 짐을 수화물 보관대에 놓아야 하며, 의류가방은 옷걸이에 걸거나 경우에 따라서는 옷장 안에 짐을 풀어주기도 한다. 짐을 위치에 놓은 후에는 반드시 객실 내의 시설 및 소모품 등을 점검하고 고객에게 안내한다.

특히 전등과 시설들이 제대로 작동하는지를 확인하고 에어컨이나 히터, TV, 냉장고, 라디오, 전화 메시지 시스템 등의 작동방법을 고객에게 안내한다. TV의 경우 유료채널 시청법 및 리모컨 작동법에 대해 안내하고, 룸서비스 메뉴와 같은 안내책자에 대해서도 설명한다.

시차가 큰 외국에서 온 고객일 경우 다음날 아침 'Do Not Disturb' 표시하는 것에 대해 안내한다. 대부분의 호텔에서는 'D&DDo Not Disturb Card'를 복도쪽 객실 문고리에 걸어두도록 되어 있으나, 최근에는 다양한 호텔시스템으로 인해 나이트 테이블에 버튼이 있어 누르면 객실 밖에 'Do Not Disturb'에 불이 들어오는 경우가 많다. 따라서 이러한 시스템 사용방법을 안내해 주는 것이 바람직하다. 벨맨은 고객에게 객실 사용에 대해 안내한 후 신속히 자신의 위치로 돌아와 수하물 기록장에 객실번호, 투숙고객 성명, 수하물 개수, 시간 및 자신의 이름을 기록한다.

④ 카트나 왜건 사용이 필요한 체크인

일반적으로 적은 짐을 가지고 들어오는 고객도 있지만, 짐이 많은 경우는 직접 객실로 짐을 옮겨놓을 수 없는 경우가 있다. 이럴 때는 반드시 카트나 왜건을 사용하여 고객의 짐을 옮겨야 한다. 이럴 경우는 대부분 짐이 무거울 때와 짐의 개수가 많을 때이다. 따라서 고객의 짐이 다른 고객의 짐과 섞이는 것을 방지하기 위해서 고객에게 짐에 붙어있는 수하물표에 객실번호를 반드시 기입하여 혼란이 없도록 한다. 고객은 고객용 엘리베이터를 이용하도록 하고, 벨맨은 직원용 엘리베이터로 짐을 운반한다.

⑤ 고객과 동행하지 않을 경우

고객이 숙박 등록Check-in 후 짐만 먼저 객실에 넣어달라고 요청할 경우 프런트에서 고객의 뒤에서 객실번호를 확인한 후 객실에 짐을 먼저 넣어둔다.

⑥ 카트나 왜건을 고객 엘리베이터에 사용

대부분의 호텔에서는 원칙적으로 카트나 왜건은 고객 엘리베이터 사용을 금하고 있으나, VIP의 경우 캡틴Captain의 허락을 받은 후 고객 엘리베이터를 사용하여 신속히 객실로 짐을 배달한다.

⑦ 개별고객 퇴숙Check-out 시 수하물 내리기Baggage Down

벨 캡틴은 객실번호와 짐의 개수 등을 고객에게 물어 벨맨에게 배기지 다운Baggage Down을 지시한다. 퇴숙용 수하물 점검에 필요한 사항을 기입하고, 짐의 개수에 맞는 카트나 왜건을 가지고 신속히 객실로 간다. 객실번호를 확인한 후 벨을 누르고, 고객이 문을 열어주면 인사를 한 후 수하물의 개수를 확인하고 카트나 왜건에 수하물을 싣고 호텔 출발시간을 묻는다. 고객이 즉시 출발하지 않을 경우에는 수화물 보관료를 발행하여 물표Tag의 반쪽을 고객에게 건네주고, 수하물은 현관의 벨 데스크 옆에 덮개를 씌워 출발할 때까지 맡아 보관한다.

⑧ 고객 전송

고객이 수하물을 찾으러 오면 객실키와 객실 및 수하물 보관에 대한 정산의 지불 여부를 확인한 후 짐을 내어주고 출발을 도와주며 전송한다.

(5) 단체고객의 체크인과 체크아웃서비스

① 단체고객의 숙박등록Check-in서비스

수하물 자동차에서 짐을 내려 줄을 지어놓은 다음, 짐의 수를 정확히 확인한다. 책임자에게 짐의 수를 보고한 후 여행사로부터 짐을 인수받고, 단체용 수하물표를 각 짐에 붙인다. 그 후 미리 준비된 단체목록에 기록된 고객의 성명과 고객의 객실번호를 수하물에 붙어있는 이름표와 대조하면서 객실번호를 수하물표에 기록한다. 벨맨은 고객의 객실 층별, 방향별로 짐을 구분하여 서비스 엘리베이터로 신속히 운반한다. 짐을 각 객실로 운반하면서 수하물 기록용지에 짐의 개수를 반드시 기록한다.

짐을 고객에게 전달할 때는 반드시 고객의 확인을 얻은 후 기록용지에 'OK'를 기입하고, 고객이 부재중일 경우 프런트에 보관하고 있는 마스터키를 이용하여 고객의 객실에 짐을 들여놓는다. 짐 배달을 기록한 기록용지를 벨 캡틴에게 제출하여 인수한 수하물 개수와 배달한 짐의 개수가 일치하는지를 확인 점검한다.

② 단체고객의 퇴숙Check-out서비스

수하물을 옮기기 위해 웨곤에 올려놓은 모습

먼저 고객이 도어 앞에 내어놓은 수하물의 객실 번호와 수량을 기록용지에 기입하고 크고 무거운 짐을 차례대로 왜건에 싣는다. 수하물의 내용을 벨 캡틴에게 보고한 후 여행사 가이드의 확인을 받아 수하물 자동차에 싣는다.

기록용지에 수하물을 내릴 때의 시간, 수하물의 총 수량, 여행사 이름, 담당 벨맨의 이름을 적어 벨 캡틴에게 제출한다. 벨 데스크 부근의 적당한 곳에 모아놓아 그물로 짐을 씌워 놓는다. 버스나 수하물 자동차가 도착하면 가이드에게 짐의 확인을 받아 실어주고 고객을 전송한다.

(6) 수하물 보관서비스

고객이 짐을 맡기게 되면 장기적 보관용과 일시적 보관용을 구분한다. 보관 시에는 수하물표Baggage Tag를 사용하여 물표Tag를 짐에 부착하고, 사본은 고객에게 전달한 후 장부에 기록한다. 고객의 짐이 두개 이상일 경우 각 짐마다 물표Tag를 부착하고 그물망을 사용하여 다른 짐과 섞이지 않게 한다. 고객의 짐을 바닥에 놓을 때는 짐의 모서리 등이 손상되지 않도록 하여 보관하고, 양복 등의 전용가방 등은 반드시 걸이에 걸어 보관한다.

① 장기 보관

보관 일지에 고객성명, 객실번호, 짐 내역, 숙박날짜, 고객의 연락처 등을 정확히 명기한 후 Store Check에 보관일, 객실번호, 보관자, 짐의 개수를 종류별로 기입한다. 고객이 짐을 임시 보관시켜 놓고 퇴숙한 후 다시 숙박할 경우, 재숙박 일자와 짐을 찾아갈 예정날짜를 기입한다.

깨질 물건이나 주류를 보관할 경우 Fragile Tag(깨지거나 부서지기 쉬운 물건임을 알리는 주의표)을 부착한다. 수하물 점검 내역으로 Store Record를 작성한다. Store Room은 관리에 주의하고, 키는 벨 데스크에 보관하여 벨 캡틴이 관리한다.

② 단기 보관

Cloak Room에서 보관할 수 없는 큰 하물 또는 룸에서 퇴숙Check-out하는 고객이 짐을 잠시 수하물룸Check Room에 보관하는 것을 일시 보관이라 하며, 귀중품은 벨 데스크에서 보관하지 않고 프런트 데스크의 귀중품 보관소에서 보관하도록 고객에게 안내한다.

③ 당일 미도착 고객의 수하물 보관

숙박예정 고객의 수하물이 고객보다 먼저 도착하여 프런트 데스트 직원으로부터 숙박예정자의 수하물로 보관하도록 지시를 받은 경우, 고객성명을 수하물표Baggage Tag에 기재하고 수량을 기입한 후 수하물룸에 인계한다. 숙박하기 전이라도 객실번호가 지정되고 프런트 데스크의 지시가 있으면 객실에 수하물을 넣어둔다.

고객이 숙박하고 있지 않은 경우에는 당일 예약된 상황을 프런트 데스크에서 알아보고, 당일 숙박예정의 수하물로 기재하여 수하물룸에 보관한다.

(7) 배달서비스Deliverly Service

투숙고객에게 전달요청을 받은 물품을 객실에 전달하는 서비스이다.

① 프런트 데스크 메일Front Desk Mail, 프런트 회계원Front Cashier으로부터의 전달물 경우

메일Mail, 영수증Bill, 복사물Copy, 메시지Message, VIP용 과일, 꽃 소포 등을 지정된 곳에 전달하며, 소포 등 수취인의 서명이 필요한 것은 소정의 양식에 수취인의 서명을 받아서 각 의뢰처로 보낸다.

② 투숙고객의 요청에 의한 전달

투숙고객이 본인 객실에 물건을 넣어줄 것을 요청받았을 경우 물건의 수량과 고객성명, 객

실번호를 정확히 확인한 후 벨 캡틴과 프런트 데스크에 보고하고 객실키를 받아서 지정된 객실에 넣어둔 후 전달물 기록장부에 기록한다.

③ 외부의 요청에 의한 전달물

고객 앞으로 과일, 꽃 및 기타 선물 등의 전달을 요청받았을 경우, 우선 프런트 데스크로 안내하여 객실번호와 성명을 확인한 후 전달물 장부에 기록하고 객실로 물건을 전달한다.

(8) 고객이 외부로 요청할 경우Will Call for Service

숙박하고 있는 고객 또는 출발할 고객이 외부의 사람에게 물품을 전달하고자 할 경우 보관하는 것을 말한다. 메일Mail 담당자가 보관 · 관리하는데, 벨맨이 직접 관계할 수 있는 것은 프런트 데스크에서 보관할 수 없는 화물류인 큰 물품의 경우이다. 기타 봉투류 및 작은 물품류는 프런트 데스크에서 접수하고 업무를 처리한다.

① 고객이 외부의 사람에게 물품 전달을 위해 물품 보관의뢰가 있는 경우

프런트에서 보관할 수 있는 물품의 경우 고객을 프런트 데스크로 안내한다. 큰 물품으로 벨데스크에서 보관해야 할 경우 메일 데스크Mail Desk에서 필요한 사항을 기록하고 수하물룸Check Room의 정해진 장소에 보관한다.

② 외부에서 물품을 가지러 왔을 때

고객을 메일 데스크Mail Desk로 안내하여 담당자에게 Will Call for의 물품을 가지러 왔다는 취지를 전하고, Mail Desk의 지시에 따른다.

(9) 고객 객실의 변경 업무

객실 변경Room Change은 고객이 호텔에 도착한 후 첫째, 객실 형태가 기대치에 맞지 않아 객실을 변경하는 경우와 둘째, 호텔측의 사정으로 고객이 원하는 객실을 제공할 수 없는 상황의 경우인 두 가지로 구분된다. 이 경우 고객의 요구사항과 가장 적합한 객실을 제공해야 한다.

객실을 변경할 때는 첫째, 고객이 재실 중의 객실 변경인지 고객이 외출한 동안의 객실 변경

인지, 고객이 원하는 경우와 호텔측 사정에 의한 경우인지를 확인한다. 둘째, 숙박 중인 고객의 객실을 변경할 경우 객실 클럭으로부터 객실 변경 지시를 받으면 짐이 많을 경우는 카트나 왜건으로 화물을 새로 변경된 객실로 옮긴다. 이때 욕실, 옷장, 서랍속 등의 내용물을 잘 살펴 빠지지 않도록 주의해야 한다. 셋째, 새로운 객실로 짐을 옮기면 옮기기 전의 객실 상태로 진열해 놓아야 한다. 넷째, 가능하면 고객이 함께 이동하는 것을 확인할 수 있도록 하는 것이 가장 이상적이라 할 수 있다.

① 고객이 원하여 객실을 변경하는 경우

고객의 희망에 의해 다른 객실로 변경할 경우에 객실 클럭Room Clerk의 지시를 받고 고객과 함께 짐을 옮긴다. 고객이 새로운 객실로 옮긴 후 객실의 불량이나 기타 불편사항이 발생하면 신속하게 객실 클럭이나 지배인에게 알려 조치한다. 고객이 객실 클럭이 임의대로 옮겨줄 것을 요구할 시에는 귀중품의 유무와 보관장소를 확인받아 슈퍼바이저Supervisor의 입회 하에 짐을 옮기도록 한다. 벨맨은 객실 변경이 이루어지면 객실변경기록부Room Change Report에 고객이름, 객실번호, 옮긴 시간, 짐의 개수를 기록해야 한다. 객실 변경이 완료되면 반드시 객실 클럭에게 상황을 보고한다.

② 호텔측의 사정에 의해 객실을 변경할 경우

객실의 시설 및 설비의 문제로 부득이 객실을 변경해야 할 경우는 고객에게 양해를 얻은 후 지배인과 상의하여 동일한 조건의 객실이나 그 이상의 등급으로 변경해야 하고, 가격은 동일한 요금으로 적용해야 한다.

③ 재실고객의 객실 변경의 경우

고객이 객실에 재실 중일 경우 벨맨은 프런트 데스크로부터 새로 옮길 객실의 키와 새로운 키를 받고 카트를 준비하여 사용 중인 객실로 간다. 고객의 요청에 따라 카트에 짐을 싣고 고객을 새로운 객실로 안내한다. 짐은 새로운 객실로 운반한 다음 그 객실의 객실키를 고객에게 전해준 후 먼저의 객실키를 받아서 퇴실한다.

④ 외출고객의 객실 변경

고객이 외출 중에 객실 변경인 경우에는 전일 또는 당일 오전에 객실 클럭으로부터 고객이 부재중이라도 객실을 변경할 뜻을 고객에게 알려서 객실을 변경해도 좋다는 허락을 사전에 받아두며, 벨맨은 객실 클럭으로부터 객실키를 받아 짐을 이동시킨다. 고객이 부재중 객실 변경에 대해서는 객실관리Housekeeping 감독자Inspector의 입회를 원칙으로 하며, 특별한 경우 당직 지배인 및 보안과 직원의 협조를 구한다. 객실에는 빠뜨리는 물건이 없도록 욕실, 서랍, 옷장 등을 주의 깊게 확인하고, 짐이 정돈되지 않은 경우 소지품이 놓여있던 장소에 메모해 둔다.

이처럼 객실의 변경이 있었을 시에는 반드시 벨맨은 자기가 실행한 업무 내용을 업무일지Log Book이나 벨맨 콜 레코드북Bell Man's Call Record Book에 철저히 기록해야 한다. 또한 객실에 어떤 물건이든 전달 요청을 받은 벨맨은 꼭 보내 온 사람의 성명, 시간 등을 업무일지에 기록해야 한다. 고객의 외출 시에는 함부로 객실에 물건을 넣는 것을 삼가야 하는데, 꼭 넣어야 할 경우는 철저한 기록 후에 넣도록 한다. 또한 많은 짐을 취급하는 경우에도 잘못 전달되거나 분실 등의 위험이 따르기 때문에 철저히 기록 유지로 사고를 방지해야 한다.

(10) 국기게양

호텔은 다국적 고객이 투숙하는 장소이기 때문에 고객의 국적에 따라 국기를 게양한다. 그러나 특별한 경우가 없는 한 태극기와 호텔기 및 귀빈의 국적기만 게양하기도 한다.

IOC 국기를 게양하고 있는 직원들

① 한 나라의 귀빈이 투숙하고 있는 경우

먼저 태극기를 최우선의 위치에 게양하는 것을 원칙으로 하며, 태극기는 호텔을 향해 왼쪽에 외국기는 오른쪽에 각각 게양한다.

② 다국적의 귀빈이 투숙하고 있는 경우

귀빈의 국적기가 홀수일 경우 태극기를 중앙으로 하고, 일반적으로 외국기는 국가 이름의 알파벳을 기준으로 호텔을 향해 왼쪽, 오른쪽으로 교차해가며 배열, 게양한다. 또는 태극기를 포함한 모든 국가의 국기를 나라명의 알파벳 순서에 의거해 왼쪽부터 게양할 수도 있고, 태극기를 왼쪽에 놓은 후 순서대로 배열하여 게양할 수도 있다. 귀빈의 국적기가 짝수일 경우 태극기를 호텔을 향해 맨 왼쪽에 세우고, 기타 국기는 나라의 알파벳순으로 하거나 태극기를 포함해서 왼쪽부터 알파벳 순으로 게양한다.

③ 귀빈용 차량

태극기와 외국기를 차량에 게양할 경우는 차량에서 보아 오른쪽에 태극기를, 왼쪽에 외국기가 오도록 한다. 외국기만을 게양할 경우에는 차량에서 보아 오른쪽에 외국기를 단다.

(11) 유모차 / 휠체어 대여 및 관리

일반적으로 호텔에서는 장애인 객실Handicap Room을 3~6실 정도 설치하도록 하고 있다. 장애인실은 문턱을 모두 없애고 문의 넓이가 휠체어가 이동할 수 있도록 하고 있다. 장애인과 장애인의 보호자가 함께 할 경우에도 절대로 과잉친절을 삼가고 친근하게 서비스해야 장애인도 시각 장애인인지 정신지체 장애인인지, 청각 및 언어 장애인인지에 따라 서비스가 달라진다.

시각 장애인의 경우 "무엇을 도와드릴까요?" 또는 "도와드릴까요?"라고 문의한 후 고객의 요청에 따른 도움서비스를 진행한다. 객실 고객이 아니라 식음료 업장을 방문하는 고객의 경우는 식당까지 함께 동행하여 안내한 후 식당지배인에게 인계한다. 식당지배인의 경우 고객의 식사 편의를 위해 접시, 차, 컵, 수저 등의 위치와 메뉴에 대해 안내하고 요리의 내용을 작은 소리로 설명해 주어야 한다.

정신지체 장애인의 경우 정신질환자로 오인하거나 외견상의 장애를 가져야만 장애인이라는

휠체어에 앉아 안전띠를 한 모습

인식에서 벗어나야 한다. 보호자와 함께 할 경우 보호자의 요청에 따른 서비스를 진행하면 된다.

청각 및 언어 장애인의 경우 외형적으로 드러나지 않기 때문에 장애인임을 인지하지 못하는 경우가 많다. 대화 시 장애인의 어깨나 등을 가볍게 건드리거나 책상, 벽을 두드려 장애인의 주의를 끌어야 한다. 너무 큰소리를 내어 주위사람들이 모두 집중하지 않도록 주의해야 한다.

언어 장애인의 경우 청각 장애가 함께 오는 경우가 많기 때문에, 소리보다는 말을 할 때 입 모양을 보고 이해하는 경우도 있어 입을 크게 하여 이해를 돕는다.

고객이 휠체어를 요청했을 경우는 휠체어를 고객의 체형에 맞도록 조절하여 대여한다. 의자의 높이도 조절하고, 발판은 턱이나 경사로에 걸리지 않도록 지면보다 7~10 정도 짧게 한다. 좌석과 등받이는 평평해야 하며, 감각마비일 경우 엉덩이에 쿠션을 놓아준다. 몸을 바로 세우기 어려울 경우는 보조지지대를 대거나 넓은 끈으로 움직이지 않도록 잡아준다. 이동 시에는 바퀴가 움직일 수 있도록 바퀴 잠금장치를 해제하여 운전하고, 잠시라도 멈춰 있을 경우는 바퀴가 움직이지 않도록 항상 잠금장치를 해야 하며, 고객이 사용하지 않을 경우에는 접어서 보관할 수 있도록 한다. 펼 때는 팔걸이를 잡아 바깥쪽으로 펼친 후 시트를 눌러 완전하게 펴고, 장애인이 휠체어에 앉은 후 발 받침대를 바르게 편 후 발을 올려놓을 수 있도록 한다.

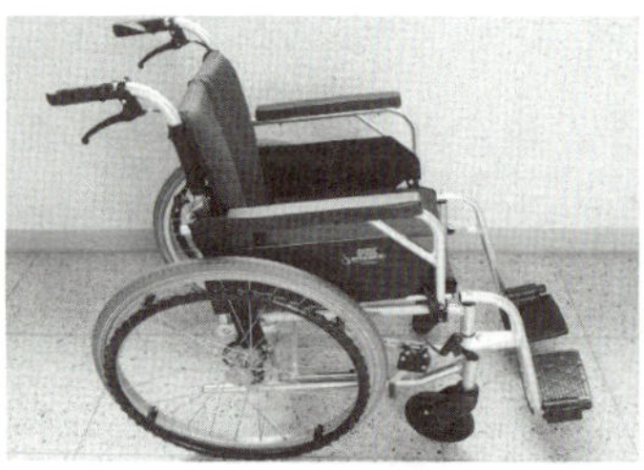

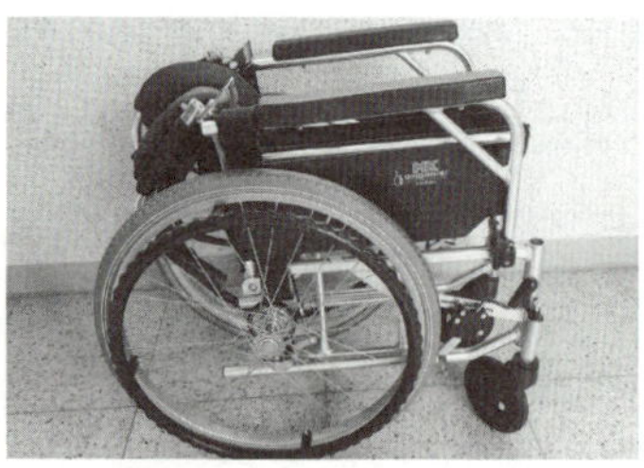

휠체어를 펼쳤을 때와 접었을 때

유모차 대여서비스

휠체어로 이동할 경우에 휠체어가 서있다가 움직일 경우는 장애인에게 이동한다고 말을 해주어 장애인이 마음의 준비를 할 수 있도록 하고, 장애인을 태울 때와 내릴 때, 이동 중 멈출 때는 반드시 브레이크로 고정한다. 이동 시 장애인의 발이 끌리지 않도록 발판 위에 발을 올려놓고, 손은 몸 안쪽으로 모아 손이 바퀴에 걸리지 않도록 주의한다.

휠체어 대여서비스를 진행할 경우는 항상 장부Log Book에 고객성명, 객실번호, 대여시간, 반납시간, 담당자명을 기입하여 담당자가 다른 사람이 인수받았을 경우에도 착오 없이 서비스가 진행될 수 있도록 해야 한다. 휠체어를 반납할 경우 불편한 점이 없었는지 문의하고, 휠체어 상태를 확인하여 혹시라도 고장난 부분이 있다면 수리하여 보관한다.

스탠드형 유모차

침대형 유모차

유모차 대여서비스도 휠체어서비스와 그 절차는 유사하다. 다만 대상자가 장애인이 아니라 유아이기 때문에 항상 안전을 고려하여 사용할 수 있도록 하고, 유모차의 경우는 보호자가 있기 때문에 보호자에게 사용법 등을 안내하고 대여서비스를 진행한다. 유모차의 경우 다양한 디자인이 있고 사용법이 다소 차이가 나는 것도 있다. 스탠드형과 침대형이 있기 때문에, 영아인지 유아인지를 구분하여 보호자가 선택할 수 있도록 안내한다.

(12) 신문 배달서비스

벨맨은 호텔 내의 근무자에게 또는 숙박하는 고객에게 신문 배달서비스도 진행한다. 일반적

각종 신문을 종류별로 준비

으로 업장 및 부서별 신문배달에 있어서, 마케팅 부서의 경우는 경제신문과 일간신문을 배달한다. 귀빈층 라운지에는 국내 일간지와 영자신문(헤럴드 트리뷴, 코리아 타임즈, 코리아 헤럴드 등)을 비치한다. 귀빈층 고객이 신문을 요청할 시 호텔 운영시스템에 신문의 종류별 코드를 입력하고 벨 데스크는 매일아침 고객에게 배달한다. 일반적으로 신문은 NWNewspaper로, 한국 신문은 KNKorean Newspaper, 영자 신문은 ENEnglish Newspaper로 표기한다.

개인적으로 요청한 고객이나 VIP 고객에게 신문을 배달할 경우, 야간 근무자는 투숙객 국적별 보고서를 출력한다. 보고서상에서 기준에 맞는 객실을 확인하여 해당 언어에 맞는 신문을 준비한다. 또한 신문배달 고객을 선정할 경우에는 2주 이상의 장기 고객, 3박 이상의 개별여행 고객, 특별히 신문요청 의뢰가 있는 고객, VIP 고객으로 구분하기도 한다. 신문을 배달할 때는 층별로 준비하여 각 해당 객실로 배달한다. 객실의 문고리에 신문을 비닐백에 넣어 걸어두기도 하고, 객실문의 밑 틈 사이에 밀어넣기도 한다. 배달이 완료되면 반드시 기록장Log Book에 기록한다.

(13) 기타 업무

현관 로비 등에서 수상한 사람이 발견되면 즉시 당직 지배인에게 보고한다. 만약 비상사태가 발생했을 시에는 프런트 데스크에 비상벨이 설치되어 있어, 비상벨을 누르면 벨 데스크와 보완과에 연결되어 벨이 울리므로 즉시 두 곳을 확인하여 당직 지배인에게 보고한다.

그 외에도 로비의 질서유지를 위해 잠옷이나 슬리퍼를 착용하고 로비를 배회하는 고객이나, 로비로 음식물을 들고 와서 먹는 행위, 로비 소파에 앉아 졸거나 잠자는 행위, 비에 적은 우산을 들고 현관으로 들어오는 행위, 어린 아이들이 로비에서 뛰어다니는 행위, 큰소리로 떠드는 행위, 동물을 데리고 들어오는 행위 등 타 고객에게 혐오감을 주는 행위에 대해 벨맨은 통제를 해야 한다.

제3장 컨시어지서비스

컨시어지의 주 업무는 대 고객서비스로 프런트 데스크 소속이다. 고객들로부터 요청받은 정보를 제공하고 예약을 대행하며 고객의 안내, 수하물 관리, 메시지와 통신물 전달, 체크인과 체크아웃 보조, 로비 지역의 관리점검, 안전에 관한 사항, VIP 영접, VIP 차량관리, 셔틀버스 관리 등 여러 가지 정보 및 고객의 불편사항이 없도록 도와주는 업무를 맡아서 한다.

2015년도를 중심으로 국내 4성급 호텔들이 확대되면서 컨시어지 업무를 벨 데스크 소속으로 운영하는 호텔들도 증가했으며, 그 업무도 벨 데스크 업무에 추가되어 운영되는 경우가 빈번하다.

1. 컨시어지의 개념

고성의 촛불 켜기(현재는 전구로 대체)

컨시어지Concierge란, 사전적인 의미로는 문지기란 뜻을 가지고 있었으며, 중세시대의 성을 지키며 안내하는 사람인 'Le Comte Des Cierges(촛불 관리자)'라는 프랑스어에서 유래되었다.

중세의 성에는 현재의 전구 대신 촛불을 사용하였으며, 촛불이 성 내의 구석구석을 밝혔기 때문에 촛불을 켜기 위해서는 성의 모든 구석까지 알고 있어야 했다. 따라서 성 내의 모든 시설부터 각 시설별로 그곳에서 일하는 사람들의 업무까지 이해하고 있어야 했다. 이런 의미에서 현대의 컨시어지는 호텔의 모든 고객이 요청하는 내용을 해결해 주는 업무를 맡게 되었다.

따라서 현재의 컨시어지란 고객을 맞이하며 객실서비스를 총괄하는 사람으로 의미가 확장되어 호텔의 내부뿐만 아니라 외부의 각종 안내 업무를 수행하고, 고객 요청을 해결해 주는

웨스틴 조선호텔 로비의 컨시어지

사람으로 그 직무가 확대되고 있다.

호텔의 모든 고객을 위해 대기하고 있는 컨시어지는 첫째, 고객에게 친절하게 서비스를 제공하고, 둘째, 미소로 고객에게 접근하여 편하게 응대할 수 있는 편안함을 갖추어야 하고, 셋째, 고객의 성명이나 직책을 알고 응대하는 세밀함을 갖추어야 한다. 넷째, 말은 항상 정중하고 예의바르게 존칭을 사용할 수 있어야 하며, 다섯째, 몸가짐은 단정해야 한다. 여섯째, 고객의 요구가 있을 시에는 누구보다 먼저 자신이 솔선수범하는 자세로 임해야 한다.

2. 로비 데스크 운영

일반적으로 컨시어지는 호텔 로비의 프런트 데스크 근처에 자리를 잡게 된다. 따라서 호텔 로비를 총 관장하기도 한다. 호텔 로비에 비치된 각 여행사 및 관련 기관에서 가지고 오는 브로셔Brochure는 스탠드에 홍보용으로 정리한다.

로비의 고정적으로 비치해야 할 용품Lobby Stationary을 점검할 때는 셔틀버스 시간표, 쇼핑백과 서류봉투, 서울지도 등을 준비하고, 고객이 원할 때는 상세한 설명과 정보를 제공해야 한다. 또한 항상 고객에게 신속하고 정확한 정보를 제공하기 위해 각 관련 부서와 긴밀한 관계를 유지하고, 호텔 내의 당일 연회행사의 일정을 숙지하여 고객이 원할 때는 그 정보를 제공한다. 그리고 회사나 건물의 위치를 주소로만 찾는 고객들이 있기 때문에 가능하면 전화로 정확한 위치를 확인한 후 고객에게 정확한 위치가 나온 지도 및 교통편 등에 대한 정보를 제공해 준다.

3. 정보 제공

컨시어지의 대표적 업무 중 하나가 고객으로부터 요청받은 정보를 제공하는 업무이다. 호텔 상품은 일반 제품과는 달리 가치가 매우 높은 상품이다. 일반 제품과 같이 사용설명서나 품질

보증서와 같은 것이 없기 때문에 고객과의 접점이 매우 중요하다. 또한 고객은 종사원의 태도와 어투에 따라 호텔서비스의 질을 인지하게 되고 판단한다.

서비스 기업에서 고객과의 처음 접점의 순간을 '진실의 순간MOT : Moment of Truth'이라고 한다. 진실의 순간은 스페인의 투우경기에서 투우사인 마타도어와 소가 1 : 1로 맞선 순간, 즉 둘 중의 하나는 쓰러져야만 경기가 끝나기 때문에 처음 마주하는 순간이 매우 중요하며, 이러한 순간을 '진실의 순간'이라고 한다. 이러한 순간을 달리 표현하여 '결정의 순간' 또는 '실패가 허용되지 않는 순간'이라고도 부른다. 호텔에서 고객이 문의할 경우 호텔 내 모임 및 행사 정보를 제공하는 대면의 시간은 불과 1분 이내에 불과하지만, 이때 종사원의 태도 및 말투, 정보의 질에 따라 호텔에 대한 이미지가 결정된다.

호텔에서는 VIP 고객을 구분하기도 하는데, 일반적으로 VIPVery Important Person로 매우 중요한 고객을 의미하며, 주로 정당 대표, 정부의 차관급 이상 고위공무원, 국영기업체의 장, 주한 외국사절, 외국정부 차관급 이상, 현직 국회의원, 타 그룹의 회장급 등을 의미한다. 즉 IPImportant Person는 중요도가 있는 고객을 의미하며, 주로 주요 언론인이나 주요 거래처의 사장급, 스위트 객실 이용고객, 귀빈층 이용고객을 의미한다. RGRepeat Guest는 호텔을 자주 방문하는 단골고객을 의미한다. 각 고객 구분에 따라 제공되는 정보와 서비스 내용이 구분되기 때문에, 호텔의 고객 기준에 따라 제공되는 서비스의 내용을 숙지하고 있어야 한다. 이를 위해 컨시어지의 경우는 지속적으로 사회 시사적인 부분과 신문의 내용을 점검하고, 신문에 나오는 인사동정도 확인하여 국내 · 외 유명인사에 대한 정보도 업데이트하며 인지하고 있어야 한다.

정보 제공에 대해서는 호텔 내부적 정보와 호텔 외부적 정보로 크게 구분할 수 있다.

1) 호텔 내부적 정보 제공

(1) 호텔시설 이용정보 제공

호텔 내부에 있는 다양한 시설, 예를 들어 각종 식당, 연회장, 바, 스포츠시설, 토산품점 등의 위치를 파악하고 운영시간에 대한 정보를 제공한다. 특히 식당의 경우 각 식당별 메뉴 및 가격에 대한 정보도 고객에게 제공해야 한다. 특히 피트니스클럽 운영 및 자격요건 등까지도 숙지하고 있어야 하며, 이에 대한 안내가 실시되어야 한다. 이외에도 숙박하는 고객을 위해 객실의 위치, 층별 특성도 고객의 요청이 있을 시에는 정보를 제공한다.

예를 들어, 고객이 "사우나는 어디에서 할 수 있나요?"라고 문의하면, "저희 호텔 사우나는 2층에 있습니다. 엘리베이터를 이용하여 2층에 내리신 후 왼쪽 방향에 여성용 사우나가 있습니다."라고 답변한다. 고객이 "몇 시까지 이용할 수 있나요?"라고 문의하면, "사우나는 오전 6시부터 저녁 9시까지 운영되기 때문에, 늦어도 8시 30분까지는 입실해야 이용하실 수 있습니다."라고 안내한다.

(2) 호텔고객 및 멤버십에 대한 정보 제공

각 업장의 고객층 및 주요 이용고객에 대해서도 숙지하고 있어야 하며, 고객이 호텔에서 실시되고 있는 멤버십제도에 대해서도 가입 자격, 제공되는 서비스 내용, 가격 및 이용혜택 등에 대해 설명할 수 있어야 한다.

웨스틴 조선호텔의 멤버십카드

강남 JW 메리엇호텔의 멤버십카드

(3) 호텔 연계 교통수단 정보 제공

호텔을 출입하기 위한 각종 교통수단, 예를 들어 리무진서비스, 셔틀서비스, 택시안내, 렌터카 사용안내 등 각종 교통수단 사용 및 세부 서비스의 내용까지도 고객 요청이 있을 시 정보를 제공하기 위한 자료를 가지고 있어야 한다. 특히 당일 호텔에서 이루어지는 각종 행사에 대해서도 숙지하고 당일 발생할 수 있는 교통혼잡 정보도 고객에게 안내해 줄 수 있어야 한다.

2) 호텔 외부적 정보 제공

호텔 외부적 정보의 대표적인 것은 외부 관광지의 소개, 외부 음식점 관련 정보, 공연에 대한 정보, 교통 및 쇼핑에 대한 정보, 전통시장에 대한 정보, 각종 종교시설(교회, 성당, 사찰 등)에 대한 정보, 병원에 대한 정보까지 모든 고객이 요청하는 것을 제공할 수 있어야 한다.

최근 웨스틴 조선호텔은 로비에 위치한 컨시어지 데스크에서 간단한 관광정보를 요청하는 경우 고객의 핸드폰을 통해 QR 코드를 읽어 바로 고객이 정보를 확인할 수 있도록 하는 시스템을 갖추고 있다. 이를 통해 신속하면서도 고객이 원하는 정보를 정확하게 선별하는 서비스가 이루어지고 있다.

(1) 관광 관련 정보

호텔 주변시설 및 관광지에 대해 파악하고 있어야 한다. 호텔 주변의 문화, 예술공간, 명소, 유적지, 축제, 쇼핑센터, 맛집, 체험장 등 관광자원에 대한 정보를 가지고 있어야 하며, 각종 안내책자도 준비해 놓아야 한다. 관광지 및 자원에 대해서는 각 자원별 특성, 이용 가능시간, 교통편 등에 대해서도 정보를 숙지하고 있어야 한다. 개별관광이 아니라 여행사에서 진행하는 패키지여행에 참여하고자 한다면, 계약되어 있는 여행사를 소개하고, 고객이 참여할 수 있는 여행 프로그램에 대한 정보를 제공한다.

첫째, 여행사의 브로셔Brochure를 고객에게 전해 주고 간단한 설명을 첨부하여 안내한다. 둘째, 고객이 예약을 원할 경우 여행사에 대신 전화를 걸어 직접 예약서비스를 대행한다. 셋째, 여행사로부터 픽업Pick Up시간과 장소를 확인한 후 고객에게 안내해 준다. 넷째, 여행요금은 가능한 한 호텔에 지불하지 않고 직접 고객이 신용카드나 현금으로 여행사에 지불하도록 권유한다. 다섯째, 개별여행을 원하는 고객에게는 주변 관광지를 소개하고 교통편에 대한 정보 및 안내를 해준다. 여섯째, 고객이 고궁, 박물관에 대한 관광을 요청할 경우 문화관광해설사의 전문적인 해설을 들을 수 있다면 예약서비스도 제공한다.

① 각종 관광정보 제공 사이트

- 경기관광 포털http://ggtour.or.kr : 경지지역에 대한 축제, 먹거리, 즐길거리, 이야기거리를 소개하고 있다. 서울 주변의 지역에 대한 정보가 제공되어 단시간 관광을 하고자 하는 고객에게 유용하다.
- 서울시 관광정보 사이트http://www.visitseoul.net : 테마별 관광 추천코스, 해설이 있는 도보관광,

테마 교통상품, 서울시 인증 우수관광상품 등 서울의 박물관, 유적지, 랜드마크, 엔터테인먼트까지 다양한 정보를 제공하고 있다.

- 한국관광공사http://kto.visitkorea.or.kr : 대한민국 전국의 관광지 소개와 숙박정보, 식당정보가 제공되며 녹색관광에 대한 정보도 제공된다. 사이트를 통해 관광정보를 다운로드 받을 수 있다.
- 부산관광공사http://bto.or.kr : 부산의 주제별 관광지와 인근 지역의 추천코드에 대해서도 안내하고 있다.

② 각 지역의 도·시청의 문화관광 홈페이지

- http://tour.gongju.go.kr(공주 문화관광 사이트)
- http://tour.gunsan.go.kr(군산 문화관광 사이트)
- http://www.daegucitytour.com(대구 시티투어 사이트)
- http://www.dytmc.or.kr(단양관광 관리공단 사이트)
- http://buyeotour.net(부여 문화관광 사이트)
- http://tour.shinan.go.kr(신안 문화관광 사이트)
- http://guide.ulsan.go.kr(울산관광 가이드 사이트)
- http://www.icjg.go.kr/tour(인천광역시 문화관광 가이드 사이트)
- http://iksan.gojb.net(익산시 문화관광 사이트)
- http://tour.jeonju.go.kr(전주 문화관광 사이트)
- http://www.changwoncitytour.com(창원 시티투어 사이트)
- http://www.cj100.net/tour(충주 문화관광 사이트)

이상과 같이 관광정보를 제공하는 사이트 외에 관광지의 지도 및 사진, 관광지 역사와 유래가 담긴 자료를 보관하고 있다가 고객의 요청이 있을 시 제공할 수 있도록 준비한다.

(2) 이벤트 및 행사

한국에서 행해지는 각종 공연에 참여하고자 하는 고객의 요청이 있다면 공연시간 및 가격, 공연날짜 등에 대한 정보를 고객에게 제공하고, 티켓Ticket을 구매할 경우 가까운 예매처의 위치를 알려주고 고객이 직접 구입하도록 권한다. 항상 문화행사, 오페라 등의 홍보용 월별 달력이 구비되어 있어야 하며, 전시회 등의 티켓 구입에 대한 정보를 준비해 놓아야 한다. 만약 고객이 티켓 구입을 의뢰했을 경우 고객이 원하는 날짜와 좌석 등을 물어보고 가격을 정확하게 고객에게 알려준 후 대신 구입해 준다. 티켓을 구입한 후 구입된 티켓의 날짜와 좌석을 고객에게 다시 확인시켜준 후 고객에게 전달한다.

(3) 쇼핑, 레스토랑, 렌터카에 대한 정보 제공

고객이 쇼핑을 원하거나 전문 레스토랑에 대한 안내를 원할 경우 적절한 장소를 몇 군데 추천한다. 추천 시에는 교통편, 적정 가격대, 할인 유무, 운영시간 등을 자세히 알려준다.

첫째, 주변지역의 레스토랑에 관한 정보를 제공할 경우 우선 호텔 내 레스토랑을 추천하고, 고객이 외부의 레스토랑 이용을 원할 경우 식사 종류 등 목적에 맞는 곳을 추천해 준다. 일반적으로 호텔 내의 식당이 아닌 외부 식당을 요청할 경우 지역 특산물 위주의 맛집이나 혹시 인스타그램이나 페이스북 등 SNS를 통해 얻게 된 내용으로 방문하고자 하는 곳이 있다면 그곳을 안내한다.

둘째, 쇼핑을 희망할 경우 최근 유행하는 K-beauty를 중심으로 안내를 요청하면, 유명장소 및 체험할 수 있는 곳도 안내한다. 최근에는 여성뿐만 아니라 남성들도 K-beauty에 관심이 많고, 선물을 위해 구입하는 고객들도 많이 있어 이에 대해 정보를 제공한다.

셋째, 한국의 의상에 관심이 있는 고객의 경우 동대문의 의류 및 디자인 센터에 대한 정보를 제공한다든지, 전통물에 대해 관심이 있다면 인사동 및 풍물시장에 대한 정보를 제공한다.

넷째, 렌터카를 원할 경우 고객의 이름을 정확히 받아 객실 예약 여부를 확인하고, 도착일과 정확한 스케줄을 받아 리무진 예약 슬립Slip을 작성해서 렌터카 데스크에 전달한다.

(4) 의료관광에 대한 정보

최근에는 한국의 K-beauty로 시작하여 성형에 이르기까지 한국의 의료에 대해서도 관심이 많다. 처음에는 미용성형의 시술에 관심이 집중되었으나 최근에는 건강검진, 한방치료 등으로까지 관심이 증폭되고 있어, 의료관광안내센터 등 의료관광에 필요한 상세한 정보를 제공할 수 있어야 한다.

(5) 비즈니스 업무와 관련된 정보

비즈니스를 목적으로 방문한 고객의 경우 각국의 대사관이나 주요 관공서에 대한 정보를 요청하기도 한다. 이외에도 각국의 상공회의소, 은행, 무역대리점이나 협회 등에 대한 정보를 요청하기도 한다. 따라서 이에 대한 위치 및 전화번호와 환율, 기타 비즈니스 활동에 요구되는 정보를 제공할 수 있어야 한다.

4. 예약 대행

예약 대행 업무는 고객의 시간을 절약해 주고, 외국인의 경우 예약 시 언어적 어려움이 있을 수 있기 때문에 이를 위해 예약을 대행하는 업무이다. 예약 업무 역시 호텔 내부의 시설 및 업장 이용에 대한 예약 대행 업무와 호텔 외부의 교통수단, 식당, 공연, 관광 등에 대한 예약 대행 업무로 구분할 수 있다.

1) 호텔 내부의 서비스나 부대시설 및 영업장의 예약 대행

호텔 내부의 서비스나 부대시설 및 영업장 등에 대한 예약 대행 요청이 있을 경우, 예약받은 날짜, 시간, 식사의 종류와 가격, 서비스 요청사항, 장소 등을 접수받아 관련 부서에 연락해야 한다. 업장이용 예약 대행 외에 고객이 사전에 과일이나 꽃, 케이크, 샴페인 등 특별한 준비 Special Arrangement에 대한 서비스 요청이 있을 경우, 이를 접수받아 해당 부서와 연계하여 특별사항을 준비하여 하우스키핑 부서 또는 벨 데스크에 연결하여 고객의 희망시간 내에 전달 또는 비치할 수 있도록 해야 한다.

호텔 내 식당에 단체로 예약을 하는 경우는 단체명과 인원수, 국적 등을 참고하여 준비한다. 모든 정보는 관련 부서와 공유하여 신속한 서비스가 이루어질 수 있도록 사전준비가 되어야 하며, 식사준비의 경우는 식재료의 양, 요리시간 등을 고려해야 하기 때문에 반드시 타 부서와 협업하여 준비한다. 비즈니스맨의 경우 회의실에 대한 요청이 있을 경우 비즈니스센터에 연결하여 희망서비스 내용을 전달하고 예약을 돕는다.

2) 호텔 외부사항에 대한 예약 대행

호텔 외부사항에 대한 예약 대행 업무의 경우는 대부분 정보제공 시 고객들이 요청하는 내용에 대한 사항이 많다. 예를 들어, 관광지 방문에 대한 예약 대행, 공연 및 행사에 대한 예약 대행, 교통수단에 대한 예약 대행 업무 등이다.

(1) 관광지 방문에 대한 예약 대행

호텔과 연계된 여행사가 있을 경우 고객이 희망하는 코스에 대한 상품이 있는지 확인하고, 여행사에서 실시하는 패키지 상품에 대해 예약 대행한다. 모든 요금에 대한 지불은 고객이 직접 여행사에 할 수 있도록 안내하며, 특히 요금지불에 있어서 호텔이 개입하지 않는다. 개별여행의 경우 교통편과 관광정보 안내 팸플릿 등을 고객에게 제공하고, 입장을 위해 사전 예약을 해야 하는 경우에 한하여 예약을 대행한다. 예로 시티투어를 위해 해당 업체에 사전 예약, 고궁방문 시 전문해설자 예약 등이 있다. 예약 내용에 대한 변경과 취소 시 발생할 수 있는 사항에 대해서 반드시 고객에게 전달한다.

(2) 공연예약 대행

일반적으로 오페라나 음악공연, 무용 등에 대한 공연예약 대행 업무를 진행한다. 특히 한국전통의 무용공연이 진행되는 한국의 집과 같은 경우 공연이나 행사시간과 장소, 가격 등에 대해 안내하고 예약을 대행한 후 반드시 예약번호 등을 고객에게 전달한다. 최근에는 한류와 더불어 K-pop 등의 공연에 대한 예약 대행을 요청하기도 한다.

(3) 교통수단 예약 대행

대표적인 교통수단 예약 대행 업무로는 항공이 있으며, 경우에 따라 열차 및 선박, 셔틀 등이 있다.

① 항공 관련 예약 대행

고객이 이용할 항공기 편명을 재확인 할 때는 해당 항공사에 전화를 걸어 재확인Flight Reconfirm

한 후 반드시 예약번호를 받아둔다. 외국인 고객의 경우 귀국하는 항공을 사전에 예약하고 오는 경우가 많고, 귀국을 위해 재확인을 72시간 전에 실시하기 때문에 이에 대한 재확인 요청이 자주 발생한다. 이는 항공을 이용한 관광객이 중간 경유지나 도착지에서 72시간 이상 체류하면 계속편 또는 왕복편의 예약을 72시간 이전에 재확인 해야 하는 규정이 있는 항공사들이 있기 때문이다. 항공권 재확인의 경우 항공사 담당자의 이름을 반드시 기록해 둔다.

항공 예약의 경우 해당 항공사에 전화를 걸어 고객이 원하는 날짜의 좌석 유무를 알아보고 예약한다. 고객이 항공과 관련하여 변경을 요구할 경우 고객의 예약번호를 항공사에 고지하고 고객이 변경을 요청하였음을 말한다. 반드시 고객에게 변경 요청한 내용을 전달하여 변경을 진행하고, 그 결과에 대해 고객이 외출 시에는 변경된 내용을 메시지로 남겨두어야 한다. 만약 고객이 요청한 사항으로 변경이 불가능할 경우 고객에게 이를 고지하여 고객이 다른 선택을 할 수 있도록 한다. 고객이 결정한 후 다른 내용으로의 변경을 요청할 경우 처음의 순서와 같

열차의 경우 : 렛츠 코레일을 연계하여 예약을 진행

이 항공사에 재확인하여 변경한다. 항공 취소를 요청하는 경우에는 취소 수수료 등에 대한 항공사의 법적 규정을 안내하고 취소를 대행한다. 이때에는 반드시 고객의 예약번호를 확인하여 진행하며, 취소가 완료된 후 취소번호를 고객에게 전달한다.

참고로 항공사의 경우 여행자기록PNR : Passenger Name Record을 사용하기 때문에, 이에 대해 고객에게 요청받아 업무를 진행하면 더욱 신속한 진행이 가능하다. 여행자 기록PNR은 고객의 항공 여정, 영문이름, 연락처, 발권 구매내역 등에 관한 정보가 입력되어 있는 기록이다. 항공사에 재확인 시에 PNR을 확인하면 고객의 예약에 대한 사항을 쉽게 확인할 수 있다. 일반적으로 알파벳의 조합으로 된 경우도 있고, 숫자와 알파벳으로 구성되어 있는 경우도 있다.

② 열차 및 선박 예약 대행

열차는 구간과 편명, 시간에 따른 예약을 대행하고 즉시 발권을 받아 보관하고 있어야 한다. 열차의 예약은 일반적으로 예약과 동시에 티켓을 발행하기 때문에 고객의 일정과 지불방법을 확인한 후 예약을 대행한다.

선박의 경우에는 어느 구간을 이용하느냐에 따라 예약이 다를 수 있으므로 미리 확인한다. 특수한 구간의 경우 예약이 전혀 되지 않는 경우도 있다. 특히 선박의 경우 날씨에 영향을 받는 경우가 많기 때문에, 고객이 예약을 요청하는 날짜의 기상정보를 확인해야 한다. 그리고 해당일의 기상에 따라 선박이 출항하지 못하고 취소될 수 있음을 반드시 고객에게 고지한다.

시내 시티투어 또는 공항으로의 셔틀버스 등에 대해 예약이 필요한 경우는 고객이 희망하는 날짜와 시간을 확인하고 그에 해당하는 교통편에 대해 예약 대행을 진행한다.

렌터카의 예약 대행인 경우 차량의 종류와 차량 종류별 렌트할 수 있는 연령 및 운전경력 등 법적 규정에 대해 안내하고, 가능한 렌트 시 보험가입에 대해서도 안내한 후 예약을 대행한다.

차량 종류별 렌트 가능 규정

차량 종류	연 령	운전경력
소형, 중형 차량	만 21세 이상	1년 이상
대형, 고급 4륜 차량 9~12인승 승합 차량, SUV 차량 15인승 승합 차량	만 26세 이상	3년 이상

렌터카 예약 시에는 예약의 규정 및 제도에 대해 고객에게 상세히 안내해야 하며, 그 기준에 따라 발생하게 되는 페널티 등에 대해서도 안내해야 한다. 다양한 렌터카 규정을 안내하고 최종 선택은 고객이 하도록 한다. 국제운전면허증 등을 확인한 후 고객이 원하는 차종이나 차량이 있는지 확인하고, 사용시간에 따른 가격을 고객에게 전달한다. 또한 고객이 희망하는 차량 인도 장소를 확인하여 렌터카 회사에 전달함으로써 고객의 불편을 최소화해야 한다. 이외에도 내비게이션의 장착 여부에 따라 패키지 가격으로 렌트 가능 여부도 확인하여 고객에게 안내한다.

5. VIP 접대

당일 VIP 목록을 보고 항공 편수와 도착시간을 점검한 후 호텔 도착시간에 맞추어 대기한다. 그리고 사전에 객실의 준비사항을 미리 점검해 둔다. 또한 공항의 호텔 영접 담당 직원Reception Representative과 협조하여 공항 출발시간과 차량번호를 미리 알아두면 편리하다. 또한 로비에 대기하고 있다가 VIP가 도착하면 인사하고 미리 준비한 포켓키Pocket Key를 들고 객실로 직접 안내한다. 객실에 고객이 도착하면 등록카드를 작성해 달라고 부탁하고, 간단히 호텔시설물에 관한 설명을 한 후 인사하고 객실을 나온다.

6. 환자 응대

환자이거나 갑자기 병이 난 고객들이 의약품을 원하면 준비되어 있는 의약품을 생수와 함께 전달하고 쾌유를 기원하는 카드를 함께 제공한다. 긴급을 요하는 고객이 발생할 경우는 호텔 내에 간호실이 있다면 해당 담당자에게 신속히 연락하여 처리하고, 호텔 내에 간호실이 설치되어 있지 않을 경우에는 가까운 병원 응급실에 연락하여 환자를 신속히 병원으로 이송할 수 있도록 한다. 혹시 환자가 평소 가지고 있는 질환이 있을 경우 반드시 이를 확인한다.

7. 우편물 보조

우편물, 소포, 메시지, 티켓 등과 찾지 않는 것 등은 예약 장부와 투숙고객 명단, 퇴숙Check-out

명부를 매일 대조하여 전달하고 퇴숙한 고객에게는 즉시 알린다. 퇴숙한 후 도착한 우편물이나 팩스 등은 고객의 사업주소로 수취증을 보낸다. 보내기 전에는 가능한 전화로 고객에게 내용물과 보낸 곳, 퇴숙 후 도착했다는 것을 알린다.

8. 기타 정보

호텔 이용고객은 다국적의 고객들이 방문하기 때문에 종교도 다양하다. 따라서 모든 종교의 종파, 교파에 대한 종교시설의 위치 및 이용시간, 교통편, 연락처 등을 안내해 주어야 한다.

이상과 같이 다양한 업무를 처리해야 하는 컨시어지Concierge는 호텔에 머무는 모든 고객의 자잘한 사항을 보조하는 역할을 실행해야 하기 때문에, 기본적으로 영어 외에 제2외국어 구사능력이 능숙해야 한다. 또한 직업에 대한 긍지와 정확한 판단력이 필요하며, 화술은 물론 문장으로도 의사소통을 훌륭하게 구사할 수 있어야 한다. 또한 다양한 업무를 수행하기 위해 항상 건강한 신체를 유지하고 단정한 인상을 주는 용모를 갖추어야 한다.

모든 고객의 주문과 불평 등을 처리하고 세심한 주의와 타 부서와의 조직력을 갖추어야 한다. 이를 위해서 적극적이며 타인을 배려할 줄 아는 능력을 키워야 한다. 2005년 7월 문화체육관광부 소관의 사단법인으로 한국컨시어지협회가 만들어졌다. 그리고 2018년 4월 5일부터 10일까지 총 6일간 인터콘티넨탈 서울 코엑스에서는 제65회 세계컨시어지협회 총회가 개최되었다.

레끌레도어에게 부여되는 골든키 배지

국내 골든키 획득자인 인터콘티넨탈 호텔의 김○중 지배인

세계컨시어지협회 총회는 전 세계 레끌레도어 회원들이 매년 교육, 정기회의 및 네트워크 형성을 위해 각국을 순회하며 개최하는 회의이다. 레끌레도어는 세계컨시어지협회의 자격기준에 따라 심사과정을 거친 후 골든키를 부여받은 베테랑 호텔 컨시어지를 의미한다.

21세 이상의 호텔 객실 부서 경력이 최소 5년 이상이며, 컨시어지 근무경력이 최소 3년 이상, 현 정회원 3인 추천을 받은 사람, 한국컨시어지 협회 정식 등록 후 협회 지정 출석률을 준수한 사람, 한국컨시어지협회 출제시험 및 인터뷰에 통과한 사람이어야 심사대상이 될 수 있다. 자격을 인정받게 되면 유니폼 재킷 상단에 황금열쇠키 배지를 달고 근무할 수 있다. 2018년도 기준으로 전 세계 40개국 약 5,000여명의 레끌레도어가 활동하고 있으며, 한국에는 25명이 있다. 국내 최초의 골든키 주인공은 인터콘티넨탈호텔의 홍종표 지배인이다.

제4장 귀빈층서비스

호텔산업의 양대 수요 원천은 호텔 객실부문과 식음료부문이다. 이 중 객실부문은 보다 고급화, 대형화되고 있는 추세이다. 최근에는 객실이 단순한 숙박시설이라는 개념에서 벗어나 현대 비즈니스맨들에게 사무실의 연장으로 그 역할이 다양화되고 있다.

호텔 객실부문의 경우에는 비즈니스 여행자의 증가와 함께 이들을 위한 최고의 서비스를 제공하는 귀빈층이 발전하고 있는 추세이다. 복잡한 업무와 잦은 출장의 현대 비즈니스맨들을 위해 호텔에서는 최고의 서비스를 제공하는 귀빈층을 확대해 나아가고 있다. 이는 귀빈층을 이용하는 고객의 95% 이상이 비즈니스 고객이며 귀빈층을 이용하는 고객은 각종 부대시설, 비즈니스센터 등으로 이용함으로써 발생되는 이익이 일반 여행객보다 상업적으로 높은 비중을 차지하기 때문이다. 최근 들어 비즈니스 경향의 동양계 고객과 여성 고객이 차츰 증가하고 있는 추세이다.

비즈니스 여행자들은 구매력이 높고 수요가 비탄력적인 관광객과는 달리 업무 목적으로 여행을 하는 고객들이다. 따라서 대부분 전문직이나 관리직에 종사하는 사람들이며 각 분야에서 여론 선도자Opinion Leader격인 사람들이다. 이들은 대부분 까다로운 성향을 지닌 것이 특징이며, 여행 비용은 회사에서 대부분 지급하기 때문에 다른 여행자들보다 경제적으로 여유가 있으며, 객실요금보다 부가적인 서비스로 무엇을 제공하는가에 따라 서비스 측면에서 투숙할 호텔을

JW 메리엇의 귀빈층 라운지

결정하기 때문에 귀빈층을 선호하는 고객들이라고 할 수 있다.

일반적으로 비즈니스 고객들은 시간에 대해 매우 민감한 고객층이다. 따라서 신속하고 효율적인 서비스 제공이 가장 중요하다. 이들은 일반 여행자들로부터 분리되어 자신들만의 휴식을 취하고 업무와 사고를 할 수 있는 공간이 필요하며, 주변의 사람들로부터 존경과 인정을 받기를 원한다. 귀빈층은 이러한 고객들의 특성에 맞는 시설과 서비스를 제공하는 곳이다.

귀빈층을 이용하는 고객들은 호텔에 대한 경험이 많고 호텔 문화에 적응되어 있기 때문에, 세련되고 호텔 생활이 여유가 있으며 직원들에게도 호의적이다. 귀빈층을 이용하는 고객들을 위해 철저히 준비된 서비스로 이들에게 강한 이미지를 남겨주어야 한다. 대부분의 호텔에서는 귀빈층에 등록한 고객들만 이용하는 전용 라운지Private Lounge Are를 가지고 있으며, 여기에서는 간단한 조식 뷔페와 바Bar서비스가 무료로 제공된다.

이러한 귀빈층은 '호텔 내의 호텔'이라 불리고 있으며, 일반고객과는 차별화된 서비스와 편안함을 제공함으로써 고객에게는 최고의 만족감을 안겨주고 호텔은 이미지 쇄신과 전체적인 매출신장에 일익을 하려는 데에 목적이 있다. 이곳에 머무는 고객을 위해 일반 프런트 데스크에서 호텔 객실의 등록 및 퇴숙 업무를 보는 것이 아니라, 별도로 라운지에서 신속한 등록 및 퇴숙서비스Express Check-in, Check-out Service를 실시한다. 이뿐만 아니라 비즈니스 고객의 사무능률을 높이기 위한 회의실을 설치하여 각종 첨단 OAOffice Automatic기기를 비치하여 고객의 편리를 도모하고 고객의 응대와 휴식을 위한 무료 음료와 스낵을 항상 서비스하고 있다. 개별 라운지에는 신문 · 잡지 · 도서 등 읽을거리를 비치해 놓고 있으며, 언제든지 서비스를 제공할 외국어 실력이 뛰어난 안내 전담직원을 배치하게 된다.

국내 각 5성급 호텔 귀빈층의 특징을 살펴보면, 신라호텔은 새롭게 호텔을 리노베이션Renovation하며 귀빈층의 분위기를 고가서적 600여권으로 채워 고풍스러움과 지적인 모습을 강조하고 있다. 책의 종류도 건축, 디자인, 호텔, 레저, 예술 등 다양한 분야의 저서들을 비치하고 있다. 가구 역시 이탈리아 명품 보테가 베네타의 가죽 암체어 등 초고가의 가구와, 조선백자 달항아리 등의 예술품들이 귀빈층의 품격을 더해 주고 있다.

서울 웨스틴 조선호텔의 경우에는 짙은 브라운색 인테리어와 대리석 탁자로 고급스러움을 강조하고, 해피아워에는 요일별로 다른 칵테일 메뉴가 제공된다. 귀빈라운지 중 1층에 위치하고 웨스틴 로열클럽WRC에서는 직원과 고객의 비율이 거의 1대 1 수준으로 서비스가 진행되고 있으며, 쿠키와 빵, 차 종류도 최고급품으로 구비되어 있다.

롯데호텔 서울의 경우 남산과 경복궁, 청와대가 한눈에 보이는 곳에 귀빈층 라운지가 본관 31층에 위치하고 있다. 유리로 칸막이가 되어 있는 별실이 있으며, 최대 22명이 이용할 수 있는 두 개의 대회의실과 6인실, 10인실 등 빔 프로젝터와 초대형 스크린, 최첨단 화상회의시스템을 갖춘 4개의 회의실은 물론 인터넷과 네트워크 업무를 지원하는 워크스테이션도 갖추고 있다. 리프레싱룸Re-freshing Room에는 안마의자를 비롯하여 산소발생기, 적외선램프, DVD플레이어, CD플레이어, 4인용 소파와 테이블 등이 비치되어 있어 안락함과 편안함을 제공하고 있으며, 본관 22층에는 여성들만을 위한 레이디스 라운지를 별도로 운영한다.

서울 프라자호텔의 귀빈층 라운지

더 플라자호텔의 경우는 2010년 수리하며 이탈리아 디자이너 귀도 치옴피가 18층 클럽 라운지를 기획하였다. 규모는 타 호텔에 비해 적지만, 덕수궁이 한눈에 들어오며, 휴게실에는 보스BOSE 헤드셋과 평면 TV를 갖추고 있고, 8인용 회의실을 최대 2시간까지 무료로 사용할 수 있도록 서비스한다.

강남의 임페리얼 팰리스 서울에서는 20층에 귀빈층이 위치하고 있다. 엘리베이터에서 내리면 한국 전통가옥 형태의 모습이 펼쳐진다. 전통 부엌의 모습과 한국의 역사를 담은 고가구로 외국인들이 관심 갖게 되는 요소들을 비치하고 있다. 미팅룸 역시 한실과 양실을 구비하고 있어 고객이 선택할 수 있도록 하고 있다.

밀레니엄 서울 힐튼의 경우는 남산 전망을 볼 수 있어서 사계절의 자연을 만끽할 수 있다. 테이블마다 생화로 장식되어 있어 남산 전망의 자연과 잘 어우러져 있다. 여의도에 위치한 힐튼호텔 계열의 최고급 브랜드인 콘래드 서울에서는 37층에 라운지를 마련하여 북한산을 볼 수 있도록 하였으며, 일출과 낙조도 감상할 수 있도록 하고 있다. 라운지에는 벽난로를 설치하여 아늑한 분위기를 연출하고 있으며, 고객들을 위해 아이패드와 노트북을 무료로 이용할 수 있도록 준비하고 있다. 신도림역에 위치하고 있는 쉐라톤 디큐브시티의 경우는 38층에 귀빈층 라운지를 마련하고 있으며, 회의실은 1시간 동안 무료로 이용할 수 있다.

1. 귀빈층의 운영상 특징

호텔의 일반 객실상품의 특성은 같지만 제반 여건은 큰 차이가 있다. 일반적으로 귀빈층의 고객은 개별고객이 대부분이고, 비즈니스 목적으로 여행을 하는 사람들이 95% 정도이다. 이들은 일반고객들과는 차별화된 서비스와 대우를 받기를 원하기 때문에, VIP의 대접에 걸맞는 서비스를 해주어야 단골고객화 할 수 있다.

귀빈층Executive Floor은 이러한 차별화되고 고급화 된 서비스가 이루어지기 때문에 가격이 높게 책정되어 있으며, 전담직원을 배치하여 별도의 서비스를 제공한다.

VIP 고객의 국제적 관용 호칭

직 위	영문 존칭
황제	H.I.M : His(Her) Imperial Majesty
국왕, 왕비	H.M : His(Her) Majesty
황족	H.H : His(Her) Highness
왕자	H.R.H : His Royal Highness
교황	H.H : His Holiness
대통령, 수상, 외상, 대사, 국제연한 사무총장	H.E : His Excellency
공사, 총영사, 국회의원, 국제 민간항공기구 사무총장	HON : Honorable

2. 귀빈층의 기본서비스

귀빈층의 조식준비 상태

귀빈층 전용 라운지에서 고객에게 제공되는 기본서비스는 다음과 같다.

첫째, 대표적인 서비스로 호텔 도착 즉시 컨시어지Concierge 또는 GROGuest Relation Officer의 영접을 받으며 귀빈층Executive Floor 고객이라는 서명만으로 등록Check-in이 된다.

둘째, 일반적으로 신속한 호텔 객실등록과 퇴숙

서비스Express Check-in and Check-out Service가 제공되며 객실이 허용하는 한 늦은 퇴숙서비스Late Check-out Service를 실시하기도 한다.

셋째, 조식의 경우 전용라운지에서 일반적으로 무료뷔페Buffet 형식으로 제공된다. 만약 고객이 조식에 외부고객을 동행했을 경우에는 투숙에 상관없이 클럽층의 고객들을 위한 장소이므로 자리가 허락하는 한 이번 한 번만 특별히 준비한다고 친절히 설명하고 투숙고객의 객실로 Charge한 후 차후부터는 커피숍으로 안내한다.

노보텔 앰버서더 동대문의 애프너눈 티 타임

넷째, 해피아워Happy Hour에 칵테일과 음료, 안주와 스낵 등의 기본메뉴와 Hot Dish가 특별메뉴로 제공된다. 낮시간에는 커피나 차 혹은 과일, 쿠키 등을 제공한다. 버틀러서비스Butler Service를 제공하지 않을 경우 소프트 드링크Soft Drink 및 커피를 직접 제공하여 고객에게 냉장고의 안내 및 커피기계의 조작방법을 설명해 주는 기회로 삼고 'Self Service'라는 말은 절대로 하지 않는다. 이때 제공되는 음료, 커피, 주스류는 무료로 제공된다. 해피아워에는 칵테일, 맥주 등이 무제한 제공되고, 과일과 쿠키는 고객 객실에 서비스로 제공된다. 해피아워Happy Hour가 아닐 때 고객이 알코올류Alcohol를 주문할 경우 개인지불이나 현금으로 계산하고 싶어할 때 프런트 데스크를 통해 Second Folio를 만들어 객실지불Room Charge로 유도한다.

다섯째, 전용라운지에서는 다양한 종류의 외국서적, 잡지, 신문, 음악을 제공받을 수 있도록 한다. 또한 투숙고객의 방문객도 객실이 아닌 라운지에서 맞이할 수 있다.

여섯째, 비즈니스맨을 위한 사무용 기기와 복사기, 팩스, PC 등을 구비해 놓고 무료로 제공한다.

일곱째, 일정시간에 한해 사업상 환담할 수 있도록 작은 회의실이 무료로 제공된다. 전용라운지 외에 귀빈층 객실의 경우도 일반 객실과는 달리 여러 가지 비품Amenities이 차별화되어 있다.

귀빈층 객실의 경우 일반 객실보다 값비싼 가구와 비품 등을 제공하며 최상의 전자제품(TV, 팩스, 무소음 냉장고, 비디오, PC) 등을 구비하고 과일과 꽃, 주류와 각 호텔의 독특한 선물을 제공하며 고객전용 목욕가운 등을 비치하고 있다.

최근에 호텔들은 욕실의 소모품을 제공하는데 면도할 때 사용하기 편리한 확대경과 헤어드라이어, 전자식 체중계, 목욕소금, 아로마오일, 욕조베개 등을 제공하기도 한다. 대부분 귀빈층 객실의 경우 개인금고를 설치하고 매시지 음성서비스가 제공된다. 일부의 호텔에서는 무료 비디오테이프를 제공하기도 한다.

3. 귀빈층 직원의 업무

귀빈층에 근무하는 직원은 호텔 최고의 고객을 모신다는 의미에서 기본적으로 외국어 실력이 뛰어나고 접객태도 및 예절이 훌륭하며, 호텔 내의 다른 부서에서 근무한 경험이 많은 사람으로 구성된다.

첫째, 주요 업무는 근무시작 전에 먼저 업무일지를 확인하여 이전근무 직원의 근무 중 일어난 특별한 일이나 고객의 불평 · 불만사항들을 숙지하여 업무의 인수 · 인계에 차질이 없도록 한다.

둘째, 항상 정중한 인사를 하고 고객의 이름 · 취향 · 특징을 파악하여 접객서비스를 하는데 미비점이 없도록 한다.

셋째, 당일 도착 고객의 리스트를 파악하여 객실상태와 과일 · 꽃 · 환경카드 등의 준비 여부를 확인하고, VIP나 단골고객 또는 특별한 고객의 경우 추가되는 서비스를 확인한다.

넷째, 고객이 투숙한 후 15분 이내에 객실로 환영 전화를 해서 불편한 점이 없는지 확인한다.

다섯째, 당일 퇴숙Check-out할 고객 리스트를 준비하여 퇴숙날짜와 시간을 친절하고 조심스럽게 고객에게 확인하여 신속한 퇴숙Express Check-out을 할 수 있도록 조치한다. 일반적으로 귀빈층에 머무는 고객은 시간을 중시하기 때문에 타인으로 인해 기다리는 것을 가장 싫어하는 경우가 많다. 따라서 그 고객 개인을 위해 직원이 최선을 다한다는 이미지를 강하게 심어주어야 한다. 고객이 늦은 퇴숙Late Check-out서비스를 요청했을 경우 별도의 요금지불 없이 오후 3시까지 퇴숙시간을 연장해 준다.

여섯째, 아침식사를 전용 라운지에서 할 수 있도록 준비하고 서비스한다. 일반적으로 라운지에서는 조식뷔페의 형식에 의해 조식을 제공한다. 고객의 요청이 있을 경우 별도의 조식 메뉴를 제공한다.

일곱째, 해피아워Happy Hour 시간이 정해져 있기 때문에 이 시간에는 커피, 칵테일, 음료, 과일, 쿠키, 안주와 스낵 등을 무료로 제공한다. 최근에는 커피를 찾는 고객이 증가함에 따라 객실에서도 고급의 커피를 즐길 수 있도록 라운지에서는 테이크아웃 커피를 일정 횟수를 정해 고객의 요청이 있을 경우 제공하고 있다.

여덟째, 대여서비스로 다양한 종류의 외국서적, 잡지, 신문, DVD 및 비디오테이프를 무료로 제공하고 PC와 복사기를 무료로 사용할 수 있도록 한다.

아홉째, 일반적으로 1~2시간 정도 회의실 사용에 대해서는 무료서비스를 제공하고 회의에 필요한 도구를 모두 세팅한다.

열째, 고객의 요청에 따른 구두 닦기Shoeshine서비스와 다림질Presing서비스를 제공한다.

열한 번째, 항공편 예약·확인·변경·취소를 대행하며, 다음 방문지 호텔·레스토랑·문화행사 등을 예약하고 쇼핑과 관광정보 등을 제공한다.

열두 번째, 간단한 비서 업무는 귀빈층 전용라운지의 직원이 처리하고, 복잡한 것은 비즈니스센터로 연결한다.

열세 번째, 고객 기록파일을 관리하며, 변경된 항목이 있으면 수정하여 고객 개개인에 대한 관리를 정확하게 한다.

열네 번째, 투숙한 고객 중 생일을 파악하여 지배인과 상의하여 케이크, 샴페인, 초콜릿, 축하카드 등을 준비하여 축하해 준다.

열다섯 번째, 크리스마스 등 특별한 날에는 카드를 보내 감사의 뜻을 전한다.

열여섯 번째, 귀빈층 고객에게는 침대커버를 벗겨주는 잠자리서비스Turndown Service를 제공한다.

열일곱 번째, 호텔 내의 헬스클럽Health Club, 사우나Sauna, 수영장Pool을 이용할 경우 할인이나 무료입장서비스를 제공한다.

열여덟 번째, 고객의 불평사항을 고객의 입장에서 처리해 주고, 이에 대해 업무일지Log Book에 기록해 두며 지배인에게 보고하여 추후 그런 문제가 발생하지 않도록 조치한다.

4. VIP 고객서비스

호텔시스템을 통해 고객의 이력Guest History을 확인하고 숙지한다. 사진이 기록되어 있는 경우 고객의 얼굴을 숙지한다. 고객이 예약한 객실의 타입과 위치를 정확히 점검하고, 객실의 청소 상태나 냉·난방 상태를 철저히 점검하고 확인한다. 객실 내의 냉장고 상태 및 객실 내 비품과 선물들이 고객의 등급에 맞게 세팅되어 있는지를 확인한다.

1) 객실 점검사항

침실의 경우 도어 메뉴 및 키 작동 여부를 확인하고 조명 점등상태 및 온도를 확인한다. 일반적으로 객실의 기본 온도는 겨울에는 섭씨 24~25℃ 정도로 세팅하고, 여름에는 섭씨 20℃ 정도로 세팅한다.

모든 가전제품인 예를 들어, TV, DVD, 커피메이커, 금고, 모바일폰 등의 작동상태를 점검하고 확인한다. 가구의 상태 및 카펫, 유리창, 커튼, 침대의 청결상태와 정돈상태를 점검하고 확인하며, 미니바의 내용물을 확인하고 소음 등을 점검한다.

2) 욕실 점검사항

욕실은 위생공간이기도 하지만, 물과 비누의 사용으로 안전에 대해서도 조심해야 하는 장소이다. 샤워부스, 욕조의 청결상태를 점검하고 수압을 점검하며, 하수구의 물빠짐 상태를 점검하며 변기의 청결도를 점검하고 작동상태를 확인한다. 또한 비데의 작동 여부를 확인한다.

욕실 내에 비치되어 있는 전자 및 전기제품의 작동을 확인하고, 헤어드라이기의 상태 및 줄의 꼬임상태까지도 확인한다. 소형 TV가 비치되어 있는 곳은 리모컨의 작동 여부도 확인한다. 목욕 용품인 샴푸와 린스, 비누, 각종 화장품, 수건 등은 각각의 수량을 확인하고 청결상태를 확인한다.

3) 특별 요청사항 점검

고객이 특별히 꽃, 과일, 와인, 신문 등의 요청이 있을 경우에 과일과 꽃의 경우는 신선도를 확인하고, 나머지의 경우는 준비상태를 반드시 확인한다. 특별고객의 경우 총지배인의 환영카드 등이 작성되어 비치되어 있는지 확인하고, 고객의 이름 철자가 정확히 맞게 기입되어 있는

지도 확인한다.

4) VIP 고객의 지불상황 점검

고객의 예약 상황과 고객의 지불조건 상황이 일치하는지 확인해야 한다. 객실료만 지불하는 경우나 모든 비용을 회사로 청구할 경우에 일반적으로 후불 청구가 가능하도록 하고 있다. 따라서 이에 대한 점검 및 확인이 필요하다. VIP 고객들의 경우 지불 조건에 대해서 객실뿐만 아니라 타 업장에서도 함께 정보를 공유하도록 시스템상에 기록하고 이를 확인한다.

5) VIP 고객의 일정 점검

고객이 소속된 회사 관계자 또는 마케팅 부서와 협조하여 고객의 일정표를 받는다. 고객의 일정표는 비밀리에 관리하며, 고객의 일정표에 맞추어 고객이 사용하는 차량을 미리 배치하고 고객의 일정이 흐트러지지 않도록 한다. 대부분의 VIP 고객들의 특징이 시간에 대해 매우 엄격하다. 따라서 모든 일정에 차질이 없도록 사전에 수시로 점검하고 준비해야 한다.

고객의 차량배치 현황은 벨 데스크와 협업하여 준비하고, 기사에게도 고객의 호텔 출발시간, 항공기 이륙시간 등을 전달하여 착오가 없도록 한다. 이외에도 차량 내부의 환경은 쾌적한지도 점검한다. 고객이 체크아웃 할 경우 체크아웃 날짜 및 시간을 사전에 확인하고, 공항 영접 직원에게 VIP 고객이 호텔을 출발했다는 것을 알려 공항 담당자가 미리 대기할 수 있도록 하여 고객의 동선에 막힘이 없어야 한다. 고객의 대기시간은 1분을 초과하지 않도록 해야 하며, 고객이 기다리는 시간이 길어지는 경우에는 고객에게 양해의 말을 건넨다.

제5장 기타 접객서비스

1. 비즈니스센터 서비스

밀레니엄서울 힐튼호텔의 회의실

사업차 방문하는 상용고객의 비즈니스를 효율적으로 실현할 수 있도록 개인비서 기능의 업무를 담당하는 곳이다. 최근의 도심지 호텔은 대부분 비즈니스호텔의 성격을 가지고 있으며, 단체고객보다는 사업 목적으로 방문하는 상용 개별고객의 비중이 더 크다. 따라서 이들의 호텔이용은 단순한 휴식의 공간뿐만 아니라 업무의 공간으로 이용되는 경우가 많다. 이를 위해 호텔의 비즈니스센터에서는 OA 기기 대여, 우편 및 전신 업무, 팩스 업무, 번역과 통역 업무 등을 처리한다. 비즈니스센터Business Center의 주요 업무는 다음과 같다.

1) 개인비서 업무

고객을 위한 개인비서 업무로 대표적인 것은 첫째, 팩스, 복사, 워드프로세서 타이핑Typing 업무, PC서비스를 제공한다. 둘째, PC를 대여할 경우 일자, 시간, 객실번호, 고객의 이름을 정확하게 기재한 후 고객에게 제공한다. 최근에는 귀빈층의 경우 대부분 객실 내에 PC를 사용할 수 있도록 비치해 놓고 있으며, 인터넷서비스까지 제공하고 있는 호텔들이 증가하고 있다. 셋째, 고객에게 팩스나 메시지를 전달하고자 할 때는 객실번호, 성명, 날짜, 시간, 용건을 정확히 기재하여 신속하게 프런트 데스크 직원에게 전달한다.

2) 팩스 업무

팩스 송·수신은 상용고객이 주로 요청하는 가장 많은 업무 중의 하나이다. 고객으로부터 팩스 업무에 대한 요청을 받았을 경우 다음과 같은 절차로 업무를 처리한다.

(1) 팩스 접수 시

우선 팩스가 외부로부터 접수되면 접수시간을 기록한 후 객실번호의 고객성명을 정확히 기입한다. 둘째, 수신자가 투숙 고객인지 퇴숙한 고객인지를 확인한 후 접수자의 서명을 한 후 봉투에 넣어 객실번호, 고객이름을 기재한 후 프런트 직원에게 전달한다.

(2) 팩스 발송 시

비즈니스센터에서의 문서작업을 위한 도구

첫째, 팩스 송신시간, 매수, 팩스번호를 정확히 고객에게 확인한다. 둘째, 팩스의 원본과 상대방이 받은 팩스가 동일한 것인지를 확인한다. 셋째, 팩스의 원본과 송신 확인서를 서비스 봉투에 넣어 객실번호, 고객이름을 기입하여 프런트 직원에게 전달한다.

팩스 업무에 관련된 요금은 요금표에 의하여 계산서를 작성하고 1일 영업보고를 작성한 후 즉시 프런트 회계담당 직원Front Cashier에게 계산서를 전달한다.

3) 회의실 제공 및 관리

웨스틴 조선호텔의 비즈니스센터 내 회의실

비즈니스센터에서는 고객들의 사무실 업무를 대행해 주고 있다고 보면 틀림없다. 따라서 국외로 또는 타 지역으로 출장을 온 고객들의 경우 사업상 회의가 많다. 이를 위해 고객에게 회의실을 제공하는 업무가 중요하다. 회의실 장비로 멀티미디어 회의를 위한 컴퓨터 및 빔 프로젝터, 각종 관련 기기, 비디오, 휴대용스크린, OHP 등을 구비한다.

회의실 운영 시에는 다음과 같은 사항에 유의해야 한다. 회의실의 정돈 및 청결을 유지한다.

투숙고객이 회의실 이용 시 호텔 규정에 따라 일정시간을 무료로 이용하게 하고, 그 외의 시간은 반드시 이용료를 부과한다. 회의실에 배치되어 있는 책상 · 의자 등의 가구나 전화 및 회의용 장비관리를 철저히 한다. 회의실은 예약제로 운영한다.

4) 회계 업무

비즈니스센터를 이용한 고객을 대상으로 1일 영업보고서를 작성하여 당직 근무자Night Audito에게 전달한다. 특히 송신Out Going, 수신Incoming 팩스는 고객용과 업무용으로 구분하여 건수 · 총 기본료 · 총 수수료 합계를 순서대로 기입한다. 팩스 · 복사에 대한 계산서를 발행할 때는 날짜, 이름, 객실번호, 요금을 정확하게 기입하여 작성한다.

5) 이용현황 작성

당일 이용고객에 대해 성명, 객실번호, 서비스 내역, 국적별로 나누어 기록한다. 이용객의 구분은 투숙고객과 외부고객으로 구분하여 기록한다.

2. 피트니스센터 서비스

최근 들어 전 세계적으로 웰빙Well Being에 대한 열풍과 건강에 대한 관심으로 고객들의 건강을 위한 피트니스센터는 호텔 내의 필수시설로 인정되고 있으며, 다양한 경영 형태로 일부의

JW 메리어트 강남의 피트니스센터 데스크와 골프 연습장

호텔 피트니스센터

호텔에서는 확대하는 추세에 있다.

피트니스센터의 운영은 경영 형태에 따라 멤버십Membership 방식과 퍼블릭Public 방식, 세미 퍼블릭Semi Public 방식 등으로 구분한다. 피트니스시설을 다수가 공동으로 소유하는 형식의 '공유제 방식'과 기업이 발행하는 주식증권을 취득함으로써 회원권을 취득하는 '주식회원제 방식'과 입회금, 예탁금을 지불함으로써 회원권을 취득하는 '예탁금제'가 있다.

1) 공유제 방식

피트니스클럽의 설비 및 시설을 회원이 공유하는 방식이다. 소유권 이전 방식 및 오너시스템 방식이라고도 한다. 이 방법은 안정적인 재산보존이 가능하며 회원권 판매가 쉽다. 호텔측에서는 판매 이익의 파악이 용이하다는 장점이 있지만, 법적 규제가 까다롭다. 고객의 측면에서는 재산증식의 가치가 있으며 회원들끼리의 유대가 밀접하다. 호텔측에서는 영업정책 수행에 어려움이 있다. 하지만 회원들의 호텔에 대한 신뢰는 매우 높다고 볼 수 있다.

구분	보증금	연회비 (VAT별도)
개인/법인1인	30,000,000	2,700,000
가족2인/법인2인	45,000,000	5,000,000
가족/법인 기명1인+무기명1인	55,000,000	6,480,000
VIP 기명1인	80,000,000	면제
VIP 무기명1인	100,000,000	면제

회원 혜택

품목	할인	참고 및 주의사항
객실	50%	각 호텔별 공시가 기준
레스토랑	20%	생일당일, 케이크 제공(음료 및 주류 제외)
생일혜택	30%	생일당일 이용
연회	10%	가족행사 (결혼식 제외)
스파	20%	-
세탁 서비스	30%	-
클럽 이용쿠폰	5ea	사우나/휘트니스 이용가능
골프 연습장	50분	무료
무료주차	4시간	등록 된 차량 1대

[회원권종류]
▶개인, 부부, 법인 등

[회원권연회비 / 2019년도]
▶개인 : 3,350,000원
▶부부 : 6,700,000원

[회원권입회절차]
1. 회원권계약
2. 명의변경 서류접수
3. 약 3주~4주 결제기간 후 입회승인
4. 클럽 이용 및 취득세 납부

용산 드래곤 시티호텔 피트니스센터 회원권 가격 : 2018.02.01. 현재(좌)
JW 메리어트 강남호텔의 피트니스센터 회원권 가격 : 2019년 현재(우)

회원권	코엑스 인터컨티넨탈호텔 (코스모폴리탄) 휘트니스회원권	
회원권종류	개인회원권	가족회원권
회원자격	만 18세이상의 남녀 개인 (기명 or 무기명)	회원의 법적 배우자, 혈족 이되 2인 기명으로 구성
회원혜택	호텔 내 레스토랑 및 바 이용 시 10% 할인 (연회행사 제외) / 세탁서비스 20% 할인 인스파(인터컨티넨탈 서울 코엑스 2층) / 스파 프로그램 25% 할인, 파르나스몰 혜택 이용	
매매가	3500만원	5200만원

코엑스 인터컨티넨탈호텔 피트니스 회원권 가격 : 2019.02.25. 현재

2) 예탁금제

입회금과 예탁금을 지불함으로써 피트니스시설을 이용할 수 있는 방식이다. 이는 '이용권판매 방식'이라고도 한다. 이 방식은 첫째, 호텔의 자산이 증가한다. 둘째, 공유제에 비해 판매가격이 저렴하다. 셋째, 영업정책의 변화에 제약이 없다. 넷째, 입회의 자격에 제한을 둘 수 있다. 다섯째, 법적 규제가 약하다. 여섯째, 여유자금이 필요하다.

대부분의 호텔 피트니스센터는 멤버십 형태의 이용권 판매 방식으로 운영되고 있으며, 이는 다시 영구회원제(평생 회원제)와 단기회원제(연회원제, 월회원제)로 분류하여 운영하고 있다.

3) 퍼블릭 방식

시설의 이용자격에 제한이 없고, 누구나 일정금액의 입장료를 지불하면 자유롭게 이용할 수 있는 형태의 운영 방식이다. 이 방식의 운영 호텔은 투숙하는 고객에게 크게 제한을 두지 않고 자유롭게 이용할 수 있도록 하고 있다.

4) 세미 퍼블릭 방식

시설을 예탁금 또는 입회비를 지불한 회원들과 이용할 때마다 요금을 지불하는 일반 이용객들이 공용으로 이용하는 형태의 운영 방식이다. 이 방식은 고객들이 투숙기간 중 호텔 내에서 여가를 선용할 수 있어 상품으로서 활용가치가 높다. 회원관리 방법으로는 우선 고객과의 전화상담이 이루어진 후 고객을 방문한다. 고객이 피트니스센터의 시설을 견학한 후 계약을 체

결하는 단계를 거친다.

일반적으로 이상의 모든 방식은 회원관리를 하게 된다. 그 방법은 다음과 같다.

첫째, 회원 가입신청서를 작성한다. 고객의 결정을 문서화하는 단계로, 담당자는 고객의 신청서 작성을 도와주며, 개인회원보다 부부회원, 나아가서 가족회원을 가입하도록 설득한다. 둘째, 회계처리 및 회원카드 발급단계이다. 먼저 신청서 작성 후 가입금을 납부하면 경리부에 입금시켜 회계처리하고, 영수증을 발급한 후 가입된 회원의 회원 번호를 피트니스센터 사무실에서 부여하고 회원카드를 발급한다. 셋째, 회원관리 단계이다. 회원카드를 발급한 후 신규 회원이 사용할 사물함 및 라커를 점검하고 회원 관련 파일을 정리한 후 신규 회원에 관련된 정보를 관련 영업 중에 통보하여 이용에 불편함이 없도록 한다. 넷째, 신규 회원의 안내단계이다. 회원이 처음 방문하면 담당 지배인은 회원을 각 영업장으로 안내하면서 어색함이 없이 친근함을 느끼도록 한다.

웨스틴 조선호텔

더 플라자호텔의 피트니스센터

JW 메리어트 반포 피트니스센터 내 수영장

피트니스센터를 운영하게 되므로 호텔 수익은 대부분 회원이 납부하는 연회비의 수입에서 발생하게 된다. 평생회원제를 채택, 운영하는 호텔에서는 연회비와 보증금의 이자수익으로 발생되며, 단기회원은 월 회비에서 수익이 발생된다. 부수적으로 명의변경 수수료, 사물함 대여료, 동반객 입장료 수입, 식음료 매출, 강습지도 요금 등에서 수익이 발생된다.

3. 전화교환 서비스

상대방의 표정을 볼 수 없는 상태에서 이루어지는 업무의 대표적인 것이 전화 교환 업무이다. 따라서 상대방의 의도를 정확히 파악하는 것이 중요하다. 목소리로 서비스하는 업무이므로 좋은 음성을 가진 사람이 적임자이다. 전화 교환원의 자격은 국가가 인정하는 교환원 자격증을 가져야 하며, 친절하고 신속 · 정확한 서비스를 수행해야 한다. 항상 전화 교환원은 요금과 통화시간, 상대방의 전화번호를 정확히 기재하여 전화전표를 작성한다.

1) 교환 책임자의 업무

전화 교환 책임자는 교환 업무를 총괄하고 매일 근무일지를 작성하며, 교환원들에 대한 지휘 · 감독 및 각종 보고서 작성 업무를 담당한다. 그 외에도 고객들의 불평처리, 고장수리 의뢰에 대한 업무를 타 부서에 신속하게 연락하여 조치할 수 있도록 돕는다.

2) 교환원의 업무

대표적인 업무로 전화 교환 업무를 수행한다. 특히 전화 · 전신 접수 업무를 수행하며 기상신호 업무Wake Up Call or Morning Call도 병행한다. 기상신호 업무를 접수할 때는 기상신호 용지에 객실번호와 깨우는 시간을 기입하고, 교환원 서명이나 번호를 기입한다. 외국인의 경우는 국적별 표시를 한다. 또한 시간고정Alarm Clock을 확인한다. 특히 숙박고객을 깨울 때의 유의사항은 신호를 보내 인사하고 고객의 대답을 확인한다. 응답이 없을 경우 그 층의 담당자에게 연락하여 객실까지 가서 확인해야 한다.

담당자는 고객이 응답하여 일어난 것을 확인해야 한다. 최근에는 자동기능으로 기상신호를 보내는 경우가 많기 때문에, 고객이 원하는 시간에 기상했는지를 확인해야 한다. 업무일지 및 보고서를 작성하여 책임자에게 보고하고 시외 및 국제전화 통화 업무를 돕는다. 외부에서의 문의전화에 대한 안내 업무를 수행한다.

3) 국제전화 업무

고객이 국제전화를 신청할 때 확인해야 할 사항으로는 대화자의 성명, 신청자의 전화번호, 대화자의 전화번호를 확인해야 한다. 전화번호를 알 수 없는 경우, 반드시 주소와 성명을 확인한다.

국제전화 및 시외통화료 청구서

객실번호
ROOM NO.

일 자
DATE
20 . . .

지 명 CITY 국 명 NATIONALITY	호출번호 Number called	호출시간 Time called	통화 수 Minutes	금 액 Amount
계 Total				

성 명
Name

서 명
Signature

검 인

담당교환원
Operator

확 인
Confirmed by

국제전화 업무수행 시 주의해야 할 사항은 요금이 비싸기 때문에 고객의 전화 요청을 정확히 접수하고 요금과 기재사항을 철저히 기록해야 한다. 통화가 끝나면 요금청구서를 작성하여 통화기록표에 기재사항을 기재하고 프런트 회계담당자Front Cashier에게 보낸다.

프런트 회계담당자는 전화요금 청구서를 고객원장에 기재한다. 최근에는 대부분 모바일 폰(핸드폰)을 이용하여 통화하고 있지만, 공식적인 회의 업무 및 비즈니스 업무상 전화서비스를 요청하는 경우도 있다.

4) 전화수입의 기록 업무

소규모 호텔의 경우는 전화통화 대장에 기록하고 고객에게 통화요금을 청구할 때에는 통화요금 청구서를 사용한다. 대규모 호텔의 경우 전표를 사용해서 고객에게 청구하는데, 2매를 작성하여 1매는 통화기록 일계표 작성에, 1매는 요금청구용으로 사용한다.

최근에는 전 세계적으로 모바일폰Mobile Phone이 확대되고 있어, 외국고객의 경우 모바일폰을 대여해 주는 서비스를 실시하고 있다. 따라서 최근에는 객실 내에서 사용하는 전화통화보다 모바일폰을 이용하는 고객이 증가하고 있다. 미국의 경우 시내통화는 무료서비스 하는 추세이나, 국내의 경우는 시내통화를 무료로 서비스하는 호텔은 없다. 국내 호텔의 경우는 호텔 내에 국제전화용 공중전화를 설치하고 있는 호텔은 없는 실정이다. 따라서 전화서비스에 관련해서는 아직도 전화교환원의 역할이 크다고 볼 수 있다.

제6부

회계서비스 업무

제1장 당직 지배인서비스

1. 예상 도착고객 관리

도착 예정시간이 지나도 체크인 하지 않은 고객명단을 파악하여 해당 예약을 정해진 절차에 따라 처리한다. 객실의 여유가 있을 때는 투숙 예정객만 파악하면 되지만, 객실이 만실에 가까운 점유율을 보이게 되면 도착 예정시간이 지난 투숙객의 관리도 해야 한다. 일반적으로 호텔에서는 예약을 접수할 때 도착 예정시간과 항공기편Flight No., 시간Flight Schedule 등의 정보를 기록하거나 컴퓨터에 입력하기 때문에 도착 예정시간을 파악할 수 있으므로, 객실의 점유율이 높은 날짜에는 항공기의 지연과 교통체증 등을 파악하여 이상이 없으면 그 고객을 위해 배정한 객실을 판매가능 객실로 전환하여 판매한다.

1) 미도착고객 객실의 처리

확인이 가능한 예약고객인 경우 예약 시 접수한 연락처로 확인을 해야 하며, 연락이 되지 않거나 연락처가 확실하지 않은 경우에는 업무 규정에 따라 처리한다. 만약 사전에 객실이 배정된 보증예약의 경우는 노쇼No Show에 따른 객실요금을 추정할 수 있으므로 무리하게 객실을 판매하지 않도록 한다. 만약 객실점유율이 높은 경우에는 미도착이 확실하다고 판단되기 전까지는 임의로 예약을 취소하지 않는다.

2) 객실상황 점검

미도착이 확실한 경우 고객을 위해 꽃 · 과일 · 판촉물 등의 각종 물품이 세팅되어 있는 객실은 룸서비스에 통보하여 철수하도록 한 후에 일반상태의 객실을 준비하여 다른 고객에게 판매한다.

3) 노쇼 고객의 파악

예약 당시 기록되어 있는 고객의 도착 예정시간을 점검하고, 예정시간이 지난 고객의 명단을 파악하여 예약보증이 되어 있지 않은 경우를 제외하고는 호텔의 업무 규정에 따라 노쇼 처리를 한다. VIP 고객이나 단골고객의 경우는 판매가능 객실의 상황에 따라 처리하지만, 가능하면 임의로 예약을 취소하지 않고 최대 허용시간까지 기다리도록 해야 한다.

노쇼 처리를 위해서 예약 당시 고객이 제공한 정보에 의한 위약금 청구가 가능하도록 제도적 장치를 마련하고 있다. 일반적으로 호텔에서는 오후 6시가 넘어도 고객이 체크인 하지 않을 때 노쇼 처리한다. 이 경우 반드시 고객정보를 확인하고 고객에게 연락하여 확인한다.

2. 고객메시지 확인

최근에는 대부분의 호텔에서 전자카드키시스템을 채택하고 있다. 이와 같은 시스템을 이용하고 있는 호텔에서는 고객의 메시지를 컴퓨터 화면에 입력하고 메시지 내용을 인쇄하여 객실에 전달하는데, 수신된 메시지나 우편물이 정확하게 전달되었는지를 확인한다. 특히 외부로부터 투숙객 앞으로 오는 팩스 등은 신속하게 전달이 되도록 해야 한다. 가끔 이러한 메시지가 신속하게 전달되지 않아 고객으로부터 항의를 받는 경우가 발생하기도 하기 때문에, 전달시간과 전달자의 성명을 대장에 기록하고 가능하면 즉시 전달하도록 한다. 나이트 오디터는 반드시 메시지가 정시에 고객에게 전달되었는지를 확인하고 이를 대장에 기록한다.

3. 매출액 점검

호텔 객실정보시스템에 입력된 매출과 점유율을 점검한 후 호텔 정책에 따라 당일 업무를 마감한다.

1) 객실요금의 점검

객실 예약 시 객실요금을 기준으로 객실 형태별로 실제로 적용한 요금이 호텔 객실정보시스템에 정확하게 입력되었는지 확인한다. 단체요금 및 주중 또는 주말요금은 변동 가능하기 때문에 업무진행의 정확성을 위해 객실요금확인보고서Room Rate Checking Report를 통해 확인한다.

2) 영세율의 확인

호텔요금은 세금이 부과되지만, 세법에 규정되어 있는 바와 같이 외교부장관이 발급하는 면세자(외교관이나 주한미군 등)는 세금을 부과하지 않기 때문에 세금의 부과 여부를 확인한다. 단 정부에서 발행하는 면세대상자라 할지라도 요금을 타인이 지불할 경우 영세율 적용을 받을 수 없다. 영세율을 적용한 경우 체크인 또는 체크아웃 시에 해당되는 고객의 영세율 허가증을 복사하여 사본을 고객원장에 첨부해야 한다.

4. 슬립아웃룸 점검

슬립아웃Sleep Out은 투숙객이 투숙하고 있는 기간에 실제로 객실에 투숙하지 않고 외부에서 숙박하는 것이다. 일반적으로 고객의 사정으로 인해 외부 숙박을 할 경우 프런트 데스크에 보고를 하면 객실상황과 호텔의 사정에 따라 숙박비의 계산 여부를 결정한다. 단골고객이나 장기숙박자의 경우 객실상황이 여유가 있는 경우는 대부분 객실요금을 부과하지 않는다. 그러나 고객이 프런트 데스크에 알리지 않고 객실에서 숙박을 하지 않는 고객은 다음과 같이 처리한다.

1) 객실에 수하물이 없는 경우

객실 내에 고객의 수하물이나 개인 소지품이 없는 상태에서 입숙하지 않을 경우, 그때까지의 요금을 확인한 다음 일단 체크아웃 처리를 한다. 이때 고객이 계산해야 할 요금이 없을 때는 체크아웃 처리하면 되지만, 지불해야 할 금액이 있을 경우는 외상거래City Ledger로 처리하였다가 등록카드상에 기록된 연락처로 지불요청을 의뢰한다.

2) 객실에 개인수하물이 있는 경우

고객의 수하물이나 소지품이 남겨져 있는 상태에서 고객이 들어오지 않을 때에는 고객의 객실요금 정산관계를 확인하고, 당직 지배인에게 보고하여 고객의 동정을 살펴 결정해야 한다. 호텔의 장기투숙객이 여신한도를 넘긴 상태의 경우는 객실에 있는 고객 수하물을 철저히 점검하고 연락처를 통해 고객에게 확인한 후 호텔 규정에 따라 처리한다.

5. 익일 업무수행 준비

익일 아침에 많은 고객이 퇴숙하고 경영진에게는 당일 매출 및 고객의 상황을 보고해야 하므로 프런트 데스크는 매우 바쁘다. 따라서 당직 지배인은 익일의 업무를 위해 다음과 같은 사항을 준비한다.

- PMS에서 출력되는 표준화된 각종 보고서를 분류하고 정해진 규정에 따라 관련 부서에 보고서의 사본을 전달한다.
- 익일 도착 고객을 위한 등록카드를 사전에 미리 준비한다.
- 익일 예상 출발현황을 미리 준비한다.
- 야간에 발생된 각종 고객 요구상황(객실 변경 · 요금 변경 · 출발 변경 등)이나 특기사항을 구체적으로 기록하고 인수 · 인계한다.

6. 예약 및 프런트 영업 관련 보고서 관리

고객의 영접 · 환송과 하우스키핑 및 마케팅 등의 영업 업무를 담당하거나 지원하는 부서에서 효율적인 업무의 수행을 위해 업무 특성상 각 부서에서 필요한 각종 보고서를 준비하여 전달한다. 경쟁사의 영업 분석보고서는 매일 객실 및 전체 매출액에 대한 경쟁사 간의 데이터 교환으로 이루어지며 자사 및 경쟁사의 영업전략 성과에 대한 분석에 이용된다.

7. 시장분석

시장분석은 크게 두 가지로 구분할 수 있다. 자연시장점유율Natural Market Share과 시장침투율을 구하는 공식은 다음과 같다.

- 자연시장점유율 = 특정호텔 판매가능 객실수/
  전체 판매가능 객실수의 합계(호텔 A + 호텔 B + 호텔 C)} × 100
- 시장침투율 = 특성호텔 객실판매수/
  전체 판매가능 객실수의 합계(호텔 A + 호텔 B + 호텔 C)} × 100

1) 자연시장점유율

호텔 A는 객실 400실을 소유하고 있으며 아름다운 해변으로 유명한 휴양지에 위치하고 있다. 이 휴양지에는 호텔 A와 같은 등급의 객실 640실을 보유하고 있는 호텔 B, 그리고 객실 240실 규모의 호텔 C 등 두 경쟁호텔이 영업을 하고 있다. 이곳에서 제공하는 전체 판매가능한 객실수는 총 1,280실이다. 3개 호텔의 전날 객실 판매숫자는 각 300실, 400실, 그리고 180실이고, 총 판매객실은 이를 모두 더한 880실이다. 따라서 각 호텔의 시장점유율과 시장침투율은 다음의 표와 같다.

시장점유율 사례

호 텔	판매가능 객실수	판매 객실수	자연시장점유율	시장침투율
호텔 A	400	300	31.3%	34.1%
호텔 B	640	400	50.5%	45.4%
호텔 C	240	180	18.7%	20.5%
총 계	1,280	880	100%	100%

동일조건 하에서 호텔 B는 기본적으로 차지할 수 있는 시장점유율이 50%이지만, 판매 후 결과를 볼 때 50%에 미치지 못하였고, 호텔 A와 C는 기본 경쟁력보다 이상의 영업성과를 나타내고 있음을 알 수 있다. 시장점유율과 시장침투율은 경쟁사 간의 영업결과의 분석에 자주 이용되는 중요한 지표 중의 하나가 된다.

2) 시장침투율

경쟁호텔과의 경쟁에서 우위를 차지하기 위해서는 시장침투율이 자연 시장점유율과 최소한 같은 값이거나 이상이어야 한다. 시장침투율이 자연 시장점유율에 미치지 못하는 경우 여러 가지 이유를 들 수 있으며, 이를 극복하기 위해 전 경영진은 전략을 개발해야 한다.

Interim Hospitality Consultants사(社)의 대표인 젠더스 씨는 시장침투율이 떨어지는 것에 대해 다음과 같은 이유를 제시하고 있다.

- 위치
- 잘못된 프랜차이즈
- 주요 고객시장을 결정하는데 있어서 잘못된 자료들
- 주요 고객시장에 접근하기 위한 마케팅 비용의 부족
- 판매기법의 부족
- 잘못된 객실 믹스Wrong Room Mix
- 낡은 인테리어 및 데코레이션
- 잘못된 소모품 믹스Wrong Amenity Mix
- 잘못 알려진 명성

당직 지배인은 당일 발생된 모든 자료와 익일 발생할 호텔 객실 관련 정보를 정리 분석하여 효율적인 객실운영을 이끌 수 있도록 해야 한다.

제2장 수익률 관리

1. 객실가격 산출방법

호텔의 객실가격은 호텔 객실의 상품에 대한 가치를 화폐단위로 표시한 것으로, 호텔의 수익을 만들어주는 가장 기초가 되는 개념이다. 따라서 객실가격은 단순하게 결정할 수 없으며, 성수기와 비수기의 특성이 강한 호텔에서는 연중 동일한 가격으로 객실을 판매할 수 없다. 호텔의 객실가격은 일반적으로 객실점유율Room Occupancy, 종사원의 인건비, 감가상각비, 금융비용 등을 고려하여 책정해야 한다. 호텔 객실가격 책정은 크게 회계적 측면이 강조되어 책정되는 회계적 접근방법Accounting Approach과 비회계적 접근방법Unaccounting Approach으로 나누어 볼 수 있다.

1) 회계적 접근방법

(1) 객실점유율에 의한 객실가격 책정 방식

호텔의 적정 점유율에 따라 객실가격을 책정하는 것으로 1년간 객실비용과 점유율을 예측하여 평균 객실가격을 산출하게 된다. 예를 들어, 객실 100실인 호텔의 객실비용과 이익이 각각 40% : 60%이고, 예상평균 객실가격이 10만원으로 할 경우 다음과 같이 산출하게 된다.

- 객실수 : 100실
- 예상평균 객실가격 : 100,000원
- 연간 예상객실비용 : 1,500,000,000원(15억원)

위의 경우,

- 일일 총비용 = 연간 총비용 / 365 = 1,500,000,000원 / 365 = 4,109,589원
- 목표 객실점유율 = (4,109,589원 / (100,000원 × 100실 × 60%)) × 100 = 68.5%(68.5실)

객실점유율에 의한 객실가격 책정방식에 의하면, 객실가격이 일일 객실당 100,000원인 경우 목표비용을 커버하기 위해 최소한 68.5%의 객실점유율이 필요하게 된다.

(2) 손익분기점에 의한 객실가격 책정 방식

손익분기점이란, 총 수입과 투입되는 총 비용이 같은 지점에 있어 영Zero이 될 때를 말한다. 일반적으로 매출이 변하면 비용도 변한다. 그 결과 이익은 어느 지점에서 발생하게 되는지를 결정짓는 분석기법을 '손인분기점분석Break Even Point Analysis'이라고 한다.

호텔의 객실가격 책정 시에는 투입되는 비용을 정확히 파악하고 의사결정을 하게 되며, 총원가를 고정비와 변동비로 나누어 검토한다. 고정비는 감가상각비, 임차료, 임원급여, 타 지역 판촉사무실 운영비, 관리비, 수도광열비, 홍보 · 광고비가 있다. 변동비는 객실 부서원의 급여, 객실 소모품비, 판매 수수료, VIP 소모품비 등이 있다. 이를 공식으로 나타내면 다음과 같다.

- 손익분기점(BEP) = 고정비(F) / 1 - (변동비(V) / 총매출액(R)) = F/1 - (V/R)

  BEP : Break Even Point(손익분기점)

  F : Fixed Cost(고정비)

  V : variable cost(변동비)

  R : Revenue(총매출액)

  1 - (V/R) : Contribution Margin Ratio(공헌이익률)
- 손익분기점 매출 = 고정비 / 1 - 변동비율
- 기대 매출액 = (고정비 + 영업이익) / (1 - 변동비율)

이상에 의해 임의의 수치가 나오면 그것이 손익분기점, 즉 손익이 '0'이 되는 지점이므로 매출은 그 수치보다 높아야 이익을 낸 것이다.

(3) 휴버트 방식

휴버트 방식Hubbart Formula의 호텔 객실가격 책정 방식은 호텔 객실수를 기초로 하여 호텔 기업이 지출하는 연간 총 경비, 호텔 객실점유율에 의해 연간 목표이익을 계산하여 이를 기초로 호텔 객실가격을 책정하는 방식이다. 이때 연간 총 경비의 내용은 다음과 같다.

- 영업비 : 일반적으로 인건비, 일반관리비, 광고홍보비, 수도광열비, 영선비 등 영업부문의 직 · 간접비를 의미한다.
- 조세 공과금 : 영업비에서 분리된 제반 세금
- 감가상각비 : 고정자산에 대해 세법이 규정한 감가상각률을 세무회계상 회계 처리하는 금액으로 한다.
- 객실 외의 수입 : 호텔의 경우는 어원에서부터 본래의 의미가 숙박에 기초를 두고 있어 객실이 주를 이루고 있기 때문에, 총 영업비를 객실에 중점을 두고 있다. 호텔 내에서 발생하는 식음료, 부대시설, 임대수입, 잡수입 등에 따른 수입을 차감계정 수입으로 간주하고 있다.

휴버트 방식에 의한 객실가격 책정은 추정 객실부문 총 원가를 연평균 객실판매수로 나눈 것이며, 이때 연평균 객실판매수는 전년도의 실적으로 바탕한 객실 책임자가 결정한 임의의 수치이다. 객실영업이 호경기일 경우 원가 역시 증가된다.

휴버트 방식은 객실당 원가를 산출하는 것으로 산출된 원가에 적정이익을 가산하여 계산하므로, 호텔경영에 중대한 영향을 미치는 이익계획을 함께 세워야 한다. 이 방법은 첫째, 영업비용에서도 고정비와 변동비가 있고, 영업상황에 따라 변동비는 감소할 수 있다는 점을 간과하고 있다. 둘째, 매출규모가 국내 호텔의 경우처럼 객실 매출보다 식음료 매출의 비율이 더 큰 호텔의 경우 비용의 배분에 어려움이 있을 수 있다. 셋째, 객실점유율과 평균요금을 함께 관리하는 객실수익률관리Yield Management에서는 원활한 대처가 용이하지 않다. 넷째, 이 객실가격 책정방식은 고객의 대상을 주로 개별고객과 단기체재고객을 중심으로 측정하기 때문에 단체고객 및 패키지고객이 많은 호텔에서는 부적당하다. 다섯째, 시설호텔의 경우 적정이익률을 설정하는데 어려움이 있다. 여섯째, 객실 종류에 따라 가격차가 심한 객실을 많이 보유하고 있는 호텔에는 부적당하다는 단점을 지니고 있다.

최근에는 휴버트 방식을 적용하는 경우는 극히 드물다. 다만 하나의 객실가격을 책정하는 방법으로 참고하고 있다.

(4) 하워드 방식

하워드 방식Harwath Method은 휴버트 방식과 더불어 호텔 객실가격 책정의 가장 원초적인 방식이다. 하워드 방식은 '평균객실책정방식'이라고도 부른다. 이 방식은 객실가격 책정을 호텔의 총 건축비의 1/1,000을 평균 객실가격으로 책정한다. 이 방식은 단순히 평균 객실가격을 책정하기는 쉽지만, 호텔의 건축비는 시대와 지역에 따라 차이가 나고 호텔의 기타 경비를 전혀 고려하지 않았다는 단점을 가지고 있다. 일반적으로 하워드 방식은 신규호텔의 경우 객실당 투자금액에 대한 자본투자이익을 계산하고 객실 총 비용을 더하여 이것을 기초로 평균객실가격을 산정할 때 사용되었으나, 최근에는 거의 사용하지 않고 있는 방식이다.

2) 비회계적 접근방법

비회계적 가격 책정 접근방법은 수치보다는 현실성에 더 역점을 두어 이론적인 근거나 공식에 의해 계산된 내용은 아니지만, 현장에서 많이 이용되고 있는 방법이다. 비회계적 방법에는 다음과 같은 방법이 있다.

(1) 경쟁가격 책정방법

인근지역 내에 있는 경쟁호텔의 객실가격을 조사하여 객실상품이 비슷할 경우 비슷한 가격으로 가격을 책정하는 방법이다. 국내에서 많이 이용하는 방법으로 객실의 무·유형의 상품이 비슷할 때 사용하게 되므로 총지배인과 객실관리자, 그리고 마케팅책임자와의 협의를 통해 의사결정을 하게 된다.

(2) 시험적 가격 책정방법

일정기간 가격에 대해 시험해 보는 것으로 일정 시험기간Testing Period 동안의 고객반응 및 매출을 봐서 그 결과 가격을 더욱 올리거나 내려서 가격을 재책정하는 방법이다. 경우에 따라서는 고객들의 불만을 불러일으킬 수도 있기 때문에 그 기간을 오래 하지는 않는다.

(3) 심리적 가격 책정방법

계절 및 성·비수기에 따라서 회소가치가 있는 객실상품에 대해 그때마다 가격을 변동하여 책정하는 방법이다. 일반적으로 휴양지호텔의 경우 많이 사용하게 되는 방법이다.

(4) 선두기업 가격 책정방법

인근 지역의 동급 호텔이나 경쟁사, 동종업계의 가격을 참조하여 그대로 책정한다. 이 방법은 경쟁사 및 동급호텔보다 서비스나 객실상품의 질이 떨어진다면 위험한 방법 중의 하나이다.

(5) 직관적 가격 책정방법

대부분의 경험을 많이 가지고 있는 객실 책임자가 호텔 객실을 운영하면서 갖게 되는 직관에 의해 일정한 가격을 책정하는 방법이다. 가격 책정 시 그만큼 위험률이 높을 수 있다.

2. 객실가격 산출 시 호텔에서 사용하는 기본적인 공식

호텔에서 객실보고서 등을 작성할 때 많이 이용되는 공식이 있다. 이는 공식을 통해 보다 객관적인 자료를 이용하여 많은 매출과 높은 수익을 내기 위함이다. 기본적으로 사용되는 공식은 다음과 같다.

- 평균 객실가격 = 총매출액 / 판매 객실수
- 객실점유율 = 판매 객실수 / 판매가능 객실수
- Rev. PAR = 객실 매출총액 / 판매가능 객실수

객실가격에서 중요한 요소는 판매가능 객실당 평균요금인 Rev.PARRevenue Per Available Room을 높이는 전략이 필요하다.

3. 객실 수익률 관리

1) 객실 수익률 관리의 개념

객실 수익률 관리Yield Management의 개념은 호텔 객실과 같은 성격을 지닌 항공 좌석상품에

대한 매출 극대화 방안에서 1980년대에 개발되었다. 항공사에서는 이를 이용하여 효과적인 고객Right Kind of Customer에게 효과적인 형태의 좌석Right Type of Capacity을 최적의 가격Right Price으로 판매하고자 했던 것이다. 이와 같이 항공사에서 개발한 수익률 관리는 호텔, 렌터카, 유람선, 열차 등과 같이 상품의 특성이 소멸성을 가진 산업에 적용되고 있다.

수익률 관리가 호텔에 적용되기 시작한 것은 1988년 미국의 코넬대학원의 오킨Eric B. Orkin 교수가 운영하는 오킨컨설팅회사Founder and President of Eric B. Orkins Associates, a Management-consulting Firm에 의해서이다. 이것의 기초개념은 수요가 공급을 초과할 때 객실가격을 최대화하고 공급이 수요를 초과할 때 객실점유율을 최대화한다는 데에 있다.

2) 객실 수익률 관리의 측정방법

수익률 관리에서 수익Yield이란, 잠재수익Potential Revenue에 대한 실제수익Actual Revenue의 비율이다. 여기서 잠재수익Potential Revenue이란 판매 가능한 모든 객실이 공표요금Rack Rate으로 판매되었을 때 수익을 의미하고, 실제수익이란 판매된 객실에 의해 창출된 수익을 의미한다.

잠재평균요금Potential Average Rate은 점유된 모든 객실이 공표요금으로 판매되면 가장 이상적이지만, 현실적으로 거의 없다. 이는 단골고객이나 여행사 등에 할인을 적용하고 있기 때문이다.

호텔에서 수익을 계산하기 위해서는 우선 객실점유율에 실제 평균요금에 잠재평균 객실요금을 나눈 요금 효율성을 곱하여 산출한다.

- Yield = (판매된 객실수 / 판매가능한 객실수) × (실제평균 객실요금 / 잠재평균 객실요금)

이상의 방법 이외에도 점유율에 달성률을 곱하여 수익률을 구하는 경우도 있다. 이외에 호텔의 객실부문 영업성과를 측정하는 다른 방법으로 판매가능 객실수당 수익Revenue Per Available Room과 판매가능 객실수당 공헌도Contribution Per Available Room 등이 있다.

- 판매가능 객실수당 수익은 평균 객실요금에 점유율을 곱하여 나타내거나,
  '판매가능 객실수당 수익 = 실제객실 수익 / 판매가능 객실수'로 나타낸다.

- 판매가능 객실수당 공헌도는 평균 객실요금에서 한 개당 판매에 추가되는 증가비용Incremental Cost을 차감하여 점유율을 곱하여 나타낸다.
- '판매가능 객실수당 공헌도 = (평균객실요금 − 한계비용) × 점유율'로 나타낸다.

4. 수익률 관리의 실행 과정

1) 호텔 기업의 조직 내에 수익률 관리에 대한 분위기 형성

수익률 관리를 실행하기 위해서는 몇 가지의 단계가 필요하다. 우선 수익률 관리를 전체 호텔구성원이 잘 이해하고 과거 및 현재의 데이터를 이용하기 위해 호텔 정보시스템을 구축해야 한다. 이를 바탕으로 수요를 분석하고 예측하며 수익률 관리의 주 기능인 객실가격 책정과 재고관리를 수행한다. 호텔 기업에서 수익률 관리 도입 시 우선적으로 고려할 사항은 다음과 같다.

(1) 수익률 관리 문화의 형성

호텔기업 내의 모든 사람이 수익률 관리에 대해 이해하고 있어야 하며, 이를 위해서는 사전교육이 필요하다. 또한 시스템 운영에 기술이 있고 분석이 가능한 사람을 선발해야 한다. 이때 직책별 직무기술서에 수익률 관리와 객실 예측에 대한 사항을 포함시킨다. 경영자, 객실 부서장, 예약 및 판촉 담당자, 마케팅 담당자, 연회 담당자가 참여하는 객실점유 예측 커미티Forecasting Committee를 구성해야 한다. 기업 내 수익률 관리문화를 확산시키기 위해서는 경영실적에 따라 종업원 포상제도를 포함하면 보다 신속히 제도가 확산될 수 있다.

(2) 전반적인 수요분석

최대 매출액을 달성하려는 수행력에 영향을 미치는 내부적 · 외부적 요인을 정확히 모니터링하고 조정해야 한다.

(3) 적정가격 책정을 위한 요인분석

고객이 인지하는 호텔 가치를 조사 분석하고 경쟁호텔에 대한 내용도 함께 조사하여 비교

검토한다.

(4) 시장세분화

시장세분화는 가능한 최대의 객실요금의 투숙고객 비율을 높이기 위함이다. 따라서 단순한 고객시장 별 믹스에 그치는 것이 아니라, 시장세분화의 이해와 고객별 호텔 객실 이용시기의 측정, 고객 성향, 도착 및 출발 형태도 함께 파악하여 고객 성향 및 동향에 대해 보다 세밀하게 파악하고 있어야 한다.

(5) 수요패턴 분석

호텔은 타 상품과는 달리 계절성의 특징을 가지고 있다. 따라서 계절별, 월별, 일별, 요일별 수요에 대한 자료를 기초로 해야 한다. 즉 수요가 초과되면 보다 높은 가격으로 판매하고, 수요가 낮으면 가격에 민감한 단체객을 선택하여 프로모션 가격을 받아들여 점유율을 높인다.

(6) 높은 요금 적용을 위한 담당자 능력개발

고객이 객실을 예약하거나 예약 없이 워크인Walk-in으로 호텔에 와서 객실상품을 구매하려고 한다면, 최상의 협상기술을 발휘하여 평균요금을 높이는 적극적인 판매활동의 기업문화가 정착되어 있어야 한다. 이를 위해 각각의 종사원은 업-세일링 기술Up-selling Skil을 숙련시키고 항상 판매능력을 위한 자기계발의 노력이 필요하다.

(7) 수익률 관리시스템을 평가하고 수정하는 제도의 정착

모든 시스템은 각 구성요소가 그 기능을 제대로 수행하고 있는지, 다른 구성요소와 조화는 이루어지고 있는지 검토되어야 한다.

이상에서 살펴본 바와 같이 수익률 관리는 호텔 조직 내의 각 직원들의 교육 및 문화의 확산에서부터 단골고객의 창출까지 기획, 성과분석, 직원보상, 개선방안 도출 등이 반복되어야 그 목적을 달성할 수 있다.

Hotel
Front Desk
Operation

호텔 객실의 이해

제7부

하우스키핑서비스

제1장 하우스키핑서비스의 이해

호텔산업은 호텔의 어원에서 살펴본 바와 같이 숙박Accommodation이 중심이 되는 산업이다. 특히 국내 호텔의 경우에는 운영적 측면과 매출액의 규모에서 볼 때 객실부문보다 식음료부문의 비중이 높다. 그러나 외국의 경우는 호텔기업의 핵심이자 중심이 되는 '숙박'부문인 '객실'부문의 운영과 매출의 비중이 높게 나타나고 있다. 호텔기업의 순이익 측면과 객실 고객의 식음료 업장 및 타 부대업장 이용률, 그리고 그로 인한 공헌이익적 측면에서 고려해 볼 때 호텔기업 내에서 객실부문의 역할은 중요하며, 호텔에 있어 객실부문은 수익의 핵심부문이다.

국제적 체인호텔인 하얏트 코퍼레이션Hyatt Corporation의 코웰Cowell이 '일반적으로 객실부문은 호텔 전체 매출액에서 50~65%를 차지하고 있으며, 호텔 영업이익으로 보면 전체의 70~80%를 차지하고 있다'라고 표현한 바와 같이, 호텔기업에 있어서 객실부문의 수익성 기여도는 현격하다고 볼 수 있다. 따라서 호텔 내에서 객실부문의 강조는 점차 확대되어 갈 수밖에 없다.

이와 같은 환경과 더불어 국내 최고급 호텔들은 많은 종사원을 필요로 하고 인건비 및 식자재비 등 비용부문의 비중이 높은 식음료업장을 점진적으로 축소시켜 나가고 객실 중심의 호텔운영 형태로의 변화를 추진하고 있다. 이는 최근 들어 급속히 증가해 가고 있는 전문 레스토랑의 확산과 외식산업 부문의 증대로 호텔 내의 식음료업장의 경쟁력이 점차 약화되고 있기 때문이기도 하다. 이러한 호텔 외적인 측면의 요인들과 호텔의 구조조정을 통한 실리추구의 구조로 변화되어가는 현대호텔들은 호텔산업이 지닌 근원적이며 핵심상품인 객실부문의 운영을 강조하여 기업운영의 효율성을 높이고자 하는 시도가 확산되고 있다.

호텔기업의 수익창출에 지대한 공헌을 하고 있는 호텔 객실부문은 단순히 고객들의 숙박공간을 제공하는 것으로만 이해해서는 안 된다. 호텔 객실은 호텔의 주요 상품인 만큼 양질의 서비스를 위해 고객이 호텔에 도착하여 출발할 때까지의 숙박 전 과정을 통해 보다 안락하고 쾌적하며 안전한 서비스를 제공하고, 기타 고객의 편의를 위한 다양한 서비스를 제공하여 고객들이 재방문하고자 하는 생각을 할 수 있도록 노력해야 한다.

2015년 이후 국내에서는 4성급 호텔들이 급성장하고 있다. 신라호텔에서는 신라스테이란 브랜드로 비즈니스호텔을 지향하고 있으며, 롯데호텔에서는 L7이란 브랜드로 비즈니스호텔 시장을 확대하고 있다. 이들의 특징은 식음료 업장을 최소화하고 객실 중심의 호텔 운영을 통해 인건비 등의 비용을 최소화하고 수익을 극대화하기 위한 경영전략이라고 할 수 있다.

1. 하우스키핑의 개념

하우스키핑Housekeeping의 어원은 『웹스터사전Webster Dictionary』에서 'The keeping of the house (집을 수리하고 관리하는 것)'라고 정의하고 있다. 즉 가정을 관리하는 것으로 정의될 수 있다. 즉 호텔에서의 하우스키핑은 가정을 어머니가 관리하는 것처럼 호텔의 시설 및 건물의 모든 곳을 관리하는 하드웨어서비스Hardware Service를 의미한다. 즉 호텔 건물의 주된 시설인 객실뿐만 아니라 식음료 업장, 연회장, 기타 부대시설, 공공장소와 같은 호텔의 내부와 정원, 주차장, 외벽, 조경 등 호텔의 외부까지를 포함하여 최상의 상태로 관리하는 것을 말한다. 이외에도 고객 및 호텔 내부의 모든 종류의 린넨류를 관리하고 세탁 업무를 이행해야 한다.

이러한 점에서 본다면 가정에서 어머니가 가정을 관리하기 위해 실천하는 여러 가지의 업무 중 식사부분을 제외한 모든 업무와 비슷하다고 볼 수 있다. 즉 항상 청결하게 관리하고 정비함은 물론 가정을 떠난 가정으로의 또 다른 편안함과 즐거움을 느낄 수 있도록 하는데 필요한 소프트웨어서비스Software Service, 즉 인적서비스를 의미하기도 한다.

일반적으로 프런트오피스Front Office 부문이 호텔상품을 '판매'하는 곳이면, 하우스키핑Housekeeping은 호텔상품을 '생산'하는 곳이라고 할 수 있다. 왜냐하면, 상품이라는 것은 판매를 전제로 생산이 가능하기 때문에 호텔기업도 역시 룸클럭Room Clerk이 아무리 객실을 판매하려 해도 하우스키핑 부서에서 객실을 정비하거나 정돈하지 않으면 객실의 재판매가 불가능하다. 따라서 객실을 고객이 편히 쉴 수 있도록 청소는 물론 침구의 정리, 가구 및 소모품의 조달과 배치가 있어야 하고, 고객이 안전하게 머물 수 있도록 안전관리와 재산의 보호까지 책임을 져야 한다. 따라서 호텔에서 하우스키핑 부서가 차지하는 위치는 매우 중요하다고 할 수 있다.

이와 같이 호텔에서 중요한 역할을 하는 객실 부서는 타 부서와도 긴밀한 관계를 유지해야 하고, 업무를 수행하기 위해 많은 종사원과 장비를 관리해야 하기 때문에 커뮤니케이션의 활성화 및 비용관리에도 주의하여 운영해야 한다. 특히 고객의 쾌적하고 청결한 숙박을 위해 시설 및 안전을 위한 설비관리와 안전관리도 실행해야 한다. 따라서 광범위한 측면에서 본다면 하우스키핑 업무는 고객이 호텔에 머무는 동안 발생할 수 있는 모든 경우를 대비하여 보다 쾌적하고 청결하며, 안락하고 안전한 환경을 위해 준비하고 해결하는 업무를 이행하는 것이라고 볼 수 있다.

하우스키핑 부서는 호텔의 영업이 원활히 진행될 수 있도록 하기 위해 첫째, 고객의 편의와 만족을 위해 노력해야 한다. 이를 위해 고객서비스의 가장 중요한 부분이라 할 수 있는 숙박환경의 청결과 편안함을 위해 고객의 동선을 배려한 가구 및 기물의 배치와 청결상태 유지에 많은 관심을 가져야 한다.

둘째, 호텔의 수익을 위해 매출뿐만 아니라 비용 측면에서의 관리가 무엇보다 중요하다. 호텔은 자본중심적인 산업의 특징을 갖고 있기 때문에 고정자산(건물, 시설 등)에 대한 막대한 투자를 하고 있다. 따라서 매출증대를 위한 노력과 더불어 고정비용에 대한 효율적인 관리개념이 강조된다.

셋째, 호텔의 상품에 대한 생산관리를 위한 인력, 시간 등을 효율적으로 관리해야 한다. 호텔 하우스키핑 업무는 대부분 기계화하기보다는 인적자원에 의존해야 하며, 많은 종사원이 필요하기 때문에 효율적인 인적자원의 관리가 필요하다.

넷째, 각종 장비운영을 기능적으로 관리해야 한다. 청소와 세탁이 중심이 되어 그에 필요한 다양한 장비 중에는 일 년에 많은 횟수가 사용되지는 않지만 반드시 필요한 장비들이 있다. 따라서 모든 장비를 보유할 것인지의 여부와 보유하지 않을 경우 효율적이며 효과적으로 운영하는 방안을 반드시 사전에 준비하여 운영해야 한다.

다섯째, 고객의 안전을 위해 화재, 위생, 도난 등에 대한 각별한 주의와 노력이 필요하다. 고객은 호텔에 도착하여 출발하기까지 호텔에 머무는 동안 최대한 집과 같은 편안함과 안락감을 얻고자 한다. 따라서 고객이 집을 떠났지만 집과 같은 편안함을 느낄 수 있도록 배려하고 준비해야 한다.

2. 하우스키핑의 기능

고객이 호텔에 도착하게 되면 긴 여행으로 인한 피곤함을 풀고자 하는데, 이를 위해 호텔에서는 고객이 편히 쉴 수 있는 휴식의 공간을 제공해야 한다. 고객이 객실에 도착했을 때 청결함과 편안함, 그리고 안락감을 느낄 수 있도록 세심한 주의가 필요하다. 따라서 하우스키핑은 호텔의 성공적인 영업활동을 지원하는 적극적인 업무이기도 하다. 즉 고객을 위한 객실상품의 창조자이자 생산자라고 할 수 있다. 이러한 호텔 하우스키핑의 기능을 살펴보면 다음과 같다.

1) 호텔 객실상품의 생산자 기능

호텔 객실 부서에서는 고객에게 첫째, 가장 편리하고 편안하며 청결하고 안전한 휴식의 공간, 둘째, 청결한 위생 공간, 그리고 셋째, 취침을 위해 가장 안락한 공간을 제공한다. 이는 고객에게 최상의 객실서비스 상품을 생산해 내는 생산자의 기능을 의미한다. 이렇게 창조되고 생산된 객실상품은 고객에게 그 호텔에 대한 이미지를 창조하며 고정고객과 재방문을 유도할 수 있는 기능을 갖게 되는 것이다.

2) 호텔의 자산관리 기능

호텔의 자산은 크게 두 가지로 나누어진다. 그 하나가 유동자산Current Assets이고, 다른 하나가 고정자산Fixed Assets이다. 유동자산은 현금, 당좌예금을 말하고, 고정자산은 토지, 건물, 시설, 기계 등을 말한다.

호텔의 자산에서 많은 비중을 차지하는 부분이 바로 고정자산이다. 이는 호텔기업에 있어서 고정자산이 전체 자산 중에서 차지하고 있는 구성비율이 약 80~90%를 차지하고 있기 때문이다. 호텔기업은 그 상품으로서 건물 자체를 비롯하여 기계, 설비, 비품, 집기 등 어느 하나 이에 해당되지 않는 것이 없을 정도로 방대한 모습을 보여주고 있다.

따라서 호텔은 이와 같이 중요한 고정자산을 관리하는 담당자를 두고 있다. 이는 호텔에 있어서 고정자산인 건물과 비품의 중요성이 그만큼 크기 때문이다. 이미 생산된 건물의 유지관리에 따라 건물의 생명력은 달라질 수 있으며, 그에 따라 고정자산의 규모가 달라질 수 있기 때문이다. 또한 호텔 내에서 사용하는 장비와 비품은 호텔상품의 생산에 있어서도 많은 기여를 하지만, 호텔의 이미지에도 영향을 미치게 된다. 따라서 호텔기업의 고정자산을 유지하고 관리하는 책임을 지는 업무 부서로 호텔 하우스키핑의 중요성이 새로이 인식된다. 호텔의 기계시설에 관한 관리책임을 통상적으로 기계 부서에서 담당하고 있으나, 시설 및 비품 등에 관해서는 호텔 하우스키핑 부서에서 책임을 맡고 있는 것이다.

예를 들어, 고급가구와 인테리어, 소모품 등은 호텔의 이미지를 상승시켜 상품의 가격상승을 유도할 수 있다. 또한 장비들을 보다 효율적으로 유지 관리하여 사용한다면 비용절감을 유도할 수도 있다. 따라서 이러한 업무를 담당하는 호텔 하우스키핑 부문은 호텔의 자산관리 기능도 동시에 수행하게 된다.

3) 호텔의 수익증대 기능

하우스키핑이 호텔의 수익에 영향을 미친다는 것은 하우스키핑 부문의 기본 직무성격이 호텔의 청결Cleanliness, 정결Neatness 및 질서정연Orderliness의 유지라는 것과 관련하여 이해될 수 있다.

고객은 지불하는 대가에 관해 지극히 민감한 반응을 보인다. 특히 로비나 복도 등의 청소 및 청결유지에 관해서는 다소 관용을 보이나, 객실과 복도 등의 청소 및 청결 유지에 관해서는 즉각적인 불평으로 쉽사리 잊지 않는다.

이러한 점을 감안하여 볼 때 객실의 청결유지는 무엇보다 중요하다는 사실을 상기하고, 이의 잘잘못은 결과적으로 객실판매와 객실점유율에 영향을 가져와 호텔 수익의 증감에 지대한 영향을 가져온다는 것을 알아야 한다. 그러므로 호텔 하우스키핑의 주 임무 중 하나가 객실의 청결 · 유지 관리에 있다는 점을 생각한다면 호텔수익과 어떠한 상관관계가 있는 것인가를 쉽게 알 수 있다.

높은 객실이용률을 유지하고 고객을 단골로 만들어 호텔수익을 증대하자면, 호텔상품 가운데 가장 중요한 수입원인 객실의 청소 및 청결을 유지해야 한다. 청결하지 못한 객실을 고가의 요금을 지불하면서 이용할 고객은 없다. 만약 고객이 객실을 이용했을 시 불결하다고 느꼈다면, 차후 그 호텔을 재방문하고자 하지 않을 것이다. 따라서 하우스키핑은 호텔상품의 질에 중요한 영향을 차지하고 있기 때문에 호텔 수익과도 직결된다고 할 수 있다.

이외에도 호텔의 하우스키핑 부문은 여타의 부문에 비해 처음 투자비용의 비중은 높지만, 운영하는 동안의 비용은 낮다. 따라서 판매율에 따라 호텔의 수익에 더욱 많은 영향을 미치는 부문이다. 호텔 하우스키핑 담당자의 효율적인 호텔 객실상품 생산과 운영은 그만큼 호텔 수익의 증대를 가져온다. 따라서 호텔 객실점유율을 높이기 위해서는 고객들에게 호텔 객실 이용에 대한 양질의 서비스가 마련되어 있어야 한다. 고객들은 호텔상품의 구입에 있어서 절대적인 가격보다는 가격가치 측면에 더욱 민감하다. 즉 고객은 자신이 지불한 가격에 대한 기대가 높으며, 그 기대에 대한 보상에 대해 매우 민감하다. 기대에 대한 보상의 차이가 적을수록 고객의 만족도는 높다고 할 수 있다. 만약 기대이상의 보상을 얻게 된다면 고객은 타 고객으로 구전을 통해 적극적인 홍보를 수행하게 된다. 또한 호텔 객실을 이용하는 고객은 단순히 객실만을 이용하는 것뿐만 아니라 식음료 업장 및 기타 부대시설을 이용하게 되기 때문에, 타 부문의 수익증대를 가져와 결과적으로 호텔 전체의 수익증대를 유도하게 된다.

4) 호텔의 운영경비 절감기능

호텔의 운영경비는 크게 두 가지로 나누어 볼 수 있다. 하나는 고객의 증감과 관계없이 일정한 비용이 꾸준히 지출되는 고정경비Fixed Expense와, 다른 하나는 고객의 증감에 따라 그 지출이 증감되는 변동경비Variable Expenses이다.

호텔의 기업운영은 이익의 극대화라는 목표를 달성하고자 하는 것이며 이를 위한 방법으로 두 가지가 있다. 그 하나가 판매를 극대화하는 것이며, 다른 한 가지가 비용을 극소화하는 것이다. 이 두 가지 방법이 유기적이며 효율적으로 이루어질 때 기업의 이익은 극대화 될 수 있는 것이다. 이러한 이유에서 오늘날 호텔기업 경영은 판매활동의 강화와 더불어 비용절감을 위해 모든 방법을 동원하고 있는 것이다.

호텔 객실은 고객의 객실사용 여부와 상관없이 고정적으로 비용이 발생하게 된다. 이는 항공기의 좌석과도 같은 의미를 갖는다. 이는 항공사의 좌석과 호텔의 객실상품은 비저장성이란 특성을 갖기 때문이다. 따라서 이러한 문제를 해결하기 위한 방안으로 코넬 대학에서는 수익률관리시스템Yield Management System을 창안하였으며, 현재는 대부분의 세계적인 체인호텔에서 수익률관리시스템을 활용하고 있다. 이는 매출과 이익을 동시에 관리하지 않으면 안 되기 때문이다. 즉 객실점유율과 관계없이 발생되는 인건비, 감가상각비, 수도 · 광열비, 제세공과금 등의 고정비와 고객의 객실 사용에 따라 발생하게 되는 재료비, 단기 인건비, 소모품비 등의 효율적인 관리가 필요하며, 그에 따른 결과는 호텔 이익공헌도를 높여주기 때문이다.

일반적으로 호텔의 매출은 마케팅과 영업 부서의 몫이고, 비용에 대한 관리는 재무 부서의 몫이라 생각하지만, 비용을 극소화하는 것은 담당 실무 부서의 노력이 절대적으로 필요하다. 따라서 객실의 모든 FF&EFixed Furniture & Equipment와 소모품Amenities의 효율적 관리는 비용절감의 효과를 가져온다.

호텔 객실을 비롯하여 호텔 내의 모든 비품과 설비의 관리를 책임지고 있는 하우스키핑 부서는 세심한 관찰, 주의와 유지 · 보수로 비용절감이라는 목표를 실현할 수 있다. 즉 객실의 비품이나 설비가 고장이 났다면 즉시 수리하여 호텔시설 및 장비의 수명을 연장시켜 호텔 비용의 절감효과를 얻을 수 있으며, 또 다른 방법은 효과적이며 표준화된 작업 추진으로 인건비의 절감을 가져올 수 있다.

이와 반대로 무책임하고 무성실한 종사원이 청소 부주의로 고가의 욕조를 훼손시킨다든지 또는 물이 새는 수도꼭지의 불성실한 조치로 막대한 수도요금의 비용 지출을 가져올 수도 있다. 이러한 점을 고려한다면 호텔 하우스키핑의 상품관리 업무는 호텔 비용의 절감이라는 기본이념과 일치하며 아울러 이 부서 직무의 중요성을 강조하게 되는 요소이기도 하다.

5) 호텔의 내부 커뮤니케이션 중심기능

하우스키핑을 수행하기 위해서는 타 부서와의 긴밀한 협조가 없이는 이루어질 수 없다. 예를 들어, 고객이 객실에 머무는 동안 객실 내의 시설이 고장났다면 바로 호텔 하우스키핑 부서로 연락을 하게 된다. 이러한 고객의 요청을 접수하는 역할이 바로 고객요청접수Order Take 업무이다. 고객의 요청을 받으면 그 문제를 해결하기 위해 관리 부서로 바로 연결하여 서비스를 제공하게 된다. 이를 위해서는 각 해당 부서와 업무의 긴밀한 협조가 없이는 이루어질 수 없다. 따라서 호텔 하우스키핑 부서의 담당자는 여타의 호텔 부서와 호의적인 커뮤니케이션을 수행해야 한다. 만약 타 부서와 협력이 약해 고객이 시설고장을 의뢰했음에도 불구하고 수리 또는 보수되지 않는다면 바로 고객의 불만을 만들어 낼 수밖에 없다.

하우스키핑 부서와 여타의 부서와 협력관계에 대해 살펴보면 첫째, 하우스키핑 부서와 프런트오피스Front Office 부서는 매우 밀접한 관계를 갖게 된다. 예를 들어, 하우스키핑 부서에서 고객을 위해 객실을 청소하고 완결한 업무를 프런트오피스 부서로 정보를 제공하지 않는다면, 프런트오피스 부서에서는 그 객실상품을 고객에게 판매할 수 없게 된다. 또한 체류 중인 고객의 행동을 파악하여 타 부서와 그 정보를 교류하여 보다 양질의 서비스를 제공하도록 하기도 한다.

둘째, 식음료 부서 및 부대시설 관리 부서와는 시설에 대한 청결을 유지해 주며 식음료 업장 및 부대시설에서 사용하는 린넨을 세탁하고 보급해 주는 역할을 수행한다. 이외에도 각 업장의 유니폼을 구입 관리하고, 각 업장에서 발생한 시설의 정비를 해당 부서로 연결하여 문제를 해결해 주는 역할을 수행한다.

셋째, 가장 밀접한 관리를 맺고 있는 시설관리 부서와는 수리 및 보수에 대한 작업요청서 Maintenance Order를 전달하고 수리 및 보수가 신속히 이루어질 수 있도록 협조한다. 그리고 모든 호텔 내의 시설을 수시로 점검하여 시설관리 부서에서 예방 및 준비할 수 있도록 협조한다.

넷째, 안전관리 부서와 긴밀한 협조 아래 로비에서의 안전관리 및 객실 사용에 있어서 여타 외부인의 출입에 대해 감시 및 통제에 협조하여 고객으로 하여금 호텔에 머무는 동안 신체적인 측면과 정신적인 측면, 그리고 물질적인 측면에서 모두 안전하게 머물 수 있도록 항상 커뮤니케이션을 통해 관리한다.

다섯째, 구매 부서와는 객실 내의 다양한 소모품과 청소용품, 주요 장비 등의 구입에 대한 협조를 구하게 된다.

여섯째, 종사원의 효율적인 관리를 위해 인사 부서와 긴밀한 커뮤니케이션을 통해 인건비 절약 및 효율적인 업무스케줄을 작성 이행하게 된다.

이상과 같이 하우스키핑 부서는 호텔 내의 다양한 부서와 부서를 연결짓는 내부 커뮤니케이션의 중심 기능을 담당한다.

제2장 하우스키핑 부서 직무

1. 하우스키핑 부서의 직무

1) 하우스키핑 지배인

호텔의 재산과 모든 영업장 및 시설의 청소 및 정비를 담당하고 고객의 생명과 재산을 보호하는 역할을 담당한다. 하우스키핑 부서의 종사원을 교육 · 지휘 · 감독하고, 각 부문의 책임자들과도 연계하여 서로 업무를 협조한다. 이외에도 호텔 객실 및 시설의 정비를 기획하고 가구 및 물품, 소모품 등의 관리를 담당한다.

하우스키핑 지배인Housekeeping Manage은 한 부서를 책임지는 업무 외에도 재산관리, 분실물 및 습득물관리, 미니바관리, 안전관리 등의 업무도 동시에 수행한다.

2) 객실 및 공공지역의 슈퍼바이저

호텔 건물관리를 중심으로 담당하며 객실정비 슈퍼바이저Supervisor는 하우스키핑 부서의 중간 관리자로서 첫째, 하우스키핑 지배인의 지시사항과 정책을 수행하고, 둘째, 부서 종사원들의 스케줄을 관리한다. 셋째, 하우스키핑 부서의 각종 보고서를 준비하고, 넷째, 분실물과 습득물 관리를 담당한다. 다섯째, 객실 및 호텔 내의 사무실과 각 지역의 모든 열쇠를 관리 점검한다.

3) 룸 인스펙터

객실지배인의 업무지시를 받아 부하직원을 지도하고, 객실상품의 원활한 판매를 위한 업무를 수행한다. 이를 수행하기 위해 첫째, 객실 부서의 회의에 참석하고 그에 대한 내용을 종사원들에게 전달한다. 둘째, 룸메이드의 작업을 지시 · 감독한다. 셋째, 청소 및 정비된 객실을 점검하고 확인한다. 넷째, 객실키를 관리한다. 다섯째, 린넨류의 현황을 점검하고 관리한다.

여섯째, 고객 불평사항을 파악하고 이를 처리 보고한다. 일곱째, VIP에 대한 관리를 담당한다. 여덟째, 당일 업무보고를 집계하고 보고서를 작성한다.

4) 룸메이드

할당된 객실과 담당지역을 호텔 기준에 맞추어 청소하고 정리·정돈한다. 객실에서 사용되는 소모품과 각종 비품을 점검하고 부족한 것을 채워준다. 객실 내의 린넨류를 바꿔주고 보충하며 담당지역의 린넨룸과 서비스지역을 청결하게 유지한다. 이외에도 각종 물품 및 비품, 가구, 시설 등의 손실 및 파손되었을 경우 이를 룸 인스펙터에게 보고한다. 업무를 수행 발생할 수 있는 안전사고를 미연에 방지하도록 안전수칙을 준수하고 고객안전을 위해서도 최선을 다한다.

5) 하우스맨

하우스키핑 부서에서 룸메이드나 여자 직원이 수행하기에 어려운 일이 있을 경우, 하우스맨이 전담하거나 보조자의 역할을 한다. 하우스맨은 일반적으로 객실과 로비 및 연회실을 담당하는 사람과 집기의 손질과 운반들 담당하는 사람, 세탁실을 전담하는 사람, 건물 전체의 구석구석 손질을 보는 사람으로 구분할 수 있다. 주로 호텔의 현관, 화장실, 사무실, 로비, 복도, 계단 청소, 주차장 청소를 담당하고, 호텔의 유리창 청소를 맡아 관리한다. 호텔 내의 카펫 샴푸를 담당한다.

6) 린넨 담당

호텔에서 의미하는 린넨이란 호텔에서 사용하는 모든 천으로 만든 용품을 의미한다. 예를 들어, 침대시트, 담요, 타월류, 냅킨, 유니폼, 커튼 등을 의미한다. 호텔에서 사용하는 린넨은 항상 청결을 유지해야 하기 때문에 수시로 교체하지 않으면 안 된다.

린넨류의 경우 세탁 횟수가 많아지기 때문에 쉽게 상하기 때문에 관리를 철저히 해야 한다. 린넨은 주로 사용 중인 것, 세탁 중인 것, 예비용 및 보관용 등 네 부분으로 구분하여 관리하기 때문에 이에 대한 개수를 정확히 예측하여 재고관리를 해야 한다.

린넨류의 세탁 횟수에 의한 수명

품 목	세탁 수명(회)
침대시트	380
손수건	190
얼굴수건	190
발수건	190
목욕수건	350
베개커버	350

2. 객실 및 욕실 관리

호텔 객실정비의 가장 기초는 청소에서부터 시작된다. 호텔 객실정비는 객실 담당자와 룸메이드, 그리고 객실 점검자에 의해 마무리된다. 주간에 근무하는 객실관리자는 객실 담당자Room Attendant 또는 룸메이드Room Maid라고 하고, 오후에 출근하여 야간 객실정비 및 잠자리 준비업무를 수행하는 관리자를 객실 야간 담당자Night Duty 또는 턴다운 어텐던트Turn-down Attendant라고 한다. 호텔 객실관리는 객실 청소뿐만 아니라 객실 내에 비치되는 소모품Amenities의 종류와 명칭, 그리고 침대를 꾸미는 일Bed Making, 각종 린넨류 관리, 청소용 세제 및 화공약품의 사용 및 특성을 이해하고 있어야 한다.

호텔 객실정비 시에는 객실관리 담당자와 룸 인스펙터는 먼저 객실상태를 점검하여 고객이 투숙하고 있는 객실인지 고객이 퇴실한 객실인지를 점검하고, 먼저 청소해야 할 객실의 순서를 정한다. 이렇게 정해진 순서에 의해 객실을 정비해 나아가야 한다. 정비한 객실은 바로 프런트오피스와 연계하여 그 내용을 알 수 있도록 통보하여 바로 고객이 사용할 수 있는 준비되어 있음을 알려야 한다. 일반적으로 객실의 정비순서를 정할 때에는 고객이 먼저 정비를 요구하는 객실, 그리고 VIP들의 객실, 고객이 퇴숙한 객실, 고객이 묵고 있는 객실 순으로 정비한다.

이외에도 프런트오피스 부서에서 먼저 정비를 요구하는 객실이 있다면 먼저 해야 한다. 하우스키핑 정비 업무 담당자는 정비 업무가 끝나면 이에 대해 보고서를 작성하는 것으로 일과를 마친다. 국내 특급호텔의 경우 하우스키핑 담당자는 하루 평균 12~14객실 정도를 정비한다. 따라서 한 객실당 정비시간이 빠르게는 평균 30분에서 40분 정도 소요된다고 보면 된다.

1) 호텔 객실청소

호텔 객실청소를 위해 먼저 룸메이드는 메이드 카트에 청소용품 및 각종 보충용 객실 비품 및 소모품이 실려 있는지 확인한다. 확인이 끝나면 자신에게 할당된 구역으로 옮겨 청소를 한다.

(1) 객실 출입

① 초인종을 누르거나 노크를 하기 전에 DNDDo Not Disturb 표시가 있는지를 먼저 확인하고 초인종이나 노크를 한다. 고객의 요구를 제외하고는 절대로 DND 표시가 되어 있는 객실의 초인종을 누르거나 노크를 해서는 안 된다. 만약 DND 표시가 오후 4시까지 나타나 있다면, 청소가 안 되었을 경우는 객실관리 부서의 팀장에게 보고하여 객실정비 시간을 지시받고 이행해야 한다.

② 객실에 들어가기 전에 반드시 초인종을 누르거나 노크를 하고 기다렸다가 'Maid Service' 또는 'Housekeeping'을 2회 정도 조용히 이야기하고 10초 정도 대기한다. 퇴숙한 객실은 키를 열고 들어가고, 고객이 재실 중인 객실의 경우는 고객의 허락을 받아 들어간다.

③ 객실의 문을 열고 들어갈 때는 입구에 'Maid Service' 표시판을 복도쪽 문의 손잡이에 걸어놓거나, 청소용 수레 위에 표시판을 놓고 객실로 들어간다. 고객이 재실인 경우는 고객에게 인사를 하고, 청소를 해도 좋은지 여부를 묻는다. 객실 안에서 청소를 할 때는 객실 문을 닫지 말아야 한다. 이는 첫째, 고객의 보안 문제를 위함이고, 둘째, 객실 내의 공기 소통을 위한 환기 및 냄새 제거를 위함이다. 청소 수레는 반드시 문 앞에 놓아 외부인이 객실 내로 출입하는 것을 방지한다.

④ 객실로 들어가서는 커튼을 연다. 이때 커튼이 더럽지 않은지, 핀이 빠지지 않았나 살펴본다. 창문을 열어 환기시키고 냉·온방 스위치가 켜져 있으면 끄고 조명도 끈다. 만약 재실 객실인 경우 고객이 객실에 머물고 있다면, 냉·온방 스위치가 켜져 있는 상태로 청소를 한다. 이때는 고객에게 방해가 되지 않도록 유의해야 한다.

⑤ 퇴숙한 객실인 경우는 고객이 잃어버리고 간 물건이 없는지 살핀다. 이때 잃어버린 물건인지, 버린 물건인지 판단이 곤란할 때는 객실 점검원이나 이그젝큐티브 하우스키퍼에게

보고한 후 지시에 따른다.

⑥ 오후 늦은 시간에 청소를 할 경우에는 램프를 켜서 객실을 밝히고 청소한다.

⑦ 파손된 비품이 있다면 룸 인스펙터에게 보고한다.

⑧ 세탁물이 있으면 사무실로 연락하여 세탁 수거 담당자가 수거하도록 한다.

⑨ 린넨류가 카펫에 떨어져 있으면 의자나 창가에 올려놓는다.

⑩ 냄새가 나기 쉬운 잔여음식물은 바로 오물백에 담는다.

⑪ 불필요한 포장지, 쓰레기통의 쓰레기, 사용이 끝난 면도칼날 등은 메이드 수레까지 들고 가서 정해진 용기에 넣는다.

⑫ 쓰레기통의 청소는 특히 머리카락에 주의하며, 물에 씻거나 담거나 하여 청결하게 유지한다.

⑬ 혹시 객실 내에 룸서비스용 트레이, 웨곤이 있다면 복도 한쪽에 내놓는다. 이외에도 고객이 사용하는 컵, 보온병, 객실 트레이, 쓰레기통 등을 욕실로 옮겨 놓는다. 이때 고객의 물건과 객실의 기물이 룸서비스에 의해 객실 외로 배출되지 않도록 따로 빼놓는다.

(2) 침대 꾸미기Bed Making

① 침대 스프레드를 벗겨서 의자 위에 놓는다.

② 덕다운 스프레드, 시트, 베개 케이스를 벗겨낸다. 이때 시트나 베개 케이스를 보기 좋게 개면서 하나씩 순서대로 벗기고, 새것으로 교환해야 될 린넨류를 모두 거두어서(이때 욕실 타월류도 함께) 메이드 수레의 정해진 자리에 정돈하여 놓는다. 이때 가끔씩 시트 사이에 고객의 잠옷이나 내의, 기타 물건 등이 휩쓸려 나가는 경우가 있으므로 주의 깊게 살펴야 한다. 이외에도 고객이 흘리고 간 귀금속이나 기타의 물건이 있는지 확인한다.

③ 메이드 수레에서 새 시트와 베개 케이스 등 필요한 침대용 린넨류를 가지고 객실로 들어간다. 이때 타월류도 미리 필요한 수량만큼 가지고 들어가면 일이 훨씬 빠르다. 새 린넨이라도 세탁이 잘 안 되어 얼룩이 묻어있거나 찢어진 것이 가끔 있으므로 잘 살펴보아야 하며, 다른 것으로 교체하도록 한다.

④ 침대는 Bedding 하기 편하게 BGMBack Ground Music 테이블에서 10cm 정도 띄워놓는다. 이때 혹시 퇴숙한 객실의 경우 베드 보드Bed Board : 허리디스크 환자용 판자가 있는지 확인하여 있다면 제거한다.

⑤ 매트리스와 패드를 가지런히 펴놓는다. 필요에 따라 매트리스를 뒤집어놓거나 위와 아래의 방향을 바꿔주기도 한다.

⑥ 시트를 편다. 침대 끝에서 매트리스를 쌀 수 있을 만큼의 길이로 늘리고, 좌 · 우에 늘어지는 부분은 중심을 잡아 펴놓는다. 다음에 머리쪽으로 가서 시트 중심선을 맞춘다. 시트는 매트리스 위에 상 · 하 좌 · 우 같은 넓이로 펴놓고 네 모서리를 삼각이 되게 접어 Hospitality Corner or Hospitality Triangle 매트리스와 스프링 박스 사이에 깊숙이 끼워넣는다. 화장대Dressing Table쪽 남은 시트는 매트리스를 들면서 매트리스와 스프링 박스 사이로 깊숙이 넣는다. 손바닥으로 끼워 넣고 잡아올렸던 부분을 놓고 쳐진 부분을 매트리스 밑으로 밀어넣는다. 좌 · 우 쳐진 부분은 단정히 매트리스 밑으로 밀어넣는다.

⑦ 겉시트는 침대 머리맡(헤드 보드)에서 10cm 정도 떨어뜨려 침대 위에 곱게 펴놓는다. 이때 헴Ham : 시트의 바느질부분이 위로 오게 하여 깐다. 그 위에 담요의 상단부분은 겉시트 상단부분과 손바닥 길이만큼 차이가 나도록 낮추어 올려놓는다. 손바닥 길이만큼(약 20cm) 차이가 난 부분을 담요 위에 접고, 이 부분의 시트나 담요는 베개가 들어갈 수 있을 정도의 넓이인 약 40cm 정도를 다시 접고, 좌 · 우로 늘어진 시트와 담요를 매트리스 밑으로 넣고 끝으로 돌아간다. 침대 끝쪽의 시트와 담요를 같이 팽팽하게 당겨서 밀어넣고, 모서리는 세모꼴형으로 접어 밀어넣는다. 최근에는 담요를 사용하지 않고 오리털이불로 대체하는 경우가 있는데, 이 경우에는 오리털이불 겸 스프레드를 시트로 씌운다. 그 후 매트

리스 머리쪽 끝에서부터 맞추어 펴면서 중심을 잡아 끝쪽으로 내려간다. 이때 카펫에 닿기 전까지 내리고 중심선을 맞추면서 머리쪽으로 잘 덮어씌우면서 올라온 후 베개밑에서 약간 들어가게 접어놓는다.

⑧ 베개 케이스의 입구 양면을 양손으로 잡고 힘을 주어 털면 팽팽하게 벌어지는데, 그 속에 베개를 넣고 남은 부분은 안으로 접어놓은 후 반드시 나이트테이블과 반대쪽으로 놓고, 더블침대인 경우에는 입구를 서로 마주보게 두 개를 겹쳐놓는다.

⑨ 침대 커버는 침대 끝쪽에서 아래 방향으로 카펫에 닿기 전까지 내리고 중심선을 맞추어 머리쪽으로 잘 덮어씌우면서 올라온 후 베개 밑에서는 약간 들어가게 접고, 그 다음 베개를 2단으로 주름을 주면서 접으면서 덮어씌운다.

⑩ 매트리스를 밀어넣는데, 먼저 침대와 매트리스 사이의 오물이나 유실물 등이 있는지 다시 한 번 확인한다.

(3) 객실 청소

헤드보드, 의자방석, 램프 갓, 액자, 거울, 커튼 등의 먼지를 털고 얼음통, 컵, 휴지통을 욕실로 운반하여 세면기 물에 담가둔다. 먼지가 창문으로 빠지며 가라앉을 동안 욕실청소를 시작한다. 욕실을 청소하고 난 후에는 다시 객실의 옷장부터 청소를 한다.

① Closet(붙박이장) 옷장

가. 옷장 청소

- 젖은 걸레로 문틀, 문, 내・외부를 깨끗이 닦고 필요시 마른걸레로 물기를 닦는다.
- 옷장선반, 비상대피함 위의 먼지를 닦는다(특히 여유 베개 옆 벽지가 비닐 때문에 얼룩이 지는 경우가 많다).
- 라게지 랙 줄 및 파이프에 얼룩, 먼지를 닦는다.
- 옷걸이에 먼지를 닦고 옷솔에 머리카락 및 오물 여부 확인한다.

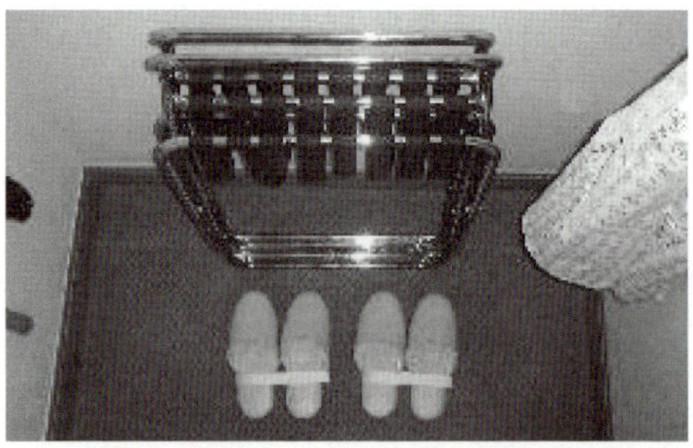

옷장 속의 라게지 랙

- 슬리퍼 바닥에 얼룩을 깨끗하게 닦으며 바닥에 구두바구니 먼지를 털고 냄새를 제거한다.

나. 정리정돈

- 옷장 안 선반 위의 화재 대피함은 내용물이 정리되어 오른쪽 벽에 밀착되게 놓고, 왼쪽에는 여유담요를 비닐에 쌓아 벽에 밀착되게 놓는다.
- 옷장 선반밑 벽에 옷솔을 걸어놓되 솔이 밖으로 나오도록 걸고, 안쪽에는 주걱을 건다.
- 옷걸이는 일반옷걸이 8개, 집게옷걸이 4개를 좌 · 우 6개씩(집게 안쪽) 걸어 벽에 건다.
- 집게 옷걸이의 경우 집게는 볼펜 간격으로 중앙에 벌려놓는다.
- 라게지 랙 두 개를 오른쪽 벽에 밀착하여 뒤쪽 벽에 기대어놓고, 줄이 일치하도록 가지런하게 정리하고 기능을 점검한다.
- 슬리퍼 두 켤레는 옷장 안 바닥 왼쪽에 모양이 동일한 것으로 띠를 두르고 나란히 놓는다.
- 옷장문을 열고 닫을 때 옷장등이 잘 켜지거나 꺼지는지, 소음이 나는지를 점검한다.

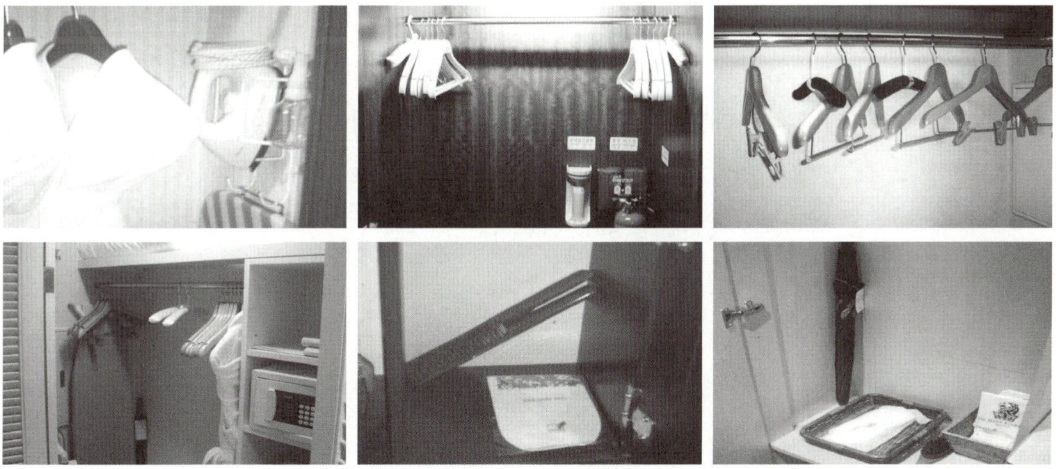

옷장 내의 가운과 옷걸이, 여유베개, 금고 등의 모습

② 화장대

가. 청소

- 젖은 걸레로 가구표면, 장식등을 깨끗이 닦는다.

- 램프 옆의 쟁반에 전기포트 및 커피세트는 욕실에 갖다놓는다.
- 서랍 안 바닥에 종이패드가 깔려있는지 여부를 살피고 먼지, 머리카락, 오물 등을 닦는다.
- 램프 위, 갓 위의 먼지, 그을음을 닦는다.
- Holder, 룸서비스 메뉴, TV 안내서 등에 낙서, 얼룩을 닦는다.
- TV 전면, 보호유리 속, 후면, 코드부분의 먼지, 그을음을 닦는다.
- TV 회전대 상·하 사이에 먼지가 있으면 TV를 옮겨놓고 먼지를 닦으며, 이때 TV 코드가 빠지지 않도록 주의한다.
- 거울에 얼룩, 손자국을 닦고 틀의 먼지를 닦는다.

나. 정리정돈

- Dressing Table은 정면으로 헤드보드 중앙과 일치하고 벽에 밀착시킨다.
- Dressing Table 램프는 옷장쪽 끝과 거울 사이의 중앙에 위치시키고 갓이 벽에 닿지 않도록 하고 코드가 램프바닥에 눌리지 않게 하며 코드구멍을 뒤쪽으로 놓는다. 램프 갓의 재봉선은 뒤쪽으로 위치시킨다.
- 거울 앞 서랍에는 성경책, 불경책, 서비스 디랙토리를 나란히 놓는다.
- 화장대 상단서랍에는 세탁물 백의 로고가 나오게 세 번 접어서 일반은 상단에, 긴급은 하단에 놓고 그 밑에 세탁 빌 두 개를 옆으로 비스듬히 포개어 놓는다.
- 화장대 의자는 안쪽으로 바짝 중앙에 위치시킨다.

③ 원탁 테이블 및 의자

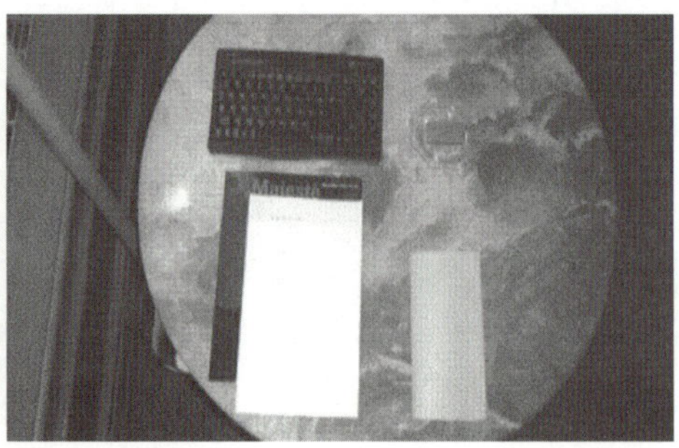

쉐라톤 워커힐의 원탁 테이블

가. 청소

- 가구, 베이스 및 대리석을 깨끗이 닦는다.
- 램프, 갓 내 · 외부의 먼지를 닦는다.
- 테이블 위의 잡지책, Welcome Letter 등이 구겨져 있거나 오물이 묻어있으면 닦고 교체한다.
- 의자의 천에 묻은 먼지, 얼룩과 다리의 구두자국 등을 닦는다.
- 원탁 테이블과 펜 코일박스 사이에 먼지가 없는지 확인하고 닦는다.

나. 정리정돈

- Welcome Letter 옆에 TV 리모컨을 하단부 선에 맞추어 놓는다.
- 의자는 고객이 앉기 편하게 테이블에서 20cm 정도 떨어뜨려 30도 각도로 비스듬하게 벌려놓는다.

④ 창문, 커튼

가. 청소

- 펜 코일박스 위에 얼룩, 먼지를 닦고 측면뚜껑 좌 · 우의 작은 홈에 그을음, 먼지를 닦는다.
- 창유리의 그을음, 먼지를 닦는다.
- 창문틀, 방충망의 먼지를 닦는다.
- 바깥커튼, 속커튼의 먼지를 털고 닦는다.

쉐라톤 워커힐의 다양한 상태의 커튼 모습

나. 정리정돈

- 방충망에 구멍이 나지 않고 닫혀있으며, 창문도 꼭 닫혀있고 창문걸이는 밀착되어 외부 소음이 들어오지 않는다.
- 속커튼은 창유리에 닫혀있고, 바깥커튼은 좌 · 우로 재켜져 있으며 전체적으로 깨끗한지, 얼룩이 없는지를 확인한다.

⑤ 나이트 테이블Night Table

가. 청소

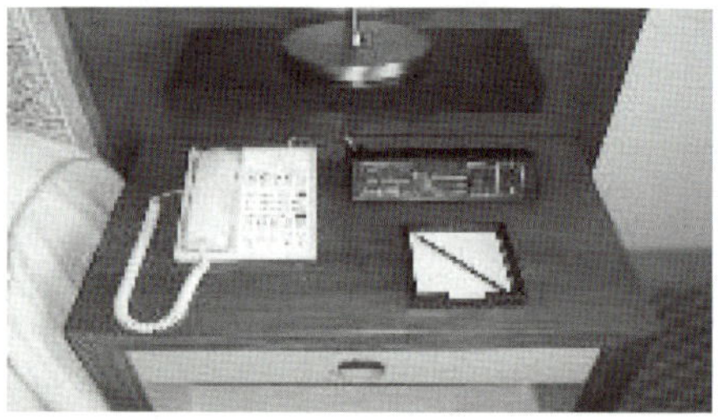
나이트 테이블

- 가구표면 및 판넬의 얼룩, 먼지를 닦는다.
- 전화기 보턴의 손자국, 코드의 먼지, 수화기의 화장기름, 손때 등 위생을 고려하여 세제를 묻혀 깨끗이 닦는다.
- 메모 패드의 낙서, 메모지, 볼펜을 점검한다.
- 테이블 밑 공간의 먼지를 닦고 비즈니스 잡지, 전화번호부, 크리넥스 내 휴지를 확인하고 1/2 이하로 남아있으면 새것으로 바꾼다.
- 램프 갓의 먼지를 닦는다.

나. 정리정돈

- 나이트 테이블은 헤드보드 사이에 벽과 침대에 밀착시킨다.
- 전화기는 테이블 좌측에 놓고 코드가 꼬이지 않았는지 확인한다.
- 나이트 테이블Night Table 위의 실명제 카드를 벽쪽 중앙에 세워둔다.
- 테이블 밑 공간에 넓은 책은 밑으로, 작은 책은 위에 올라오게 왼쪽에 붙여놓고, 오른쪽에는 크리넥스를 옆으로 놓는다.
- 나이트 테이블 유닛은 제기능이 작동되고 있는지 확인한다.
  - 시계 : 시간의 정확성, Wake-up Call Switch off
  - 라디오 : 국내 FM 방송, BGM 음악, 볼륨 정도
  - Dimmer : 스위치손잡이 제기능

⑥ 미니바

가. 청소

- 유리선반의 미니바 품목을 카펫 바닥에 내려놓고, 유리선반의 먼지를 닦은 후 선반 위에 얹어 놓는다.
- 냉장고 안의 것을 꺼내고 내부의 물기, 악취를 제거하기 위해 특수세제를 묻혀 닦는다.
- 냉장고 상단, 케이스 속 좌·우 공간, 덧문과 사이의 먼지를 닦는다.

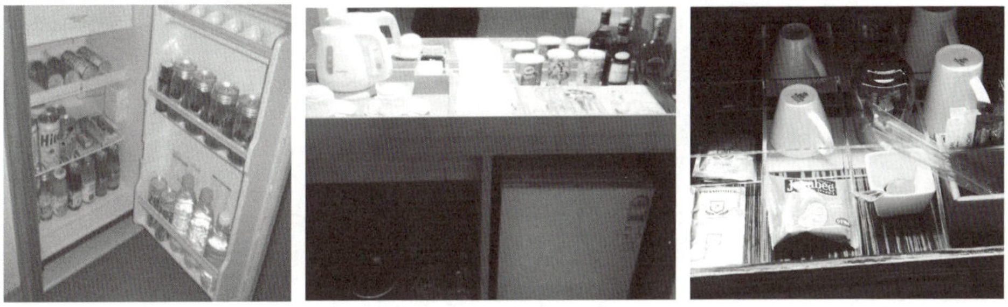

미니바의 모습

나. 정리정돈

- 진열장 유리선반에 미니어처를, 좌측에 큰 양주를 오른쪽에 겹치지 않게 비스듬히 올려놓는다.

⑦ 기타

- 헤드보드 랙, 천의 먼지를 깨끗이 닦고 부착상태가 안전한지 확인한다.
- 벽의 액자는 깨끗하며 기울지 않고 안전하게 부착되어 있다.
- 욕실쪽 벽의 에어컨센서는 "ON" 상태에 있고, 온도는 계절에 따라 규정된 온도에 맞추어져 있는지 점검한다.
- 벽지에 얼룩, 먼지, 찢어진 곳이 없는지 전체적으로 점검한다.
- 카펫에 얼룩이 없는지 확인하고, 꼭 짠 걸레로 카펫 모서리 굽두리, BGM 테이블 사이, 객실문 뒤 등 진공청소기가 미치지 못하는 곳에 먼지를 닦는다.
- 객실 천정 도색 상태, 스프링쿨러, 화재감지기 등의 주변에 이물질이 없는지 확인한다.

⑧ 객실청소 완료 전 업무

- 모든 정비가 끝났을 때 욕실 콘센트에 진공청소기의 플러그를 꽂고, 창문쪽부터 입구쪽으로 천천히 청소를 한다.
- 의자를 잠시 치우고 진공청소한 후 원위치시킨다.
- 의자, 테이블, 침대치마, 서랍장 등 가구에 부딪히지 않도록 유의하며 진공청소기로 원탁 테이블 램프 플러그가 부딪혀 빠지지 않도록 한다.
- 객실 내 진공청소가 완료되면 청소 시 열어놓았던 창문은 닫고, 만약 좋지 않은 냄새가 나면 창문을 계속 열어 환기시키고 "Maid Service Knob"을 객실문 밖에 손잡이에 그대로 걸어놓고 인스펙터에게 보고한다(문제가 없으면 객실문 안으로 건다).
- 정비된 상태를 자신이 다시 한 번 세밀히 점검한다.

2) 욕실청소

(1) 욕실정비

- 제일 먼저 욕실에 불을 켠다. 그 후 욕실에 공급된 소모품에서 사용한 것은 수거하여 쓰레기봉지에 담고, 사용하지 않은 것은 욕실바구니에 담아 Dressing Table 위에 올려놓는다.
- 사용된 타월은 분류하여 접어서 메이드카트 뒤쪽 1층 선반에 옮겨 싣는다. 얼음통, 컵을 수세미에 세제를 묻혀서 닦고, 더운물로 충분히 헹군 다음 객실 Dressing Table에 깨끗한 타월을 펴서 엎어놓는다.
- 샤워헤드로 욕조, 세면대, 변기, 욕실벽면, 천정, 바닥, 샤워커튼에 더운물을 고르게 뿌린다. 더운물로 뿌린 부분을 청소용 수세미에 세제를 묻혀 닦고 크롬 도금부분, 거울 혼합전, 샤워헤드 등을 빠짐없이 닦는다. 샤워헤드의 더운물로 깨끗이 헹구어낸다.
- 샤워헤드, 수도전, 변기 후레쉬 등을 살피고, 이상이 있을 시 인스펙터에게 보고한다.
- 마른 걸레에 유리세척제를 묻혀 창유리, 거울, 액자, 욕실 내의 TV 화면 등을 깨끗이 닦는다.

(2) 욕실정리

- 욕실에 세척해 놓은 객실용컵, 재떨이, 휴지통 등을 객실 내 제위치에 갖다놓는다.

○ 마른걸레로 뿌려놓은 욕실 내 물기를 깨끗이 닦는다.

※거울, 벽등 및 커버, 세면대, 세면기, 수도전, 면도거울, 헤어드라이, 변기, 욕실벽, 샤워헤드, 타월, 선반, 빨래걸이, 욕조, 샤워커튼 및 바, 천정, 바닥, 욕실문 등을 순서대로 닦는다.

(3) 타월류 및 용품 정돈

① Bath Towel 2장 : 길이로 한 번 접고 폭으로 한 번 접어서 다시 3등분하여 접어 둥근 쪽을 전면으로 오게 하여 타월 선반 위에 올려놓는다.

② Face Towel 2장 : 길이로 3등분하여 접어 세면대 타월 걸이에 걸어놓는다.

③ Wash Cloth 2장 : 가로×세로로 한 번씩 접어 세면대 위 접시에 마름모형으로 포개놓는다.

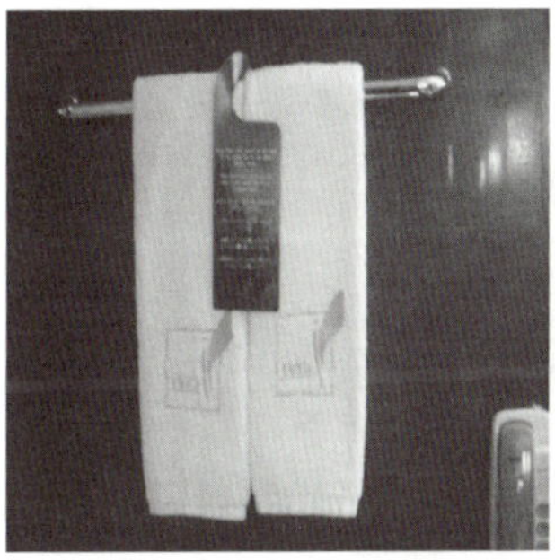

Face Towel 모습

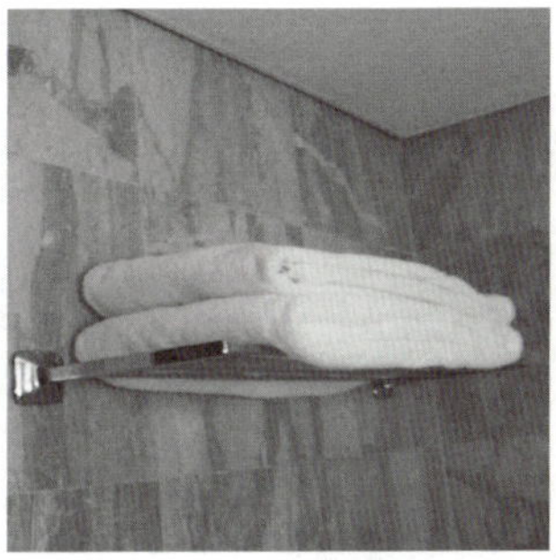

Bath Towel 모습

Wash Towel 모습

④ Foot Towel 1장 : 폭으로 3등분하여 접어 로고가 바로보이도록 욕조탑에 중간쯤 걸어놓는다.

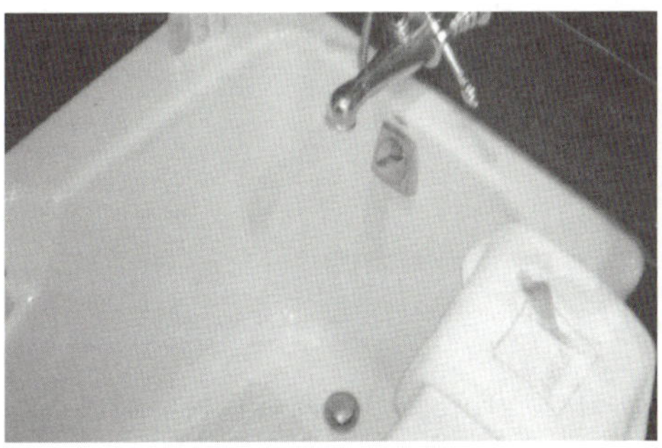

Foot Towel 모습

⑤ 화장지 : 휴지걸이에 끼워놓고 사용하던 화장지가 1/2 정도 남아있으면, 교체하지 않고 끝부분은 좌·우를 접어 삼각형을 만든다.

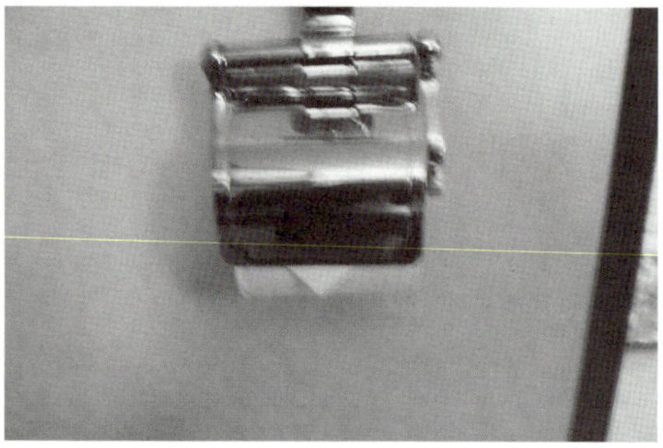

화장실 화장지를 삼각형으로 접어놓은 모습

⑥ 컵 두 개 : 세면대 입구쪽 구석에 코스타를 깔고 로고가 정면으로 나오게 컵을 엎어놓고 컵 뚜껑을 덮는다.

⑦ 비누케이스에 45g 비누를 올려 세면대 수도전 오른쪽에 수평으로 놓는다.

세면대 수도전 오른쪽의 비누

⑧ Amenity 바구니는 세면대 안쪽 구석, 거울쪽으로 밀착시킨다.

- 바구니에 커버를 깐다.
- 위생대 2장을 포개 한 번 접어서 영문 표기가 전면에 나오게 바닥에 깐다.
- 앞쪽에 버블베스, 바디로션을 로고가 전면으로 나오게 나란히 세운다.

- 바로 앞에 빗을 옆으로 눕혀놓는다.
- 오른쪽에 면봉, 바느질감을 세우고 왼쪽에 샤워캡을 세운다.

⑨ 샤워헤드는 하단부 훅에 걸어놓고, 방향은 정면으로 물이 퍼지게 조정해 놓는다. 욕조마개는 닫아놓고, 욕조 탑 넓은 공간의 비누접시에 70g 비누를 올려놓는다. 혼합전의 온도는 40도에 맞춰놓는다.

⑩ 샤워커튼의 속샤워 커튼은 욕조 안으로, 겉샤워 커튼은 밖으로 내고 타월 선반이 보이도록 약간 열어놓는다.

⑪ 휴지통은 로고가 전면으로 하여 세면대 밑에 놓고 욕실문을 45도 열고 불을 끄고 나온다.

욕실비품 및 소모품 배치도

3) 턴다운서비스

호텔 객실에서 턴다운서비스Turn Down Servic란 고객이 침대에 편히 들게 사전에 정리해 주는 준비작업으로, 주간에 정비 및 점검된 객실을 가장 좋은 상태로 유지시키는 서비스를 말한다.

(1) 턴다운서비스 방법

① 침대스프레드를 완전히 벗겨 가로×세로 40cm 정도로 예쁘게 접어 1개는 옷장, 다른 1개는 펜 코일박스 위 가장자리에 올려놓는다, 더블침대의 경우는 스프레드가 1개이므로 나이트 테이블 밑 공간에 넣어둔다.

② 계절에 따라 조금 방법이 틀리기는 하지만, 지시에 의해 스프레드를 완전히 벗기지 않고

침대 끝으로 반쯤 되게 접어둔다.

③ 트윈침대에 고객이 1명이면, 욕실쪽 가까운 침대나 TV를 보기 편리한 침대 중 하나를 선택하여 정리한다.

④ 담요는 BGM 테이블이 있는 쪽 30cm를 접어 밖으로 제키며 긴 삼각형 모양을 만든다.

⑤ BGM 음악을 나지막이 켜두며, 고객이 즐겨듣는 음악이 있다면 그 음악으로 대신한다.

⑥ 침대 옆에 있는 BGM 램프를 나지막이 켜둔다.

⑦ 냉·난방을 25도에 맞추어 놓는다.

⑧ 굿나잇 매트를 침대 옆 BGM 테이블 앞에 글씨가 정면으로 보이도록 카펫 위에 올려놓는다.

⑨ 슬리퍼를 옷장 안에서 꺼내 침대 앞 굿나잇 매트 앞에 침대쪽에서 신을 수 있도록 가지런히 놓는다.

⑩ Door Knob 메뉴를 침대 베개 위에 올려놓으며 굿나잇 초콜릿을 고객의 숫자만큼 메뉴 위에 올려둔다.

⑪ 타월 등은 새것으로 교체하며 쓰레기통을 비운다.

⑫ 고객이 객실에 있고 거절하면 하지 않고, 턴다운서비스를 끝내고 나올 때 "안녕히 주무십시오."라고 인사를 하고 조용히 문을 닫고 나온다.

4) 엑스트라 베드의 설치 및 수거

고객의 요구가 있을 경우, 호텔 객실정비원은 호텔 객실의 청소뿐만 아니라, 고객의 요구사항도 미리 객실 내에 준비해 놓는다. 특히 고객이 엑스트라 베드Extra Bed를 사전에 요청했다면, 신속히 객실 내에 엑스트라 베드를 설치하고, 수거를 요구했을 때도 이를 신속히 이행해야 한다.

(1) 엑스트라 베드의 설치

① 통상 일반객실은 2인이 사용할 수 있도록 비품·용품이 준비되어 있으며, 3인이 사용할 때 추가로 넣어주는 침대를 말한다.

② 침대는 접은 상태로 린넨실 앞 공간에 1~2대가 보관되어 있다.

③ 만약 준비되어 있지 않으면 사무실에 필요한 수만큼 요청하며, 보통 1~2개까지는 층에

룸메이드가 넣고 그 이상의 숫자는 사무실에서 지원한다.

④ 공공지역, 복도벽지, 객실비품에 손상이 가지 않도록 조심해서 객실로 옮긴다.

⑤ 엑스트라 베드를 펼칠 때 양쪽의 고정걸이쇠를 풀고 머리쪽을 바닥에 먼저 펼치고, 반대쪽은 나중에 펼치며 받침대에 손이 끼이지 않도록 조심한다.

⑥ Bedding은 보통침대와 동일하며 그 대신 스프레드는 없다.

⑦ 담요, 시트, 베개 케이스는 린넨실에서 가져온다.

⑧ 타월, 슬리퍼는 1인분을 추가로 비치한다.

(2) 엑스트라 베드의 수거

① 린넨류를 걷어내며 시트, 베개 케이스는 세탁을 보내며 베개는 새로운 케이스에 넣어 서랍 속에, 담요는 접어 린넨실 선반에 올려놓는다, 린넨을 걷을 때 시트가 받침대나 스프링에 걸려있지 않은지 확인한다.

② BGM Table쪽 머리를 먼저 세우고 반대쪽을 세운다. 세우면서 중량이 반대쪽으로 기울어 넘어질 우려가 있으니 이미 세워놓은 한쪽을 손으로 잡고 바로 고걸쇠를 고리에 건다.

③ 매트리스가 찌그러지지 않도록 접히는 쪽을 반대로 하여 접는다.

④ 객실에서 복도로 나올 때도 엑스트라 베드 모서리가 가구, 침대치마, 벽지를 손상시키지 않도록 조심스럽게 밀고 나오며 린넨실 앞 있던 자리에 그대로 갖다놓는다.

(3) 침대형 엑스트라 베드

① 한쪽으로 기울 염려가 있으니 조심하며, 네 개의 바퀴가 잘 작동하는지 점검한다.

② 보통 이것은 두 사람이 한조가 되어 작업해야 하며 객실문 출입 시, 객실 내에서 바닥에 눕힐 때 필히 다른 근무자의 도움을 받아야 한다. 안전사고의 우려가 있으므로 룸메이드가 작업 시 두 사람이 함께 해야 하며, 통상 침대형은 객실지원이나 룸보이가 작업한다.

③ 객실에 들어갈 때 도어 클로저 때문에 혼자서 밀고 들어가기 힘드므로, 다른 근무자 지원을 받거나 문을 열고 받침목으로 고정시키고 밀고 들어간다.

④ 접는 엑스트라 베드보다 폭이나 길이가 길어 객실이 좁은 트윈객실은 사용하지 않는다.

3. 객실 및 욕실 점검

1) 객실 점검

호텔 객실의 경우는 점검계획Inspection을 세워 이를 수행해야 한다. 물론 점검은 객실의 판매빈도, 청소의 수준 등에 의해 결정되지만, 책임감 있게 원칙을 지키는 객실 점검원이 많다면 그 호텔의 객실은 질 향상을 도모할 수 있다. 따라서 객실 점검 시에는 각종 점검목록을 가지고 이에 따른 업무 수행이 이루어져야 한다.

(1) 각 객실의 상태 확인

① 전 객실을 돌아보며 문이 열려있거나 세탁물이 문고리에 걸려있지 않나 확인

② DND 객실(청소거절) 확인

③ Double Lock 객실 확인

④ Maid Service 객실 확인

⑤ Door렌즈에 객실이 깜깜한 객실 확인

룸메이드가 청소전 점검한 객실을 레포트를 확인하며 현황을 점검원 레포트에 옮겨 기록한다.

(2) 객실문 열기

① 마스터키가 키 구멍에 부드럽게 잘 들어가는지, 배터리의 신호음 소리(삐)가 들리지 않으며 한 번에 쉽게 열리는지 확인한다.

② 문의 손잡이 압력이 너무 강하지도 약하지도 않아, 자연스럽게 문이 닫히지 않는지 확인한다. 압력이 강해 문이 꽝 닫히면 고객 자신이 놀라거나 옆 객실 고객에게 지장을 주게 되며, 너무 약하면 문이 닫히지 않아 도난사건 등 고객의 안전에 막대한 손해를 끼치게 된다.

③ 객실문에 부착되어 있는 가격표, 대피도, 도어뷰 상태, DND카드 등 객실문 전체의 청결상태를 점검한다.

④ 객실문을 열고 들어가는 순간에 객실 내 악취가 나지 않는지 확인한다.

(3) 옷장Closet 확인

① 옷장문 내 · 외부가 깨끗하며 잘 작동되고, 충격을 줄이기 위한 완충고무는 부착되어 있는지 확인한다.

② 옷걸이 바, 선반의 부착 상태는 단단하며 얼룩이나 먼지가 없는지 확인한다.

③ 옷장등은 문을 열면 켜지고, 문을 닫으면 꺼지는지 확인한다(60촉 전구).

④ Baggage Stand 두 개가 오른쪽 벽에 밀착되어 뒤에 가지런히 기대어 있으며 나사못, 벨트가 잘 고정되어 있고 깨끗한지 점검한다.

⑤ 선반에 여유담요가 깨끗한 비닐에 쌓여 오른쪽 벽에 기대어 있고 비닐에 먼지가 없는지, 담요에 머리카락이 없는지 확인하며, 반대쪽에는 비상대피함이 깨끗한 상태로 고정되어 있는지 점검한다.

⑥ 옷장 안의 용품비치는 제대로 있는지 점검한다.

⑦ 선반 밑 벽에 훅이 두 개가 부착되어 있으며, 내부 훅에는 옷솔, 외부 훅에는 슈밑두 장, 구두주걱이 로고가 전면으로, 반대쪽 벽 훅에는 후레쉬와 배터리가 양호한 상태로 걸려 있는지 점검한다.

⑧ 객실쪽 내부 옷걸이에 가운이 두 개, 그 앞에 유가다 두 개가 깨끗한 상태로 걸려있는지 점검한다.

⑨ 슬리퍼 두 켤레를 라게지 랙 반대쪽 바닥에 종이리본에 씌워져 있는지 점검한다. 또한 천정에 점검구 뚜껑이 잘 닫혀있으며 벽지에 얼룩, 먼지가 없는지 점검한다.

(4) 미니바Mini Bar

① 미니바 쇼케이스 진열장에 거울, 받침유리, 레이스는 깨끗한지 점검한다.

② 상단 진열장에는 큰 사이즈의 양주 4개, 소형 미니어처 6개, 중간 진열장에는 칫솔 2개, 치약 1개, 면도기 1개, 육포 2개, 땅콩 1개, 면도크림 1개가 정돈되어 진열되어 있는지 점검한다(2020년부터 환경보호를 위해 일회용품 사용을 자제하도록 하고 있다).

③ 하단부에는 얼음통 1개(집게 포함), 컵 2개, 코스타 2개, 미니바 빌 패드(볼펜 포함), 안내카드가 놓여있고 물기 없고 손자국이 없이 깨끗한지 점검한다.

④ 미니바 여닫이문은 잘 작동되며 주변에 먼지 없이 깨끗한지 점검한다.

⑤ 미니바 온도채널은 4도에 있으며, 소음은 크지 않고 열은 발생하지 않는지 점검한다.
⑥ 미니바 안의 냄새와 냉동실의 성애상태를 점검한다.
⑦ 미니바 안 음료진열은 잘되어 있는지 점검한다.

(5) 화장대Dressing Table

① 화장대는 정면으로 헤드보드 중앙과 일치하고 벽에 바짝 밀착되어 있는지 점검한다.
② 램프는 화장대 거울 중앙에서 입구쪽으로 놓여있으며 코드위치가 램프 뒤쪽으로 향해 있는지, 또한 전구는 100촉, 램프갓은 벽에 닫지 않고 상태가 깨끗한지, 갓의 재봉선이 뒤로 향해 있는지, 스위치 상태가 양호하며 불은 잘 켜지는지 등을 점검한다.
③ 룸서비스 메뉴는 특선메뉴, Door Knob 메뉴 두 장을 첫 장에 끼워 하단부에 선을 맞추어 끝이 밖으로 노출되지 않도록 하였는지 점검한다.
④ 노 티핑 안내카드는 거울 앞 정면에 세워져 있으며 TV 안내카드는 TV 위에 올려져 있는지 점검한다.
⑤ 정면 서랍 속에는 성경책, 불경책, 서비스 디랙토리가 나란히 놓여있으며 내용물이 깨끗한지 점검한다.
⑥ 금고가 있는 여닫이문 표면에 영문자로 "Safety Box" 라벨이 부착되어 있고, 이 문의 경첩 및 여유공간에 먼지 등 작동 및 청결상태가 좋으며, 금고는 "Open" 글자가 나와있고 잘 작동되고 있는지 점검한다.
※금고 매뉴얼은 금고에 부착되어 있는지 안내문을 참고한다.

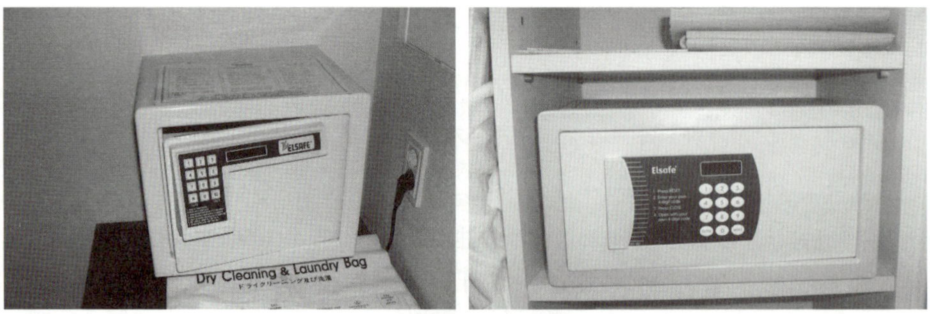

옷장 내에 설치된 금고의 모습

⑦ 화장대, 거울상태는 깨끗한지 점검한다.
⑧ 화장대 의자는 천부분에 얼룩이 없고, 화장대 밑에 좌 · 우 선에 맞춰 놓여있는지 점검한다.
⑨ 화장대 서랍 안에 바닥, 바닥 깔개는 깨끗하며 서랍의 여닫이 작동은 양호한지 점검한다.

(6) 창문 및 펜 코일박스

① 펜 코일박스에 도색 상태, 상단에 플라스틱망, 바람이 나오는 라디에이터 주변에 먼지 등의 상태를 점검한다.
② 측면 덮개는 안전하게 잘 걸려있으며 굴곡진 곳에 먼지가 없는지 살핀다.
③ 겉커튼은 좌 · 우로 밀착되어 있고, 속커튼은 창문이 가려져 있고 작동에는 문제가 없는지, 커튼 롤러는 전부 있는지 확인한다.
④ 커튼에는 얼룩, 그을음 없이 깨끗하며, 커튼의 길이가 바닥에 밀착되어 햇빛을 차단하며 암막지가 밖으로 노출되지 않고 가지런히 정리되어 있는지 점검한다.
⑤ 커튼 롤러는 3개 정도 여유있고, 끝부분에 스토퍼는 꼭 끼워져 있는지 점검한다.
⑥ 창유리 Pair Glass에 물기가 없으며 유리표면은 깨끗한지 점검한다.
⑦ 창틀은 부식되지 않고, 도색 상태는 깨끗한지 점검한다.
⑧ 방충망 상태, 프레임이 휘거나 틀에 걸려 잘 닫히지 않는지 점검한다.
⑨ 창틀 사이 먼지, 문풍지 상태는 깨끗한지 점검하고, 창 밖 난간에 오물은 없는지 점검한다.

(7) BGM Table

① BGM Table은 헤드보드 사이 중앙에 밀착되어 있는지 점검한다.
② 램프는 고정대를 움직여 밖으로 벌려 중앙에 위치시키며 양쪽이 수평을 유지하고 있는지 확인하며, 램프갓은 재봉선이 뒤로 향하도록 한다.
③ 전화기는 테이블에서 좌측 중앙에 놓고 코드가 꼬여있는지 버튼, 수화기에 얼룩이 있는지, 작동 상태는 정상인지 점검한다.
④ BGM 콘트롤 기능은 정상으로 작동되고 있는지 점검한다.
- 시계 : 정확성, Wake-up Call Switch off
- 라디오 : 국내 FM방송, BGM Music, 음향 상태

- Dimmer : 스위치 상태, 좌 · 우 램프 불 밝기
- Foot Light

(8) 침대 및 헤드보드

① 헤드보드 간격은 좌 · 우가 일정하며, 침대는 헤드보드 중앙에 밀착되어 바르게 놓여있는지 점검한다.
② 침대와 BGM 박스 사이 간격이 일정하며 바닥에 먼지, 오물은 없는지 살핀다.
③ 침대치마는 좌 · 우 길이가 일정하며, 바닥에서 올라가 있거나 너무 끌리지 않고 얼룩이나 구김살이 없이 깨끗한지 점검한다.
④ 베개는 침대중앙에 헤드보드에 밀착시키고, 그 위에 스프레드가 덮여져 있고 좌 · 우 단정하며 속 시트가 밖으로 보이지 않도록 한다.
⑤ 베개는 냄새가 없으며, 베개 케이스는 단정하게 베개를 싸고 있는지 점검한다.
⑥ 담요(양모이불)에 머리카락이 없는지, 정전기가 심하지 않은지, 침대 중앙에 단정하게 덮여져 있는지 확인한다.
⑦ 헤드보드는 벽에 단단히 고정되어 유동이 없으며, 천에는 얼룩이나 머리카락이 묻어있는지 확인한다.
⑧ Bedding은 제 규정대로 하였는지 확인한다.

2) 욕실 점검

(1) 욕실

① 욕실문 내 · 외 표면, 잠김 상태, 도어 스톱, 훅 등이 정상으로 작동되고 있으며, 여닫을 시 소음이 없는지 확인한다.
② 욕실 내 냄새가 나지 않는지 문을 열면서 바로 점검한다.
③ 세면대 카운터, 벽, 거울은 깨끗한지 점검한다.
④ 세면대 카운터 위 고객용품은 적정하게 비치되어 있는지 점검한다.
⑤ 세면기는 금이 가지 않고 실리콘은 깨끗하며 온 · 냉수가 잘 나오며, 마개는 잘 작동되어

물이 새지 않는지 점검한다.

⑥ 욕실거울은 수은은 죽지 않고 얼룩, 물자국, 먼지가 없으며 거울에 면도용 아크릴은 상태가 깨끗한지 점검한다.

⑦ 면도거울은 상태가 정상인지 점검한다.

확대경의 모습

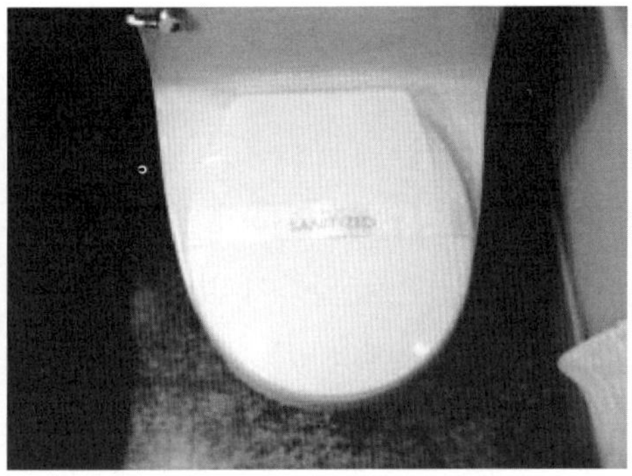

변기청소 후 청결 처리된 상태

⑧ 화장지걸이에 충분한 화장지가 걸려있으며 끝을 삼각형으로 잘 접어놓았는지, 변기의 물탱크에 물이 3/4 정도 차있고 변기 속이 깨끗하며 변기뚜껑, 변기시트에 얼룩이 없으며 변기와 잘 맞추어져 있는지 점검한다.

(2) 욕조

① 욕실타일 벽은 메지가 깨끗하며 얼룩과 물자국이 없는지, 욕조는 광이 나며 욕조 둘레 실리콘은 깨끗하고 얼룩과 곰팡이로 변질되지 않았는지 확인한다.

② 샤워헤드 전면에 비누, 물때는 없으며 샤워호스는 깨끗한지 확인한다.

③ 수도전에 냉·온수는 잘 나오며 온도조절기는 40도에 조절되어 있고 누수되지 않는지, 욕조배수는 잘되고 욕조마개는 제대로 작동되고 있는지 점검한다.

④ 타월 선반에는 베스 타월 2개, 핸드 타월 2개가 접혀 포개어 단정히 올려있고 냄새가 나지 않으며 뽀송뽀송 새것같이 보이는지 점검한다.

⑤ 풋 타월은 호텔 로고가 전면으로 나오게 해서 욕조탑에 1/2로 걸쳐있는지 점검한다.

⑥ 욕실전화기는 이물질, 얼룩이 없고 잡음 없이 잘 작동되고 있으며 라디오, 비상벨은 잘 작동되고 있는지 확인한다.

⑦ 욕실바닥은 머리카락, 이물질 없이 깨끗하고 천정에 도색 상태, 물자국 등 얼룩은 없는지 확인한다.

⑧ 세면대 밑에 휴지통을 놓고 욕실문은 반쯤 열어놓는다.

3) 기타 점검사항

① 카펫의 먼지, 오물, 얼룩이 없고 깨끗하게 세탁되어 있는지 점검한다.

② 벽지는 오물, 먼지, 얼룩이 없이 깨끗한지, 카펫, 굽두리, 베이스 보드는 깨끗한지 점검한다.

③ 액자는 바르게 걸려있는지 점검한다.

④ Air-condition 센서가 24도(계절에 따라 상이)에 조정되어 있고 잘 작동되는지 점검한다.

⑤ 천정의 도색 상태는 깨끗하고 닥트는 잘 작동되며 먼지는 없는지 점검한다.

⑥ 객실 냄새가 없고 안락하며 쾌적한지 마지막으로 확인하고, 전화기 #5를 누르고 Maid Service카드를 객실 안으로 걸고 문을 닫고 나온다.

4) 호텔 객실의 비품 및 소모품

호텔 객실 내에는 수십여 가지의 비품과 소모품을 갖추고 있다. 최근에는 고객들의 서비스 질의 향상을 위해 객실 내의 소모품 질을 더욱 향상시키고 있다. 특히 귀빈층을 중심으로 여성 용품의 고급화를 꾀하고 있다. 객실 내의 비품과 소모품은 각기 제 위치가 있다.

(1) 호텔 객실 출입문에 준비되어야 하는 비품 및 소모품

① DND 표시 또는 'Privacy Please' 카드

② 객실문 잠금장치Safety Latch Instructions

③ 객실문 안전걸이 체인Safety Chain

④ 객실문에 부착된 현 객실의 위치와 비상구를 표시한 표지판Hotel Security / Emergency Door Plaque

(2) 화장대 또는 작업 테이블 위에 있어야 하는 비품 및 소모품

① 재떨이와 성냥(금연실은 제외)

② 전화 이용 및 긴급서비스 요청 전화안내 카드

③ 호텔의 고객서비스에 관련된 안내 설명책자

④ 노트패드 및 필기류, 룸서비스 메뉴(조찬 및 저녁, 안주류 등)

⑤ 휴지(크리넥스)

⑥ 세계적인 체인 호텔의 경우 세계 각국의 체인호텔을 소개하는 디렉터리

⑦ 화장대 또는 작업테이블 밑에는 반드시 휴지통을 비치

⑧ 화장대 또는 작업테이블에 서랍이 있다면, 서랍 속에 편지지, 팩스용지, 호텔 그림엽서, 편지봉투(해외용 및 호텔 로고가 들어간 일반 편지봉투)

⑨ 실과 바늘이 들어있는 반짇고리

(3) 나이트 테이블에 있어야 하는 비품

① 시계

② 라디오 및 TV조절 리모트 콘트롤

③ 전화

④ 보이스 메일 점검용 기기

⑤ 크리넥스

⑥ 성경 및 불경(나이트 테이블에 서랍이 있다면 서랍 속에 넣어둔다)

⑦ 메모패드 및 필기류

(4) 침대 위에 있어야 하는 비품

① 그린카드Green Card

② Door Knob Menu

③ VIP 고객의 경우 초콜릿

(5) 옷장 내에 있어야 하는 비품 및 소모품

① 러기지 랙Luggage Rack : 경우에 따라서는 객실 내에 꺼내져 있는 경우도 있음

② 옷걸이, 바지 또는 치마 걸이, 실크 옷걸이

③ 세탁물백과 세탁물 처리신청 가격이 나와있는 목록

④ 옷장 선반 위에는 여분의 베개와 담요, 비상손전등이 있음

⑤ 신발닦이 헝겊, 구두주걱, 구두 담는 바구니, 옷솔

⑥ 스위트룸이거나 귀빈층의 경우 금고

⑦ 슬리퍼

(6) 미니바 위에 있어야 할 비품과 소모품

① 얼음통

② 커피메이커 또는 커피포트

③ 커핏잔 2개, 물잔 2개, 물잔 받침과 덮개 각각 2개씩, 스푼 2개

④ 각종 차 종류 및 설탕, 프림

얼음통과 커피포트, 찻잔과 차가 정리된 모습

(7) 욕실 내에 있어야 하는 비품 및 소모품

① 린넨류

- 바스 타월 : 3개
- 훼이스 타월 : 3개
- 핸드 타월 : 2개
- 풋 타월 : 1개
- 러그Rug

② 욕조용

- 고무 러그
- 샴푸, 린스, 샤워젤
- 비누

- 각종 아로마 종류 및 미용 소금(VIP 객실 및 귀빈층의 경우)

③ 세면대에 있어야 하는 비품 및 소모품(2020년부터 일회용품을 최소화하고 있다)

- 샴푸, 린스, 샤워젤
- 비누
- 스킨로션, 빗, 일회용 면도기, 면 솜방망이, 여성용 화장 면솜
- 샤워캡Shower Cap
- 양치질용 컵과 컵뚜껑
- 양치질용 구강청정제Mouthwash : VIP 객실 및 귀빈층의 경우
- 헤어드라이기(벽 부착 또는 바구니에 넣어놓음)
- 헤어 머리솔
- 각종 용품을 담아두는 Amenities Basket이나 받침

④ 변기 주변에 있어야 하는 비품 및 소모품

- 두루마리 화장지 2개
- 위생봉투
- 쓰레기통

이상의 것 외에도 객실 내에 특별용품을 공급해야 하는 경우가 발생하기도 한다. 특히 VIP 고객이 호텔에 투숙할 경우 꽃, 과일, Imprint된 카드, Bar 안주류 등이 제공된다.

(9) 특별 소모품

① 꽃 : 일반적으로 화장대 위 거울 앞이나 티테이블 위에 놓는다(식음료).

② 과일 : 티테이블 위에 놓는다. 이때는 반드시 접시와 냅킨, 포크, 나이프를 함께 제공해야 한다(룸서비스).

③ Imprint Card : 티 테이블 위에 놓는다(객실정비 사무실).

④ Bar : Bar Trolly(룸서비스)

⑤ 안주류 : Mini Bar 속에 놓는다(룸서비스).

⑥ 와인 : 티테이블 위에 놓는다.

4. 공공장소 관리

1) 출입문

출입문Entrances은 호텔의 첫인상에 커다란 영향을 주기 때문에 청결성에 중점을 두어 관리해야 한다. 따라서 호텔의 출입문을 청소하는 횟수는 주로 날씨에 따라 결정되기도 한다. 출입문의 유리청소 및 세척은 작업 일정표에 따라 수시로 해야 한다. 출입문 밖에 매트를 깔아두면 발자국 등 외부에서 들어오는 먼지를 예방할 수 있다. 이때 매트는 연 1회 정기적으로 교체해서 호텔 내부의 카펫을 보호할 수 있도록 해야 한다.

2) 로비 정비

로비Lobby는 고객들의 왕래가 빈번한 곳이며 또한 객실, 영업장을 통하는 관문이기도 하므로 끊임없이 정비를 해야 한다. 로비의 청결상태를 유지하기 위하여 Day Time에 수행해야 하는 청소업무는 다음과 같다. 공공지역 재떨이, 대리석 정비, 폭포 라운지 난간청소, 에스컬레이터 정비, 프런트 데스크 정비, 공중전화 박스 정비, 화장실 정비, 엘리베이터 정비, 현관 유리문 정비, 화초 정비 등 이루 헤아릴 수 없는 업무를 지속적으로 수행해야 한다. 일반적으로 로비 정비는 2명이 한조를 이루어 20분 간격으로 정비를 해야 하며 오전, 오후 한가한 시간을 이용해서 대청소를 수행해야 한다.

하루에 할당되는 업무 활동에는 다음과 같다

① 휴지통 수거 및 걸레질
② 로비 공중전화 정비
③ 현관 유리문 손자국 정비
④ 가구 및 데스크 먼지 제거
⑤ 난간 먼지제거 및 문손잡이 정비 및 주변 정비
⑥ 대리석 마포질
⑦ 현관바닥 정비 및 캐노피 정비

⑧ 로비 화장실 정비
⑨ 로비 화초잎 정비
⑩ 엘리베이터 정비
⑪ 에스컬레이터 정비
⑫ 신주 광택내기
⑬ 현관 밖 정비

3) 승강기 정비

시계는 각층의 엘리베이터 옆에 위치되어 그 지방의 시간을 정확히 알려야 하고 전신을 비춰볼 수 있는 거울이 엘리베이터 지역에 있어야 하며, 호텔 선전물은 엘리베이터 지역에 비치할 수 있다. 또 화분과 꽃꽂이는 엘리베이터 근처에 비치한다. 엘리베이터 근처에 교환과 연결된 전화가 있어야 하며, 엘리베이터 바닥의 휴지나 오물을 줍고 바깥쪽 문과 모서리를 청소하며 모든 청동으로 된 표면과 레일이나 판 등의 설비시설을 청소한다.

문틈은 진공청소기가 부착된 노즐 또는 젖은 천으로 트랙을 청소한다. 오물을 쓸어내고 바닥은 젖은 걸레로 닦고 왁스칠을 하며, 적절한 세제를 사용하여 엘리베이터 벽 위의 손자국을 없앤다. 천정과 조명시설의 먼지를 털어내고, 파손이나 수선이 필요하면 호텔 객실관리 부서에 보고한다. 다음과 같은 순서로 한다.

① 카펫을 진공청소하고 대리석 바닥을 청소한다.
② 거울을 닦고 창문을 청소한 후 먼지를 턴다.
③ 조명시설, 전화기를 정리한다.

4) 공공화장실 정비

공공화장실은 고객뿐만 아니라 방문객, 레스토랑 이용객 그리고 호텔에서 열리는 회의나 컨벤션에 참석한 사람들까지 이용하는 곳이기 때문에, 특별하고 세심한 관심을 기울여야 한다.

공공화장실의 상태는 지속적으로 확인과 청소를 해야 하고, 고품질의 위생용품, 화장지 그리고 비누용품들을 채워놓아야 한다.

공공화장실에는 항상 시들지 않은 꽃이 있어야 하며 자동공기정화기나 냄새를 없애주는 장치를 설치해 놓아야 한다. 가끔은 화장실에 촛불을 켜서 담배 냄새를 제거하며, 세면대 외 계수대 위는 살균제를 이용하여 항상 청결하게 닦아야 한다. 변기는 세제를 이용하여 솔질하여 깨끗하게 닦아내야 하며, 화장실에서 사용한 자루걸레는 깨끗하게 빨아서 보관한다. 여성화장실의 경우에는 화장용 의자를 비치한 곳도 있다. 비누나 물비누액도 향을 넣어 기분 좋게 사용할 수 있도록 하고, 손을 씻은 후에 물기를 닦는 종이수건도 준비한다. 최근에는 종이수건뿐만 아니라 핸드타월을 별도로 준비하고 사용한 후 별도로 담아둘 수 있는 바구니도 비치하고 있다.

최근에는 이와 같이 호텔 내의 공공화장실이 점차 휴식의 공간 역할을 겸하고 있다. 그러므로 이러한 공공화장실의 관리는 더욱 세심해질 수밖에 없다.

홍콩 쉐라톤 남자 공중화장실

남자 공중화장실

(1) 정비 내용

- 휴지 유무상태 확인하고 오물을 수거한다.
- 휴지통 청결상태 확인 세척한다.
- 변기 청결상태 및 배수상태 확인한다.
- 소변기 배수상태 및 누수상태 확인한다.
- 세면기 배수상태 확인한다.
- 거품비누 용액 작동상태 확인한다.

- 부착된 시설물 작동상태 확인 및 조치한다.
- 점검이 끝나면 청소한다.

① 소변기Urinals

변기청소기와 세제를 사용하여 안팎의 얼룩을 닦아내고, 깨끗하고 마른 천으로 바깥부분과 변기 가장자리의 물 얼룩을 제거한다. 스테인리스용품은 마른천으로 깨끗이 닦아주며, 소변기 안쪽은 정기적으로 세제를 사용하고 피부에 약품이 튀지 않도록 조심한다.

② 변기Toilets

변기청소기나 스펀지에 세제를 묻혀서 닦는다. 변기에 세제를 뿌리고 몇 분간 기다렸다가 가장자리, 앉는 부분, 물 내리는 손잡이, 변기바닥, 변기뚜껑을 청소한다. 몸이나 눈에 약품이 튀지 않게 조심하고, 가장자리부터 시작하여 변기 안쪽의 물기를 닦는다. 모든 금속류를 닦으며 변기 뒷부분을 청소하고 물을 뿌린 후에 물기를 완전히 없애고 변기가 잘 작동하는지 확인한다.

③ 화장실 칸막이와 벽Toilet Partitions / Walls

세제와 천을 사용하여 벽의 윗부분에서 시작하여 아래로 닦는다. 변기 주위의 윗부분, 물 내리는 손잡이, 다리부분을 꼭 닦도록 하며 스테인리스를 윤이 나도록 닦는다. 특수세제로 낙서를 지우며, 세부 지시사항을 수퍼바이저Supervisor에게 묻는다. 파손된 것이나 고장난 장비는 하우스키핑 부서에 보고한다.

④ 세면대Sink and Vanity

카운터 윗면과 세면대를 세제를 묻힌 스펀지와 천으로 더러움이나 비눗기를 없애가며 세면대를 씻고 부착물을 깨끗이 씻어낸다. 크롬 부착물에 각별히 신경을 쓰면서 세면대 전체를 말리고 스테인리스와 크롬을 윤이 나게 한다. 항상 세면대와 물빠진 마개가 열려있도록 하고, 세면대 아래의 철물부분을 닦고 보수가 필요하면 하우스키핑에 보고한다.

⑤ 휴지제품 보충

- 화장실 휴지 : 절반 이상 사용되었으면 새것으로 보충하고, 고객이 편리하게 사용할 수 있도록 하며 옆에 3/4 정도 남아있는 여분의 휴지를 항상 둔다.
- 종이타월 : 뚜껑을 열어 절반 이상이 사용되었는지 점검한 후 타월을 보충하고 디스펜서를 닦는다. 이외에도 종이타월을 너무 많이 채워 넣으면 낱장으로 꺼내지지 않고 한꺼번에 여러 장씩 나온다든지, 나오다가 찢어지는 경우가 발생하게 되기 때문에 약간의 공간을 두고 채워 넣는다.
- 화장용 화장지의 공급 상태를 점검하여 1/4 이하로 남아있으면 새것으로 보충한다. 상자의 얼룩이나 손자국을 닦는다. 맨 위의 휴지를 V자형Hospitality Triangle으로 만든다. 이는 고객이 항상 정리된 화장지를 새로 사용한다는 느낌을 주도록 하는 것이다.

⑥ 비누 디스펜서 보충

디스펜서에 비누의 양을 체크하고 절반 이하가 되면 보충한다. 돌출부분에 특히 신경을 써서 닦고, 고객들이 사용하다가 흘린 얼룩이나 손자국 등과 같은 얼룩이 있다면 이를 제거하고 윤이 나게 닦는다.

⑦ 문과 문틀

세제와 광택제를 묻힌 천으로 문 양쪽과 문틀을 닦고 신발자국을 없앤다. 트랙과 문지방을 닦고, 진공청소기로 청소하며 경첩과 문손잡이의 더러움과 얼룩을 닦고 광택을 낸다. 문의 자물쇠와 걸쇠가 제대로 되어 있는지 확인하고, 파손된 것은 하우스키핑 부서에 보고한다. 문이 뒤틀려 잘 닫히지 않는지, 걸쇠가 잘 걸리는지, 문틈이 벌어져 있는 것은 아닌지 자세히 확인하고, 고장난 곳이 있다면 신속히 호텔 객실관리 부서로 연락하여 수리할 수 있도록 조치한다.

(2) 정비 순서

① 고무장갑을 착용한다.

② 세제를 이용해서 변기 내부 및 주변을 세척한다.

③ 소변기는 캡을 들어내고 세제로 세척한다.

④ 세면기는 세제로 세척한다.
⑤ 거울은 유리청소용 걸레로 물기를 제거한 후에 정비한다.
⑥ 변기는 세제로 내·외부를 빠짐없이 정비한다.
⑦ 벽면은 세제를 이용하여 정비한다.
⑧ 바닥은 마포로 닦아내고 물기가 없도록 한다.

5) 사원 탈의실 청소

사원 탈의실 청소Clean Employee Locker Rooms는 물비누, 화장실 휴지, 종이수건 등을 채워서 넣고 파손이나 수선이 필요하면 사무실에 보고한다. 다음의 절차에 따라 수시로 로커룸을 청소한다.

① 양변기 청소
② 변기와 칸막이 청소
③ 바닥청소와 샤워기 청소
④ 로커를 닦고 먼지를 떨어내기
⑤ 천장과 환풍기, 그 위의 부분 청소
⑥ 벽 청소
⑦ 문과 문틀 청소
⑧ 거울 닦기
⑨ 휴지통 비우기
⑩ 조명시설 닦기
⑪ 베이스보드와 선반 청소
⑫ 세면대 청소

6) 헬스클럽 청소

헬스클럽은 건강을 위해 오는 고객들이 많고, 운동을 하게 되면 많은 땀이 흘러 쉽게 운동기구들이 더럽혀 질 수 있다. 따라서 헬스클럽은 여느 장소에 비해 더욱 청결에 신경을 써서 관리해야 한다. 또한 기구의 먼지를 제거하고 파손된 기구가 없는지 점검한다. 유리와 거울을 닦고 바닥을 닦으며, 더러워진 린넨을 수거하고 깨끗한 린넨을 보충한다. 그리고 가구를 닦고 정돈하며 조명의 먼지를 제거하고 벽의 얼룩을 제거한다.

7) 식당 청소

호텔 내의 영업장인 식당은 깨끗한 정리정돈으로 고품격의 영업장으로 변신할 수 있다. 따라서 식당 내에 있는 전화기를 청소하고 Hostess 자리를 청소한다. 벽을 깨끗이 하고 창문턱을 닦으며 가구의 먼지를 닦고 광을 낸다. 그 후 커튼, 쿠션, 융단 등의 실내장식품(화병, 수반)을 정돈하고 조명기구를 닦는다.

8) 연회장 및 회의실 청소

식당처럼 자주 청소되어야 하고 의자, 테이블, 가구, 벽, 바닥을 정돈하고 깨끗이 한다. 음식의 얼룩을 제거하고 카펫은 진공청소하며 얼룩을 제거한다. 행사 시 더럽혀진 부분은 가장 빠른 시기에 약품이나 세제로 부분샴푸를 하여 상태가 더 나빠지지 않도록 조치를 취한다. 입구에 깔린 대리석은 광택기를 이용하여 항상 반짝이도록 광택질Burnishing을 한다. 이외에도 꽃꽂이나 화분 등을 점검하여 시들어진 것은 바로 교체되도록 조치한다.

9) 사무실 청소

책상 위의 물건이나 서류는 손대거나 옮기지 않는다. 아래의 순서와 같이 정해진 업무를 완수한다.

① 휴지통 및 재떨이를 비우고 청결을 유지한다.
② 먼지를 털고 가구 광택을 낸다.
③ 카펫을 진공청소한다.

④ 카펫이 없는 바닥은 걸레로 닦고 왁스칠한다.
⑤ 전화기를 청소한다.
⑥ 문과 문틀과 창문을 청소한다.
⑦ 거울, 액자, 장식품을 닦는다.
⑧ 조명시설, 램프를 청소한다.
⑨ 천장, 벽 환기통, 그 위의 부분을 청소한다.

10) 바닥 청소

휴지와 먼지를 쓸어내고 변기 뒤, 문 뒤쪽, 세면기 아래에 특히 주의를 기울인다. 머리카락은 젖은 걸레로 치우고, 자루걸레질을 할 때 마르는 동안 '바닥 젖음' 표시를 해 놓는다. 스펀지, 자루걸레, 세제를 이용하여 바닥 전체를 닦는데, 입구에서 가장 먼 쪽에서 시작하여 화장실 밖까지 쓸어낸다.

(1) 대리석 바닥

구석과 틈에 특히 주의하면서 휴지, 먼지를 쓸어내고 대리석용 마른 자루걸레로 먼지를 닦아내고 구석과 선반을 진공청소한다. 흙이 떨어진 부분은 약중성 세제를 사용한 젖은 걸레를 사용하고, 머리카락은 젖은 걸레를 사용한다. 바닥용 세제로 인한 자국을 없애고 버퍼로 필요한 부분을 문지르는데, 특별한 약품과 순서에 따라 문지른다. 젖은 부분은 '바닥 젖음' 표시를 놓아둔다.

[대리석의 생성 및 특성]

호텔에서 가장 많이 사용하는 석재 중의 하나가 대리석이다. 따라서 대리석의 성질을 이해하고 있어야 대리석으로 구성된 시설을 관리할 수 있다. 일반적으로 돌의 생성과정을 보면, 크게 세 가지로 구분된다. 첫째가 화성암이다. 이는 단어의 의미대로 불에 의해 만들어진 것이다. 불에 용해되면서 불순물이 모두 타고난 다음 식어 덩어리가 된 것이기 때문에 밀집도가 강하다. 둘째, 수성암이다. 이는 단의의 의미대로 오래 된 강바닥이나 호수 지역에서 미네랄과 진흙이 쌓여서 형성된 돌이다. 따라서 수성암은 구멍이 많고 밀집도가 조금 떨어진다. 수성암에는 석회암과 사암이 있다. 셋째, 변성암이다. 이는 지구의 변화에 따라 강력한 압력과 열로 인해 변화된 진흙, 탄소, 미네랄 등이 혼합되어 만들어진 돌이다. 변성암이 여러 가지 혼합과정에서 생성된 수정조직체가 일반적인 대리석이다. 변성암은 화성암보다는 밀도가 약하지만, 수성암보다는 밀집도가 강하다. 그러나 지구의 변화와 더불어 여러 가지 자연환경의 변화에 의해 만들어진 돌이기 때문에 결이 있어 결에 대한 세심한 관리가 필요하다.

호텔에서는 많은 석재를 사용하고 있으며 광택을 내어 사용하게 된다. 돌은 눈에 보이지 않는 많은 구멍이 존재하는데, 이를 유공성이라고 한다. 따라서 돌은 숨을 쉬며 바람이 잘 통하지 않거나 습기가 강한 곳에서는 분해되거나 돌 안에 있는 칼슘, 석회, 산화물이 반응을 일으킨다. 따라서 대리석이 검어지거나 하얗게 될 때에는 풍화작용이 일어나고 있거나 변화하고 있다는 것을 의미하는 것이다. 이러한 돌의 특성을 이해하여 호텔 객실관리 책임자들은 관리해야 할 것이다. 특히 대리석의 경우는 각기 고유의 무늬를 갖고 있다. 따라서 색상과 무늬, 모양과 크기에 따라 그 사용 용도가 각기 다르다. 호텔 내에 대리석을 사용한 인테리어를 설계할 때에는 대리석이 갖고 있는 이러한 성질을 이용하여 출입문, 프런트 데스크, 영업장의 입구, 엘리베이터 입구 및 실내에 사용하는 경우가 많다. 경우에 따라서는 벽을 대리석으로 장식하는 경우도 있다.

최근에는 고가의 천연대리석뿐만 아니라 인조대리석도 많이 사용되고 있다. 그러나 인조대리석의 경우는 천연대리석에 비해 광택의 정도가 낮다. 그리고 광택을 한 번 잃게 되면 복원하는 작업이 천연대리석에 비해 힘들기 때문에 사전에 이를 이해하고 관리해 주어야 한다. 대리석은 또한 주성분이 석회질이기 때문에 오염물질이 쉽게 침투한다. 그리고 한 번 훼손되면 원상복구가 거의 힘들다. 따라서 대리석은 본래의 가격도 고가이지만 유지관리의 비용 역시 많이 든다.

일반적으로 대리석의 경우, 기존의 오염 제거를 위해서는 광택을 위해 사용한 약품을 먼저 깨끗하게 제거해야 한다. 그리고 난 후 오염을 제거하고 완전히 건조시켜 주어야 훼손을 방지할 수 있다. 광택을 복원하기 위해서는 광택기에 얇은 철사 패드(Steel Wool Pad)를 붙여 사용하고, 대리석 바닥에 약품을 뿌린 후 광택기를 서서히 회전시켜 준다. 광택이 생길 때까지 작업을 수회 반복한다. 만약 바닥 표면에 긁힌 자국이 있다면 이를 완전히 제거하고 표면 다듬기(Polishing Type Grinding) 작업을 수행한다. 이렇게 작업을 한 후에는 바닥에 남아 있는 대리석 가루나 패드 가루를 완전히 제거하고 닦아준다.

(2) 바닥 걸레질

바닥의 걸레질은 조심해야 한다. 바닥에 물을 너무 오래 방치하지 말고 타일은 걸레질을 조금만 한다. 세제가 너무 강하면 타일에 금이 가고 변색이 될 수 있다. '바닥 젖음' 표시를 놓아 사람들에게 알려야 한다.

지시에 따라 세제를 섞고 걸레질하기 전에 바닥을 쓸어낸다. 자루걸레가 축축하면 탈수기에 넣고 짜내는데, 이때 한 손으로 탈수기 손잡이를 잡아당긴다. 걸레를 교대시키며 8자 모양으로 움직이는데, 자루걸레질을 할 때 베이스 보드에서 3인치 정도 띄우면서 걸레질을 한다. 세제가 없어질 때까지 8자 모양을 유지하며 반복적으로 닦는다.

(3) 바닥의 때 벗기기

작업구간의 시작과 끝나는 곳에 '바닥 젖음' 표시를 하고, 약품은 라벨에 지시된 정확한 양을 사용한다. 약품은 MSDSMaterial Safety & Data Sheet를 확인한 후 사용하고 OSHAOccupational Safety & Health Sheet에 따라 사용한다.

- 작업구간 내의 모근 가구와 장애물을 치우고 장비와 약품을 준비한다.
- 약간 미지근한 물에 라벨에 표시된 왁스 제거제 적정량을 희석한 후 작업구간 내로 이동한다.
- 왁스 제거제를 젖은 걸레에 적신 후 바닥에 골고루 적셔준다.
- 바닥에 왁스 제거제를 바른 후 3~5분 정도 기다려 기존의 왁스가 용해되도록 한다. 이때 바닥이 마르지 않게 한다.
- 바닥세척기를 부착한 후 특히 벽의 모서리와 같이 바닥 표면을 빠짐없이 Floor Machine이 한 곳에 2회 정도 돌아가도록 한다.
- 습식진공청소기로 바닥 표면의 세제를 진공청소한다.
- 약간 미지근한 물에 중성세제를 라벨에 표시된 적정량을 혼합한 후 2~3회 정도 바닥걸레 작업을 한다.
- 바닥을 바닥건조기로 건조시킨 후 바닥에 기존의 왁스나 오점이 남아 있으면 부분제거를 한다. 특히 Baseboard의 모서리 등을 주의 깊게 살핀다.

(4) 바닥 왁스칠

- 약품 표면의 지시내용을 숙지한다.
- 바닥 표면에 마른걸레 작업을 한다.
- 바닥의 이물질을 제거한 후 부분왁스 작업을 한다.
- 고속광택 작업은 바닥표면이 1회 정도 왁스가 도포되어 있는 곳에 적용한다.
- 고속광택 기계는 계속 움직이며 작업한다. 한곳에 집중적으로 작업하면 바닥이 손상된다.
- 작업 방향은 8자 모양으로 Overlap되도록 한다.
- 고속광택 작업 후 바닥 표면을 진공청소 또는 마른걸레 작업으로 바닥 표면의 먼지를 제거한다.
- 마지막으로 왁스된 곳을 확인하고 왁스가 마르는 동안 안내 표지판을 설치한다.

11) 카펫 청소 : 진공청소기

카펫의 경우는 석기시대에 동굴에서 생활할 때 동물의 가죽이나 풀로 된 깔개를 카펫의 원조로 보고 있다. 기원전 40년경 이집트의 직물기술이 발달하게 됨과 동시에 카펫이 상품으로 시장에 유통되면서 보편화가 되었다. 기원전 7세기경 로마시대에는 색상을 첨가한 제품이 출현되어 융단산업이 크게 발달하였다. 이렇게 발달된 카펫은 실내장식용으로 이용될 뿐만 아니라 소음을 흡수하고 실내를 따뜻하게 해준다.

카펫의 장점은 고객들이 걸음을 걸을 때 감촉이 좋고 피곤을 덜어준다. 또한 보행에 안전감을 제공한다. 단열재로의 효과도 크고, 소음을 흡수하며 실내 음향을 50~60% 정도로 낮추어 준다. 따라서 호텔 객실층의 복도에 깔려 있는 카펫은 객실 안에서 새어나오는 소음을 흡수하여 조용한 객실관리를 할 수 있도록 도와준다. 그리고 연회장 같은 곳에 깔려져 있는 카펫은 다양한 색채와 품위로 고객의 정신적인 안정에 도움을 준다. 그리고 다른 재질에 비해 보수비가 1/2 정도로 낮아 경제성이 좋으며, 손질이 간편하고 관리시간이 절약되어 오래 사용할 수 있는 장점을 가지고 있다.

카펫의 종류 중 대표적인 것으로 양모가 있으며, 화학섬유, 혼방으로 직조된 것을 사용한다. 물론 벽걸이용으로 실크(비단)를 사용하는 경우도 있다. 따라서 재질에 따라 각각 손질하고 관리하는 방법이 달라진다.

카펫의 청소방법은 크게 세제를 이용하여 오염과 얼룩을 제거하는 샴푸와, 각종 먼지와 쓰레기를 흡입하는 진공청소방법이 있다. 진공청소기를 이용할 경우는 그때그때 발생되는 오염물질을 제거하기 위해 매일 3~4회에 걸쳐 사용하기도 한다. 그러나 카펫에 껌이 붙었을 경우 휘발유나 벤젠을 걸레나 솔에 흠뻑 묻혀 닦아내야 한다. 연회장 같은 곳에서 음식물이 엎질러졌을 경우는 먼저 마른걸레로 닦아낸 후에 샴푸한다. 커피나 우유 등이 쏟아졌을 경우에는 더운물과 비누를 사용하여 그 부분만 집중 관리한다.

카펫을 진공청소할 경우의 청소 순서는 출입문에서 가장 멀리 떨어진 코너에서 시작하여 청소를 하며, 맨 마지막에는 방 밖으로 나올 수 있도록 한다. 전선 위로 청소기가 다니지 않도록 하며, 가구는 진공청소기로 청소하지 않고 작은 가구들은 다른 곳에 놓고 청소한다. 벽의 구석구석과 가구 사이 좁은 곳의 먼지를 없애기 위해서는 빗자루를 이용한다. 근무교대를 끝낼 때는 청소기 먼지주머니를 비우고 청소기 밑을 닦는다. 소켓의 플러그를 잡는 경우를 제외하고는 벽에서 전선을 잡아 뽑지 않는다.

(1) 카펫 샴푸기 사용법

① 카펫을 깨끗이 진공청소한다.
② 일정한 물의 양에 정해진 양의 샴푸세제를 희석하여 물탱크에 채운다.
③ 샴푸기와 액세서리 사용에 대한 올바른 절차를 따른 후 카펫청소를 시작한다.
④ 스프레이와 빨아당김을 동시에 하며, 항상 액세서리를 몸쪽으로 잡아당긴다.
⑤ 먼저 샴푸하기 전에 심한 얼룩을 처리하는 것이 중요하다.
⑥ 카펫이 매우 젖어있으므로 사용 전에 충분히 마를 시간을 둔다.
⑦ 더러운 물은 버리고 탱크는 청소한다.
⑧ 악취와 녹이 생겨나지 않도록 모든 부분을 청소하고 건조한다.

카펫은 샴푸하기 전에 진공청소하고 샴푸 사용 전에 얼룩이 어디에 있는지 파악하여 샴푸기를 올바로 사용해야 한다.

특히 악취, 얼룩, 더러움이 없어야 한다. 사용 후에는 보관하기 전에 기계에 있는 모든 물과 세제를 다 빼내고, 모든 장비를 닦고 청소하여 건조시킨 후 보관한다. 결점이 있는 장비는 매니저에게 보고한다.

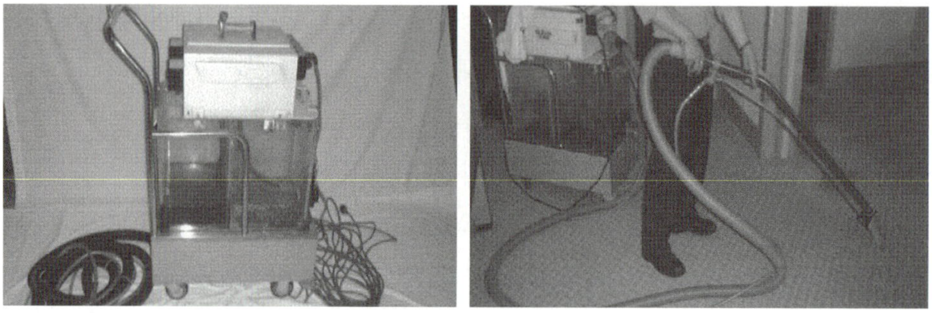

샴푸기기와 카펫 샴푸하는 자세

12) 홀과 복도 청소

홀의 구석구석을 청소용 진공청소기로 청소하며 벽을 따라가며 카펫 가장자리를 흡입한다. 홀의 한쪽 끝에서 맞은편으로 진공청소하고, 사람들이 줄에 걸려 넘어지지 않도록 '주의' 표지를 놓는다. 그리고 신발자국과 베이스보드, 선반을 닦아내고 환풍기, 스프링클러, 천장의 모서리 등의 먼지를 제거한다. 또 조명기구의 먼지를 닦아내며 전구를 교체하고 벽을 닦아내며 Baseboard(실내벽의 최 하단)를 깨끗이 한다. 모든 비상구 문의 양면을 닦고, 복도에는 고객이 줄에 걸려 넘어지지 않도록 벽 한쪽으로 줄을 치운다. 작업이 끝나면 잘 닦아놓고, 대리석을 잘 쓸고 걸레질한다. 대리석을 걸레질 할 때는 '바닥 젖음' 표지를 놓는다.

13) 커튼 정리와 창문 청소

완전히 열고 닫으면서 겉커튼과 속커튼을 점검하고, 끝쪽이 잘 맞고 주름이 골고루 잡혀있는지 본다. 손상이나 구멍, 흠집이 있는지 보고 점검하며 고리가 제자리에 있는지 살펴보고, 손상된 것과 수선이 필요한 것은 슈퍼바이저Supervisor에게 보고한다.

속커튼과 겉커튼을 닫고, 2주일에 한 번 작은 진공청소기로 커튼의 먼지를 제거하고 매일

두들겨 먼지를 제거한다. 위에서 시작하며 긴 총채를 사용하여 창문에 먼지를 제거하고 느슨해지거나 부서진 창문이 있으면 하우스키핑에 보고한다.

14) 먼지 털기

모든 가구, 시설, 액자, 책상, 창틀, 장식품의 먼지를 매일 제거하고, 파손이나 보수가 필요하면 하우스키핑에 보고한다. 세제와 광택제를 묻힌 천을 사용하며 표면과 다리, 뒷부분의 먼지, 얼룩, 손자국을 깨끗이 닦고 모든 가구의 윗부분, 옆면, 정교한 무늬에 특별한 주의를 기울인다. 높은 부분은 깃털먼지 털이를 사용하고, 등나무제품의 틈은 칫솔로 청소한다. 표면을 깨끗하고 마른 천으로 닦아 문지르며 광택을 내고, 덮개가 씌워진 가구 위에는 쿠션을 빼서 진공청소를 하고 얼룩이 없는지를 확인한다. 창문 청소에 사용하는 세제를 묻혀 천으로 책상 위의 유리를 닦는다. 마지막으로 반드시 물기 없는 걸레로 모든 물기를 닦아내어 곰팡이가 피거나 냄새가 나지 않도록 한다.

15) 소파, 의자, 쿠션

의자와 소파에서 베개와 쿠션을 꺼내어 젖은 천으로 부스러기, 먼지와 이물질을 제거한다. 베개를 부풀려서 제자리에 놓고, 베개나 쿠션이 찢어졌거나 얼룩이 없는지 점검한 후 손상된 것은 감독자에게 보고한다. 매일 소형 진공청소기를 사용하여 이물질이나 냄새가 나지 않도록 청소한다.

16) 액자와 틀

깨끗하고 부드러운 천을 이용하여 액자에 묻은 먼지를 털어내며, 액자에는 직접 세정제를 뿌리지 않는다. 유리로 액자를 만들었다면, 유리 전용세제를 이용하여 손자국 등의 얼룩을 제거한다. 창문용 세제를 묻힌 깨끗한 천으로 액자유리 전체를 닦은 후, 깨끗하고 부드러운 천으로 유리 표면을 닦고 얼룩이 있는지 살펴본다. 그리고 그림이 파손되거나 없어졌으면 감독자에게 보고한다.

17) 거울

유리세정용 세제를 거울에 뿌려 윗부분에서 시작하여 바닥으로 내려가면서 유리청소용 세제가 없어질 때까지 닦고 난 후, 깨끗하고 마른 부드러운 천을 사용하여 닦는다.

18) 목제품 광택

세제나 광택제를 붙인 깨끗한 천으로 먼지, 얼룩, 손자국을 없애가며 표면을 깨끗이 한다. 모든 가구에 다리, 뒷부분, 옆 등 정교한 공예품에 특히 주의를 기울인다. 깨끗하고 마른 천으로 표면을 문지르며 광택을 내고, 파손되었거나 수선이 필요하면 슈퍼바이저Supervisor에게 보고한다. 매일 로비가구, 복도가구, 화장실가구, 난간, 문, 책선반, 계단의 손잡이를 청소한다.

19) 대리석 카운터와 책상

깨끗하고 젖은 부드러운 천을 사용하여 광택이 날 때까지 부드럽고 마른 천으로 부드럽게 문지른다. 파손이 생기면 감독자에게 보고한다. 그리고 갑자기 무거운 물건을 대리석 카운터나 책상 위에 덥석 놓으면 대리석이 가지고 있는 결이 갈라져버리는 경우가 있기 때문에, 단단한 물건을 놓을 경우에는 살짝 올려놓도록 한다.

20) 조명기구와 램프 및 천장형광등 커버

복도 및 공공장소의 조명

조명기구의 전원을 끄고 점검하여 닦는데 마른 천으로 전구의 먼지를 닦는다. 세제를 묻힌 천으로 조명기구와 램프의 먼지를 없애고 램프 위의 장식, 밑부분, 전등의 갓을 닦는다. 램프와 전등스위치 위의 먼지, 손자국, 얼룩을 제거하며 전등과 스위치가 제대로 작동하는지 확인한 후 필요하면 새것으로 교환한다. 또한 전압이 맞는지 확인하고, 주름진 부

복도 전등의 갓을 떼어내는 작업

분은 솔로 닦으며 전등갓을 똑바로 세우고 이음새가 벽면으로 가도록 한다.

형광등 커버를 청소할 때 지정된 사다리, 받침대와 청소용품을 사용한다. 젖은 걸레로 형광등 커버의 먼지를 털어내고, 혹시 벌레(하루살이 등)가 들어갔다면 제거한다. 긴 총채로 형광등의 커버 먼지를 털고 전등이 잘 들어오고 전압이 맞는지를 확인한 후 세제를 묻힌 깨끗하고 부드러운 천을 사용하여 먼지와 얼룩을 없애고 마를 때까지 닦는다. 파손된 것이나 고장이 난 것은 감독자에게 보고한다.

제3장 린넨 관리서비스

1. 린넨 관리 업무의 이해

1) 린넨 관리 업무

린넨실의 업무는 일반적으로 침대 및 욕실용 린넨과 냅킨, 커튼, 종업원 유니폼 등을 구입, 저장, 분출, 취급 또는 재고관리로 분류할 수 있다. 따라서 린넨실은 린넨을 보관 및 배급하는 장소 등의 업무를 총괄적으로 관리하는 부서이다.

린넨 관리 업무는 호텔 내의 모든 영업장의 린넨류 및 종업원의 유니폼 세탁물 접수 및 불출, 세탁공장 간의 세탁물 발주 및 납품 수령, 물품 구입 지원 및 관리를 수행한다. 린넨 관리 업무를 수행하는데 있어서 문제가 발생했을 시에는 가장 먼저 타 부서 간에 신속하고 유기적인 지원을 요청해야 하기 때문에 하우스키핑 부서의 팀장이 통제하도록 하고 있다.

(1) 린넨실의 조직 및 직무

호텔 내에서 사용하는 모든 린넨류에 대한 세탁수불 업무 및 관리에 따른 제반 업무를 지칭하는 것으로 객실 린넨과 식음료 린넨, 사우나 린넨Sauna Linen으로 구분한다. 객실 및 업장 판매를 위한 각종 린넨류를 비치 관리하고, 객실 및 각 업장별 필요량을 불출하여 외주세탁실로

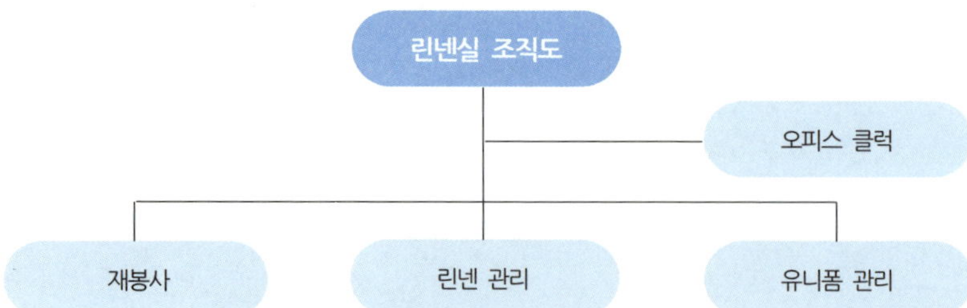

린넨실의 조직도

세탁 의뢰의 양 및 입고량을 확인 · 관리하고, 재고량 파악 및 원활한 불출을 위한 물량 확보와 린넨류의 청결도 유지를 관리하며, 발주량 파악 등 이에 제반 업무를 수행한다.

린넨 관리자들의 직무에 따른 업무를 중심으로 살펴보면 다음과 같다.

① 린넨 관리자

객실팀장을 보좌하여 린넨류의 공급 업무와 유지관리에 책임을 지며, 린넨실 종업원을 지휘 · 감독한다. 고객의 취향에 따라 린넨의 품질이나 색깔, 형태 등을 적절히 조합한다면 고객만족에 기여하는 바가 크다고 할 수 있다. 고객들에 대한 접객수준이 각 호텔마다 다양하고 여기에 필요한 린넨 수요도 달라지므로, 필요한 린넨 관리 정도와 린넨 관리자의 고정배치에 대한 필요성이 대두된다.

가. 린넨류 세탁 의뢰
나. 린넨류 입고 및 정리 적재
다. 린넨류 객실 및 영업장 불출

- 객실 린넨
  - 공급
    - 전일 객실판매율에 따른 층별 공급 수량을 점검한다.
    - 기재된 수량에 의해 필요량을 공급 카트에 적재한다.
    - 적재가 완료되면 엘리베이터를 이용하여 각층의 스테이션에 운반한다.
  - 수거 : 당일 객실 청소 후 룸메이드가 수거한 린넨류는 슈터를 통해 투입, 구분하여 현장으로 보내진다.
- 식음료 린넨
  - 호텔 내 업장 및 연회장에서 사용되는 린넨류 및 외주 사업본부 및 출장연회 시 사용되는 린넨류를 각 업장별로 불출하고 세탁 접수하는 업무를 말한다.
  - 각 업장에 사용된 린넨류를 전표에 기재한 후 세탁을 의뢰한다.
  - 의뢰된 린넨류에 따라 사용할 린넨을 불출한다.
  - 세탁접수 시 품목별, 사이즈별, 업장별, 색상별로 구분하여 적재한다.

- 적재 시 감모 및 손실된 린넨을 분류하고, 음식물에 의한 오점이 심한 린넨도 분류하여 재세탁 여부와 사용 여부를 판단한다.
- 상기사항에 의한 수불현황을 각 업장별로 마감 집계를 실시한다.
- 마감 집계에 따른 회전 수량을 파악 · 관리하며, 익일 불출예상 수량을 파악하고 적절히 저장하여 지원 업무에 이상이 없도록 한다.

라. 린넨 관리

예산을 설정하고 구입예산을 결정한다.

마. 구입

매일 반복되는 업무이므로 일일 예상출고량을 계획하고 주간 및 호텔 내의 행사에 일정한 정보를 숙지해야 한다. 특히 객실 가동률과 연회 증대는 중요한 업무이므로, 린넨의 원활한 지원을 위해 항상 재고사항 및 상태조사를 수시로 점검하여 행사에 지장에 없도록 한다.

- 일반적인 구입은 예산편성의 분기별 구입에 준한다. 필요시 수시로 구입을 실시한다.
- 물품 구입의뢰서를 작성한다.
- 작성 시 의뢰 목적과 이에 따른 설명 및 보충자료를 첨부한다.
- 납품정리로 수량과 내용을 검수하여 완료된 품목은 입고정리 후 불출 서식에 준해 처리한다.

(2) 재봉사

재봉사의 업무는 종업원용 유니폼의 수선, 고객의 옷수선, 테이블 린넨의 수선, 커튼, 침대, 베드 스프레드, 베개 등 최소한의 수선과 정돈을 요하는 보수작업을 하는 업무이다. 요즘은 비용절감의 하나로 사용할 수 없는 린넨Condemned Linen을 수선하여 종업원 샤워용 린넨으로 사용하기도 한다.

(3) 린넨 창고

호텔 객실의 각층마다 린넨을 보관할 수 있는 소형 창고를 두는데, 각층 객실의 린넨을 공급하는 장소이다. 룸 어텐던트가 린넨 저장창고를 통해 린넨을 운반해 가도록 하며, 객실정비 후 린넨 카트에 남은 것을 다시 창고에 반납한다. 각층의 린넨창고는 객실층 감독자Supervisor나 객실정비원들이 린넨을 지급받을 경우를 제외하고는 항상 출입을 통제해야 한다. 특급호텔이나 휴양지호텔에서는 고객의 편의를 위해 린넨 저장창고를 개방하는 경우가 있지만, 이럴 경우 많은 린넨이 분실될 가능성이 있기 때문에 적절한 통제가 필요하다.

린넨 저장창고의 적정재고 수량을 결정한 경우에는 다음의 사항을 고려해야 한다.

- 객실수(침대의 형태 별)
- 평균 객실점유율
- 린넨류의 교환 횟수
- 세탁 소요시간
- 긴급사태 예측

린넨의 적정재고 수준에 대한 정확한 기준은 없지만, 일반적으로 효율적인 경영을 위해 4~5회전 정도의 수량이 필요하다. 더욱이 최근에는 일부호텔에서 린넨의 세탁업무를 외부용역에 맡기는 경우가 있어 충분한 수량이 확보되어야 한다. 4~5회전의 산출근거는 다음과 같다.

- 1회전 : 현재 사용
- 2회전 : 린넨창고 보관용
- 3회전 : 세탁용
- 4회전 : 긴급사태 예비용

(4) 영업장별 린넨 업무

① 객실 린넨 수급

가. 세탁물 수거 및 발주

- 세탁물 수거는 두 개 조로 나누어서 전일 각층별로 룸메이드가 객실청소 시 수거 정리하여 세탁물 의뢰전표에 기록한 품목과 수량을 확인하고, 전표와 함께 세탁물을 운반용 린

넨 콘테이너에 담은 후 다음 수거층으로 이동한다.

- 수거한 세탁물은 수동으로 조작한 엘리베이터에 싣고 세탁물 의뢰전표를 확인 회수한 후 세탁물 전용실로 운반한다.
- 세탁물 전용실로 운반되어온 세탁물은 잘 정돈하여 적재준비를 한 후 호딩덕으로 운반, 발주차량에 적재작업을 한다.
- 세탁물 운반과정 중 린넨류가 파손되거나 때가 묻지 않도록 주의하여 운반한다.
- 오전 발주차량에 보내고 남은 세탁물은 오후 세탁물 발주차량에 보내야 하므로, 세탁물 전용실 복도에 잘 정돈해 놓는다.
- 전 객실층의 세탁물 수거작업이 완료되면, 린넨 담당자는 각층에서 회수한 의뢰전표를 모아 집계한 후 세탁물 발주서 2부를 작성하여 린넨실 책임자가 서명한 후 1부는 세탁공장에 보내고, 1부는 린넨실에 보관한다.

나. 세탁물 공급

- 린넨 담당자는 오전에 각층별로 수거한 세탁물 중 오리털이불, 패드 등은 창고에서 규격별로 출고하여 세탁물 전용실 복도 불출작업 장소로 운반하고, 기타 일반물품도 불출장소로 운반한다.
- 오전에 각층별로 수거한 세탁물 의뢰전표에 의해 품목, 수량 및 규격별로 분류하여 세탁물 의뢰전표와 함께 린넨 컨테이너에 담아 엘리베이터 입구까지 운반한다.
- 엘리베이터를 수동으로 조작 운행하여 세탁물 의뢰전표를 확인한 후 해당 객실층으로 운반 불출하고 세탁물 의뢰전표를 회수한다.
- 수급량 부족으로 미불출이 발생하게 되면, 수량을 세탁물 의뢰전표에 기재하고 차기불출 시 보충 공급한다.
- 보충 공급이 불가능할 시에는 부족분은 각층별로 균등하게 배분하여 공급한다.

다. 세탁물 납품 및 정리

- 세탁공장에서 납품된 세탁물은 린넨실로 운반하여 부분별, 종류별로 분류하여 정리한다.
- 세탁물 납품 시 공장에서 작성 발송한 납품전표를 2부 수령받아 품목별 수량에 대한 확인

작업을 실시한다.

- 세탁물 품목별 수량에 이상이 없는 경우, 린넨실 책임자가 서명하여 1부는 공장으로 반송하고 1부는 린넨실에 보관한다.

라. 세탁물 반출 및 반입

- 반출 : 세탁물 반출 시에는 린넨실에서 발급한 반출 · 반입 확인증 3부(1부는 린넨실 보관용) 중 2부를 받아(안전실 제출용, 총무부 회송용) 안전실 제출용 1부를 현장 안전요원에게 제출하고 세탁물을 반출한다.
- 반입 : 첫째, 세탁물 반입 시에는 세탁물이 도착하는 즉시 총무부 회송용 1부를 현장 안전실 직원에게 제출하여 확인서명을 받은 후 회수하여 린넨실 담당자에게 제출한다. 둘째, 린넨실 담당자는 총무부 회송용 반입증을 서무를 통해 총무부에 제출한다.

ROOM LINEN LAUNDRY

FL :		Date :
ITEMS	QTY	REMARKS
Bed Sheet		
Pillow Case		
Bath Towel		
Face Towel		
Wash Cloth		
Bath Mat		
Bed Pad		
Duckdown Spread		
Sheet		

Total		
INSPECTION		MAID
		DELIVERY MAN

객실 린넨 사용전표

마. 객실 린넨 사용전표

객실 린넨 사용전표를 통해 린넨의 수량 및 정보를 총괄할 수 있기 때문에 모든 린넨 작성에 있어서 반드시 전표를 작성한 후 업무를 처리한다.

② 식음료 및 헬스 린넨 수급

가. 세탁물 접수 및 발주

- 각 영업장 담당자가 수거한 세탁물을 품목, 수량, 규격 및 색상별로 수량을 확인하고 세탁의뢰전표를 2부 작성하여 1부는 세탁공장에 보내고, 1부는 린넨실에 보관한다.
- 세탁물 접수작업의 수량 확인 시 회사 기물(포크, 나이프 등)이 세탁공장으로 유출되지 않도록 분리작업을 철저히 한다.
- 접수된 세탁물은 잘 정돈하여 객실용 세탁물과 병행하여 로딩 덕으로 운반하여 발주차량에 적재한다.
- 반출 확인증은 객실용 세탁물에 포함된다.
- 오전 발주차량에 보내고 남은 세탁물은, 객실용 세탁물과 병행하여 오후 세탁물 차량에 보내야 하므로 세탁물 전용실 복도에 잘 정돈하여 놓는다.
- 긴급을 요하거나 특수한 품목은 사내 세탁소에서 절차에 따라 처리한다.

F&B LINEN LAUNDRY

Section :		Date :
ITEMS	QTY	REMARKS
테이블 크로스 140 x 140(W)		
테이블 크로스 150 x 150(W)		
테이블 크로스 880 x 230(W)		
냅킨 52 x 52		
물 수건 28 x 28		
테이블 스커트		

Total		
ATTENDANT		

식음료 린넨 사용전표

SAUNA HEALTH CLUB LINEN LAUNDRY		
Sauna & Health Club :		Date :
ITEMS	QTY	REMARKS
매트		
바디 타월		
라운지 타월		
가운		
운동복 하의		
운동복 상의		
Wash Towel		

Total		
ATTENDANT		SECTION

헬스 클럽 린넨 사용전표

나. 세탁물 공급

- 세탁물 접수량만큼 불출하여 세탁물 의뢰전표에 품목별 수량을 기재한다.
- 수급량의 부족으로 미불출이 발생하게 되면, 세탁물 의뢰전표에 부족량을 기재하고 차기 불출 시 보충하여 공급한다.
- 보충 공급이 불가능할 시에는 부족분은 각층별로 균등하게 배분하여 공급한다.

다. 세탁물 납품정리

객실세탁물과 함께 세탁공장에서 납품된 세탁물은 린넨실로 운반하여 품목별, 종류별로 분류하고 수량 확인작업은 객실용 세탁물과 동일하게 실시한다.

라. 세탁물의 반출 및 반입

객실용 세탁물을 포함하여 정리한다.

마. 식음료 및 헬스 린넨 사용전표

식음료 및 헬스 린넨 사용 전표를 통해 린넨의 수량 및 정보를 총괄할 수 있기 때문에, 모든 린넨 작성에 있어서 반드시 전표를 작성한 후 업무를 처리한다.

2) 유니폼 관리

호텔에서의 유니폼은 고객에게 서비스를 준비할 종업원들의 신원을 확인해 주고, 나아가 그들의 위신을 높여주거나 소속감을 높여주는 역할을 한다. 특히 서비스 종류나 지위에 따라 서로 다른 종업원들에게 상이한 이미지를 주기 때문에, 대부분의 호텔종업원은 유니폼을 착용하고 근무를 하기 때문에 유니폼의 관리도 효율적으로 하여 최소한의 비용으로 최대의 효과를 얻을 수 있도록 해야 한다.

(1) 유니폼 관리의 중요성

유니폼의 착용은 호텔을 방문하는 고객들에게 서비스를 기꺼이 제공할 준비가 되어 있다는 묵시적인 표시이기 때문에, 고객에게 신선함을 줄 수 있도록 해야 한다.

유니폼은 서비스를 제공하는 종업원이 근무시간에 항상 착용해야 하므로 최소한 1인당 3벌은 준비되어야 하기 때문에 많은 예산이 투입된다. 더욱이 최근에는 고객들에게 보다 만족을 주기 위해 최신형 패션Fashionable의 유니폼을 선택하고, 서비스의 성격이나 분야에 따라 상이한 형태의 디자인으로 유니폼을 제작하기 때문에 생각보다 많은 비용이 든다.

또한 유니폼은 고객에게 신선함을 줄 뿐만 아니라 종업원들이 서비스를 제공할 경우 업무를 보다 효율적으로 수행할 수 있게 제작되어야 한다. 특히 유니폼 선정 시 각 부서의 특성을 고려한 유니폼의 직물 선택이 매우 중요하다. 예를 들어, 벨맨 유니폼은 기동성이 요구되고, 빠른 회전의 유니폼의 경우는 다림질이 필요 없는 직물 선택을 하여 시간을 절약하고 내구성을 유지할 수 있는 것이어야 하고, 조리 부서의 유니폼은 통풍이 잘되고 흡수성이 강한 면제품을 선택함으로써 제한된 구역 내에서 고열의 기물작업을 수행할 수 있다. 또한 주방Kitchen에서 요리를 하는 종업원들은 땀을 많이 흘리기 때문에, 혼합된 직물보다는 면제품이 더욱 효과적이다. 추운지방에서는 울Wool이 적합하지만, 울은 드라이클리닝을 해야 하기 때문에 관리 비용이 많이 들고, 레이온은 다른 합성물질과 결합하면 항구적인 견직물이 되지만, 반드시 다림질을 해야 하기 때문에 경비가 추가된다. 따라서 호텔에서 광범위하게 채택되고 있는 유니폼의 직물은 폴리에스테르로, 이 직물은 상쾌하고 매끄러우면서 착용하기 편안하고 보관유지가 쉬우며 영구적인 면에서 가장 선호하는 직물이다.

(2) 유니폼 관리

일반적으로 호텔에서는 린넨 룸 관리자와 유니폼 관리를 동일지역에서 관리하는 곳이 대부분이지만, 효율적인 관리를 위해서는 린넨실과 유니폼 관리를 분리하여 업무권한을 분산시켜 집중 관리하는 것이 효과적이다. 그러므로 종업원이 유니폼을 개인적으로 보관해 두는 것을 방지해야 한다. 또한 유니폼 손상을 방지하여 비용을 절감하기 위해서는 더러워진 유니폼을 접수한 다음 새것으로 교환해 주어야 한다.

일반적으로 종업원 개개인에게 필요한 유니폼 보유량은 호텔 예산이나 업무 직종에 따라 정해지지만, 특별한 경우를 제외하고 1인당 4벌을 초과해서는 안 된다. 주방이나 객실정비 부서, 접객 부서Front of The House 종업원들에게는 고객 접촉과 이동이 많으므로 유니폼 수량이나 질, 사이즈에 맞추어 제작, 구입하고 지급해야 한다. 유니폼의 순환 사용 중인 것과 예비 유니폼에 대한 수량 파악은 적어도 연간 3~4회 정도는 수행되어야 한다. 각 종업원들에게 지급된 유니폼 수와 사용할 수 있는 유니폼 수를 점검하는 것도 사용 중인 유니폼과 예비량에 대한 통제수단이 된다.

(3) 유니폼 수급

① 세탁물 접수

종업원 개인별로 품목, 수량 및 지명 유니폼 여부를 확인하고 접수증을 발행 교환하며, 종업원은 직접 접수대장에 부서명(업장), 성명, 품명, 수량을 적고 서명한다.

② 세탁물 불출

불출요구 시 세탁물 접수증을 회수 확인한 후 불출한다. 세탁물 접수증을 제출하지 않거나 분실한 사람은 별도로 미제시대장에 기록하고 서명한 후 유니폼을 불출한다.

③ 세탁물 발주

사내 세탁소 담당자와 상호명과 품명 및 수량을 확인하고, 세탁물 발주전표를 2부 작성하여 1부는 사내 세탁소, 1부는 유니폼실에 보관하고 사내 세탁소 담당자에게 세탁물을 인계한다.

④ 세탁물 납품과 정리

사내 세탁소 담당자와 상호, 품목 및 수량을 확인하고 세탁물 납품전표 2부를 작성하여 1부는 사내세탁소, 1부는 유니폼실에 보관하고 세탁물을 인수한다. 납품된 세탁물은 부서별, 종류별로 구분하여 정리한다.

⑤ 세탁물 지급 및 반납

종업원 1인당 2벌씩 고정적으로 유니폼을 지급하며 개인별 지급카드에 품명, 수량, 입고일을 기록하고 서명한다. 퇴직 또는 다른 부서로 이동할 경우 유니폼을 반납해야 하며, 미반납 시 사규에 따라 처리한다. 유니폼은 그 종류에 따라 각기 다른 내구 연수를 가지고 있다. 각 종류별 내구 연수에 기초하여 유니폼을 지급한다.

- 양복 상 · 하, 작업복 상 · 하(순모, 혼방, 합성) : 2년
- 와이셔츠, 블라우스류(면, 실크, 합성) : 1년

유니폼을 반납하지 않은 사람의 경우 변제금을 납부해야 한다. 변제금을 산출하는 근거는 다음과 같다(각 호텔마다 사규에 의한다).

- 변제금 = 구입단가 – 감가상각비

(* 감가상각비 = 착용기간 ÷ 내구연수 × 구입단가)

⑥ 유니폼 사용전표

UNIFORM INDIVIDUAL LAUNDRY

DATE :

DEPARTMENT :

SECTION :

POSITION :

NAME :

ITEM	QTY	REMARK
TOTAL		

LINEN ATTENDANT

유니폼 교환전표

2. 세탁물 관리

1) 세탁실 개요

깨끗하게 세탁하여 정돈된 린넨류는 고객에게 호텔에 대한 좋은 인상은 물론, 쾌적하고 산뜻한 분위기를 느끼게 하는 중요한 물품이다. 호텔 내 객실에 투숙해 있는 고객의 편의를 위해 고객의 주문에 의해 세탁물을 수거 및 정리하여 세탁 현장으로 인계하고 세탁 후 객실로 전달해 주는 업무를 말한다. 과거에는 호텔 내 조직으로 하여 호텔 자체에서 관리를 하였으나, 최근에는 호텔의 비용절감을 위해 외부의 세탁 용역업체와 계약에 의해 운영하고 있다.

린넨실을 운영하는 목적은 사내에서 사용되는 모든 린넨류(객실, 식음료)와 유니폼의 효과적인 운영지침에 따라 필요량을 예측하여 공급하고, 업무의 질 향상을 통한 비용절감 요인을 찾아내어 회사의 이익을 창출하며 고객 세탁의 서비스 개선을 통한 고객만족을 위해 최선을 다하고자 함이다. 린넨류의 세탁 또는 수선하고 보관·공급하는 과정은 호텔의 운영을 원활하게 하고 경비를 절감할 수 있는 요인으로 호텔관리 운영에 중요한 역할을 한다.

2) 세탁물 운영

고객의 요청에 따라 오더테이커Order Taker, 룸에텐던트Room Attendant, 룸메이드Room Maid 등에 의해서 세탁물이 접수되면, 세탁물을 수거한 후 수량과 종류를 확인하여 기록하고 세탁실로 보낸다. 세탁실에서는 분류 품목에 따라 처리하여 세탁한다.

세탁물을 접수할 경우에는 자세히 살펴보고 고객의 불평을 예상하여 천의 색상이나 사태를 점검한다. 만약 세탁물의 흠집이나 탈색을 발견했을 경우에는 즉시 고객에게 확인시켜 양해를 구해야 한다.

업 무 절 차	담 당 자
접 수	Order Taker
수 거	Runner
세탁 전 분류	Assorter
세 탁 : 다림질	Laundry : Pressing
세탁 후 정리	Assorter
포 장 : 배 달	Runner
마 감	Order Taker

세탁물 업무과정

(1) 세탁물의 접수 및 수거

① 고객으로부터 세탁물에 대한 의뢰를 받으면 오더 리스트에 객실번호, 접수시간, 세탁물

분류 표시, 접수자 서명 등을 기입한다.

② 고객G, 룸메이드R, 객실관리 부서H/K, 프런트 데스크F/D로부터 접수된 세탁물은 오더 리스트에 각각을 구분하여 표시한다.

③ 고객으로부터의 특별서비스 요구가 있을 경우 오더대장에 S.PSpecial Service로 표시하고, 요청시간이 1시간 내인지 4시간 내인지를 확인하여 기록한다. 상기사항은 즉시 배달 담당자Delivery Man에게 전달한다.

④ 세탁 후 보관을 요구하는 경우 오더대장에 기록하고 Receiving Clerk에게 전달한다. 세탁물 접수가 완료되어 빌이 넘어오면 POS Terminal에 요금을 입력시킨다. 이때 Special 및 Discount 요금을 확인하면서 빌Bill에 객실번호, 고객명이 C.R.T의 화면과 동일한지 확인한다.

⑤ 당일 매출일보를 작성하여 Original Bill과 함께 수납과로 제출한다. 이때 POS 리스트와 매출일보 간에 차액이 발생된 것은 없는지 확인한다.

월　　일

객실 No.	구분	접수시간	접수자	배달시간	Bill No.	배달자	비고

오더 접수대장

일반적으로 세탁물을 수거할 경우, 고객의 세탁물은 일반서비스Regular Service와 빠른서비스Express Service 등 두 가지로 크게 나뉜다. 일반서비스는 오전시간에 맡긴 세탁물은 당일 오후 6시에 배달되며, 12시 이후에 맡긴 세탁물은 익일 아침에 배달되는 서비스이다. 빠른서비스는 고객의 사정으로 인해 빠른서비스를 원할 때 제공되는 서비스로서 3시간 정도가 소요된다.

- 일반서비스Regular Service
  - 11 : 00 이전에 접수된 세탁물은 당일 18 : 00까지 배달된다.
  - 11 : 00 이후 16 : 00까지 접수한 세탁물은 다음날 10 : 00경 배달된다.

- 16 : 00 이후 접수된 세탁물은 다음날 오전 11 : 00까지 접수된 세탁물과 함께 배달된다.

○ 빠른서비스Special Service

- 접수된 후 3시간 내에 세탁하여 배달해야 하며, 09 : 00~18 : 00에 접수된 세탁물만이 당일 배달된다.
- 18 : 00 이후에 접수되는 세탁물은 다음날 09 : 00까지 접수된 세탁물과 함께 배달되니 유념해야 한다.

세탁물을 수거할 때에 유의해야 할 사항은 다음과 같다.

○ 고객 세탁물은 객실번호를 확인한다.
○ 명세서에 기록된 수량과 실제 세탁물을 대조 확인한다.
○ 특기사항을 기록한다.
○ 배달시간을 정확하게 기록한다.

객실번호		고객명			일 시		오 전
							오 후
품 명	수 량	색 상	상 표	특 징	구 분	단 가	금 액
수거 담당자	시 간		인도 담당자	시 간		합 계	
	서 명			서 명		확 인	

Laundry Slip 작성요령

세탁물을 수거할 시 세탁물에 구멍이나 탄 자국, 찢긴 곳이나 떨어진 단추가 있다면 Laundry Release 카드에 기입하여 고객에게 전달한다.

(2) 분류 및 표시

수거한 세탁물에는 하나하나에 객실번호를 정확하게 기입하여 수거대장에 기록한다. 그리고 세탁물의 종류에 따라 분류한다.

① 세탁물 재질에 의한 분류

가. 섬유제품

- 식물성 섬유 : 면, 마
- 동물성 섬유 : 모, 견
- 광물성 섬유 : 석면
- 재생 섬유 : 레이온
- 반합성 섬유 : 아세테이트
- 합성 섬유 : 나일론, 폴리에스터, 아크릴, 비닐
- 부기 섬유 : 유리

나. 비섬유제품

② 세탁물 구조에 따른 분류

가. 단일천 구조 : 직물, 편물, 레이스, 부직포

나. 복합천 구조 : 인조모피, 천연모피, 인공피혁, 합성피혁, 천연피혁, 코팅 가공천, 접착제품

③ 세탁물 오염 종류에 따른 분류

오염을 분류하자면 인체로부터의 발생되는 오염과 인체 외적인 요인(생활환경)으로부터 나오는 오염으로 나눌 수 있다. 이외의 분류로는 오염의 용해성으로 분류할 수 있는데 수용성 오염, 유용성 오염, 불용성 오염으로 구분한다.

가. 수용성 오염

- 물에 씻으면 제거되는 오염으로 땀, 과일류, 차같은 것들이 있다. 수용성 얼룩이라도 시간이 경과하면 변질되어 제거하기 어려워지기 때문에, 얼룩이 생기면 가능한 한 신속하게 제거하도록 한다.

- 종류 : 전분류, 설탕, 소금, 간장, 소스류, 분비물(땀, 오줌), 잉크, 과즙, 수성화장품, 음식물, 알코올류 등이 있다.

나. 유용성 오염

- 물이나 세제로는 완전제거가 어려우며 유기용제에 의해 제거되므로 드라이클리닝으로 쉽게 제거될 수 있다. 합성섬유의 경우 기름얼룩은 시간이 경과하면 섬유 내부로 분산, 침투되어 완전한 제거가 어려워지므로 얼룩이 생긴 즉시 제거해야 하기 때문에, 유기용제로 제거되지 않은 것은 세제액으로 제거하는 것이 좋다.
- 종류 : 유지, 초, 동 · 식물성지방, 광물성유분 등이 있다.

다. 불용성 오염(고체오염)

- 고체 얼룩은 계면활성제 또는 화학적 방법 등으로 제거한다.
- 종류 : 흙, 모래, 철분, 그을음, 유기성 먼지 등이 있다.

(3) 세탁

세탁물에 따라 다른 세탁방법이 있는데, 가장 대표적인 것이 물세탁과 기름세탁(드라이클리닝)이다.

④ 물세탁

- 표식되어 인계받은 세탁물의 이상 유무를 확인하고 주머니 검색 작업을 하면서 이물질을 제거한다.
- 의류의 파손 및 탈색 등 이상 상태를 발견하면 즉시 접수자에게 알리고, 세탁 시 파손의 우려가 있는 단추, 액세서리 등이 부착된 의류는 손세탁 내지 분리세탁을 하고, 불가능할 때는 별도의 양식서에 기재하여 반품처리 한다.
- 낡은 의류는 손세탁 내지 망에 넣어 세탁하고, 불가능할 때는 별도의 양식서에 기재하여 반품처리 한다.
- 세탁 시에는 속옷류, 셔츠류, 유색의류 등으로 구분하여 세탁한다.

- 옷깃과 소매 부위는 부드러운 브러시로 때를 제거한 후 기계에 투입한다.
- 양말, 브래지어, 레이스같이 작고 섬세한 세탁물은 망에 넣어 세탁한다.
- 세정작업이 종료되면 기계 내부를 점검하여 핀, 못 등 이물질로 인한 세탁물 손상을 사전에 방지한다.
- 유색의류와 무색의류는 색깔 오염방지를 위해 분리하여 세탁한다.
- 내의류는 거의 면제품인 경우가 많기 때문에 고열(70~80℃)로 세탁한다.
- 세정과정이 끝나면 건조할 것과 건조하지 않을 것을 구분하고, 와이셔츠류는 다림질 담당자에게 인계하고, 기타 품목은 건조하여 다림질 담당자와 정리대로 넘긴다.
- 특별세탁물은 고객이 요구하는 시간 내에 배달될 수 있도록 세탁 처리한다.
- 기계를 운전 중일 경우에는 세탁되는 것을 지켜보도록 한다.

⑤ 기름세탁

- 인계받은 세탁물의 이상 유무를 점검하고 주머니의 검색작업을 실시한다.
- 오점제거는 기계에 투입하기 전에 제거하고 수분을 완전 건조한 후 세탁한다.
- 오점제거 시 실크류 및 가죽류와 같이 의류에 손상이 발생할 것 같은 경우에는, 고객에게 내용을 충분히 설명한 후 세탁해도 좋다는 허락을 받은 후 세탁하도록 한다.
- 세탁물은 색상별, 재질별로 분류하여 세탁하도록 한다.
- 기계의 부하량에 맞게 세탁하도록 하며 초과 투입하여 세탁해서는 안 된다.
- 특별세탁물은 고객이 지정한 시간 내에 배달할 수 있도록 처리한다.
- 세탁이 종료되면 의류를 점검하면서 다림질 담당자에게 인계한다.

(4) 다림질

① 다림질은 물세탁 다림질과 기름세탁 다림질로 구분하여 처리한다.

② 업무 개시 전 각 기계의 점검 및 청소를 실시한다.

③ 작업 도중에는 잡담을 하지 않는다.

④ 세탁물의 오점이 발견되면 담당자에게 의뢰하여 다시 제거토록 한다.

⑤ 의류 및 단추 등의 파손을 확인한다.

⑥ 주름이 이중으로 생기지 않도록 주의하여 다림질한다.

⑦ 모피, 섀미Chamois, 가죽, 비로드Veludo류의 세탁물은 다림질에 특별한 주의를 기해야 한다. 특히 스팀을 넣거나 기계로 누르면 안 된다.

(5) 정리 및 포장

① 세탁과정 후 정리대에 넘어온 세탁물을 정리한다.

② 양말 정리작업 시 짝이 안 맞거나 섞이지 않도록 주의하여 정리한다.

③ 선반에 영수증과 Laundry Basket를 객실 층별로 놓고, 정리된 각 세탁물을 객실번호에 맞추어 Laundry Basket에 투입한다.

④ 정리가 완료되면 세탁물 점검을 실시한다. 세탁상태의 양호 및 불량, 수량을 확인하고, 객실번호를 재확인한다.

⑤ 수량이 부족한 세탁물은 완료 세탁물과 분리하여 한쪽으로 분리해 놓는다.

⑥ 특별 세탁물은 우선 정리하여 정리대장에 기록한 후 배달원이 조속히 인계한다.

⑦ 물세탁물 중 옷걸이에 세탁물이 있을 시에는 별도의 리스트에 객실번호, 품목을 기재한 후 포장한다.

월 일	객실 No.	성 명	수 량	Bill No.	시 간	정리자	ITEM

세탁물 정리대장

(6) 세탁물 배달

세탁물을 마무리 테이블로 운반한 후 품목 및 수량을 확인하고, 객실번호별 목록과 확인 작업을 하여 호텔에서 규정하고 있는 표준규격으로 포장한다. 포장 시에는 건조상태, 다림질상태, 파손 여부 등을 철저히 확인한다.

고객 세탁물의 포장 및 배달요령은 다음과 같다.

- 양말이나 속옷 종류는 비닐봉투에 넣고, 접어서 일차로 포장된 와이셔츠 종류도 비닐에 넣는다.
- 세탁물량에 따라 적절량을 분할하고, 세탁 빌Bill은 객실번호가 잘 보이도록 하여 봉투에 넣는다(옷이 구겨지지 않을 정도의 적절량).
- 양복이나 겉옷은 옷걸이에 걸린 상태(공장에서 포장)로 객실번호의 부착 여부를 확인한다. 봉투에 넣는 세탁물이 없는 객실의 빌Bill은 옷걸이에 부착한다.
- 세탁물의 포장은 한 개의 객실 단위로 한다.
- 린넨 운반 카트의 앞쪽부터 층별의 순서로 적재하고, 운전기사가 해당 별관의 데스크에 전달하면 벨맨 혹은 룸메이드가 객실로 전달한다.
- 세탁물 배달은 요구가 있는 객실부터 우선적으로 하며, 세탁물 운반카를 이용하여 위층에서 아래로(아래층에서 위층으로) 또한 층별로 배달한다.
- D.N.D 표시가 걸려있는 객실은 배달하지 말고 린넨실로 가지고 내려온 후 객실번호를 적어 사무실에 인계하고, 고객이 객실 내에 있다면 객실문 앞에서 고객이 세탁물을 직접 인계하고 조용히 문을 닫는다.
- 세탁물 배달이 완료되면 객실 출입일지에 기록하고 담당자 서명을 한다.

제4장 분실물 관리서비스

1. 분실물 관리

호텔 내에서 발생되는 제반 습득물은 호텔 객실관리 부서에서 관리 보관하고 반환한다. 접수받은 행정담당은 물품을 고객에게 찾아 돌려줄 수 있는 방법을 모색한다. 호텔 각 업장이나 로비 등 공공장소에서 습득물이 발견되면 호텔 객실관리 부서에서 신고를 받아 관리하게 된다. 특히 객실에서 고객이 퇴실한 후 이를 발견하면 룸메이드가 신고한 후 습득물 및 분실물을 집수하고 보괸토록 히는데, 오더일지에 객실번호, 신고자, 품목, 수량을 기록하고 보관한다. 나중에 고객의 요구가 있을 시까지 습득물을 일정기간 보관하며, 고객의 요구가 있다면 우편발송 및 고객이 원하는 장소로 발송해 준다.

- 습득물 문의전화 응대 시 날짜 → 객실번호 → 성함 → 분실한 물건 확인 → 물건이 있으면 고객주소와 전화번호를 받는다. → 우송 또는 퀵서비스 등으로 고객에게 보낸다.
- 분실물을 확인하고 주소와 전화번호를 팩스로 받는다.

LOST & FOUND RECORD

물품 습득일자		물품 습득장소	
물품 습득자명		물품 접수자명	
품목 및 수량			
분실자 성명			
비 고			

분실물 기록

- 분실물 확인이 바로 안 되는 경우 전화번호를 받고 확인한 후 고객에게 전화를 한다.
- 소포우송 시 받을 수 있는 예정일을 고객에게 알린다.
- 소포우송의 경우는 호텔에서 지불하며, 퀵서비스인 경우(국내)는 고객이 지불한다.

분실물의 주인을 찾을 때까지는 물품을 보관해야 한다. 대부분의 호텔에서는 분실물 보관 및 처리에 대한 규정을 갖고 있다.

분실물의 보관은 다음과 같다.

- 고가 및 중요도에 따라 일반품목, 중요품목으로 구분하여 보관한다.
- 일반품목은 만 3개월, 중요품목은 만 1년동안 보관 후 절차에 따라 처리한다.
- 보관물품 중 고객 확인된 것은 일반품목일지라도 추가로 연장 보관한다.

분실물을 불출할 경우 다음 단계에 의해 업무를 처리한다.

- 습득물 확인 후 손님이 찾으러 오기 전에 보관함에서 꺼내놓는다.
- 당직데스크에 손님이 도착하면 습득물을 가져가 손님에게 인도하고 택Tag에 손님의 서명을 받아 장부에 부착한다.
- 중요품목에 한해서는 손님의 확인사항을 자세히 기록한다.

Lost & Found Record

접수 번호	습득 일자	품 목	습득 장소	습득인 성명	분실자 주소 및 연락처)	찾아간 사람의 성명	찾아간 일자	분실자 주소 및 연락처	확인자

Lost & Found Record 접수 및 인계장부

고객이 호텔이 정하고 있는 보관기간이 지나도 물품을 찾아가지 않는다면 폐기해야 한다. 폐기할 경우에는 다음의 기준에 의해 처리한다.

- 보관기간에 따라 월, 년 단위로 한다.
- 총지배인에게 습득물 폐기에 대한 품의를 받은 후 처리한다.
- 습득물 중 옷의 종류는 불우이웃돕기에 기증하고, 나머지는 습득자에게 반환한다.
- 폐기품목 작성 시 중요품목으로 금고보관품 및 손님이 확인된 것은 제외한다.

REFERENCES

국내문헌

구정대(2019). 호텔객실실무서비스, 대왕사.

권봉헌(2019). 호텔경영론, 백산출판사.

김경환(2017). 호텔산업과 호텔경영, 백산출판사.

김용순(2011). 호텔경영론, 백산출판사.

김이종(2012). 호텔경영론, 새로미.

남택영 · 김영욱 · 김홍일(2009). 프런트 · 객실실무론, 새로미.

민혜성(2006). 호텔객실실무, 대왕사.

민혜성 · 이기국(2014). 호텔객실 하우스키핑실무, 새로미.

____________(2013). 호텔객실 프런트오피스실무, 새로미.

박대환 · 박동균 · 조보경 · 전우혁(2008). 호텔객실관리와 시설관리, 백산출판사.

박대환 · 정연국 · 조보경 · 전우혁((2015). 호텔객실영업론, 백산출판사.

박영기(2018). 호텔경영론, 이프레스.

송대근 · 강용관(2018). 호텔객실서비스실무, 대왕사.

송성인 · 김영식(2007). 호텔경영론, 새로미.

신형섭 · 김영식 · 이완로(2007). 호텔객실서비스실무, 새로미.

이순구 · 박미선(2015). 호텔경영의 이해, 대왕사.

최병호 · 최호남(2017). 글로벌 호텔경영의 이해, 백산출판사.

최복수(2006). 호텔현관과 객실업무, 대왕사.

최익준(2013). 호텔객실실무와 경영, 새로미.

하종명(2018). 호텔객실관리론, 백산출판사.

호텔경영연구회(2019). 호텔경영의 이해, 대왕사.

논문 및 호텔 매뉴얼

롯데호텔, 객실 매뉴얼.

쉐라톤워커힐, 호텔 하우스키핑 매뉴얼.

세종호텔, 객실 매뉴얼.

밀레니엄 서울힐튼, 객실 매뉴얼.
농심호텔, 객실 매뉴얼.
호텔 파라다이스, 객실 매뉴얼.

외국서적

Barrows, C. W., Powers, T. & Reynolds, D.(2012). *Introduction to Management in the Hospitality Industry*(10th Ed.). NJ : Wiley.

Educational Institute of the American Hotel & Lodging Association(2000). *Lodging Management Program year two*, Michigan, American Hotel & Lodging Educational Institute.

Educational Institute of the American Hotel & Lodging Association(2002). *Certified Hotel Administrator : Study Guide 2002*, FL, American Hotel & Lodging Educational Institute.

Gary; K. Ballen · Jerome J. Ballen(2000). *Check-in Check-out(6th Ed.)*, NJ, Prentice-Hall, Inc.

Robert J. martin(1998). Professional management of Housekeeping Operations(3rd, Ed), Wiley.

Profile

민혜성

〈학력〉

세종대학교 대학원 호텔관광경영학과 박사 졸업

〈경력〉

현) 유한대학교 호텔관광·외식조리학과 호텔관광전공 교수

구) 한국관광대학교 호텔경영과 교수, 관광연구소장, 특성화 팀장

Holiday Inn World Wide 한국사무소 마케팅 팀장

AT Hotels(Bass Hotel & Resort : 현 IHG) 한국사무소 마케팅 팀장

한라그룹 (주)마르코폴로 홀리데이인(현 : 현대호텔) 신규호텔 프로젝트 팀원

〈학회활동〉

현) 한국호텔관광외식경영학회 부회장

한국호텔리조트학회 부회장

구) 한국관광학회 재무이사, 한국외식산업학회 홍보이사, 한국호텔경영학회 부회장 및 편집위원 등

〈자격〉

미국호텔협회(AH & LA) 최고경영자 자격증(CHA)

중등교사 자격증

〈논문 및 저서〉

박사논문 : 계층적 분석을 이용한 호텔객실서비스에 대한 의사결정

석사논문 : 호텔객실서비스 벤치마킹에 관한 연구

Dynamic Benchmarking of Hotel Service Quality

A Data Mining Approach to Developing the Profiles of Hotel Customers 등

저　　서 : 호텔경영의 이해, 관광사업론, 호텔객실영업론, 관광마케팅 등

Hotel Front Desk Operation

호텔 객실의 이해